전자상거래

한영춘 · 임명성 · 김정균 · 조연성 · 한동철 지음

이프레스

머리말

P R E F A C E

지구상에서 수백 년 이상을 진행되어 오던 오프라인상의 일반상거래가 1900년대 말기와 2000년대를 넘어서면서 전통적인 오프라인상의 일반상거래와 새롭게 출현한 온라인상의 전자상거래로 분화가 되고 있다. 특히 1960년대 말에 도입되어 1980년대 중반부터 약간씩 존재가 알려지기 시작한 인터넷이 1990년대 후반부터 본격적으로 상행위에 활용되면서 인류 역사상 가장 빠른 시간인 몇 년 만에 우리나라 전국민의 필수 도구가 되었다.

전자상거래란 전자적 방식에 의해서 상행위를 수행하는 것으로 주로 인터넷을 활용한 것과 우리나라에서 빠르게 성장한 TV홈쇼핑과 최근의 스마트폰의 가세로 고속 성장하는 모바일쇼핑과 같은 것들을 총칭하는 개념이다. 오프라인에 점포를 직접 개설하지 않고, 온라인상의 모든 활동으로서 오프라인상의 필수적인 활동들을 대체한다는 것이 획기적이라고 할 수 있다.

제품주문과 입고, 쇼핑몰의 전자적 형성, 고객에게의 홍보, 구매한 제품의 배송과 반품처리와 온라인 무창고 관리, 해외와의 수발주 관리들이 모두 전자적인 시스템하에서 일괄적으로 처리되는 전자상거래는 기존의 오프라인 상행위의 상당수를 대체하고 있다. 기업 간 전자상거래는 오프라인의 기업 간 상행위에 버금갈 정도로 성장했고, 고객과의 전자상거래는 그 속도를 높여가고 있다. 2050년 정도가 되면 오프라인 상행위와 온라인 상행위의 비중이 50대 50 정도로 거의 대등하게 될 것이라는 전자상거래 쪽 장밋빛 전망도 나오고 있는 상황이다.

현실의 실무행위를 이끌어 가는 대학에서의 개념구축과 이론개발은 관련되는 학문들의 분야들을 발전시키고 있다. 전자상거래도 대학에서 개념적 분석과 이론적 토대를 바탕으로 해서 실무에서 직접 활용 가능한 지침들을 제공하는 것이다. 전자상거래가 신흥 분야이다 보니 기본적으로 이론의 토대가 강하지 않은 것은 사실이다. 또한 전자상거래가 새로운 기술 분야의 도입에 따라서 신속하게 기존의 경영이론들을 변화시키고 있는 상황이다.

현대 경영학에서 전자상거래와 직접적인 관련이 있는 분야들은 크게 두 가지로 볼 수 있다. 하나는 경영 분야에서 판매와 직결되는 것으로서 국내에서의 판매를 총괄하는 마케팅과 국제와의 판매를 담당하는 국제무역이 전자상거래의 하나의 축이 된다. 다른 하나는 전자상거래가 기존에 존재하지 않았던 컴퓨터 기반 기술의 도입으로 가능해졌다는 측면에서는 경영정보가 다른 기술적인 측면이라고 볼 수 있다.

판매적인 분야와 기술적인 분야가 결합되어야 진정한 의미의 전자상거래가 가능할 수가 있다. 본서의 저자들은 판매와 관련되는 분야를 담당하는 대학교수들과 기술과 연관되는 분야를 담당하는 대학교수들로 균형 잡힌 상황으로 구성이 되어 있다. 대학에서 전자상거래를 강의하고 현장에서 전자상거래 업체들의 자문을 했던 경험을 바탕으로 우리나라의 대학생들에게 이론과 실무를 동시에 제공하려고 필자들은 노력했다.

새로운 이론과 기술이 급속하게 발전하는 상황에 맞추어 앞으로도 가능하다면 새로운 내용들을 보강하면서 현실을 리드하는 교재를 지속적으로 만들려고 한다. 다섯 명의 공동필자들의 작업을 여러 가지 방면에서 도와주신 이프레스 출판사 측에 감사드린다.

2013년 8월 1일

한영춘, 임명성, 김정군, 조연성, 한동철

PREFACE

차례

CONTENTS

CHAPTER 04 웹사이트 구축

CHAPTER 05 B2C 전자상거래 비즈니스 모델

CONTENTS

CONTENTS

CONTENTS

CONTENTS

CONTENTS

CONTENTS

CHAPTER

01

전자상거래 시대의 도래

ELECTRONIC COMMERCE

1. 네트워크 경제의 도래

2. 네트워크 경제의 특성

3. 네트워크 경제의 12법칙

도 입 사 례

독일 법원, 인터넷 사용은 반드시 필요한 "인간권리"로 판결

독일 법원은 인터넷 사용을 하지 못하는 것을 일상생활의 어려움 측면에서 자동차를 사용하지 못하는 것과 비교합니다. 2013년 1월에 내려진 독일 법원의 판결에 의하면 인터넷은 일상생활에서 꼭 필요한 것이라고 합니다. 여기에 대해 어떻게 생각하나요? 인터넷 사용이 인간의 기본권인가요? 뭔가 이상하다구요?

로이터(Reuters)는 독일연방법원이 2008년과 2009년 2달 동안 통신 사업자에 의해 인터넷과 핸드폰 사용을 정지당한 한 남성의 사건을 심리하면서 이런 판결을 내렸다고 보도했다. 카를수어의 독일 연방법원은 이 남성이 인터넷과 전화시스템 사용을 정지당한 것에 대해서 보상을 받아야 한다고 판결하면서 인터넷 사용을 "필수 사용 항목(essential material item)"으로 규정했다.

법원 대변인은 독일의 법률전문 방송인 ARD TV에 출연하여 다음과 같이 이야기했다. "요즘 시대에 인터넷은 사람들에게 매우 중요하며 개인의 사생활에 매우 결정적인 영향을 미칩니다. 그러므로 인터넷을 사용할 수 없게 된다면 이는 자동차를 사용할 수 없게 된 것과 비교할 수 있습니다."

독일의 연방법무장관인 Sabine Leutheusser-Schnarrenberger 역시 도이치 벨츠(Deutsche Wells)지의 기고문에서 이번 판결은 현재의 정보화된 삶에 인터넷이 얼마나 중요한 역할을 하는지를 보여주고 있고 인터넷 사용권이 시민권(civil right)으로 인정되고 있는 과정에 있다는 견해를 밝혔다. 이러한 견해는 2012년 여름에 발표된 UN 결의(resolution)가 인터넷을 인간의 기본권으로 규정한 것과 연결지어 생각하면 인터넷을 통한 의견표현이 대중화되는 시점에서 매우 중요한 시사점을 던지고 있다.

독일은 세계에서 가장 네트워크가 발달한 국가의 하나로 2011년 ITU(국제전기통신연합) 통계에 의하면 인터넷 사용률이 82.7%에 달하고 있다. 이는 대한민국, 일본, 그리고 미국의 인터넷 사용률을 넘어서는 것이다. (참고: 2011년 대한민국의 인터넷 이용률은 78%)

도이치 벨츠지에 의하면 비록 최근 들어 지지율이 떨어지고 있고 Lower Saxony 주 선거에서 한 명의 당선자도 내지는 못했지만 해적당(the Pirate Party, 정보와 기술에 대한 자유로운 접근을 핵심 정강으로 삼고 있다)은 여전히 독일 정치권에서 영향력을 유지하고 있다. 독일은 또한 뉴질랜드에 기반을 둔 혁신적 클라우드 데이터 저장 서비스 기업인 김닷컴(Kim.com, 미국 FBI에 의해 저작권 침해 혐의로 폐쇄된 MegaUpload의 후신)의 고향이기도 하다.

출처: Globalpost(2013년 01월 28일). Internet access is "essential" human right, rules German court.

CHAPTER 01 전자상거래 시대의 도래

1. 네트워크 경제의 도래

정보통신 혁명의 도래와 함께 세계는 정보화 경제(information economy)를 넘어 네트워크 경제의 시대로 들어서고 있다. 정보화 경제는 정보와 지식이 가치 창출을 위한 핵심자원으로 사용되는 사회를 말하는데 이는 이미 1970년대 패럿(Parat)에 의해 주창된 오래된 개념이다. 피터 드러커(Peter Drucker)는 1969년 지식 노동자의 등장을 이야기하고 정보가 핵심 자원이 될 것을 예견하였다. 네트워크 경제에서도 정보화 경제와 마찬가지로 정보와 지식이 부가가치 창출과 기업 경쟁력의 원천이라는 점은 여전하다. 하지만 인터넷에 의해 촉발된 사회적, 산업적 변화의 크기는 기존 예상을 뛰어넘고 있으며 지금까지 받아들여져 왔던 경제논리의 변화와 함께 기업에게도 새로운 게임의 규칙에 적응할 것을 주문하고 있다.

프라할라드(Prahalad)와 벤카드 라마스와미(Venkat Ramaswamy)는 저서 《경쟁의 미래》에서 기업이 익숙한 전통적인 가치창출 방법은 더 이상 유효하지 않으며 새로운 경제논리는 과거의 기업 중심의 관점에서 고객 중심 관점으로 바뀌어야 한다고 이야기한다. 고객들은 과거처럼 고립된 개별 소비자가 아니라 인터넷을 통해 서로 연결되어 정보를 교환하고 활동적으로 행동하는 집단으로 변하고 있다. 정보에 대한 접근이 용이해졌을 뿐 아니라 똑똑해진 고객들은 보다 현명한 의사결정을 내리고 있다. 점점 더 기업이 고객보다 지식과 정보 측면에서 우위에 서기가 어려워지고 있는 것이다. 네트워크 경제에서 기업은 고객 및 고객 커뮤니티와 협력하여 함께 공동으로 작업하고 가치를 공동으로 창출해야 한다는 것이 그들의 주장이다.

〈와이어드*Wired*〉지의 편집장이자 네트워크 경제에 대해 탁월한 혜안을 보여준 켈리(Kelly) 역시 정보경제보다는 네트워크 경제라는 용어를 사용하고 있다. 정보라는 단어는 인터넷과 전자상거래 시대에서 보여주고 있는 불연속적인 성장을 충분히 설명하고 있지 못하기 때문이다. 네트워크 경제에서 가치의 생산은 개별 기업뿐 아니라 제품과 서비스 네트워크에 참여하는 개별 고객(또는 협력사)의 증가에 의해 창출되는데 이는 인터넷 시대의 경제를 잘 설명하고 있다.

2. 네트워크 경제의 특성

네트워크 경제는 네트워크가 가치창출의 핵심 역할을 수행하는 경제를 의미하며 개별 기업이 가치 창출의 주된 주체였던 산업경제와는 다른 경쟁의 규칙으로 움직인다. 네트워크 경제에서는 전통적인 산업경제에서 당연시 되었던 경제논리가 더 이상 작동하지 않거나 약화되는 모습을 보인다. 켈리는 네트워크 경제에서는 가치창출이 기존 방식을 개선하여 최적화하는 것보다는 불완전하더라도 새로운 시도를 통한 혁신에서 발생하며 네트워크의 성장과 민첩성의 중요성을 강조하고 있다. 네트워크 경제의 두드러진 특징은 산업경제와 비교하여 크게 네트워크의 중요성 증대와 거래비용 변화를 들 수 있다.

1) 네트워크의 중요성 증대

네트워크 경제에서는 가치 창출의 핵심에 네트워크가 있으며 네트워크 효과가 강하게 나타난다. 네트워크 효과는 네트워크 외부성(network externality), 선순환 효과(positive feedback), 빈익빈부익부 현상 등으로 다양하게 알려져 있다. 네트워크 효과는 제품이나 서비스의 사용자 증가가 전체 사용자의 가치에 영향을 주는 것을 말한다. 사용자가 늘어날수록 네트워크의 가치가 증가하는 것은 통신 분야에서 멧칼프의 법칙으로 잘 알려져 있다.

멧칼프는 인터넷의 전신인 ARPANET의 구축에 참여했으며 제록스의 팔로알토연구소(PARC)에서 이더넷(ethernet)을 비롯한 통신망을 연구한 컴퓨터 공학자이며 유명 통신회사인 3Com의 창업자이다. 그가 발표한 멧칼프의 법칙은 통신망의 가치는 참여한 사용자 수의 제곱에 비례하여 증가한다는 것인데 이는 소위 네트워크 효과 혹은 망외부성이라고 불리는 현상을 설명한다. 멧칼프는 n을 통신망의 사용자로 가정할 때 통신망의 가치를 n(n−1)/2로 수식화하여 사용자의 증가에 따라 통신망의 가치가 기하급수적으로 증가함을 보였다.

[그림 1−1]은 전화망을 예로 들어 멧칼프의 법칙을 간단히 보여주는데 전화는 네트워크 효과를 설명하는 데 있어서 가장 자주 사용되는 사례이다. 전화가 두 대 있을 경우 하나의 연결만이 가능하여 전화 소유자에게 제공하는 가치는 매우 작지만 5대의 전화가 있을 경우 10개의 연결이 가능하고 10대의 전화가 있을 경우는 45개의 연결이 가능하여 전화망의 가치는 전화기의 보급에 따라 기하급수적으로 증가함을 알 수 있다.

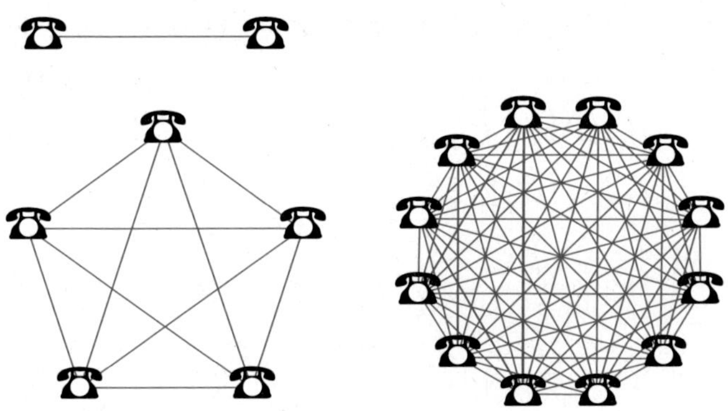

출처: wikipedia.

[그림 1−1] 전화망의 가치와 멧칼프의 법칙

멧칼프의 법칙에서 볼 수 있는 것처럼 네트워크 효과는 선형으로 일정하게 증가하지 않는다. 즉, 네트워크의 가입자가 증가하더라도 일정 수준까지는 네트워크 가치의 증가가 매우 느리지만 가입자 증가가 누적되어 임계치(critical mass)를 넘을 경우 급격하게 증가한다. 임계치를 넘게 되면 신규 가입자가 받는 혜택이 크게 증가하기 때문에 가입자가 급속하게 늘어나게 되고 따라서 기존 가입자 역시 혜택을 받게 된다.

네트워크 효과는 직접 네트워크 효과, 간접 네트워크 효과, 지역 네트워크 효과, 양면 네트워크 효과와 행태적 네트워크 효과로 세분화하여 살펴볼 수 있다.

(1) **직접 네트워크 효과**(direct network effect)

직접 네트워크 효과는 사용자의 증가가 전체 사용자에게 직접적인 가치의 상승을 가져다 주는 형태를 가리킨다. 전화나 팩스가 좋은 예인데 전화나 팩스의 경우 사용자가 늘어날수록 가입자가 받는 혜택이 기하급수적으로 증가한다. 카카오톡과 같은 모바일 메신저도 강한 직접 네트워크 효과를 보여주는 예이다.

(2) **간접 네트워크 효과**(indirect network effect)

간접 네트워크 효과는 상품 혹은 서비스가 하나의 묶음처럼 상호의존적인 형태로 제공할 때 발생한다. 게임콘솔과 게임, 스마트폰과 앱, 컴퓨터 운영체제와 응용소프트웨어 등이 예가 될 수 있다. 스마트폰의 예를 생각해 보자. 국내에서 가장 보급률이 높은 안드로이드 스마트폰의 경우 판매량이 높고 보급 대수가 많아서 양질의 앱이 다수 개발되어 앱스토어에서 무료와 유료로 제공된다. 이는 직접적인 사용자 혜택의 증가로 이어진다. 이 경우 안드로이드 스마트폰 제품 자체는 변화가 없지만 사용자가 늘어날수록 앱의 증가라는 간접적인 혜택을 받는 것이다. 반면, 국내에서 사용자가 적은 RIM의 블랙베리의 경우 사용자가 적기 때문에 앱의 개발이 적고 인기있는 양질의 앱 역시 부족하다. 이는 다른 인기 있는 플랫폼의 스마트폰 사용자에 비해 블랙베리 사용자에게 불이익을 주고 다시 판매가 부진하게 되는 악순환을 겪고 있다. 이는 RIM사가 부정적 간접 네트워크 효과를 겪고 있다고 볼 수 있다.

(3) **지역 네트워크 효과**(local network effect)

사회적 네트워크의 구조에 따라 네트워크 효과가 전체 가입자의 수가 아니라 특정 집단의 수에 따라 나타나는 경우가 있는데 이를 지역 네트워크 효과라고 한다. 인터넷 메신저는 사용하는 메신저의 전체 사용자의 수도 중요하지만 자신이 자주 접촉하는 집단의 사용자의 수가 더 중요한 역할을 하는 경우가 많다. 즉, 전체 네트워크의 가입자 수도 중요하지만 나와 주로 메시지를 주고받는 사람이 얼마나 해당 네트워크에 많이 가입해 있는지도 중요한 선택요소가 되는데 이것이 지역 네트워크 효과의 예로 간주될 수 있다.

(4) **양면 네트워크 효과**(two-sided network effect)

양면 네트워크 효과는 보완재의 경우에 적용되는 특수한 형태의 네트워크 효과로 볼 수 있다. A와 B가 서로 보완재일 경우 A의 판매 증가가 B의 가치를 상승시켜 판매를 증가시키고 다시 B의 가치 상승이 A의 가치를 상승시키는 경우를 생각할 수 있다. 예를 들어 개발자는 윈도우즈의 보급률이 높기 때문에 윈도우즈 플랫폼으로 프로그램을 개발하여 판매하고 다시 컴퓨터 사용자는 윈도우즈 운영체제에 필요한 프로그램이 많기 때문에 윈도우즈 기반 컴퓨터를 선택하게 된다. 윈도우즈 기반 컴퓨터의 판매량이 늘어나면 소프트웨어 판매가 다시 증가하게 되어 개발자와 사용자 양면에서 상승효과를 일으킨다. 이러한 양면 네트워크 효과는 일단 구축되면 타 경쟁사가 이를 깨뜨리기가 매우 어려워 이를 소유한 기업의 강한 경쟁우위를 제공한다. 과거의 소니사가 플레이스테이션 2로 강한 양면 네트워크 효과를 구축했고 전세계 게임기 산업을 지배한 것이 좋은 예이다.

(5) **행태적 네트워크 효과**(behavioral network effect)

행태적 네트워크 효과는 아직 일반적으로 합의된 개념은 아니지만 행동과학에서 말하는 밴드웨건 효과(bandwagon effect)를 일종의 행태적 네트워크 효과로 볼 수 있다. 밴드웨건 효과란 많은 사람들이 특정 행동을 한다고 생각하면 따라하는 경향을 보이는 것을 설명하는 효과이다. 패션도 일종의 밴드웨건 효과로 볼 수 있다.

다른 사람이 하는 행동을 자신의 생각과 상관없이 따라하는 것은 일견 비합리적으로 보인다. 하지만 제품이나 품질의 평가가 어렵거나 경험을 해야만 품질을 알 수 있는 경험재의 경우 타인의 선택과 평가가 합리적인 선택의 기준이 될 수 있다. 특히 온라인상의 밴드웨건 효과는 품질 불확실성을 줄여주는 긍정적인 효과를 가질 수 있다.

● 선순환 효과

네트워크 효과를 효과적으로 활용하는 기업은 선순환(positive feedback) 효과를 만들어 낼 수 있다. 네트워크를 성장시켜 수요 측면에서 강력한 네트워크 효과를 발생시키면 수요가 증내하고 증가한 수요는 공급 측면의 규모의 경제효과를 일으킨다. 특히, 고정비용이 높은 산업에서 수요의 증가에 따른 규모의 경제효과는 매우 크다. 대규모 장치산업, 영화나 게임과 같은 콘텐츠 산업, 많은 전자상거래 업체 역시 고정비용이 높은 산업이다.

수요증가를 통해 규모의 경제효과를 일으키게 되면 가격 경쟁력이 강화되고 이를 통해 추가적인 수요를 이끌어 낼 수 있으며 이는 다시 네트워크의 가치를 증가시키며 규모의 경제효과를 강화하는 선순환 효과를 만들어 낸다. 일단 수요 측의 네트워크 효과와 공급 측의 규모의 경제가 결합된 선순환 효과가 만들어지면 이를 소유한 기업은 강력한 경쟁우위를 보유하게 된다. 아래의 그림은 아마존 창업자 제프 베조스가 창업을 구상하며 카페에서 커피를 마시며 냅킨에 사업구상을 그린 그림인데 베조스는 이미 선순환 효과의 힘에 대해 잘 알고 있었음을 보여준다.

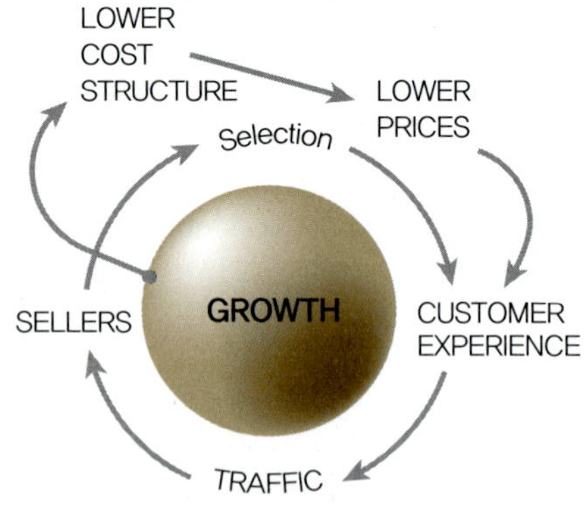

[그림 1-2] 제프 베조스의 냅킨 다이어그램

2) 비용구조의 변화

정보통신기술의 발전에 따른 경제적, 사회적 거래비용 구조의 변화는 네트워크 경제와 산업경제를 특징짓는 또 다른 요소이다. 로널드 코애즈(Ronald Coase)에서 시작된 거래비용 이론에서 거래비용(transaction cost)은 크게 거래 당사자 간의 이기적 성향을 통제하여 성실한 거래를 유지하기 위한 감독비용(monitoring cost), 거래 당사자 간의 정보 제약을 완화하기 위한 조정비용(coordination cost), 보유 자산이 특정 거래에만 종속될 경우 발생하는 자산 종속성(asset specificity)에 의해 영향을 받는다.

정보통신기술의 발전은 정보검색, 획득, 분배비용 감소를 통하여 조정비용을 감소시키고 결과적으로 거래에 필요한 총비용을 감소시킨다. 상품이나 서비스의 판매가격이 직접생산비와 각종 조정비용을 포함한 총비용에 이윤을 더한 구조로 결정되는 경우가 많기 때문에 가격을 낮추어 시장 효율성을 높일 수 있다. 조정비용의 감소는 다른 기업과 산업 간의 거래를 효율화시켜 수평적인 산업구조를 강화한다. 이는 기업의 직접생산과 외부조달(make or buy) 의사결정에서 외부조달의 단점인 높은 조정비용이 하락하여 외부조달이 더 많아지는 효과로 나타난다.

소비자 측면에서 보면 인터넷의 다양한 서비스와 전자상거래의 발전은 소비자의 거래비용을 획기적으로 감소시켰다. 기업 홈페이지와 검색엔진 등을 통해 상품과 서비스 정보검색이 쉬워졌고 기업 중심의 광고를 통한 정보획득에서 벗어나 사용자 리뷰와 같은 고객 중심의 정보수집이 가능해졌다. 전자상거래의 발전은 신속한 거래와 함께 가격비교를 용이하게 한다. 이 모든 것들은 소비자의 정보검색 비용과 거래비용을 감소시켜 소비자의 이동을 쉽게 만든다. 결국 과거와 같은 충성도 높은 고객을 확보하는 것이 점점 더 어려워지고 있다. 이러한 변화는 기업의 소비자에 대한 협상력을 약화시키고 결과적으로 기업 간 경쟁 강도를 강화시키는 영향을 미치고 있다.

중간사례 트위터(Tweeter) 해킹으로 미국주가 폭락?

2013년 4월 23일 AP통신사(Associate Press)의 공식 트위터 계정이 해킹 당했다. AP통신사 대변인에 의하면 해커는 AP통신사의 트위터 계정을 해킹한 후 딱 하나의 메시지만을 트윗하고 계정을 정지당했다. 그런데 바로 그 메시지 하나가 문제였다. 메시지의 내용이 "속보: 백악관에서 두 번의 폭발 발생. 오바마 대통령 부상"으로 짧지만 충격적인 내용이었다.

해커가 보낸 단 하나의 메시지는 AP통신사의 공신력을 뒤에 업고 최초의 트윗 후 몇 분 만에 4,000건 이상의 리트윗(retweet)이 이어졌다. 해커의 행위 자체는 간단했지만 그 여파는 복잡했다. 해커가 보낸 가짜 트윗 정보에 세계는 경악했고 미국의 다우존스산업평균지수(DJIA)는 순간적으로 130포인트가 떨어졌다. 물론, 해커의 가짜 정보인 것이 알려진 후 바로 반등하여 폭락 이전의 14,700 부근을 유지했다.

AP통신사 트위터 해킹 직후의 주가 변동

AP통신의 리포터인 마이클 베이커(Michael Baker)는 AP통신사의 직원 몇 명이 위장된 피싱(phising) 이메일을 받은 후 트위터 계정의 권한을 탈취 당했다고 밝혔다. 재미있게도 AP통신은 거짓 트윗이 퍼지자마자 AP통신사의 또 다른 공식 트위터 계정인 @APStylebook을 이용하여 해커가 보낸 메시지가 거짓이라고 트윗했다.

트위터 측은 AP통신사 계정 탈취를 비롯한 잇따른 해킹사건에 대해 사생활보호와 보안을 이유로 공식적인 논평을 거부했지만 곧 이어 이중인증(two-factor authentication)을 도입하여 유명 트위터 계정의 보안을 강화하는 조치를 취했다. 트위터가 도입한 이중인증 기법은 기존의 아이디/패스워드를 이용한 보안 이외에 등록한 이동전화 문자메시지로 전송된 6자리 보안코드를 추가로 확인하여 보안을 강화하는 방법이다.

출처: AllthingsD, U.S. stocks tank briefly in wake of associated press Twitter account hack(2013년 04월 23일).
Wired, Twitter finally adds two-factor authentication to secure your account, Wired(2013년 05월 22일).

3. 네트워크 경제의 12법칙

〈와이어드*Wired*〉지의 편집장인 케빈 켈리는 인터넷 시대의 신경제 법칙, 혹은 네트워크 경제의 법칙에 대해 자신의 통찰력을 바탕으로 12가지 핵심 법칙을 〈와이어드〉지를 통해 발표하였다. 최초 발표 후 거의 15년이 지났지만 지금도 그의 통찰력은 대부분 여전히 유효하다. 켈리의 12법칙을 세부적으로 살펴보자.

1) 연결의 법칙(the law of connection)

네트워크 경제를 움직이는 힘은 컴퓨터나 네트워크가 아니라 모든 것과의 연결 그 자체에서 발생한다. 반도체가 소형화/저비용화되면서 세상의 거의 모든 장치가 통신망으로 연결되고 있다. 컴퓨터뿐 아니라 TV, 스마트폰, 시계, 호텔의 문에 이르기까지 상상이 가능한 거의 모든 장치가 서로 연결되어 네트워크에 참여하고 이러한 연결 속에서 가치를 창출해 낸다. 연결의 법칙이 의미하는 것은 일단 연결되고 나면 만들어진 네트워크는 네트워크에 참여하는 모든 노드(node)의 총합보다 더 큰 가치를 가진다는 것이다. 네트워크상의 각 노드는 비록 똑똑하지 않더라도 서로 정보교환을 통해 상호작용하면서 똑똑한 결과를 만들어 낸다.

연결의 법칙을 잘 보여주는 사례로 위키피디아(wikipedia)를 들 수 있다. 익명으로 연결된 수백만 이상의 사용자는 각각 자신의 지식을 제공하고 상호작용하며 발전시켜 인류 역사상 가장 역동적이고 광범위한 지식의 창고를 만들어 냈다. 이는 마치 단순한 세포인 뉴런(neuron)이 서로 연결된 네트워크로서 두뇌가 되는 것을 연상시킨다. 인터넷에 흩어져 있는 웹페이지 하나하나는 작은 정보와 부분적인 지식만을 가지고 있지만 구글의 검색엔진을 통해 연결되면 강력한 지식의 보고가 되는데 이것 역시 연결의 힘으로 볼 수 있다. 네트워크 경제에서 가치를 창출하는 가장 중요한 법칙은 "연결"에 있다.

2) 풍부함의 법칙(the law of plentitude)

일단 모든 것이 연결되면 재미있는 일이 발생하게 되는데 수학자들은 네트워크 가치의 총합이 해당 네트워크에 참여하는 구성원 수의 제곱만큼 증가하는 것을 증명하고 있다. 앞에서 배운 멧칼프의 법칙을 기억에서 되살려보자. 간단히 얘기하면 네트워크에 참여하는 노드가 산술적으로 증가하면 네트워크의 가치는 기하급수적으로 증가한다는 것이다. 이 법칙은 네트워크 효과 혹은 멧칼프의 법칙으로도 잘 알려져 있다.

이런 네트워크 효과는 굉장히 강력해서 노드를 몇 개만 증가시켜도 해당 네트워크의 가치를 폭발적으로 끌어올릴 수 있는데 이를 잘 보여주는 고전적인 예로 팩스를 들 수 있다. 팩스의 경우 자기 혼자만 팩스가 있을 경우 가치는 0이다. 하지만 주변의 사람들이 팩스를 점점 더 많이 구매하여 사용할수록 내가 가진 팩스의 효용은 기하급수적으로 증가한다. 즉, 많으면 많을수록 가치가 폭등하는 것이다.

풍부함의 법칙은 전통적인 산업경제에서는 당연하게 받아들여졌던 희소성의 원리와 정면으로 배치된다. 산업경제에서는 재화가 풍부하면 풍부할수록 그 가치가 떨어진다. 많이 생산하면 생산할수록 단위 재화의 가치는 떨어지는 것이다. 산업경제에서 가치는 희소성에서 나온다는 것을 잘 보여주는 예는 금, 다이아몬드, 석유와 같은 천연자원을 들 수 있고 변호사나 회계사와 같은 전문직종의 가치 역시 희소성과 직접적인 관련이 있다.

네트워크 경제는 기존 산업경제의 논리를 완전히 뒤집는다. 희소성의 원리로 본다면 팩스를 가진 사람이 적을수록 개별 팩스의 가치가 올라가야 하지만 현실은 그 반대이다. 풍부함의 법칙이 적용되고 있는 것이다. 즉, 많으면 많을수록 오히려 가치가 오르고 사용자에게 이득이 된다. 팩스 외에도 윈도우즈 운영체제, TCP/IP, MP3 음악포맷, 애플과 안드로이드 OS 생태계 등 적용되는 예는 무수히 많으며 네트워크 경제에서는 적용되는 제품과 산업이 급속히 증가하고 있다.

3) 가치폭증의 법칙(the law of exponential value)

1980년대 중반까지 약 20년간 보급된 팩스의 보급 대수는 천천히 증가했지만 임계점을 넘은 이후 폭발적으로 보급되는 모습을 보였다. 비슷하게 마이크로소프트사 역시 초기 10년간은 수익이 별 볼일 없었지만 1985년을 기점으로 한번 상승한 이후 폭발적으로 증가하였다. 인터넷의 보급 역시 비슷한 모습을 보인다. 1960년대 인터넷 초기에는 연결된 호스트 컴퓨터의 수가 매우 느리게 증가했지만 1991년이 되면서 인터넷은 폭발적으로 성장한다. 이러한 모습은 생태계에서 흔하게 볼 수 있는데 특정 종의 개체 수가 천천히 증가하다가 특정 시점을 지나면서 기하급수적으로 증가하는 형태는 생물학에서는 익숙한 현상이다.

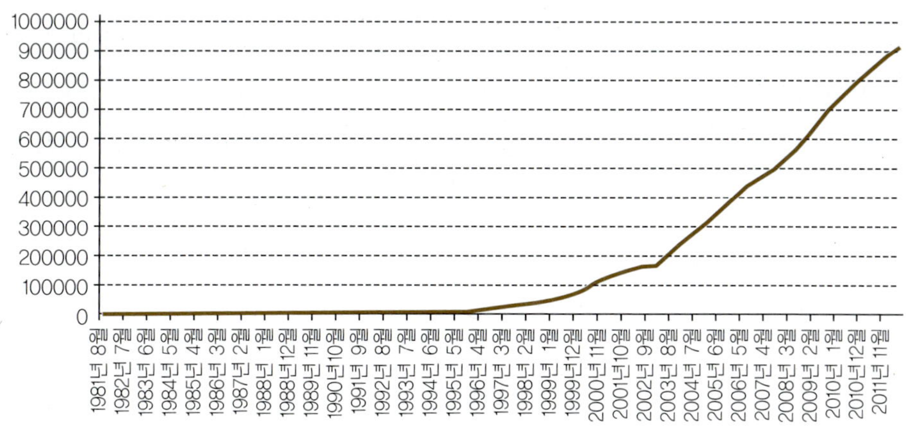

출처: www.isc.org 자료 재가공.

[그림 1-3] 인터넷 호스트 수 증가

4) 티핑 포인트의 법칙(the law of tipping point)

티핑 포인트는 임계점과 비슷한 용어로 임계점은 물리학에서 나왔고 티핑 포인트는 사회학에서 나왔다는 것이 다르다. 전염병의 확산을 보면 일정 수준까지는 통제가 가능하지만 감염자가 천천히 늘어나다가 일정 수준에 이르면 급격하게 확산되어 손을 쓸 수 없는 상태로 가게 되는데 바로 전염병이 폭발적으로 확산되는 그 지점이 바로 티핑 포인트이다.

네트워크 경제에서는 고정비용이 높고 한계비용은 매우 낮다. 소프트웨어 산업을 생각해 보면 이해하기가 쉬운데 윈도우즈 비스타는 1,000명의 개발자가 5년 동안 개발을 수행하였고 총 100억 달러가 소요되었다. 즉, 고정비는 100억 달러이지만 일단 개발된 후 한 카피를 추가로 제조하는 데 드는 비용은 0에 가깝다. 일단 제품이 개발되기까지는 오랜 시간이 걸리지만 그 이후의 움직임에는 거칠 것이 없어진다. 여기에 제품의 유통에 소요되는 시간과 비용이 과거와 비교할 수 없이 빨라졌기 때문에 티핑 포인트까지 도달하는 시간이 더 짧아졌다는 것을 기억해야 한다. 때문에 네트워크 경제에서 티핑 포인트 이전의 움직임, 성장과 혁신은 주의 깊게 살펴보아야 하고 의사결정은 신속하게 내려져야 한다.

자신의 제품과 서비스가 티핑 포인트 아래에 있고 경쟁자가 티핑 포인트 부근에 도달했다면 즉각적인 행동이 필요하다. 하루에 두 배씩 성장하여 연못을 뒤덮는 백합 잎을 생각해 보자. 오늘 백합 잎이 연못을 완전히 차지하고 있는 것을 발견했다면 겨우 삼일 전에는 연못의 1/8을 차지하고 있었을 뿐이다. 티핑 포인트 아래, 즉 임계점 아래에서 발생하는 핵심적인 사건을 탐지/분석하여 신속한 의사결정을 내리는 것이야말로 네트워크 경제시대의 경쟁의 핵심이다. 이것을 꼭 기억해야만 한다. 백합이 연못의 한 구석을 차지하고 있는 것을 보고 무심코 넘겼다면 이미 손쓰기에는 너무 늦었다.

5) 수확체증의 법칙(the law of increasing returns)

사람들은 수확체감의 법칙(the law of decreasing returns)에 익숙해져 있다. 이는 산업

경제의 기본 법칙이기도 하다. 네트워크 경제에서는 수확체감의 법칙이 거꾸로 된다. 수확체증의 법칙이 강하게 나타나는 것이다. 임계점을 지난 후 추가되는 가입자는 네트워크의 가치를 폭증시키고 증가한 가치는 다시 가입자를 빨아들인다.

켈리는 이러한 수확체증의 법칙이 규모의 경제와는 다르다고 지적하는데 규모의 경제효과는 가치 증가가 선형으로 나타나지만 수확체증의 법칙의 효과는 기하급수적으로 증가하기 때문이다. 이외에도 또 다른 중요한 차이점이 있다. 규모의 경제효과는 하나의 기업이나 개인이 경쟁자와의 비교에서 더 많은 가치를 더 적은 투입으로 생산해 내는 것이다. 여기에 필요한 전문성은 개별 기업이 창출해 낸다. 반면, 수확체증의 법칙의 효과는 제품 혹은 서비스의 전체 네트워크, 즉 제품과 서비스의 개별 사용자로 이루어진 네트워크 자체가 가치를 창출하는 것이다. 수확체증의 법칙하의 가치는 네트워크 구성원의 관계 속에서 만들어지는 것으로 기업은 이러한 네트워크가 잘 성장할 수 있도록 키워내는 것이 중요하다.

수확체증의 법칙을 구현하기 위해 네트워크의 중요성을 이해했다고 해도 제대로 동작하는 네트워크를 만들어 내는 것은 쉽지 않다. 효과적인 네트워크를 위해서는 공통의 표준이 필요하고 대개는 이러한 표준을 소유한 조직과 개인은 네트워크가 생산하는 가치를 더 많이 향유한다. 따라서 컴퓨터 운영체제 경쟁, 게임기 표준을 위한 소니와 마이크로소프트의 블루레이-HD DVD 경쟁 등 공통표준을 소유하기 위한 격렬한 기업 전쟁이 과거에 다수 존재했고 앞으로도 이어질 것이다.

6) 역가격의 법칙(the law of inverse pricing)

과거 오랫동안 소비자는 약간의 품질 향상과 함께 가격이 인상되는 것에 익숙해 있다. 때로는 전혀 제품의 향상이 없더라도 가격은 상승하는 경우도 있는데 항상 인플레이션을 겪어온 학습 결과로 생각된다. 하지만 이런 습관은 더 이상 적용하기 어렵다. 소비자는 이제 시간이 지날수록 더 낮은 가격으로 더 좋은 품질의 상품을 구매하는 것에 익숙해지고 있다. 베스트셀러 제품도 매년 가격이 하락한다. 특히 정보통신 산업에 있어서는 이런 추세는 더욱 분명한데 컴퓨터나 가전제품의 가격을 생각해 보면 이런 사실은 분명해진다. 2004년 삼성이 출시한 46인치 LCD TV의 가격은 대략 1,600만 원이었지만 지금 더 품질이 뛰어나고 스마트 기능까지 갖춘 TV가 100만 원 초반대에 팔리고 있다. 이러한 현상은 무어의 법칙이나 길더의 법칙으로도 설명이 되지만 정보통신 산업의 놀라운 혁신을 보면 이런 추세가 상당기간 지속될 것으로 예측할 수 있다.

무어의 법칙은 인텔의 공동설립자인 고든 무어가 1965년 〈electronics〉지에 기고하여 제시한 경험법칙으로 반도체 집적회로의 성능이 18개월에서 24개월마다 두 배로 증가한다는 것이다. 물론 무어의 법칙은 영원히 지속될 수는 없고 무어 자신은 최소 10년은 자신의 법칙이 적용될 것이라고 생각했지만 첫 발표 후 거의 40년이 지난 지금도 정보통신산업에서는 큰 무리 없이 적용되고 있다. 실제 반도체 산업에서는 무어의 예측보다 오히려 더 발전이 더 빨랐고 반도체 이외에도 거의 모든 전자기기에 적용될 수 있으며 다수의 전문가들은 향후 10년에서 20년 이상 이러한 폭발적인 성능향상과 가격하락이 계속 일어날 것으로 전망하고 있다.

무어의 법칙과 비슷하게 길더(Guilder)는 통신망의 전체 대역폭이 12개월마다 세 배씩 증가할 것이라고 예측하였다. 이것은 길더의 법칙(Guilder's law)이라고 불리기도 하는데 무어의 법칙과 비교하면 훨씬 더 빠른 속도로 통신망이 발전할 것을 예측한 것이다.

무어의 법칙과 길더의 법칙은 모두 정보통신산업의 과거와 현재, 그리고 미래의 모습을 보여준다. 전자와 통신산업의 끊임없는 혁신과 경쟁은 제품의 가격은 낮추는 반면 성능과 용량은 대폭 상승시키고 있다. 간단히 얘기하면 소비자는 시간이 갈수록 더 적은 돈을 지불하고도 훨씬 더 뛰어난 성능의 제품을 구매할 수 있다. 이러한 현상은 매우 중요한 것으로 다른 어떠한 산업에서도 보기 힘든 것이다. 기술혁신, 대규모 투자와 제품의 대폭적인 가격 인하를 통해 컴퓨터와 통신서비스는 급속하게 보급되었고 이러한 기반이 없었다면 현재와 같은 인터넷 보급은 불가능했을 것이다.

이런 추세가 정보통신 산업 외에 다른 분야에도 영향을 미칠 수 있을까? 켈리는 거의 모든 산업으로 정보통신 기술의 영향이 확산되는 현상과 인터넷의 보급에 힘입은 거래비용 및 정보 획득 비용의 급락을 근거로 대부분의(최소한 점점 더 많은) 산업이 역가격의 법칙에 적용을 받게 될 것으로 전망한다. 우리 주변을 돌아보면 벌써 역가격의 법칙을 많은 산업에서 발견할 수 있다. 주식거래 비용은 인터넷 이전 시대의 0.5 ~ 1%

대에서 0.01% 수준으로 떨어졌다. 은행송금 수수료 역시 인터넷/모바일 뱅킹의 확산과 함께 현실적으로 거의 무료에 가깝게 떨어지고 있다.

7) 관대함의 법칙(the law of generosity)

네트워크 경제에서는 두 번째 법칙인 풍부함의 법칙에 따라 서비스와 제품이 많이 사용될수록 그 가치는 커지고 여섯 번째 법칙인 역가격의 법칙에 따라 최고의 제품과 서비스도 가격이 계속 하락한다. 두 법칙을 연결하면 일곱 번째 법칙인 관대함의 법칙이 도출된다. 관대함의 법칙은 간단히 가장 가치 있는 제품과 서비스를 "공짜로 제공하라"로 요약될 수 있다.

관대함의 법칙은 왜 기업이 수십억 원 이상을 개발비로 투자한 제품을 최종사용자에게 사용료를 받지 않고 그냥 주고 있는지를 설명한다. 마이크로소프트의 인터넷 익스플로러나 구글 크롬을 생각해 보자. 이런 웹 브라우저를 개발하고 유지보수하기 위해서는 수십억 원 이상이 들지만 기업들은 공짜로 제공하고 있다. 다음 메일과 네이버의 카페 서비스, 페이스북과 싸이월드의 SNS 역시 마찬가지이다. 이런 공짜 가격은 소프트웨어 산업이 대표적이지만 다른 산업 역시 나타나고 있다. IPTV 사업자는 약정과 함께 방송 수신기를 공짜로 제공하며 전자상거래 업체인 아마존은 대학생을 대상으로 무료 2일 배송을 해주는 프라임 서비스를 무료로 제공한다.

왜 이런 현상이 있는 걸까? 근본적인 이유는 제품과 서비스의 한계비용(추가 생산비용)이 0으로 수렴하고 가치는 많이 사용하면 사용할수록 증가하기 때문이다. 많이 사용하면 사용할수록 제품의 가치가 증가하고 제품의 확산이 특정 수준에 도달하면 스스로 굴러가게 된다. 일단 제품의 가치가 상승하고 사람들에게 필수불가결한 요소로 자리 잡으면 기업은 이를 이용해서 추가적인 서비스를 판매하거나 사용자 네트워크를 이용하여 수익을 낼 수 있다.

이런 새로운 비즈니스 환경에서 살아남으려면 기업은 지금까지 가져왔던 의식구조부터 시작하여 사업전략, 비즈니스 모델(business model)을 변화시켜야 한다. 모든 것이 풍부한 세상에서 희소한 것은 사람들의 주목(attention) 밖에 없다. 제품은 공짜로 제공하고 사람들의 주목을 끌어 의식 점유율(mind share)을 확보하라. 이 의식 점유율은 시장 점유율(market share)로 발전할 것이다.

8) 충성의 법칙(the law of allegiances)

네트워크 경제에서 기업이 직면하는 선택의 문제 중 하나는 큰 시장에서 작은 파이(pie)를 나눠먹을 것인가 아니면 작은 시장에서 큰 파이를 가져가면서 시장을 독식할 것인가이다. 1980년대부터의 오랜 경험으로 보면 성공한 기업은 대부분 큰 시장을 선택했다. 최근의 애플(Apple)사의 성공 스토리는 예외적인 경우라고 할 수 있다.

네트워크 경제의 관점에서 보자면 개별 기업도 자사의 이익 극대화 관점에서 벗어나 전체 네트워크의 가치를 극대화 하는 데 초점을 맞추어야 한다. 1980년대와 1990년대의 마이크로소프트의 부상과 애플의 몰락은 이를 잘 보여준다. 최초의 상용 개인용 컴퓨터를 판매하면서 최고의 위치를 점유했던 애플은 독점 시장을 유지했지만 사용자 네트워크가 감소하여 윈텔(win-tel) 동맹이라 불리는 마이크로소프트와 인텔을 중심으로 한 PC진영에 완전히 뒤쳐졌다. 이 패배의 결과로 애플 컴퓨터의 전세계 시장 점유율은 5% 미만까지 떨어지는 위기를 겪게 된다.

충성의 법칙을 잘 따르고 있는 사례는 게임기 산업이다. 게임기 산업의 기업은 사용자, 개발자, 그리고 하드웨어 제조사를 끌어들여 자사의 네트워크를 증가시키기 위해 노력한다. 게임기 산업에서의 성공은 결국 해당 게임기 플랫폼의 네트워크에 달려 있기 때문이다. 소니의 PS3, 닌텐도, 마이크로소프트의 엑스박스 모두 플랫폼 단위로 경쟁하며 개별 기업의 역량만으로 경쟁을 승리로 이끌 수는 없다는 것을 잘 알고 있다. 성공을 위해서는 플랫폼을 키우고 시장을 같이 키워야 하는 것이다.

최근 애플은 아이폰과 아이패드를 가지고 화려하게 시장에 복귀했지만 과거의 독자 네트워크를 추구하는 전략은 수정하지 않고 있다. 스마트폰과 태블릿 시장에서 과거의 윈텔진영과 비슷한 플랫폼 위주의 전략을 펼치고 있는 구글의 안드로이드 진영과 여전히 독자 네트워크를 추구하고 있는 애플의 대결은 충성의 법칙이 여전히 유효한가를 가늠하는 하나의 사례가 될 수 있을 것으로 보인다.

9) 이전의 법칙(the law of devolution)

켈리는 네트워크 경제는 하나의 생태계처럼 동작한다고 믿고 있다. 개별 기업의 운명은 순전히 자신의 역량에만 의존하는 것이 아니다. 개별 기업의 역량이 물론 중요하지만 주변의 이웃들, 협력사들, 그리고 경쟁사들까지를 포함한 생태계에 의해 기업의 성공과 실패가 영향을 받는다. 수많은 불확실성의 존재는 개별 기업이 네트워크 경제하의 생태계에서 최적의 선택을 하는 것을 매우 어렵게 한다.

한때 최고의 기업 역시 동일한 어려움을 겪고 때때로 경쟁에서 도태되는 경우를 어렵지 않게 볼 수 있다. 이것은 네트워크 경제에서는 과거와 달리 시장의 선택, 성장, 소멸의 주기가 매우 빠르고 격렬하게 일어나기 때문이다. 새로운 생태계에 적응하기 위해서 기업은 자신이 가진 기술, 제품, 서비스가 아직 충분한 경쟁력이 있을 때 미리 다음 단계를 계획해야 한다. 그래서 자신의 현재 최고의 제품을 주의 깊게 단종시키고 다음 제품으로 이전할 필요가 있다. 지금 당장은 경쟁력이 있어서 지켜보다가 경쟁자에게 뒤처지는 것은 피해야 한다.

현재의 수익성 높은 제품을 단종시키고 최신 제품으로 대체하는 프로세스를 체계적으로 수행하고 있는 기업의 예로 인텔을 들 수 있다. 인텔은 주기적으로 현세대 CPU 제품을 밀어내고 더 경쟁력 있는 차세대 제품으로 교체를 실시한다. 마이크로소프트의 윈도우즈 제품군 역시 인텔과 비슷하게 주기적으로 차세대 제품을 발표하고 있다. 아직 제품과 서비스, 또는 산업이 최고점에 있을 때 다음을 준비하고 교체할 수 있는 능력은 매우 중요하다. "마치 정상에 있을 때 내보내라."라는 말처럼.

10) 교체의 법칙(the law of displacement)

새로운 법칙 중 하나는 정보가 실물(material)을 대체한다는 것이다. 현재의 관점에서 보면 켈리가 이야기한 교체의 법칙은 현상을 지나치게 단순화하고 있다는 느낌이 있다. 그렇지만 켈리의 전망보다 느리기는 하지만 정보에 의한 실물 교체는 정보통신 산업 이외의 산업에서도 일어나고 있다.

산업경제의 대표적인 제품인 자동차 산업에서도 정보에 의한 교체가 일어나고 있는데 이미 현세대 자동차에는 강력한 컴퓨터인 ECU가 장착되어 차량의 핵심적인 정보를 수집하고 제어를 수행하고 있다. 금융산업에서는 인터넷뱅킹의 확산과 함께 과거의 종이 통장은 서서히 온라인 계좌로 교체되고 있다. 온라인 증권은 증권사 지점 숫자를 급격하게 줄여버렸다. 인터넷과 이메일의 확산은 우편을 과거의 유물로 만들어 버렸다.

콘텐츠 산업은 실물이 정보에 의해 급격하게 대체되고 있다. 음악과 영화산업에서 주요 매체였던 CD와 DVD/블루레이 디스크는 각각 MP3 파일과 온라인 스트리밍의 출현으로 내리막길을 걷고 있고 국내 음악시장의 경우 2010년에 이미 디지털 음원 판매가 음악시장의 80%를 차지했으며 2014년까지 90% 이상을 점유할 것으로 전망되고 있다. 출판 산업 역시 종이책의 운명이 전자책(ebook)의 도전에 위태롭다. 아마존에서는 이미 2012년에 전자책 판매가 종이책 판매를 넘어섰고 미국 최대의 오프라인 서점 체인인 반스앤노블 역시 전자책 시장에 전력투구하고 있다. 정보와 지식에 의한 실물 교체 현상은 전통 산업의 종말과 함께 새로운 사업기회를 만들어 내고 있다.

11) 뒤흔듦의 법칙(the law of churn)

생태계에서는 개별 생명체의 사멸이 일어나고, 새로운 생명체의 유입과 함께 새로운 종이 발생하고 또 멸종한다. 자연의 생태계는 안정적이기보다는 끊임없이 진화하고 있다. 이런 측면에서 네트워크 경제도 비슷하기 때문에 생태계로 자주 비유된다. 켈리는 "변화(change)"보다는 "뒤흔듦(churn)"이라는 단어가 네트워크 경제에서 파괴와 재창조를 일으키는 힘을 설명하는 데 보다 적합하다고 생각한다.

복잡한 네트워크가 지속적으로 생명력을 유지하기 위해서는 생태계 자체의 불안정 요소가 필요하다. 안정적인 질서와 균형에 안주하는 네트워크는 점차 정체하고 결국 소멸해버린다. 켈리의 관점에서 보면 혁신은 곧 파괴(disruption)를 의미한다. 지속적인 혁신은 영구적으로 반복되는 파괴이고 잘 설계된 네트워크의 목표는 균형점을 찾아 안정적인 상태로 들어가는 것이 아니라 불균형의 영구적 유지를 통해 동적 진화를 계속하는 것이다. 안주하는 순간 정체가 시작되는데 다른 말로 하면 천천히 죽어가고 있는 것이다. 네트워크 경제는 영구적인 혼돈(chaos)의 경계에서 움직이고 있다고 볼 수 있다.

네트워크 경제의 뒤흔듦의 어두운 면은 끊임없이 기업들이 소멸해 간다는 것이다. 어제의 우수기업이 오늘은 시장에서 사라진다. 인터넷 메신저와 메일로 야후와 함께 인터넷 시대의 최고 기업이었던 AOL은 타임워너에 인수된 후 겨우 명맥은 유지하고 있지만 시장에서는 거의 잊힌 존재가 되었다. 야후 역시 계속 노력하고 있기는 하지만 초기의 혁신적인 브랜드 이미지는 사라지고 점차 소멸해가는 거인의 모습을 연상시키고 있다. 한국 역시 상황은 비슷하다. 한국 인터넷 커뮤니티의 최고 강자였던 프리챌은 유료화 정책의 실패로 순식간에 사라졌다. 한국을 대표하는 SNS(social network service)인 싸이월드는 네이버, 다음과의 포털 선두경쟁에서 뒤쳐진 후 회복의 기미를 보여주지 못하고 있다. 인터넷 메신저인 네이트온은 모바일 시대에 뒤늦은 대응으로 모바일 시장을 카카오톡에 내어준 후 PC시장도 위협받고 있다. 네트워크 경제에서는 일등이라 하더라도 안주하기 시작하면 곧 소멸하게 된다는 것을 수많은 사례가 보여준다.

켈리의 표현에 의하면 안정의 추구와 기존 성공에 집착하는 것은 아무리 잘해도 비극을 길게 끌고 가는 것 이상이 아닌 것이다. 끊임없는 개별 기업의 소멸이 네트워크 경제의 어두운 측면이라면 밝은 면은 소멸하는 기업보다 더 많은 신생 기업이 창업되어 네트워크에 활력을 불어넣는다는 점이다. “좋아하든 싫어하든 간에 동적 균형(dynamic equilibrium)은 네트워크 경제에서 살아가는 모든 기업에게 일상의 생활이다.” 민첩한 기업만이 생존의 확률을 높일 수 있다.

12) 비효율성의 법칙(The law of inefficiencies)

켈리는 네트워크 경제에서 효율성을 측정한다는 것은 잘못된 일이라고 주장한다. 예를 들어 영화산업에서 상영시간이 긴 영화를 제작하는 것은 짧은 영화 제작보다 비효율적이다. 영화 한 편 가격은 정해져 있으니 상영시간이 길면 관객 회전율이 떨어져 생산성이 떨어진다고 볼 수 있다. 과연 그럴까? 만약 그렇다면 상영시간이 3시간이 넘는 〈반지의 제왕〉 시리즈는 실패한 영화이지만 실제로는 대성공을 거뒀고 영화사와 상영극장 모두에게 큰 이익을 주었다. 비슷하게 네트워크 경제에서는 일을 올바르게 하는 것보다 올바른 일을 하는 것이 훨씬 더 중요하다.

산업경제에서는 동일한 일을 적은 투입을 사용하여 효율성을 높이는 것이 지상과제였다면 네트워크 경제에서는 어떤 일을 하는 것이 효과적인지를 찾아내는 일이 핵심이 된다. "문제를 해결하려고 하지 말고 기회를 찾아라." 현재의 문제를 해결하려고 노력하는 것은 약점에 투자하는 것이지만 기회를 찾는 것은 네트워크에 투자하는 것이다.

마무리사례 야후(Yahoo), 텀블러(Tumblr)에 11억 달러를 배팅하다

지금은 예전 같지는 않지만 최초의 인터넷 기업 야후는 인기 있는 블로그 서비스인 텀블러를 11억 달러를 현금으로 지불하는 조건으로 인수하는 데 합의했다고 발표했다. 이러한 발표는 IT기업들이 소셜 미디어를 잡기 위해 앞 다투어 달려들고 있는 와중에 야후를 어떻게 다시 포지셔닝 할 것인지를 암시한다. 이번 야후의 인수는 최근 몇 년간에 이뤄진 소셜 네트워크 기업 인수 중에서 최대인데 작년에 페이스북이 인스타그램(Instargram)을 10억 달러에 인수한 것을 넘어서는 것이다.

텀블러 인수는 쇠퇴하고 있는 야후에 새 생명을 불어넣기 위한 것으로 야후와 야후의 CEO인 마리사 메이어(Marissa Mayer) 모두에게 대담한 시도로 보인다. 이번 인수는 메이어가 야후의 7번째 CEO를 맡기 위해 구글에서 퇴사한 이후 가장 큰 거래로 이를 통해 야후는 젊은 세대를 더 많이 끌어들이고 소셜 네트워크와 모바일 디바이스 혁명 이래로 잃어버린 몇 년을 보충할 수 있게 되기를 희망하고 있다. 텀블러는 굉장히 활동적인 사용자로 이루어진 1억 800만 개의 블로그를 유치하고 있다.

그렇지만 이렇게 활동적인 대규모 사용자를 가지고 있음에도 불구하고 여전히 텀블러와 다른 소셜 미디어 사이트에 대해서 중요한 의문이 남아 있다. 과연 돈을 벌 수 있을까?

6년 전 창업한 이래로, 텀블러는 충성스러운 추종자를 끌어들이면서 유명 투자자들에게서 수백만 달러를 투자받았다. 그렇지만 아직도 텀블러가 수익을 낼 수 있을 것인지, 그리고 인터넷의 통로가 되고 있는 모바일 디바이스에서 성공할 수 있을지에 대한 의문에 대해 모두 확실한 대답을 하지 못하고 있다. 심지어 페이스북마저도 투자자들로부터 수익률을 올리고 모바일 환경에 적합하게 변화해야 한다는 압력을 받고 있다.

알티미터(Altimeter) 컨설팅사의 창업자인 찰린 리(Charlene Li)는 "어떻게 인기를 재무적인 성공으로 바꿀 수 있는지가 언제나 문제였죠."라고 말한다. "인스타그램이나 페이스북 같은 기업은 언제나 사용자 경험(user experience)에 초점을 맞춥니다. 일단 충성스러운 사용자를 확보하고 난 후 어떻게 두터운 사용자층을 이용해서 어떻게 돈을 벌 수 있을지를 조심스럽고 논리적으로 찾아내는 거죠."

만약 이번 거래가 성사된다면, 메이어는 이번 인수를 성공적으로 관리하는 쉽지 않은 일을 처리해야 한다. 야후는 그동안 유망한 벤처기업을 큰 돈을 들여 인수한 후 망쳐버리는 것으로 악명 높았다. 예를 들어, 36억 달러짜리 거래였던 지오시티(GeoCities)는 문을 닫았고 3천 5백만 달러에 인수한 플릭커(Flicker)는 야후가 인수한 후 무관심하게 내팽개쳐져 있다.

이런 이유 때문에 메이어는 15살에 고등학교를 중퇴한 프로그래머 출신 텀블러 창업자 데이빗 카프(David Karp)가 이끌고 있는 텀블러의 인력을 계속 유지하라는 압력을 받게 될 것이다. 뉴욕시에 기반한 텀블러 직원 175명이 야후로 이직하여 계속 근무하게 될 것인지는 분명하지 않다. 동시에 기업분석가와 투자자들은 수익을 내지 못하고 있는 사이트를 인수하는 것이 타당한지에 대해 의구심을 가질 것으로 보인다.

BGC 파트너스의 분석가인 콜린 질스(Colin Gills)는 "이번 건은 값싼 인수가 아니라 야후가 그동안 잃어버렸던 걸 되찾기 위해 돈을 충분히 쓸 마음이 있다는 걸 보여줍니다. 야후는 앞서나가고 있는 것처럼 보이고 싶은 거예요."라고 말한다.

메이어는 야후의 CEO로 임명된 지 얼마 되지 않았지만 그 동안 여러 개의 소규모 벤처기업을 인수했다. 이들 대부분은 야후의 핵심 사업군인 메일, 파이낸스, 스포츠와 신규 모바일 서비스를 개발하는데 필요한 신규 개발인력을 보충하기 위한 것이었다. 메이어는 중국의 대규모 인터넷 기업인 아리바바(Aribaba)의 야후 지분 절반을 매각하여 얻은 43억 달러의 현금을 가지고 더 큰 먹잇감을 찾고 있었다.

비공식적이기는 하지만 메이어는 사용자에게 근처의 음식점, 가게와 술집 등을 찾아주는 모바일 앱인 포스퀘어(Foursquare)나 비디오 스트리밍 업체인 훌루(hulu)와 같은 여러 대규모 기업을 대상으로 인수협상을 해왔다고 알려졌다.

텀블러는 메이어가 계속해서 찾고 있던 바로 그것, 충성스러운 사용자층을 가진 잘나가는 소셜 네트워크로 보인다. 퀀트캐스트(Quantcast)에 의하면 이 신생 벤처기업은 1억 개 이상의 블로그를 유치하고 있고 미국 내에서 4천 4백만 명, 전세계에서 1억 3천 4백만 명이 방문하고 있다.

하지만 이미 7억 명의 사용자를 가진 최대 웹사이트 중 하나인 야후는 어떤 면에서 보면 사용자를 더 끌어 모으는 것보다는 과거처럼 인터넷 사용자의 중심 관문이 다시 될 수 있게 만들어줄 서비스와 제품을 원한다. 한때는 야후가 미국의 최대 디스플레이 광고업체였지만 지금은 시장을 구글과 페이스북에 넘겨주었다. 이마케터(eMarketer)에 의하면 야후는 작년 전체 광고비 지출이 증가했음에도 불구하고 디지털 광고 시장 점유율이 8.4%로 떨어졌는데 2009년에는 15.5%였다. 구글은 41% 시장점유율을 보이고 있다.

이것뿐 아니라 야후는 트렌드가 PC 중심 웹에서 스마트폰과 테블릿 환경으로 이동하는 것을 놓쳤다. 야후는 인기있는 핵심 서비스에 대한 모바일 앱을 런칭하는데 상당히 오래 걸렸는데 이는 구글이나 애플 같은 경쟁사의 고객을 뺏어올 수 있는 기회를 잃어버렸음을 의미한다.

야후가 전세계 시장에서는 그럭저럭 성장하고 있지만 과거처럼 친숙한 브랜드가 되는 것에는 어려움을 겪고 있다. 최근 홈페이지 개편 전까지만 해도 야후의 메인 페이지는 광고와 콘텐츠가 뒤죽박죽으로 섞여서 거의 공포감이 들 정도였다.

텀블러의 사용자와 웹페이지는 야후의 광고 사업에 매력적인 신규 기반이 될 수 있다. 텀블러 창업자 카프는 사이트를 미니멀하게 유지하는 것을 선호해서 광고를 거의 하지 않았고 사용자 광고도 지난 5월에서야 시작했다.

카프는 이번 인수를 통해 거의 2억 5천만 달러를 받게 될 것으로 예상된다. 보스턴의 벤처 캐피탈인 스파크 캐피탈(Spark Capital)은 텀블러의 공모에 5번 참여했는데 이번 인수로 수천만 달러의 수익을 낼 것으로 보인다.

그렇지만 텀블러가 야후의 목표를 달성하는데 얼마나 도움이 될지는 아직 분명하지 않다. 텀블러는 작년 한해에만 2천 5백만 달러의 현금을 쏟아 부은 것으로 추산되고 있고 신원이 공개되기를 원하지 않는 관련자에 의하면 적절한 수준의 가치로 추가재원을 마련하는 데 어려움을 겪고 있었다고 한다. 이런 어려움 때문에 카프는 페이스북, 마이크로소프트, 구글을 포함한 여러 회사들과 매각협상을 서둘렀는데 별다른 소득이 없었던 것으로 알려졌다. 물론 낮은 수익성은 텀블러뿐 아니라 거의 모든 인터넷 신생 벤처기업이 겪는 운명이기는 하다.

많은 텀블러 사용자들은 야후의 부정적인 이미지가 텀블러를 망치지 않을까 걱정하고 있으며 이번 인수에 대해 부정적인 입장인 것으로 알려지고 있다. 인기있는 소셜블로깅 사이트인 워드프레스(WordPress)의 CEO 맷 뮬렌버그(Matt Mullenweg)는 텀블러 사용자들이 워드프레스로 이주 중이라고 밝혔다. 최근 블로그 포스팅에 따르면 시간당 400~600개

정도의 텀블러 포스트가 워드프레스로 이주하는데, 야후의 텀블러 인수가 언론에 보도된 직후 한 시간 동안 72,000개의 포스트가 이주했다. 이런 텀블러 사용자의 엑소더스가 지속될지는 알 수 없지만 기존 야후에 텀블러를 융화시켜 시너지를 창출하는 것은 야후와 메이어에게 남겨진 어려운 숙제라는 것이다.

출처: NY Times(2013년 05월 20일), Yahoo to Buy Tumblr for $1.1 Billion.

CHAPTER 02

전자상거래의 개요

ELECTRONIC COMMERCE

1. 전자상거래의 정의

2. 전자상거래의 역사

3. 전자상거래의 성장 동력

4. 전자상거래가 유통산업에 미친 영향

도 입 사 례

인터넷 슈퍼마켓 웹밴(Webvan)의 교훈

웹밴은 1999년 6월 2일 당시 미국의 2위 서점체인인 Borders사의 소유주인 Louis H. Borders가 창립한 인터넷 슈퍼마켓이다. Borders는 미시간 대학에서 수학으로 학사를, MIT공과대학에서 석사를 한 인물로 분석능력이 뛰어나고 온라인 산업에 대한 비전을 가진 경영자로 평가되었는데 온라인 슈퍼마켓 산업에서 그가 전국 규모의 거대 서점망의 물류를 성공적으로 운영해온 경험은 큰 자산이 될 것으로 기대를 모았다.

웹밴은 무점포 판매방식으로 식료품, 의약품, 생활용품을 웹사이트에서 주문 받아 자동화된 물류기지를 통해 저비용으로 배달해 주는 것을 비즈니스 모델로 구매자의 가정까지 1,500여 가지의 신선식품, 비조제약과 가정용품을 자사의 배송차량을 이용하여 주문 후 30분 이내에 배달하였다. 웹밴은 고객에게 저렴한 가격과 이동의 필요성이 없는 편리한 구매방식을 장점으로 내세우며 온라인 슈퍼마켓을 시작하였고 샌프란시스코 베이를 중심으로 사업을 시작하였다.

창업 당시의 미국 식료품산업을 살펴보면 미국의 식료품 시장은 약 650억 달러 규모로 대부분의 소비자는 지역 슈퍼마켓에서 장을 보고 있었다. Supermarket Guru.com의 조사에 의하면 평균적인 미국가정은 일주일에 2번 식료품 쇼핑을 하며 매주 86달러를 지출하였다. 미국가정의 약 14%는 반복적인 식료품 쇼핑을 귀찮은 일로 생각하고 있었고 특히 이러한 경향은 35세에서 49세 사이의 여성에게 두드러지는 것으로 조사 되었다.

어쨌든 웹밴의 출발은 순조로웠다. 창업자인 Borders가 10%의 지분을 보유하면서 대규모 투자자에게 8억 달러의 투자를 받아 자본금이 12억 달러에 이르는 대규모 기업으로 출발하였다. 투자자를 살펴보면 Softbank(10% 지분), Sequoia Capital(8%), Benchmark Capital Partners(8%), Amazon.com(6%) 등 유수의 벤처캐피털과 전자상거래 업체가 투자에 참여하였는데 이는 인터넷 슈퍼마켓의 미래를 매우 밝게 보고 있었음을 보여준다. 유명 투자은행인 골드만 삭스는 사업보고서를 통해 웹밴이 당시 대표적인 인터넷 기업이었던 AOL과 Yahoo만큼 성장할 것이라고 예측하였다.

1999년 9월 앤더슨 컨설팅의 CEO인 George Shaheen을 5%에 달하는 거액의 스톡옵션으로 영입하였다. 웹밴의 경영진은 드림팀으로 불렸는데 CEO인 Shaheen 외에도 재무담당 부사장은 Czinger는 메릴린치, 기술담당 부사장인 Relan은 오라클, 운영담당 부사장 Zaleski는 AC 닐슨 출신이었는데 이외에도 거의 모든 임원진은 화려한 이력을 자랑했다. 특히 컨설팅 업계의 슈퍼스타인 Shaheen의 영입은 웹밴의 유명세를 끌어올렸고 이후 건설사인 베첼(Bechel)과 미 전역에 26개의 물류창고 건설을 계약하였는데 이 역시 언론의 집중적인 관심을 받아 웹밴의 유명세를 강화하였다.

이러한 유명세를 바탕으로 웹밴은 1999년 11월 기업공개(IPO)를 실시한다. 여기에는 유명 투자은행인 골드만 삭스, 메릴린치, 뱅크보스턴 로버트슨 스테판스, 베어스턴스와 살로만 스미스바니가 기업공개의 공동주간사 역할을 맡았다. 시작가는 15달러에 2,500만 주를 발행하여 3억 7,500만 달러를 조달할 계획이었다. 기업공개 첫날 주가는 34달러까지 올랐다가 24.87 달러로 끝났는데 시가총액이 80억 달러에 도달하는 대성공을 거뒀다.

인터넷 슈퍼마켓 시장은 웹밴 이외에도 보스턴(Boston)을 중심으로 한 피파드(Peapod), 시애틀(Seattle)의 홈그로서(HomeGrocer), 보스턴의 스트림라인(Streamline)이 사업을 시작하고 있었다. 2000년 6월 경쟁기업인 홈그로서를 12억 달러 상당의 주식으로 100% 인수하여 웹밴그룹(webvan Group)이 된다. 홈그로서는 2000년 오레곤의 포틀랜드, 로스엔젤레스, 샌디에고, 오렌지카운티, 텍사스의 댈러스의 5개 지역에 추가로 물류센터를 개설하고 사업을 확장한 상태였다. 온라인 슈퍼마켓 산업의 최대 경쟁자였던 홈그로서와의 합병을 통해 불필요한 경쟁을 줄이고 크로거(Kroger), 마쉬(Marsh)와 같은 대형 오프라인 슈퍼마켓 체인과의 경쟁에서 우위를 점할 수 있을 것으로 기대를 모았다.

웹밴과 주요 경쟁기업 비교

	피파드	홈그로서	스트림라인	웹밴
기업공개/공모금액	1997년/6천4백만 달러	2000년/2억6천4백만 달러	1999년/5천6백만 달러	1999년/3억7천5백만 달러
고객가구(추산)	11,500	10,000	11,000	20,000
평균주문 처리비용	120달러	110달러	119달러	71달러
배송비	비회원 15달러/회원 월 4.95달러와 주문액의 5%	75 달러 이하 주문의 경우 9.95 달러, 그 이상의 주문은 무료배송	4번 박스포장 배송기준 30달러	50 달러 이하 주문의 경우 5달러, 그 이상 주문은 무료배송
배송시간	120분	90분	N/A	30분
물류센터 건설비용(추산)	2백만 달러	5백만 달러	N/A	2천5백만 달러

웹밴의 강점은 대규모의 자동화 된 물류창고와 최신식 배송시스템으로 평가된다. 이를 통해 타사 대비 약 1/2 인력 규모로 운영 가능한 것이 강력한 경쟁우위로 작용하였다. 웹밴이 캘리포니아 오클랜드에 건설한 창고는 33만 평방피트의 대규모를 자랑하였고 신선식품을 위해 별도의 냉동/냉장 창고를 운영하였다. 예를 들어 살아있는 랍스터, 포도주와 다양한 종류의 조리음식을 최적의 온도에서 보관할 수 있었고 효과적인 물류처리를 위해 각각의 물류센터가 따로 있었는데 이 역시 12만 5천 평방피트의 대규모로 건설되었다. 효율적인 물류처리를 위해 설치한 컨베이어 벨트의 길이는 무려 5마일(약 8km)이나 되었고 위성항법시스템(GPS)를 통해 배송트럭을 관리하였다. 식료품의 빠른 배달을 위해 건설한 대규모 물류시스템을 통해 이후 전자제품, 책, 비디오, CD 등 다양한 영역의 제품군으로의 사업영역 확장이 가능하였다. 온라인 경쟁기업과 비교하면 웹밴의 현저하게 낮은 주문처리 비용과 대규모 물류센터 건설비용이 두드러지게 나타난다.

웹밴은 사용자의 구매습관을 오프라인에서 온라인으로 변화시키기 위해 강한 브랜드를 원했고 이를 위해 대규모 마케팅 비용을 지출하였다. 웹밴 로고를 직원의 유니폼과 배송차량에 표시하여 브랜드 인지도를 높였다. 1999년 9월에는 샌프란시스코를 중심으로 5천만 달러의 광고 캠페인을 수행하였다. TV광고와 스팟 광고를 포함하여 다양한 매체를 활용하였고 2000년에는 샌프란시스코의 메이저리그 야구단인 샌프란시스코 자이언츠와 3년간의 스폰서 계약을 맺고 홈구장인 퍼시픽 벨 파크에 광고를 시작했다.

웹밴의 시련은 2000년 인터넷 거품붕괴를 거치며 시작된다. 인터넷 거품 붕괴는 성장에 필요한 추가자금의 확보를 불가능하게 했다. 심각한 자금난에는 미국 26개 도시의 초대형 창고 건설에 따른 유동성 위기도 한 몫을 했다. 2000년 3분기에 일리노이의 배송센터는 문을 열었지만 뉴저지나 사우스 브롱스 지역의 배송센터는 건설이 계속 되고 있기는 했지만 자금 고갈로 오픈이 연기되었다.

웹밴은 위기의 타개를 위해 경쟁사인 홈그로서와의 합병, 전자제품, 책, 비디오 등을 취급하는 종합유통사로의 사업영역 확장 등 다양한 시도를 하지만 시장의 평가는 냉정했다. 2000년 3월 이후 주가는 지속적으로 하락하였고 10달러 밑으로 떨어진 뒤 전혀 반등의 기미를 보여주지 못한다.

출처: bigcharts.com.

웹밴의 주가변화

이후에도 비용절감을 위해 무료 배송제를 폐지하고 마케팅 비용을 축소하는 등 자구책을 펼쳤으나 오히려 주문량이 감소하는 악순환을 겪는다. 이어진 자금난을 견디지 못한 웹밴은 결국 1999년 기업공개 후 겨우 2년 만인 2001년 7월 파산 신청 후 문을 닫았다. 웹밴의 파산으로 약 2,000명의 직원들이 일자리를 잃었고 12억 달러의 자산과 1억 6백만 달러의 부채를 남겼다. 자산이 부채의 거의 12배에 이르렀으나 유동성 위기를 이기지 못한 파산이었고 이후 채권자들에 의해 소송이 계속 되었다.

웹밴의 실패에는 다양한 원인이 제시되고 있지만 매킨지 컨설팅사의 웹밴의 주문처리 비용 분석은 식료품 산업의 인터넷 판매가 겪는 어려움을 잘 보여준다. 매킨지의 분석에 의하면 웹밴의 평균 주문액은 81.3달러인 데 반해 제품원가 66.2달러, 배송비 18달러, 주문이행비가 10달러로 한 주문마다 12.9달러의 손실을 보고 있었다. 사업이 순조롭게 진행되어 고객 주문이 임계점을 넘겼다면 상황은 달라질 수 있었겠지만 2000년의 인터넷 거품 붕괴는 웹밴에게 절실하게 필요했던 추가자금과 시간을 날려버렸다.

창업자인 Borders는 웹밴의 파산 수주 전 주당 6센트에 보유지분 4,500만 주를 전량 매각하여 270만 달러를 확보한 것으로 알려졌다. 보더스가 매각한 4,500만 주는 한 사람이 인수한 것으로 알려졌으나 누구인지 알려지지는 않고 있다.

출처: 김민식(2001). Webvan 파산에 따른 시사점. 정보통신정책연구원.

백풍렬(2001). "닷컴이 남긴 교훈", LG경제연구원 LG주간경제.

황혜정(2010). "시장이 알아주지 않는 혁신들", LG경제연구원 LG Business Insight

Bellantoni, C., Wevban tops fourth quarter IPOs in valley", Silicon Valley Business Journal(2000.01.16).

CNet, Webvan delivers its last word: Bankruptcy(2001.07.09).

Direct Marketing News, Borders dumped Webvan stock before shutdown(2011.07.13).

Lashinsky, A., A special delivery direct from Webvan's roadshow, The Street(1999.10.07).

http://en.wikipedia.org/wiki/Webvan.

Financial Times, A billion-dollar mistake: Webvan's failure has been an expensive lesson for the Internet(2001년 07월 10일).

New York Times, Some hard lessons for online grocer(2001년 02월 19일).

Wired, Why Webvan drove off a cliff(2001년 07월 10일).

전자상거래의 개요

CHAPTER 02

1. 전자상거래의 정의

1990년 후반 인터넷의 급속한 보급과 함께 등장한 전자상거래(Electronic Commerce: EC)는 전통적인 상거래의 혁명적인 변화를 불러일으켰다. 이러한 변화는 단순한 상거래를 넘어 산업구조와 기업의 업무프로세스 전체에 영향을 미치고 있으며 이러한 변화는 지금까지도 지속되고 있다.

전자상거래는 다양한 관점에서 정의될 수 있다. Kalakota and Winston(1996)은 전자상거래를 네트워크를 통한 상품의 구매와 판매로 정의하고 있다. Laudon and Traver(2007) 역시 전자상거래를 "인터넷과 웹을 통해 상거래를 하는 것"으로 정의한다. 국내법인 "전자상거래 등에서의 소비자보호에 관한 법률"과 "전자문서 및 전자거래 기본법" 역시 이와 비슷하게 재화 또는 용역의 거래에 있어서 그 전부 또는 일부가 전자문서에 의하여 처리되는 전자거래 방법으로 이루어지는 상행위를 전자상거래로 정의하고 있다.

이러한 정의는 공통적으로 직접적인 상거래를 전자상거래의 핵심적인 부분으로 보고 있지만 현재의 전자상거래가 직접적인 상거래 이외에도 구매와 판매를 지원하는 업무 프로세스, 기획, 마케팅 등의 다양한 활동을 포함하게 되었음을 감안하면 이러한 정의는 전자상거래를 협소하게 정의한 경우라고 볼 수 있다. 전자상거래의 발전과 광범위한 기업활동에 미치는 영향을 고려하면 전자상거래는 "네트워크를 통한 상거래와 이를 지원하는 모든 활동"으로 폭넓게 정의하는 것이 타당하다.

전자상거래와 비슷한 개념으로 IBM이 주창한 e-비즈니스(electronic business)가 있는데 e-비즈니스는 "인터넷 기술을 활용하여 기업의 핵심 프로세스를 완전히 변화"시키는 것으로 정의된다. 개념적으로는 e-비즈니스가 협의의 전자상거래보다 광의의 의미를 가지지만 광의의 전자상거래와는 거의 비슷한 개념으로 대부분의 경우 비슷한 의미로 사용될 수 있다고 본다.

2. 전자상거래의 역사

전자상거래는 초기에는 물류회사를 위한 전자문서 표준화 시스템인 EDI(Electronic Data Interchange)의 발전과 함께 시작되었으나 1990년대 인터넷으로 대변되는 인터넷 경제 혹은 디지털 경제의 성장과 함께 급격하게 발전하게 된다. 편의상 전자상거래의 발전 역사를 각각의 시기에 따라 발전기, 닷컴 거품 붕괴시기와 재도약기로 분류할 수 있다.

1) 발전기(1995년~1999년)

초기의 전자상거래는 1960년대 시작된 EDI에서 출발하였는데 EDI는 기업 간 전자문서 표준화를 통해 기업 간 커뮤니케이션의 효율성을 제고하고 생산성을 높이려는 시도였고 현재와 같은 상거래 전반과 그 지원프로세스를 네트워크를 통해 수행하는 수준에는 이르지 못했다. 1990년대 중반이 지나서야 인터넷의 급격한 보급 및 IT기술의 발전과 함께 수많은 전자상거래업체가 새로운 기회를 찾아 창업을 하게 된다.

1995년 1월 Yang and Filo는 자신들이 1994년 공개한 웹디렉토리 서비스를 Yahoo로 변경하고 yahoo.com의 도메인을 등록하여 본격적인 전자상거래 시대의 도래를 알린다. 곧이어, 1995년 전세계 최대 규모의 서점이자 종합전자상거래업체인 Amazon이 미국에서 창업하고 1년 만에 수백만 달러 규모의 기업으로 성장하였다. Amazon 창업 두 달 후 최초의 온라인 경매업체인 ebay가 창업하고 1996년에는 Dell 컴퓨터가 인터넷을 통해 소비자에게 직접 제품을 팔기 시작한다.

한국에서는 1995년 다음커뮤니케이션이 창업 후 1997년 대한민국 최초의 무료 이메일 서비스인 한메일을 시작한다. 네이버는 다음커뮤니케이션보다 약간 늦은 1999년 설립되어 검색포털서비스 네이버를 시작하고 한국형 SNS인 싸이월드 역시 1999년 클럽서비스를 중심으로 사업을 시작하는 등 수많은 전자상거래업체가 1995년을 기점으로 사업을 시작한다.

기술적으로 보면 이는 기존 국방과 연구 중심의 네트워크였던 미국의 ARPANET(Advanced Research Projects Agency Network)을 NSF(National Science Foundation)가 NSF.net으로 대체하고 1995년 다시 상업적인 인터넷 백본(Internet backbone)으로 교체하는 등 다수의 규제완화에 힘입은 바가 크다.

1997년 이후 2000년까지 3년간 전자상거래는 황금알을 낳는 미래의 산업으로 각광받으며 미국에서만 1만 2천 개 이상의 인터넷 관련 기업이 창업하였고 1,000억 달러 상당의 자금이 투자되었다. 이 당시의 전자상거래에 대한 과도한 장밋빛 기대와 과투자는 미국 서부시대의 골드러쉬에 비교되기도 하는데 2000년부터 시작되는 신생 전자상거래업체의 대규모 파산의 단초가 된다.

2) 닷컴 거품 붕괴시기(2000년~2001년)

1990년대 후반의 인터넷 골드러쉬는 닷컴 거품(dot-com bubble)이라고도 불리는데 2000년부터 전자상거래 기업들의 실적에 실망한 기업분석가들은 닷컴 기업에 대해 부정적인 전망을 쏟아놓게 된다. 이후 2000년과 2001년, 2년간 전자상거래에 대해 열광하던 투자자의 관심은 순식간에 얼어붙었다. 인터넷 골드러쉬에 대한 열광이 비이성적이라고 비판받았던 것처럼 거품 붕괴 역시 순식간이었다.

2000년 3월 10일부터 4월 14일까지 약 한달 동안 미국의 나스닥(NASDAQ)은 34%나 하락하고 다우존스(Dow Jones)의 종합인터넷지수(Composite Internet Index)는 53.4%가 떨어지는 폭락을 경험하게 된다. Amazon과 ebay와 같은 대표 전자상거래 기업도 이를 피해갈 수는 없었다. 같은 기간 동안 Amazon 주식 총액의 29.9%, ebay 27.9%, VeriSign은 59.2%가 주식시장에서 증발해 버렸다. 수많은 전자상거래업체가 예정되었던 주식공개(Initial Public Offerring: IPO)를 취소하거나 파산한다. 최초의 인터넷 슈퍼마켓으로 화려하게 등장한 Webvan 역시 닷컴 거품 붕괴기를 견디지 못하고 파산한 수많은 닷컴 기업의 하나이다. 〈Fortune〉지는 2001년 12월 기사에서 2001년 한 해에만 384개의 닷컴 기업이 파산하거나 운영을 중지했다고 분석했다.

2000년과 2001년의 급격한 거품 붕괴는 일정 부분 전자상거래업체와 인터넷이 가져올 산업의 변화에 과도한 기대를 객관적인 기업실적이 뒷받침하지 못하였기 때문이다. 하지만 전자상거래에 대한 광기에 가까웠던 열광은 사라질 때 역시 광적이었다고 말할 수밖에 없다. 그렇지만 이 시기에도 전체 전자상거래 시장규모는 꾸준히 증가한다. 2001년 미국 상무부는 미국의 2000년과 2001년 4분기 전자상거래 매출규모가 각각 전년도 동분기보다 52억 7천만 달러와 100억 4천만 달러가 증가한 것으로 보고하고 있다.

3) 재도약기(2002년 이후)

닷컴 거품 붕괴기에는 전자상거래 산업이 너무 고평가되고 있으며 환상에 지나지 않는다는 견해가 꾸준히 나왔지만 현실은 달랐다. 거품 붕괴기는 물론이고 현재까지 전자상거래 산업의 규모는 꾸준히 성장하고 있다. 닷컴 거품 붕괴기였던 2000년부터 2003년까지 4년 동안 미국에서는 약 2,000억 달러가 전자상거래 기업에게 투자되었다. 어려운 시절을 견뎌낸 기업은 오히려 호기를 맞았고 지속적으로 성장하고 있다. 〈표

〈표 2-1〉 미국과 한국의 전자상거래 매출액 추이

연도	B2C(미국)	B2B(미국)	B2C(한국)	B2B(한국)
2011	360	9,500	29,062	912,562
2010	330	8,600	25,203	747,090
2009	300	7,500	20,643	592,965
2008	270	6,500	18,146	560,255
2007	230	5,600	15,766	464,456
2006	200	4,800	13,460	366,191

2-1〉은 미국과 한국의 전자상거래 매출액이 상당 규모의 성장을 지속하고 있음을 보여준다.

국내의 경우 전세계 최고 수준의 네트워크 인프라와 IT 기술 발전에 힘입어 전자상거래 산업은 매년 큰 폭의 성장세를 보여주고 있다. 통계청 자료에 의하면 2011년 전자상거래 총거래액은 약 999조 원으로 나타났는데 2010년 거래액인 824조 원과 비교하면 1년 동안 21.2%의 큰 폭으로 성장하였다. 2007년부터 최근 5년간을 살펴보면 2008년 말 금융위기의 여파로 2009년 한해 6.7%의 소폭 성장세를 보인 것을 제외하고는 모두 20% 이상의 높은 성장세를 지속하고 있음을 알 수 있다.

중간사례 코즈모닷컴(Kosmo.com): 몰락한 아메리칸 드림, e-Dreams

코즈모닷컴은 식료품, 책, CD, 비디오, 전자제품 등 모든 종류의 제품을 인터넷에서 주문 후 한 시간 내에 무료로 배달해 주는 것을 사업모델로 주목받은 전자상거래 및 배송 전문 인터넷 벤처기업으로 1998년 뉴욕에서 한국계 2세인 조셉 박(Joseph Park)이 그의 룸메이트와 함께 창업하였다. 한 때 미국에서 e-mmediate(즉시배송)이라는 신조어를 유행시킬 정도로 잘나가는 기업이었고 오렌지색 유니폼을 입은 코즈모닷컴의 배달원은 자전거를 타고 담배 한 갑에서부터 TV까지 다양한 상품을 한 시간 내에 배달했다.

조셉 박은 3살 때 부모님을 따라 미국으로 이주한 교포 2세이다. 부모님은 세탁소를 운영하던 독실한 기독교 신자였고 졸업 후 모두가 선망하는 투자은행인 골드만 삭스에서 연봉 10만 달러를 받는 분석가로 일했다. 하지만 "평범하게 그럭저럭 살다가 죽고 싶지는 않다."라는 이야기를 자주 했다는 일화가 있는 걸 보면 은행원으로서의 평범한 일상은 그에게 맞지 않았던 듯하다.

2000년 투자자 모집을 위해 한국을 방한했던 조셉 박은 클릭피플과의 인터뷰에서 코즈모의 뜻이 무엇이냐는 질문에 대해 다음과 같이 답변한다.

"두 가지 뜻이 있다. 나의 대학 룸메이트가 즐겨보던 TV 프로그램의 캐릭터 이름이고, 동시에 코스모폴리턴(Cosmopolitan)의 약자라는 의미가 있다. 이 사업을 시작한 것은 사실 아마존닷컴의 서비스에 대한 실망 때문이었다. 아마존에 책을 주문했는데, 며칠을 기다린 끝에야 겨우 주문했던 책이 배달됐다. 제품을 빠르게 배달하는 사업을 시작하면 성공하겠다고 생각해 연봉 10만 달러(1억 2,000만 원)짜리 은행원 자리를 박차고 창고에서 룸메이트와 단 둘이서 자고 먹으며 1년 만에 코즈모닷컴을 키웠다."

코즈모의 비즈니스 모델은 독특한 면이 있었는데 거의 모든 소량 물품을 주문 후 1시간 내에 목적지에 배달하는 것을 목표로 했다. 하지만 뉴욕과 LA와 같은 대도시의 교통지옥을 감안하면 거의 불가능한 일로 생각되었는데 코즈모닷컴은 복잡한 대도시에서의 기동성 확보를 위해 자전거를 주요 배송수단으로 이용하였고 필요시 자동차, 버스, 지하철 등 모든 교통수단을 활용했다. 사업 초기에 CEO인 조셉 박 역시 자전거를 타고 배송업무를 하였고 자전거 위에서 무전기로 업무지시를 내렸다는 것은 상당히 유명한 일화다.

코즈모닷컴의 수익 모델을 보면 창고와 재고 없이 도매가격으로 상품을 받아 판매하여 얻는 차익이 수익의 원천이었다. 온라인 주문의 경우는 무료 배송을 원칙으로 LA, 뉴욕, 보스턴, 워싱턴, 시애틀, 샌프란시스코, 휴스턴 등 10여 개 미국 대도시에서 사업을 시작했다. 한국의 짜장면 배달을 연상하고 비즈니스 모델을 개발했다는 소문이 있지만 3살 때 미국으로 건너갔다는 점을 고려하면 신빙성이 높아보이지는 않는다.

이런 독특한 비즈니스 모델을 기반으로 코즈모닷컴은 2억 5천만 달러의 자금을 확보하며 기염을 토한다. 아마존이 6천만 달러를 투자하여 30% 지분을 보유, 1대 주주라는 점도 코즈모닷컴을 유명하게 만들었다. 전성기에는 40만 회원을 자랑했으며 창업 후 2년 만에 4,000여 명의 직원을 거느린 기업으로 성장하였다. 조셉 박은 코즈모닷컴 직원 전부를 백만장자로 만들어 주겠다고 큰소리를 치고는 했는데 직원 대부분은 주식을 받았고 나스닥 상장 후 백만장자가 되리라는 꿈을 가지고 열심히 일했다. 2000년 2월에는 1억 5천만 달러를 지불하고 스타벅스와 5년간의 공동마케팅 협정을 맺는 호기를 부렸고 CNN, CNET과 월스트리트저널 등의 주요 언론에서 주목할 기업으로 스포트라이트를 받는 등 성공이 눈앞에 있는 것으로 보였다.

초고속으로 성공가도를 달려왔지만 몰락 역시 순식간이었다. 조셉 박과 직원들은 2000년 5월로 예정된 1억 5천만 달러 규모의 나스닥 상장을 앞두고 꿈에 부풀어 있었다. 하지만 2000년 역사적으로 유명한 닷컴 거품 붕괴와 함께 악몽이 시작된다. 2000년 4월 14일 나스닥은 355.5 포인트라는 역사상 최악의 낙폭을 기록하며 문자 그대로 "붕괴"한다. 4월 한 달 동안 나스닥 시가총액의 60%가 허공으로 사라졌다.

한 달 뒤인 2000년 5월 나스닥 상장을 앞두고 성공에 도취해 있던 코즈모닷컴에게는 악몽이었을 것이다. 코즈모닷컴의 상장은 무기한 연기되었고 심각한 노사갈등과 함께 창업자 조셉 박은 2000년 7월 퇴진하게 된다. 2000년 기준으로 매출 350만 달러에 순손실만 2,640만 달러를 기록하였는데 나스닥 폭락으로 추가자금 수혈이 불가능해진 환경에서는 이미 기업의 수명이 끝난 것과 마찬가지였다.

코즈모닷컴은 조셉 박이 물러난 이후 CFO인 개리 바르도를 CEO로 선임 후 한 때 4,000명에 달했던 직원을 1,100명까지 감원하는 등 강도 높은 자구책을 펼쳤으나 결국 나스닥 폭락 1년 후인 2001년 4월 이사회 결의로 사업을 중지한다.

왜 한 때 잘나가던 코즈모닷컴은 망했을까? 직접적인 원인이 된 나스닥 폭락 외에 보다 근원적인 문제가 존재한다.

첫 번째는 코즈모닷컴의 비즈니스 모델이 전자상거래의 장점을 살리지 못했다는 것이다. 겉으로 보기에는 화려한 인터넷 기업이었지만 홈페이지를 한꺼풀 벗기고 들어가면 코즈모의 운영프로세스는 전통적인 택배사, 그것도 굉장히 낙후된 택배사에 지나지 않았다. 주요 운송수단이 자전거로 노동집약적인 데다가 효율도 매우 낮았다. 게다가 변동비가 굉장히 높아서 매출이 올라가면 필연적으로 비용도 급격하게 상승하게 되는 구조로 전자상거래의 장점을 전혀 살리지 못하는 비즈니스 모델이었다. 따라서 전자상거래 기업의 가장 큰 장점이자 특성인 수요의 증가에 따른 선순환 효과를 만들어 낼 수 없었다.

둘째, 기업홍보에만 주력한 무리한 사업계획을 들 수 있다. 스타벅스와의 1억 5천만 달러짜리 대규모 공동마케팅은 코즈모닷컴과 조셉 박을 유명하게는 만들었지만 회사 자체에 가져다준 수익은 거의 없었다. 게다가 뉴욕타임즈사에 신문을 신문가판대 가격으로 워싱턴 DC로 배송하여 판매해 주겠다고 제의하는 등 사업성과 동떨어진 무리수를 많이 두었는데 이는 코즈모닷컴의 재정상황을 급격하게 악화시켰다.

마지막으로 기업가 정신의 부재를 들 수 있다. 코즈모닷컴과 조셉 박의 행보를 보면 1990년 후반과 2000년 초반의 인터넷 광풍과 그 뒤에 숨어있는 한탕주의의 탐욕이 눈앞에 보이는 듯하다. 무리한 사업계획과 기업과 CEO 홍보에 집중된 코즈모닷컴의 움직임은 기업의 장기적 성공과 생존이 목표라기보다는 나스닥 상장까지만 끌고 가려는 듯 한 인상을 준다. 조셉 박은 자신이 억만장자가 되고, 직원 모두를 백만장자로 만들어주겠다고 자주 장담했다고 한다.

재미교포 영화감독인 진원석 씨가 재미교포 2세가 코즈모닷컴을 통해 아메리칸 드림을 실현하는 과정을 보여주기 위해 촬영을 시작한 독립영화인 e-Dreams는 갑작스런 회사의 몰락으로 주제가 "아메리칸 드림의 성취"에서 기업의 "흥망"으로 뜻밖에 바뀌어 버렸다. 촬영을 마칠 때까지도 코즈모닷컴의 성공이 눈앞에 있는 듯 했지만 편집 과정 중에 급격하게 몰락해 버린 것이다. 그만큼 코즈모닷컴의 하락은 순식간이었다. 진원석 감독은 촬영이 다 끝난 영화의 마지막에 조셉 박의 후회의 소감을 자막과 함께 부랴부랴 추가했다.

"그 때로 돌아간다면 수많은 시행착오를 미연에 방지해 더 잘하고 싶습니다. 하지만 그 때 우리는 시간이 없었습니다."

출처: 이코노미21(2001년 05월 09일)/조선일보(2000년 05월 08일).
http://en.wikipedia.org/wiki/Kozmo.com
InformationWeek, Kozmo.com parthers with Starbucks(2000년 02월 14일).
The Wall Street Journal, In Kozmo.com's failure, lessons for same-day delivery(2012년 12월 03일).

3. 전자상거래 성장 동력

전자상거래는 탄생 이후 전세계적으로 성장을 지속하고 있다. 이러한 성장은 전자상거래가 고객과 기업에게 제공하는 혜택 때문이다. 전자상거래의 주요 혜택은 크게 구매자 거래비용 감소, 판매자 비용절감, 지리적 한계 극복, 생산성 향상의 네 가지로 분류할 수 있다.

1) 구매자 거래비용 감소

구매자가 상거래를 수행할 때 발생하는 거래비용은 실제 지불하는 재화의 가격 외에도 상품 및 가격 정보수집을 위해 소요되는 탐색비용과 상점까지 이동하는 데 필요한 시간과 비용인 이동비용이 있다. 기존에는 상품 정보수집을 위해 TV, 신문, 잡지, 생활정보지, 광고 등의 대중매체를 활용하거나 지인이 전해주는 구전 정보에 의존해 왔다. 추가적으로 직접 매장을 찾아 제품을 살펴보거나 판매원의 설명을 통해 정보를 얻기도 하지만 직접 매장을 방문하여 제품을 살펴보는 경우는 구매자의 지식과 역량에 따라 얻을 수 있는 정보의 양과 질이 제한될 수 있다. 판매원에게 정보를 의존하는 경우는 이러한 제약은 없지만 제공되는 정보가 판매자에게 유리하게 편향되었을 가능성이 높아 신뢰성이 낮은 단점이 있다. 종합적으로 볼 때 과거의 정보획득 방법은 시간과 비용이 높은 편이다.

반면, 전자상거래의 경우는 각종 검색엔진과 다수의 사용자 커뮤니티를 통하여 빠르고 간편하게 필요한 상품 및 가격 정보를 획득할 수 있다. 국내의 다나와나 에누리, 미국의 pricegrabber.com과 같은 가격비교엔진을 활용하면 손쉽게 동일제품에 대해 다수 판매자의 가격을 비교하여 저렴하게 쇼핑이 가능하다. 구매자의 풍부한 정보는 판매자 간의 경쟁을 촉진시키고 결과적으로 판매자가 차지하는 이윤을 축소시켜 구매자의 이익을 증가시킬 수 있다.

이동비용은 구매자가 웹 브라우저나 전용 컴퓨터 애플리케이션을 이용하여 전자적으로 구매하는 전자상거래의 특성 때문에 거의 무시할 만한 수준으로 적거나 전혀 없는데 이는 구매자에게는 큰 장점이 된다. 극단적인 예이기는 하지만 백화점 세일 기간의 주변 교통체증을 생각해 보자. 이 경우 오프라인 구매자는 매우 높은 이동비용을 소모하게 된다.

2) 판매자 비용절감

판매자 역시 전자상거래를 통해 효과적으로 비용을 낮추어 경쟁력을 높일 수 있다. 비용절감 요인은 부동산 비용, 인건비, 물류비와 광고비에 소요되는 비용을 절감할 수 있다.

첫 번째, 전통적인 상거래에서 판매자는 상품의 전시와 보관을 위해 물리적인 공간이 필요하다. 많은 고객을 유치하기 위해서는 좋은 입지와 더 큰 규모의 공간을 필요로 하는데 여기에는 당연히 더 많은 비용이 소요된다. 전자상거래에서는 상품을 위한 물리적인 공간이 필요 없기 때문에 상품의 보관과 전시에 필요했던 부동산 관련 비용을 크게 절감할 수 있다. 물론 전자상거래를 위한 하드웨어, 소프트웨어와 네트워크 관련 비용이 필요하지만 기존의 부동산 비용과 비교하면 매우 낮은 수준이다.

두 번째, 전자상거래에서는 기존 직원을 고용하여 수행해야 했던 많은 업무가 자동화되거나 고객 스스로 수행하기 때문에 인건비가 절감된다. 따라서 전통적인 상거래와 비교시 동일한 매출 규모라면 더 적은 수의 인원으로 업무수행이 가능하다. 주문, 결제, 상품정보 제공, 재고관리 등의 많은 업무를 최소한의 인력만으로 유지할 수 있다. 온라인 쇼핑몰에서 물건을 구매한 경험을 기억에서 되살려보자. 상품정보는 쇼핑몰의 홈페이지나 검색 등을 통해서 얻고, 주문과 결제에 필요한 정보는 모두 고객 스스로 입력했을 것이다. 동일한 제품을 백화점에서 구매했다면 이 모든 업무는 판매원이 수행했을 것이다. 고객이 인터넷을 이용해 셀프서비스를 하고 있는 것이다.

전자상거래에서 고객의 셀프서비스는 단순히 기업의 인력비용을 줄이는 것뿐 아니라 업무 처리의 신속성과 정확성을 향상시켜 준다. 이는 거래의 직접 참여자인 고객이나 공급업체 직원이 직접 온라인 시스템을 통해 검색, 주문입력, 질의응답 등을 수행하여 정보오류의 가능성이 줄어든다. 과거의 담당직원에 의한 데이터 입력과 서류작성 등에서 빈번히 발생했던 업무처리 지연요소가 크게 줄어들고 이러한 단순 업무 수행 인력 역시 감소한다.

세 번째, 상거래에 필요한 물류비용을 줄일 수 있다. 다수의 지점을 가진 대규모 소매점을 생각해 보자. 각 지역마다 제품의 선호도와 수요량이 다르기 때문에 필요한 상품의 전시와 재고 확보를 위한 물류비용이 높다. 반면, 전자상거래의 경우 상품 전시를 위한 물류비용이 없으며 제품의 배송에 따라 최적의 위치에 대규모 물류시설을 유지하면 되기 때문에 규모의 경제를 통해 물류비용을 절감할 수 있다. 특수한 경우이기는 하지만 음악, 영화, 소프트웨어와 같은 디지털 상품의 경우 재고확보와 배송을 위한 물류비용이 거의 필요하지 않기 때문에 전자상거래를 통해 오프라인 판매상보다 강한 경쟁우위를 확보할 수 있다.

네 번째, 광고 및 마케팅 비용의 절감이 가능하다. 전자상거래업체의 주요 광고채널인 검색엔진, 포털과 SNS의 광고 단가는 TV나 신문과 같은 전통매체에 비해 비용이 낮다. 추가적으로 클릭당 비용 지불이나 검색노출당 비용 지불 방법 등을 사용할 수 있고 이는 광고효과를 직접 측정하여 비용을 산정하기 때문에 비용대비 효과 측면에서 우수하다.

3) 지리적 한계 극복

전자상거래는 인터넷의 전세계적 접근성을 활용하여 판매자와 구매자 모두에게 지리적 제약을 완화시킨다. 과거의 해외시장 진출은 대규모 기업만이 가능했고 중소규모 기업의 경우는 대부분 국제적인 네트워크를 가진 종합상사의 도움을 받아야만 했다. 전자상거래시대의 도래와 함께 기업은 자사의 홈페이지나 해외의 이베이, 아리바바(aribaba)와 같은 전자상거래 마켓플레이스를 통하여 해외판매를 할 수 있게 되었다.

구매자의 경우도 과거에는 지리적 제약 때문에 근거리의 판매점을 이용할 수밖에 없었으나 지금은 다르다. 전자상거래는 개인 구매자라 할지라도 전국의 국내업체는 물론이고 전세계 업체로부터의 구매도 손쉽게 수행할 수 있게 한다. 이는 국제결제시스템과 국제운송시스템의 발달에 힘입은 바가 크다. 해외업체가 직접 국내로 국제배송을 해줄 뿐 아니라 미국과 유럽, 중국, 일본 등지에 구매와 배송을 대행해 주는 업체가 다수 영업을 하고 있다. 해외구매 방법과 정보를 공유하는 인터넷 커뮤니티도 크게 호응을 받고 있다.

그렇지만 전자상거래에서의 지리적 한계는 약해지고 있지만 여전히 남아 있고 앞으로도 상당 기간 동안 완전히 극복하기는 어려울 것이다. 거리에 따른 물류비용과 배송시간의 차이는 여전히 남아 있는 장벽이지만 전자상거래의 지속적인 확대와 이에 따른 물류량이 증가함에 따라 점차 낮아질 것으로 예상된다.

4) 생산성 향상

기업은 전자상거래와 관련 기술을 기업 프로세스에 적용하여 생산성을 향상시킬 수 있다. 전자상거래는 기업의 공급망 관리의 효율화를 통한 관리비용 절감과 재고 감축, 생산과 배송 주기 축소, 고객서비스 속도 향상 등을 통해 기업의 생산성을 향상시킬 수 있다.

영국의 국립통계청은 2003년에 전자상거래 도입이 기업의 생산성 향상에 얼마나 기여하였는지를 조사하였다. 2001년 응답기업 약 6,000개와 2002년 응답기업 약 5,500개에 이르는 대규모 설문결과를 분석한 결과 전자상거래의 활용이 영국 기업의 생산성에 긍정적인 효과를 미쳤음을 보고하였다. 생산성 향상 효과는 특히 기업조달 부분에서 크게 나타났다. 조달부문의 전자상거래화는 노동, 기업의 총생산과 부가가치의 생산성 향상에 모두 강한 긍정적 효과를 보였다.

4. 전자상거래가 유통산업에 미친 영향

전통적인 상거래에서 중간상은 제조기업과 최종소비자 사이에 존재하는 상인으로 흔히 도매상 – 중간도매상 – 소매상과 같은 형태로 존재하며 일본의 경우 중간유통단계가 10단계에 이르는 경우도 있었다. 중간상을 거친 후의 최종 소비자 가격은 상승할 수밖에 없는데 심한 경우 최종가격이 제조사 판매가격의 수배에 달하는 경우도 있다.

전자상거래 초기에는 인터넷의 등장으로 판매자와 구매자의 직거래가 증가하여 중간상이 사라지는 탈중개화(disintermediation) 현상이 나타날 것이라는 것이 일반적인 예측이었지만 완전한 탈중개화가 나타난 사례는 드물다. 전자상거래의 도입은 산업에 따라 탈중개화와 재중개화(reintermediation)를 일으키고 있으며 전통적인 유통망보다 중간단계가 줄어드는 경향을 보이고 있다. 이는 전자상거래가 유통망의 효율성을 향상시키고 있다고 해석할 수 있다.

1) 전통적인 중간상의 역할

상거래에서 중간상은 제품의 유통 역할을 수행하는데 매칭, 유동성 공급, 제품구색 불일치 완화, 고객서비스 제공 등의 역할을 수행한다.

매칭은 중간상의 가장 큰 역할의 하나로 제조사와 구매자에게 적당한 거래상대를 찾아주는 것이다. 구매자는 각각 자신들이 지불을 원하는 가격이 다르고 제조사 역시 원하는 판매 가격이 다르다. 문제는 제조사와 구매자는 거래 성사를 위해 각자가 원하는 가격에 대한 정보가 없다는 것이다. 이 경우 제조사와 구매자가 직접 자신의 거래상대를 찾는다면, 거래가 이루어지지 않을 경우가 발생한다. 중간상은 제조사와 구매자의 중간 입장에서 양자에게 적절한 거래상대를 찾아줌으로써 거래성사의 가능성을 높여준다.

제조사는 미래의 수요에 대한 정보가 불확실하기 때문에 과잉생산이나 과소재고의 위험에 노출되어 있는데 중간상은 자신이 보유하고 있는 재고를 조절하여 유동성을 공급할 수 있다. 이를 통해 중간상은 제조사에게 집중되는 위험을 분산시키는 역할을 수행한다.

중간상의 또 다른 중요한 역할은 제품구색의 불일치를 줄여주는 것이다. 구매자는 다양한 상품을 살펴보고 비교 후 구매결정을 내리기를 원하지만 개별 제조사는 구매자가 원하는 제품구색을 맞춰주기가 어렵다. 중간상은 다수의 생산자에게서 대량으로 제품을 구입 후 구매자가 원하는 다양한 구색을 갖추어 소량으로 판매하여 거래를 촉진한다.

추가적으로 중간상은 제조업자를 대신하여 최종구매자에게 교환, 반품, 사용자 교육 등의 애프터서비스를 제공하고 제품의 배달과 설치, 고객문의 대응 등의 고객서비스를 제공한다.

2) 탈중개화(disintermediation)

탈중개화는 중간 유통망을 제거하고 판매자와 최종 구매자가 직접 거래를 수행하는 것을 말한다. 인터넷을 통한 전자상거래는 판매자와 구매자가 직접 거래를 하는 데 필요한 거래비용을 크게 감소시켜 준다. 이를 통해 여러 단계의 유통과정을 줄이거나 제거하여 유통비용을 대폭 줄일 수 있고 구매자는 보다 저렴한 가격으로 제품이나 서비스를 구매할 수 있고 제조사는 이윤을 더 높일 수 있다. 따라서 전자상거래에서는 판매자와 최종 구매자 모두 중간상을 생략하고 직접 거래를 할 유인이 커졌다.

탈중개화의 영향은 산업마다 다르게 나타나고 있다. 컴퓨터와 소프트웨어, 게임, 증권, 여행산업 등에서는 탈중개화의 영향이 강하게 나타나서 중간유통망이 크게 단축되거나 최종구매자와 직접 판매채널이 개설되고 있다. 반면, 식료품, 자동차 판매 등의 산업에서는 영향이 제한적으로 나타나고 있다.

델 컴퓨터는 인터넷을 통해 기존 컴퓨터 유통망을 완전히 제거하고 최종소비자와 직접 거래를 수행하는 탈중개화를 통해 효율성을 극단적으로 향상시킨 드문 사례이다. 델의 창업 당시 경쟁기업들은 PC를 제조 후 유통망을 통해 최종소비자에게 판매하는 비즈니스 모델이었지만 델은 초기에는 인터넷(초기에는 카탈로그 사용)을 통해 직접 고객 주문을 받은 후 제품 조립을 시작하였다. 델의 성공 이후 경쟁사인 HP, Lenovo, Sony 등도 온라인 직접 주문채널을 개설하는 등 유통망 개선에 전력을 투구하고 있다.

델의 판매 프로세스를 보면 고객이 델사의 인터넷 홈페이지를 통해 직접 주문을 하면 이 주문 정보는 부품 공급업체에 즉시 온라인으로 전송 처리되며, 조달된 부품을 조립한 후 고객에게 직접 배송한다. 따라서 주문 후 조립에 3~5일 정도의 시간이 소요되며 고객은 자신이 주문한 제품의 조립 및 배송 상태를 인터넷을 통해 조회할 수 있다. 애프터서비스 역시 본사의 기술지원인력을 통해 직접 처리한다.

델사의 비즈니스 모델의 장점은 첫째, 중간유통망을 배제하여 높은 가격 경쟁력을 가질 수 있다는 점이다. 최근에는 HP나 Lenovo 같은 경쟁사도 유통망 개선을 통해 경쟁력을 많이 회복했지만 아직도 델의 가격 경쟁력은 PC업계에서 최고로 알려져 있다. 둘째, 중간 유통망의 배제는 정확한 수요예측을 가능하게 했다. 이를 통해 재고량을 최소화하여 대폭적인 원가절감이 가능해졌다. 마지막으로 고객응대와 서비스를 중간유통망에 의지하지 않고 직접 수행함으로써 고객의 피드백 정보를 정확하게 파악할 수 있다.

3) 재중개화(reintermediation)

이론적으로 보면 중간상을 완전히 배제하고 제조사와 최종구매자가 직거래를 수행하면 중간상이 가져가던 이익을 제조사와 최종구매자가 나누어 가질 수 있고 양자 모두에게 이익이 된다. 하지만 전자상거래 환경에서도 중간상이 완전히 배제되는 경우보다는 기존의 중간상의 역할이 변화하여 인터넷 기반의 중간상으로 보강되거나 인터넷 기반의 새로운 중개상이 등장하는 재중개화 현상이 더 많이 목격되고 있다. 이는 중간상의 매칭 기능이나 제품구색 완화효과 등이 전자상거래 시대에도 여전히 유효하기 때문이다.

재중개화는 중간상의 변화 형태에 따라 인터넷화, 기존 채널의 대체, 기존 채널과 협력하는 형태로 분류할 수 있다.

첫째, 인터넷화는 오프라인 중간상이 기존의 업무를 인터넷 기반으로 그대로 전환하는 경우이다. 인터넷을 활용하여 효율성의 향상이 있기는 하지만 기본적인 수행업무는 변함이 없다. 교보문고나 Barnes & Nobles와 같은 오프라인 서점이 온라인 서점을 병행하고 있는 것이 예가 된다. 은행산업의 경우에도 온라인 뱅킹을 통해 기존 은

행지점의 창구업무를 그대로 인터넷으로 이전하여 업무의 효율성을 향상시키고 있다.

기존 채널의 대체는 새로운 중간상이 등장하여 기존의 중간상과 경쟁하며 역할을 대체하는 형태이다. 인터넷 서점이자 세계 최대의 전자상거래 업체인 아마존은 인터넷 기반 중간상이 기존의 유통망을 대체하는 형태를 잘 보여준다.

아마존은 2011년 기준으로 미국 책 판매량의 22.6%를 점하고 있다. 2011년에는 미국 2위의 서점 체인인 Borders가 파산했으며 미국의 독립서점 수는 2002년 2,400개에서 2011년에는 1,900개로 감소했고 2000년과 2007년 사이의 8년 동안 약 천 개의 서점이 문을 닫았다. 2007년 이후에도 수백 개의 서점이 문을 닫았는데 여기에는 Boders의 체인 서점 600여 개가 포함되어 있다. 한국은 오프라인 서점이 새로운 온라인 서점에 의해 대체되는 경향이 미국보다 더 강하다. 1994년 오프라인 서점 수는 5,683개에 달했지만 2012년에는 1/3 이하로 줄어 1,752개에 불과하다. 일본 역시 1994년 26,224개에서 2012년에는 거의 절반인 14,696개로 줄어들었다.

음반 산업의 경우도 마찬가지인데 한국콘텐츠진흥원에 의하면 국내 오프라인 음반 시장은 2000년에 4,104억 원으로 정점을 찍은 이후 계속 하락하고 있으며 2010년에는 823억 원으로 떨어졌다. 오프라인 음반소매업체의 수는 2010년 기준으로 전국 163개에 불과하다. 반면 디지털 음반 시장은 지속적으로 성장하고 있는데 디지털 음반 시장은 2012년 기준으로 이동통신사인 SKT의 멜론과 KT의 지니가 66%의 시장을 점유하고 있다.

기존 채널과 협력하는 형태는 구매자의 구매과정을 도와주는 부가가치서비스를 제공하면서 기존의 유통망과 협력하는 형태의 중간상을 말한다. 국내의 다나와나 에누리와 같은 비교쇼핑사업자를 예로 들 수 있다. 비교쇼핑사업자는 구매자가 원하는 제품의 가격을 업체별로 정리하여 보여주어 구매자의 의사결정을 돕는다. 구매자가 자사의 서비스를 이용해 구매를 할 경우 매출이 발생한 업체로부터 수수료를 받는 구조이다.

또 다른 예는 미국의 edmunds.com이나 truecar.com을 들 수 있다. edmunds.com은 차량에 관한 차량 리뷰, 정비, 차량 관련 제품의 사용기와 질의 응답 등의 차량 관련 부가서비스를 제공한다. 차량구매를 원할 경우 연계된 오프라인 딜러와 협력하여 온라인으로 견적을 낼 수 있고 다수의 딜러 중에서 가장 조건이 좋은 딜러를 찾을 수 있도록 도와준다. 중고차 구매를 원할 경우는 원하는 차량 종류와 연식, 상태에 따라 적정 가격을 알려주고 판매자를 연결시켜 주는 서비스를 제공하고 있다.

Truecar.com은 edmunds.com과 비슷하지만 보다 차량구매에 특화된 서비스를 제공한다. 자신이 거주하는 지역, 원하는 차량과 연식을 입력하면 계약된 딜러의 가격 데이터베이스를 통해 최저 가격을 제공하는 딜러를 매칭시켜 준다. 추가적으로 truecar.com을 통해 해당 차량이 거래된 실제 가격의 통계치를 보여주어 제시된 가격을 평가하는 데 도움을 준다. Edmunds.com과의 가장 큰 차이점이라면 truecar.com은 견적을 받은 이후 일정 기간 내에 추천한 딜러에게 차량을 구매할 경우 제시된 가격으로 구매할 수 있는 보증서를 제공한다는 점을 들 수 있다. 미국에서는 차량 구매 시 딜러의 재량이 많으며 여러 속임수가 많다고 알려져 있는데 truecar.com의 보증서는 구매자가 느끼는 위험을 줄여주는 역할을 한다.

마무리사례 아마존 식료품 배달의 경제성 문제 거의 풀었다

아마존의 신선식품 배달에 관한 실험은 기술 역사상 가장 오래 수행된 실험 중의 하나로 구글의 지메일(Gmail) 베타 버전 개발과 비교될 만하다. 그러나 이 장기간의 실험은 곧 결실을 볼 수 있을 것 같다. 아마존 CEO 제프 베조스는 2013년 초 자사의 연례회의에서 주주들에게 5년이 넘게 시애틀 지역에서 식료품 배달서비스 실험을 실시 중인 아마존 프레쉬 팀이 전자상거래 식료품 배달 비즈니스 모델의 경제성 문제를 거의 해결했다고 발표했다.

제프 베조스는 시애틀 센터에서 열린 회의에서 이와 관련한 질문을 받고 다음과 같이 답변하였다. "우리 팀은 작년 한 해 동안 전자상거래 식료품 배달업의 경제성 문제에 진전을 이룩했습니다. 우리는 고객경험과 경제성을 조화시킬 수 있는 방법이 무엇인지를 알아내기 위해 수많은 실험을 수행해 왔습니다. 저는 우리 팀이 문제해결에 큰 진척을 이루고 있다고 생각합니다."

인터넷 식료품 배달사업의 경제성 문제는 상당히 오랫동안 풀기 어려운 문제로 남아 있었다. 이는 상당히 오래전인 홈그로서(HomeGrocer)가 영업하던 닷컴 붐 시절부터 시작된 어려운 문제로 홈그로서를 인수한 웹밴의 처참한 실패로 결론이 난 것처럼 보였다. 하지만 어려운 사업이기는 하지만 식료품 산업의 박한 이익률에도 불구하고 인터넷 식료품 배달사업에 진출할 수 있는 기업이 있다면 아마 아마존일 것이다.

지금까지는 시애틀 일부 지역에서만 서비스되고 있는 아마존 프레쉬 서비스를 다른 지역으로 확장할 것이라는 공식적인 발표는 없다. 하지만 서비스 확대를 예측할 수 있는 몇 가지 정황이 발견되고 있다. 최근 아마존이 미국 전역에서 냉장시설을 갖춘 물류센터를 추가적으로 건설하고 있는데 이는 아마도 식료품 서비스 확대를 지원하기 위한 것으로 분석된다.

베조스는 아마존 프레쉬 팀이 수행하고 있는 실험에 대해 자세한 내용을 공개하고 있지는 않지만 필자가 고객으로 경험한 바에 의하면 그들이 한 실험은 인터넷 식료품 배달 사업모형의 가격 탄력성, 가격을 올리면 어떤 그룹의 고객이 얼마만큼 구매량의 변동을 일으키는지 보려는 것을 실험하는 것 같다.

예를 들면 지난 달 나 자신이 구매한 12개의 상품에 대한 오프라인 식료품점 프레드 마이어(Fred Meyer)와 아마존 프레쉬의 가격을 비교한 결과 배송비를 제외하더라도 아마존 프레쉬의 평균 가격이 14% 더 높았다.

아마존 프레쉬의 서비스가 확실하게 프레드 마이어까지 운전하고 가서 물건을 사오는 것보다 편리했는데 많은 사람들이 이런 편리성을 위해 추가 가격을 지불할 것이다. 프레쉬 팀을 통해 5년 이상의 장기간 동안 시애틀에서 실험을 해온 것은 최소한 아마존이 장기적인 관점에서 식료품 배달사업을 고려하고 있음을 명확하게 보여준다.

출처: GeekWire(2013년 05월 24일). Bezos: Amazon closer to solving economics of grocery delivery.

CHAPTER 03

전자상거래를 위한 기술

ELECTRONIC COMMERCE

1. 전자상거래 기반기술
2. 네트워크 통신기술
3. 정보보안
4. 전자상거래 결제시스템

도 입 사 례

한국보다 70배 빨라…세계는 지금 '기가비트 인터넷' 전쟁 중

미국 전역에 1Gbps(초당 1기가비트 전송) 광속 인터넷의 경쟁이 불붙었다. 미국 평균 인터넷 속도의 100배를 넘고 우리나라보다도 70배 빠르다. 구글이 Google Fiber 프로젝트를 통해 불씨를 만들고 AT&T와 같은 케이블 통신사와 IT 대기업이 잇따라 뛰어들었다. 미국 정부는 광섬유 인터넷이라고도 불리는 초고속 기가비트 인터넷이 고용창출과 경제 부흥의 씨앗이 될 것으로 믿고 있다.

2013년 5월 9일 포브스지(Forbes)는 미국 주요 케이블 · 통신 기업들이 줄지어 1Gbps 인터넷 서비스를 제공한다고 보도했다. 이번 주 미국 오마하에서 센추리링크가 월 80달러(약 8만6,800원) 가격에 1Gbps 인터넷 서비스를 시작했다. 1Gbps 속도는 미국 평균 인터넷 속도에 100배에 달한다. 오마하는 과거 가구 공장이 즐비했던 곳으로 이제는 수백 개 스타트업이 둥지를 튼 시골 마을이다.

미국의 1Gbps 인터넷의 시작은 구글이다. 1Gbps 속도인 '구글 화이버(Fiber)' 인터넷 서비스가 캔사스시티 · 프로보 · 오스틴 등 미국 주요 도시에서 개시된 이후 지금까지 소극적이던 대규모 통신사가 참여하면서 경쟁이 개막됐다. AT&T는 곧 오스틴을 시작으로 1Gbps 서비스를 제공해 구글에 맞불을 놓는다.

타임워너케이블, 위키드 브로드밴드, 소닉 등 주요 케이블 · 인터넷 사업자도 서비스 계획을 밝혔다. 버몬트텔레폰은 빚까지 냈다. 이 회사는 미국 버몬트 지역 1만7500 가구에 1Gbps 서비스를 제공하기 위해 1억1,600만 달러(약 1,259억 원)를 회사채를 발행하여 조달했다. 가격도 월 34.99달러(약 3만7,900원)의 파격가를 제시했다.

포브스는 이를 '100마리째 원숭이 효과'라 비유했다. 100마리째 원숭이 효과는 초기 일부만 하는 행위가 일정 기간 후 일순간 전체로 확대되는 것이다. 일본 교토대 연구진이 원숭이들에 고구마를 나눠주니 초기 일부 원숭이만 간간이 씻어 먹다 100마리째 원숭이부터 모두 고구마를 씻어먹는 것을 본 실험에서 비롯된 말이다.

1Gbps는 세계에서 가장 빠른 것으로 조사된 한국 인터넷 속도 14Mbps보다 이론적으로 71배나 빠르다. 아카마이에 따르면 미국 평균 인터넷 속도는 7.4Mbps에 불과해 1Gbps가 135배에 이른다. 한편 한국 역시 2011년 10월 CJ헬로비전이 기가비트 인터넷 상품을 출시하여 상용서비스가 개시되었다.

미국 정부는 '인터넷 속도가 경제를 일으킨다'며 전략적으로 기가비트 인터넷 확산을 장려한다. 올 초 율리어스 게나촙스키 미국 연방통신위원회(FCC) 의장은 "2015년까지 50개 주에서 기가비트 수준 인터넷이 되는 '기가비트 시티 챌린지'를 추진할 것"이라며 "기가비트 속도 인터넷이 기술 발전과 고용 창출, 경제 성장의 동인"이라고 강조했다.

출처: 전자신문(2013년 03월 09일), Forbes(2013년 05월 08일), More Telcos Launch 1 Gbps Internet In Google Fiber's Afterglow 재구성.

CHAPTER 03 전자상거래를 위한 기술

1. 전자상거래 기반기술

1) 인터넷

인터넷(Internet)은 전세계의 컴퓨터가 서로 연결되어 TCP/IP(Transmission Control Protocol/Internet Protocol)라는 표준 통신 프로토콜을 이용해 정보를 주고받는 컴퓨터 네트워크이다.

인터넷은 1970년대 미국 국방성의 프로젝트에서 시작되어 최초에는 ARPANET(Advanced Research Projects Agency Network)이라고 불렸으나 이후 TCP/IP의 기본 아이디어를 생각해 낸 빈튼 서프와 밥 간이 모든 컴퓨터가 하나의 통신망 안에 연결된 '네트워크의 네트워크'를 의미하는 인터넷(Inter + Network)이라고 이름 지으면서 인터넷이라는 이름이 보편화된다. 이후 인터넷은 정부와 대학, 연구소가 주로 사용하던 국방 및 학술 네트워크에서 모든 사람이 자유롭게 사용하는 정보의 바다인 인터넷으로 발전한다.

'internetwork'의 약어인 'internet'과 구별하기 위해 고유명사 인터넷은 'Internet' 또는 'INTERNET' 등으로 표기한다. 인터넷은 LAN 등 소규모 통신망을 상호 접속하는 형태에서 점차 발전하여 전세계를 망라하는 거대한 통신망의 집합체가 되었다. 인터넷에는 PC 통신처럼 모든 서비스를 제공하는 중심이 되는 호스트 컴퓨터도 없고 이를 관리하는 조직도 없다. 인터넷을 대표하는 조직으로 ISOC(Internet Society)가 있지만 인터넷을 총괄 관리하는 기구는 아니다. 그러나 인터넷을 총괄적으로 관리하지는 않지만 인터넷상의 어떤 컴퓨터 또는 통신망에 이상이 발생하더라도 통신망 전체에는 영향을 주지 않도록 실제의 관리와 접속은 세계 각지에서 분산적으로 행해지는데 이러한 분산처리 기능은 인터넷의 폭발적인 성장에도 불구하고 네트워크가 효율적으로 동작하게 하는 데 크게 기여하고 있다.

인터넷의 발전과 확산에 따라 우편, 전화, 음악, 영화, 텔레비전 등의 기존 통신 및 방송 매체의 환경은 급격한 변화를 맞이하게 된다. 예를 들어 MP3, 음성 인터넷 프로토콜인 VoIP(Voice over Internet Protocol)와 인터넷 프로토콜 텔레비전 IPTV(Internet Protocol Television)와 같은 기술은 기존 산업의 환경을 완전히 변화시키고 타 산업과의 융합을 발생시키고 있다. 신문, 잡지와 도서 등의 출판물들도 인터넷 기술에 맞춰 새롭게 구현되고 있고 블로그나 RSS(Really Simple Syndication) 등과 같은 새로운 형태의 미디어가 발생하여 사용자를 끌어들이고 있다. 인터넷은 사람들의 의사소통 방식도 크게 변화시키고 있는데 과거의 편지, 전화, 팩스 및 대인접촉을 통한 의사소통에서 벗어나 이메일, 인스턴트 메시지, 게시판, 인터넷 포럼, SNS, 모바일 미디어 등으로 진화해 나가고 있다.

2) HTML(HyperText Markup Language)

HTML은 웹 페이지를 작성하기 위한 가장 기본적이고 많이 사용되는 마크업 언어로 웹 페이지뿐 아니라 다양한 목적의 문서작성에 사용될 수 있으며 웹 브라우저를 통해 읽을 수 있다. HTML은 유럽입자물리연구소(CERN) 소속 과학자인 팀 버너스리(Tim Berners-Lee)에 의해 개발되었는데 처음에는 CERN의 연구원들이 문서를 효율적 사용 및 공유하기 위해 개발되었다. 팀 버너스리는 이를 바탕으로 연구를 계속하여 인터넷 기반 하이퍼텍스트 체계를 제안하였고 1990년 말부터 이를 HTML로 불렀다. 팀 버너스리는 HTML의 효과적인 활용방법 중 백과사전을 첫 번째로 꼽았다. 인터넷 백과사전인 위키피디아에 하이퍼 텍스트가 없다면 어떻게 될지 상상이 불가능하다.

HTML은 제목, 단락, 목록 등과 같은 본문을 위한 구조적 의미를 나타내는 것뿐만 아니라 링크, 인용과 그 밖의 항목으로 구조적 문서를 만들 수 있는 방법을 제공한다. HTML 문서 내에서 이미지와 플래시 프로그램과 같은 객체(object)를 내장하여 상호작용이 가능한 문서를 만드는 것도 가능하다. HTML은 단순한 문서를 벗어나 일종의 프로그래밍 기능을 제공하는 자바스크립트, 본문과 그 밖의 항목의 포맷을 효율적으로 정의할 수 있는 CSS(Cascading Style Sheets) 스크립트가 사용 가능하다. W3C(World Wide Web Consortium)가 HTML과 CSS 표준을 관장하고 있다.

1993년 HTML 1.0 규격이 만들어졌고, 1997년 HTML 4.0, 1999년의 HTML 4.01이 제정되는 등 HTML은 꾸준히 발전되고 있다. 하지만 HTML 확장의 어려움 때문에 1999년부터 W3C는 확장성을 강화한 XML 기반 XHTML(Extensible Hypertext Markup Language) 개발을 추진하여 2009년까지 XHTML 2.0 개발이 진행되었다. 그러나 XHTML의 확장성은 우수했지만 복잡성이 높아서 활용이 어려운 단점이 있었다. XHTML 표준화가 계속 지연되면서 HTML 4.0에 최신 기술을 포함할 수 있도록 업데이트하기 위해 2004년 WHATWG(Web Hypertext Application Technology Working Group)에 의해 새로운 규격이 만들어졌고 2008년부터는 W3C가 WHATWG의 규격을 바탕으로 HTML5 표준안을 만들고 있다.

HTML5의 장점은 첫째, 이미지 다운로드 속도 향상, 둘째, 검색엔진 최적화 기능 향상, 셋째, 애니메이션 효과 향상, 넷째, 모바일 앱 개발 용이, 다섯째, 데이터베이스를 활용한 데이터 접근성 향상 등이 두드러진다. 특히 모바일 생태계에 유리한 것으로 평가되고 있는데 미국 시장조사기관인 Strategy Analytics는 HTML 5를 지원하는 모바일 단말이 2016년에는 15억 6천만 대까지 증가할 것으로 전망하고 있다.

3) 웹 브라우저

웹 브라우저는 웹 서버에서 쌍방향 통신하는 HTML 문서나 파일과 연동하고 출력하는 응용 소프트웨어이다. 개인용 컴퓨터에서 주로 쓰는 웹 브라우저에는 인터넷 익스플로러, 모질라 파이어폭스, 오페라, 사파리, 구글 크롬 등이 있다. 웹 브라우저는 대표적인 HTTP 사용자 에이전트의 하나이기도 하다.

웹 브라우저는 웹 페이지를 가져오기 위해 대부분의 웹 서버가 사용하는 HTTP 규약(Hyper-text Transfer Protocol)을 사용하여 통신한다. 웹 페이지들은 주소처럼 이용되는 URL(Uniform Resource Locator)을 통해 위치를 파악할 수 있다. 대부분의 웹 페이지 사용을 위해서는 URL에 "http:"를 붙여 HTTP 프로토콜을 사용하고 있음을 알려주어야 한다. 거의 모든 웹 브라우저는 FTP를 위한 "ftp:", HTTPS(HTTP Secure)를 위한 "https:"와 같은 다양한 URL 종류와 대응 프로토콜을 지원하며 일부는 이메일을 위한 SMTP(Simple Mail Transfer Protocol)나 IMAP(Internet Message Access Protocol) 등을 지원하는 경우도 있다.

웹 페이지의 파일 포맷은 보통 HTML이 쓰이고 HTTP 프로토콜의 MIME "content type"에 의해 확인된다. 대부분의 브라우저는 HTML 외에 JPEG, PNG, GIF 이미지 포맷들을 지원하고, 이외의 포맷도 필요하면 플러그인(plug in)을 통해 확장할 수 있다. HTTP의 "content type"과 URL 프로토콜 지정을 이용하여 HTML 페이지에 이미지, 애니메이션, 동영상, 소리, 스트리밍 미디어 등의 멀티미디어 기능을 추가할 수 있다.

초기의 웹 브라우저는 단순한 HTML만을 지원했지만 MS의 인터넷 익스플로러(IE)와 같은 웹 브라우저가 시장 영향력이 커지면서 액티브 엑스(Active X)와 같은 독점기술이나 HTML의 비표준 확장이 다수 발생하여 웹 호환성에 문제가 발생하고 있다. 최신 웹 브라우저는 이러한 호환성 문제를 해결하기 위해 모든 브라우저에서 동일하게 표시될 수 있는 표준 기반의 HTML을 지원한다.

웹 브라우저는 마이크로소프트의 인터넷 익스플로러(IE)가 절대적인 강세를 보였으나 2009년을 기점으로 하락세를 보여 구글의 크롬(Chrome), 파이어폭스(Fire Fox)와 함께 각축을 벌이고 있다. 또한 애플의 플랫폼이 많이 보급되면서 사파리(safari) 브라우저의 사용도 증가하는 추세이다. 2012년 9월 기준으로 크롬이 IE를 제치고 1위로 올라선 이후 브라우저 전쟁은 치열하게 진행되고 있다. 반면 한국은 여전히 IE가 시장점유율 70% 이상으로 절대적인 강세를 보이고 있지만 2012년부터 IE의 점유율이 소폭 하락하고 있으며 크롬이 상승세를 나타내고 있다.

2. 네트워크 통신기술

1) TCP/IP

인터넷에서 사용하고 있는 인터넷 통신규약은 흔히 TCP/IP로 알려져 있다. 실제로는 다수의 프로토콜이 사용되지만 그중에서도 TCP(Transmission Control Protocol)와 IP(Internet Protocol)가 핵심적인 기능을 수행하기 때문이다. TCP/IP와 관련된 프로토콜은 국제인터넷표준화기구(Internet Engineering Task Force: IETF)가 관장하고 있다.

TCP/IP는 링크 레이어(link layer), 인터넷 레이어(internet layer), 전송 레이어(transport layer), 어플리케이션 레이어(application layer) 네 개로 구성되어 있다. 링크 레이어는 LAN과 같은 단일 네트워크의 한 세그먼트에서 사용되는 통신기술에 대한 내용을 규정하고 인터넷 레이어는 독립된 각각의 네트워크의 연결을 다루는데 메시지의 패킷(packet)을 발신 장치에서 수신 장치까지 효율적으로 전달하는 내용을 규정한다. 전송 레이어는 호스트(host device)와 호스트 간의 통신을 담당하는 레이어로 신뢰성 있게 메시지를 전달할 수 있도록 하고 전송된 메시지의 손실 검출과 같은 중요한 기능을 담당한다. 어플리케이션 레이어는 특정한 통신서비스가 사용하는 프로토콜을 규정한다. 예를 들어 HTTP 프로토콜은 어플리케이션 레이어에 해당하며 웹 브라우저와 웹 서버 간의 통신을 책임지고 있다.

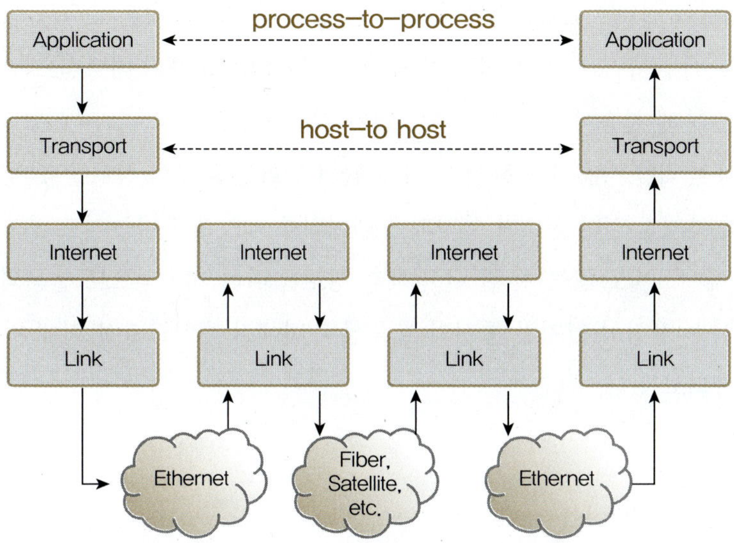

출처: 위키피디아.

[그림 3-1] TCP/IP 레이어와 데이터 전송

2) 패킷전송과 라우팅

통신에서 패킷교환(Packet switching) 방식은 가장 많이 사용되는 통신 방식이다. 작은 조각의 패킷으로 전송하려는 메시지를 분리한 후 데이터를 전송하며 데이터를 전송하는 동안만 네트워크 자원을 사용하여 효율성을 높일 수 있다. 메시지(혹은 파일)는 패킷으로 작게 분리되어 전송되는데 다수의 통신 지점(node)을 연결하는 모든 지점 사이에서 각 패킷별로 경로가 제어된다. 패킷교환 방식은 두 통신지점 사이를 일정 시간 동안 독점적으로 연결하는 회선 교환 방식과는 달리 음성과 같은 아날로그 데이터보다는 디지털 데이터의 전송에 더 적합하다.

하나의 파일은 패킷교환망 안에서 전송되기 위하여 작은 크기의 데이터인 패킷으로 분할되어 전송된다. 개별 패킷은 발신지 주소, 목적지 주소가 추가되어 하나의 단일한 패킷이 된다. 메시지에서 분할된 패킷은 순서대로 목적지까지 전송되고 목적지에서는 이런 패킷을 순서대로 다시 조합하여 원본 메시지로 재구성하는 작업을 수행한다. 그리고 전송 시에 각 패킷은 개별적으로 경로가 라우팅(routing)된다. 즉, 하나의 메시지가 100개의 패킷으로 분리되어 전송되는 경우 각각의 패킷은 모두 동일한 경로로 전송될 수도 아닐 수도 있는데 이는 각 패킷이 전송되는 순간의 네트워크 상황에 따라 다른 경로를 통해 전송이 이루어질 수도 있기 때문이다.

회선교환 방식을 사용하는 통신망, 예를 들어 전화는 회선의 경로를 찾기 위해 경로 제어를 수행하지만 일단 경로가 설정되면 데이터를 패킷으로 나누지도 않고 개별적으로 경로를 제어하지도 않는다. 한 번 정해진 경로를 따라 지속적으로 전송되는데 안정성 측면에서는 장점이 있지만 통신의 효율성 측면에서 패킷교환 방식에 비해 불리한 것으로 평가되고 있다.

3) IP 주소(IP address)

인터넷을 통해 통신을 수행하기 위해서 네트워크의 단말은 32비트의 숫자가 부여되는데 이를 IP 주소라고 한다. 단순하게 생각하면 IP 주소는 인터넷에서 사용되는 전화번호라고 할 수 있다. 우리가 전화를 걸어 통화를 하려면 수신자와 발신자 모두 고유한 전화번호가 있어야 하는데 인터넷에 연결된 단말도 마찬가지로 IP 주소가 필요하다. 대규모 서버, 개인용 PC, 라우터 혹은 개인이 소유하는 스마트폰 등 모든 단말은 인터넷 통신을 위해서는 IP 주소가 필요하다.

IP 주소는 32비트의 2진 숫자열로 구성되어 있고 편의를 위해 0−255 사이의 10진수 4개로 표시되는데 0.0.0.0~255.255.255.255가 사용가능한 IP 주소 범위이다. 이론상으로는 4,294,967,296개의 IP 주소가 할당될 수 있는데 일부 주소는 특수한 용도로 미리 정해져 있기 때문에 실제 사용가능한 숫자는 이보다 작다. 예를 들어 127.0.0.1은 자기 자신을 나타내는 주소로 사용할 수 없고 224.0.0.0 주소 범위는 멀티캐스트를 위해 예약되어 사용할 수 없다.

현재 주로 사용되고 있는 IP 주소 체계는 IP 버전 4(IPv4)지만 인터넷의 폭발적인 확장과 인터넷에 접속하는 단말 종류의 증가로 주소가 부족해지고 있다. 이외에도 현 인터넷 프로토콜의 전송 품질 보장(Quality Assurance: QA)과 보안 등의 문제가 제기됨에 따라 현 IPv4를 개선한 IP 버전 6(IPv6) 체계가 개발되었고 향후 보급될 것으로 전망된다. IPv6의 가장 눈에 띄는 차이점은 IP 주소의 길이가 기존의 32비트에서 128비트로 늘어났다는 점인데 3.4 * 10^{38}이라는 거의 무한대에 가까운 주소를 할당할 수 있으며 전송 품질 보장과 보안성능 향상을 고려하여 설계되었다.

4) DNS(Domain Name System)

도메인 네임 시스템(Domain Name System: DNS)은 네트워크의 컴퓨터, 서비스 및 자원을 연결하도록 개발된 계층적 분산형 시스템이다. 호스트의 도메인 이름을 호스트 컴퓨터의 IP 주소로 바꾸거나 IP 주소를 도메인 네임으로 변환하기 위해 개발되었다. 32비트 숫자로 구성된 IP 주소는 사람이 기억하기 어렵기 때문에 이해하기 쉬운 도메인 네임을 사용한다. 예를 들어 google.com은 구글 서비스의 메인 도메인 네임이고 실제의 대표 IP 주소는 74.125.225.96이다.

DNS는 사람이 이해하기 쉬운 도메인 이름을 숫자로 된 IP 주소로 변환하여 알려준다. 도메인 네임 시스템은 흔히 '전화번호부'에 비교되는데 예를 들어 인터넷 사용자가 google.com을 웹 브라우저 주소창에 입력하면 "74.125.225.96"과 같은 IP 주소로 변환하여 웹 페이지에 접속할 수 있도록 한다. 이러한 변환 과정은 사용하는 단말과 DNS 서버 간에 자동으로 이루어지기 때문에 사용자는 신경 쓸 필요가 없다. 도메인 네임 시스템을 통해 인터넷 사용자는 숫자로 된 복잡한 IP주소를 외우는 대신 보다 기억하기 쉬운 도메인 네임을 사용할 수 있다.

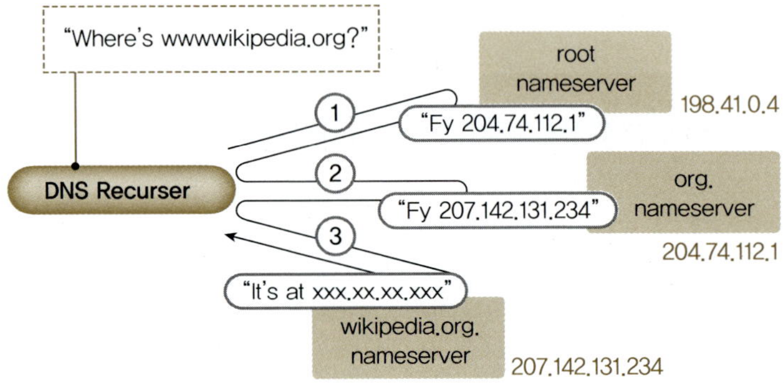

출처: 위키피디아.

[그림 3-2] DNS를 통한 주소 변환 과정

5) 클라이언트/서버 시스템(Client/Server System)

클라이언트/서버 시스템(C/S)은 클라이언트와 서버로 나뉘는 분산 어플리케이션 구조를 말한다. 전통적인 클라이언트/서버 시스템은 메인프레임 위주의 호스트 컴퓨팅과 비교하여 사용자 PC에는 클라이언트가 설치되어 화면을 처리하고 서버에서는 자료를 처리하는 시스템을 이야기했지만 개념상으로는 일을 요청하는 컴퓨터인 클라이언트와 일을 처리하는 컴퓨터 혹은 서비스인 서버로 나뉘어 분산하여 일을 처리하는 아키텍처를 말한다. 특정 서버에 네트워크 트래픽이 몰리고 복잡성이 높아 유지보수가 어렵다는 단점이 지적되고 있지만 저렴한 비용, 상호호환성, 유연성 및 확장성 측면에서 장점을 가지고 있어서 많이 사용되고 있다.

현재의 웹 시스템도 클라이언트/서버 아키텍처로 구성되어 있다고 볼 수 있다. 우리가 네이버에서 검색을 하는 경우를 생각해 보자. 네이버의 웹 사이트에서는 웹 서버(IIS, Apache 등의 서버 컴퓨터용 소프트웨어)가 서버 역할을 하고, 사용자가 쓰는 웹 브라우저가 클라이언트 프로그램이 된다.

개념적으로는 클라이언트/서버 아키텍처에서 요청을 처리하는 측이 서버, 요청을 하는 측이 클라이언트이고 하드웨어나 소프트웨어 모두 서버가 될 수 있다. 하지만, 단순하게 얘기하면 클라이언트는 서비스를 요청하는 사용자 혹은 사용자의 단말기(PC,

태블릿, 스마트폰 등)를 가리키는 말이고 서버란 서비스를 제공하는 컴퓨터이며, 다수의 클라이언트에 서비스를 제공해야 하기 때문에 대개 매우 큰 용량과 강력한 성능을 가지고 있다. 클라이언트인 데스크톱 컴퓨터나 노트북 컴퓨터는 네트워크를 통해 다양한 서비스 및 기능을 제공하는 서버와 연결된다. 클라이언트가 대개 사용자 입력 및 화면처리를 주로 담당하는 반면, 서버는 공유 데이터의 처리, 웹 페이지 지원, 또는 네트워크 관련 업무 처리 역할을 수행한다.

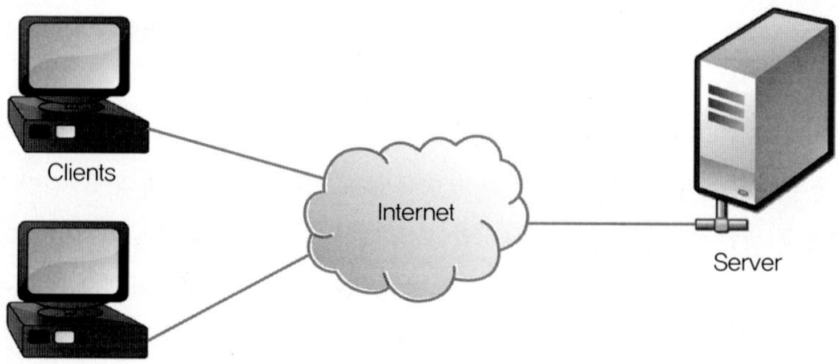

출처: 위키피디아.

[그림 3-3] 2계층 클라이언트 서버 구조

중간사례 인터넷에 밀린 유선전화망(PSTN), 역사의 뒷길로 사라질까?

최근 미국 및 호주, 일본 등 주요국의 유선전화사업자들은 이동통신 및 IP 기반 서비스의 활성화 등에 따라 과거에 비해 수익성이 현저히 떨어진 기존 전화망(Public Switched Telephone Network: PSTN) 기반 서비스의 종료를 모색하고 있다. 호주의 경우 국가차원의 광대역망 구축계획을 구체화하는 과정에서 Telstra가 구조분리의 일환으로 동선 기반 음성전화 및 xDSL 서비스의 종료를 계획하였으며, 일본의 NTT동/서는 2020년부터 PSTN으로부터 IP망으로의 이전을 시작하여 2025년 이를 완료할 계획을 밝힌 바 있다.

이와 유사하게 미국은 2000년대 후반 국가차원의 광대역망 구축계획 수립 시부터 PSTN 기반 서비스의 종료를 논의하였으나, 아직까지 명확한 결론이 도출되지 않고 있는 상황이다. 이에 따라, 2012년 11월 AT&T와 NTCA(National Telecommunications Cooperative Association)가 IP 기반 서비스로의 원활한 이전을 위한 청원을 미국연방통신위원회(Federal Communications Commission: FCC)에 제출하였으며, FCC가 관련 이해관계자의 의견을 수렴하고 있다.

FCC는 2009년 12월 'American Recovery and Reinvestment Act of 2009'에 따라 전 국민에게 초고속인터넷에 대한 접근을 보증하기 위한 방안을 포함한 National Broadband Plan(이하, NBP)을 구체화하는 과정에서 PSTN으로부터 IP 기반 서비스로의 원활한 이전을 위해 이해관계자의 의견을 수렴하였다. 이와 관련하여, 2009년 12월 AT&T는 FCC가 IP 기반 서비스로의 신속하고 효율적인 이전 및 PSTN 기반 서비스의 종료를 위한 논의를 시작할 필요가 있다는 의견을 제시한 바 있다.

이후 2010년 3월 의회에 제출된 NBP에서는 통신사업자가 동선 및 광 기반 네트워크를 동시에 유지하는 것이 비효율적이며, 이러한 중복망 유지는 통신사업자의 광 기반 네트워크 구축 유인을 저해할 것으로 보았다. 하지만, NBP에서는 동선 기반 네트워크 철거가 경쟁사업자의 서비스 제공 능력에도 영향을 미치기 때문에, 미국 의회는 2009년 2월 통과된 'American Recovery and Reinvestment Act of 2009'에서 FCC가 본 법률의 발효 1년 이내에 "전 국민에게 초고속 인터넷에 대한 접근을 보증하기 위한 방안"을 포함한 NBP를 의회에 제출하도록 규정 이후, 2011년 6월 FCC의 Technology Advisory Council이 2018년을 목표로 PSTN의 종료를 준비할 것을 권고하고, 2011년 12월 FCC가 두 차례에 걸쳐 PSTN 전환에 관한 워크숍을 진행하였다.

이에 따라 일부 사업자가 PSTN 기반 서비스 종료의 명확화 및 절차 개시를 FCC에 요청하였는데 구체적으로 2012년 2월 United States Telecom Association이 PSTN 기반 서비스의 종료 및 IP 기반 서비스로의 대체를 요구하였고 2012년 11월 AT&T와 NTCA가 IP 기반 서비스로의 전환을 위한 절차 개시에 대한 청원을 FCC에 제출하였다.

미국의 National Center for Health Statistics의 조사에 따르면 미국에서 유선전화만 가입하고 있는 가구의 비율은 2012년 상반기 9.4%로 2003년 상반기 43.0% 대비 1/4~1/5 정도로 대폭 감소한 것으로 나타났다. 반면에, 동기간 이동전화만을 가입하고 있는 가구의 비율은 2003년 상반기 3.2%에서 2012년 상반기 35.8%로 대략 11배가 증가하여 유무선 대체 및 유선전화 가입 해지 추세가 지속되고 있다.

AT&T는 이러한 PSTN 가입자 수 감소에 따른 매출 감소는 서비스 제공에 소요되는 회선당 비용을 증가시켜 PSTN 기반 서비스를 유지가 어려울 것으로 전망한다. 이러한 전망과 가입자 수 감소를 기반으로 AT&T는 PSTN 서비스 종료를 미국 정부에 지속적으로 청원하

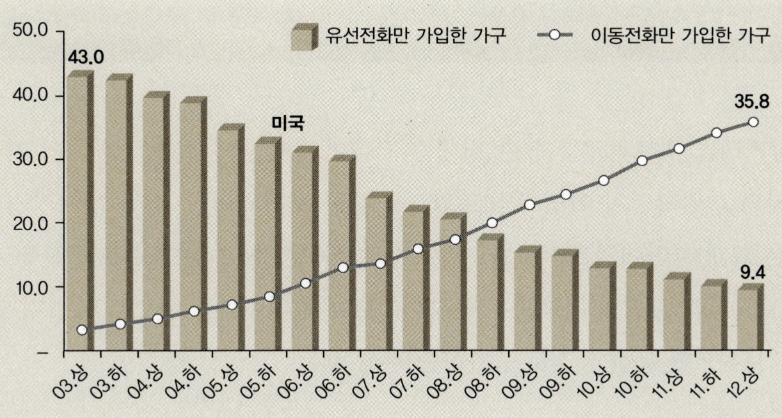

출처: National Center for Health Statistics(2012).

미국의 유선 및 이동전화 가입 가구 추이 (단위: %)

고 있다. 미국 정부 역시 기존 보편적서비스 개념의 음성전화망의 지원을 단계적으로 줄이고 재원을 초고속인터넷 등에 대한 지원으로 전환하도록 하는 방안을 검토 중인 것으로 알려졌다.

이와 같은 상황은 PSTN 기반 유선전화 가입자 수가 급격하게 감소하고 있는 우리나라에서도 유사하게 나타나고 있고 PSTN 사업자가 향후 PSTN의 철거 및 PSTN 기반 서비스의 종료를 요청할 가능성이 있다. 기본적인 통신서비스인 보편적서비스로 제공되어 온 PSTN 기반 서비스의 종료는 사업자 측면에서의 중복 망 운영 부담뿐만 아니라, 이용자 측면에서 대체 서비스의 이용 가능성 및 요금수준 등 다양한 측면을 고려하여 결정되어야 하기 때문에 PSTN 서비스가 종료 여부는 확실하지 않다. 하지만 현재의 유선전화 가입자 감소추세가 지속된다면 노후 설비에 대한 비효율적인 투자를 방지하고, 사회 · 경제적인 낭비를 줄이기 위해서라도 언젠가는 PSTN 기반 서비스의 종료를 모색할 필요가 있을 것으로 보인다.

이미 한국은 1990년대 후반의 아날로그 이동통신의 종료 및 디지털 이동통신으로의 전환, 2012년의 지상파 아날로그 방송의 종료 및 디지털 방송으로의 전환 등의 경험이 있기 때문에 PSTN 기반 유선전화 시장에서 사라질 날이 멀지 않은 것으로 보인다.

출처: 나상우(2013), 미국의 PSTN 기반 서비스 종료 논의 동향, 정보통신정책연구원 보고서 요약.

3. 정보보안

전자상거래는 네트워크를 통한 비대면 거래이기 때문에 전통적인 대면 거래에 비해 당사자의 신원확인이 어렵고 네트워크를 통한 보안위협이 높다. 전자상거래의 보안 위협은 크게 클라이언트(사용자), 네트워크, 서버에 대한 위협으로 구분될 수 있지만 실제 보안침해 사고의 대부분은 클라이언트에서 일어나는 것으로 알려져 있다. 이 외에도 네트워크를 통한 공격도 증가하는 추세이다.

1) 암호화

정보보안을 유지하는 가장 기본적인 방법은 중요한 정보를 암호화 하여 저장하는 것이다. 예를 들어 고객의 중요한 정보인 주민등록번호, 패스워드, 신용카드번호, 연락처 등을 암호화하여 데이터베이스에 저장한다면 해커가 해당 정보를 빼돌린다고 해도 암호화된 정보를 지킬 수 있다.

전자상거래에서 주로 사용되는 암호화 기법은 크게 대칭키 암호화와 비대칭키 암호화로 분류할 수 있다. 대칭키 암호화는 암호화(encryption)와 복호화(decryption)에 같은 암호키를 쓰는 알고리즘을 의미한다. 대칭 키 암호에서는 암호화를 하는 측과 복호화를 하는 측이 같은 키를 공유하기 때문에 키를 안전하게 보관하는 것이 매우 중요하다. 그래서 대칭키 암호화를 비밀키 암호화라고 부르기도 한다.

대칭키 암호화는 공개키 암호화와 비교하여 암호화와 복호화 시 계산 속도가 빠르다는 장점이 있어서 빠른 처리가 필요한 네트워크 프로토콜 등에서 사용이 가능하다. 많은 암호화 통신에서 비밀키 암호를 사용하여 대칭키 암호의 공통키를 공유하고, 그 키를 기반으로 실제 통신을 암호화하는 구조를 사용한다. 반면에 암호화 키의 안전한 유지, 온라인 환경에서의 키 분배의 문제 및 전자서명이나 공인인증서와 같은 다양한 응용이 어려운 단점이 있다. 예를 들어, n명의 사람이 안전하게 통신하기 위해서는 n(n-1)/2개의 비밀키가 필요한데 1,000명의 사용자를 가정한다면 499,500개가 필요해져서 규모가 커질수록 기하급수적으로 많은 키가 요구되어 관리가 거의 불가능해진다.

비대칭키 암호화는 1976년 Diffe와 Hellman이 제안한 알고리즘에 기반한 것이다. 간단히 살펴보면 각 사용자는 개인키와 공개키의 쌍을 가지고 개인키는 사용자가 비밀리에 관리하며 공개키는 일반에 공개하게 된다. 개인키와 공개키는 수학적 연관성을 가지고 있어서 공개키는 개인키에서 유도되지만 공개키로 개인키를 유도하는 것은 불가능한 구조로 되어 있다.

공개키로 암호화된 정보는 개인키로 복호화가 가능하고 개인키로 암호화된 정보는 공개키로 복호화 가능한 특성이 있어서 비대칭키 암호화라는 이름이 붙었으며 공개키 암호화라고 불리기도 한다. 일반적으로 대칭키 암호화 알고리즘에 비해 안전성이 매우 높은 것으로 알려져 있다. DES(Data Encryption Standard)와 같은 알고리즘에 기반한 대칭키 알고리즘은 컴퓨팅 파워의 증가에 따라 그 안전성이 위협받고 있는 데 비해 RSA 기반 비대칭키 알고리즘은 앞으로도 상당 기간 안전할 것으로 예상되고 있다.

비대칭키 암호화의 장점은 공개키와 비밀키 쌍을 사용하기 때문에 키관리가 용이하며 전자서명과 공인인증서 등 전자상거래에 다양한 응용이 가능한 장점이 있다. 그리고 안전성 측면에서도 뛰어나다. 반면 암호화와 복호화 시 속도가 느린 단점이 있어서 빠른 처리가 필요한 경우에는 사용하기가 어렵다.

2) 암호화 통신

웹에서 암호화된 통신을 위해 가장 흔하게 사용되는 통신 프로토콜은 HTTPS(Hypertext Transfer Protocol over Secure Socket Layer)으로 웹 통신 프로토콜인 HTTP의 보안을 강화한 버전으로 넷스케이프(netscape)사가 개발하여 보급하였다. HTTPS는 통신의 소켓(통신을 위한 일종의 프로그램) 단위에서 텍스트를 SSL(Secure Socket Layer)이나 TLS(Transport Layer Security, SSL이 바뀐 이름)와 같은 암호화 프로토콜을 사용하여 암호화하여 전송한다. 이러한 방법을 통해 웹 브라우저와 서버 사이의 통신 내용을 실시간으로 암호화하여 보안을 지킬 수 있다.

SSL(또는 TLS)은 네트워크를 통한 통신의 양끝 단말 간의 보안을 유지시키는데 OSI 모델의 세션(session) 계층에서 데이터를 암호화하여 전송하므로 HTTP의 하위 계층에 위치한다. 웹 브라우저 사용 시 SSL의 적용 여부는 브라우저 주소창에 "http" 대신 "https"로 연결되며 하단의 자물쇠가 잠긴 형태가 나타나는 것으로 쉽게 확인 가능하다.

SSL(또는 TLS)가 동작하는 과정을 간단히 살펴보면 1) 양쪽의 단말이 모두 지원 가능한 알고리즘을 교환한 후, 2) 해당 통신 기간 동안 사용할 키를 교환 및 인증하고, 3) 메시지를 대칭키 암호화를 통하여 암호화하여 전송하고 수신된 메시지를 인증하는 방법으로 암호화 통신을 수행한다.

해외에서는 SSL에 DES 알고리즘이 널리 사용되고 있고 국내에서는 한국정보보호진흥원이 개발한 128비트 및 256비트 SEED 알고리즘을 사용하고 있다. 국내에서 SEED를 쓰게 된 이유는 2000년까지 미국 내 웹 브라우저는 128비트 수준의 보안 접속을 허용했으나 수출제품은 40비트만을 허용했기 때문인데 40비트 DES암호는 1997년 수준의 컴퓨팅 능력으로도 겨우 3.5 시간이면 깨지는 매우 낮은 보안수준을 자랑했는데 그 당시의 환경을 생각하면 이해할 수 있는 부분이다. SEED는 2005년 국제 표준화 기구인 ISO/IEC 국제 블록암호알고리즘 표준으로 제정되었다.

3) 방화벽(Firewall)

네트워크 보안을 수행하는 중요한 방법 중 하나는 방화벽을 사용하는 것이다. 방화벽의 기본 역할은 신뢰 수준이 낮은 위험한 네트워크에서 오는 통신 트래픽을 걸러내어 신뢰 수준이 높은 네트워크의 안전성을 높이는 것이다. 대부분의 내부 네트워크는 신뢰도가 높은 지역으로 신뢰도가 낮은 지역은 인터넷 또는 외부 네트워크를 의미한다. 화재 발생 시 다른 장소로 화염이 번지는 것을 막는 방화벽과 역할이 비슷하다고 하여 방화벽이라는 이름이 붙었다. 네트워크 방화벽을 설치하여 외부 네트워크의 비인가된 사용자가 내부망으로 출입하는 것을 통제하는 방화벽은 중요한 건물에 경비원을 두어 출입자의 신원을 확인하여 출입을 통제하는 것과 비슷하게 생각할 수 있다.

대표적인 방화벽은 패킷 필터링 방화벽, 어플리케이션 게이트웨이 방화벽과 스테이트 인스펙션 방화벽을 들 수 있다.

(1) 패킷 필터링 방화벽(packet filtering firewall)

초기에 상용화된 방화벽으로 가장 일반화된 형태이다. 전송되는 패킷을 검사하여 미리 설정된 정책에 따라 허용 또는 거부를 결정하는 기능을 수행한다. 주로 패킷 내부에 기록된 정보인 출발지와 목적지 IP 주소, 프로토콜 종류, TCP/UDP 여부, 서비스 포트 등의 정보를 사용하며 특정한 IP를 허용 또는 거부하거나 특정한 포트를 허용 또는 거부하는 기능을 수행할 수 있다.

패킷 필터링 방화벽은 속도가 빠르며 어플리케이션에 상관없이 적용 가능하므로 다양한 서비스와 연동이 쉬운 장점이 있다. 반면, 사용하는 정보가 제한되어 통신 세션에 대한 정보를 추적하지 못하며 데이터 내용에 대한 통제가 불가능한 단점이 있다. 예를 들어 FTP의 get이나 put과 같이 잠재적으로 위험한 명령어에 대한 접근을 통제하지 못한다. 따라서 정교한 보안정책 수행에는 어려움이 있고 IP 주소 변조를 이용한 공격(IP Spoofing)에 취약하다.

(2) 어플리케이션 게이트웨이 방화벽(application gate firewall)

네트워크를 통한 공격이 점점 발달하면서 DOS(Denial of Service)나 DDOS(Distribute Denial of Service) 공격과 같이 일상적인 트래픽과 같은 특성을 가지면서 시스템을 공격하는 해킹 기법이 증가하고 있다. 패킷 필터 기반 방화벽은 이러한 공격을 방어하기 어렵다. 이러한 위험에 대처하기 위해 어플리케이션 레이어 수준에서 데이터 내용을 검사할 수 있는 어플리케이션 수준방화벽이 등장하였다.

어플리케이션 게이트웨이 방화벽은 세션 정보를 추적하여 강력한 로깅(logging) 및 감사 기능 수행이 가능하며 NAT(network address translation)을 통해 내부 IP 주소를 숨길 수 있기 때문에 보안성을 향상시킬 수 있다. 반면 미리 정의된 어플리케이션만 수용 가능하므로 유연한 대응이 어렵다. 네트워크 트래픽이 많은 경우 네트워크 성능을 약화시킬 수 있으므로 트래픽이 많은 네트워크에서는 단점이 된다.

(3) 스테이트 인스펙션 방화벽(state inspection firewall)

패킷 필터링 방화벽은 유용하기는 하지만 몇 가지 문제점이 있다. 모든 패킷을 대상으로 모든 보안정책 준수 여부를 검사하므로 정책이 많아질수록 처리 속도가 느려질 수 있고 FTP와 같이 파생 세션(session)을 만드는 일부 프로토콜을 지원하기 위해서 모든 포트를 다 허용해야 하므로 보안위험을 초래할 수 있다.

패킷 필터링 방화벽의 문제를 해결하기 위해 패킷 단위의 검사가 아닌 통신 세션 단위로 검사를 수행하는 방법을 사용하는 스테이트 인스펙션 방화벽이 고안되었다. 이 시스템은 기존 패킷 필터링 기능에 세션(session) 추적 기능을 추가하여 일련의 네트워크 서비스의 순서를 추적하여 순서에 위배되는 패킷들은 모두 차단할 수 있다.

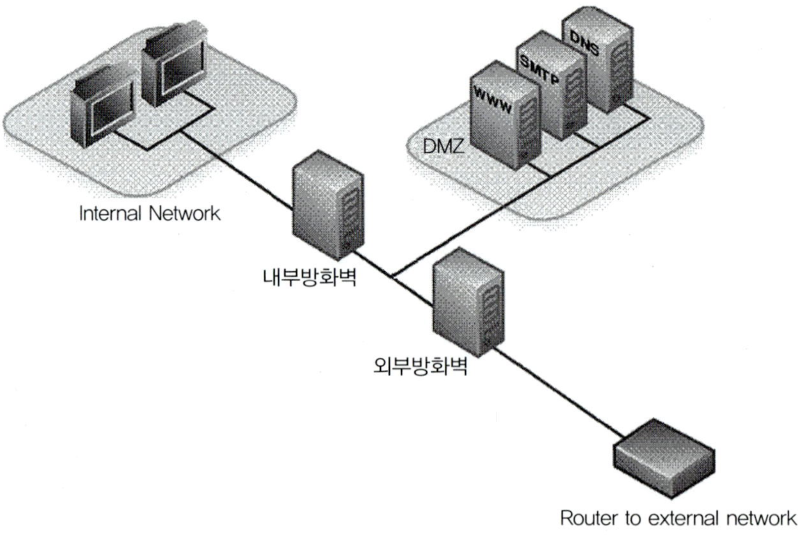

출처: wikipedia 수정.

[그림 3-4] DMZ를 적용한 방화벽 구성 예

[그림 3-4]는 두 개의 방화벽으로 방어되는 네트워크 개요를 보여주는데 대규모 네

트워크에서 방화벽을 구성할 때 기본적인 형태이다. 내부 방화벽 안쪽의 내부망과 외부 방화벽 바깥의 외부망 사이에 위치한 서브넷을 DMZ(Demilitarized Zone, 완충지대)이라고 한다. DMZ에 일반적으로 메일 서버, 웹 서버 및 홈페이지와 같이 외부에서 접근되어야 할 필요가 있는 서버를 위치시켜 외부에 서비스를 하면서 내부 네트워크를 보호할 수 있도록 한다. 외부망과 내부망 사이에 DMZ를 위치시키고 내부 방화벽이 내부망의 게이트웨이 역할을 수행하면서 NAT 구성을 통해 내부망의 망 구성을 외부에서 알아낼 수 없도록 감출 수 있다. 이를 통해 내부 네트워크의 보안 수준을 높일 수 있는 장점이 있다.

4) 가상 사설망(Virtual Private Network: VPN)

가상 사설망은 인터넷과 같은 공중 네트워크를 사용하면서 보안을 유지하기 위해 사용되는 기술이다. 기존의 물리적 사설망은 보안성은 뛰어나지만 비용이 높은 단점이 있었다. 반면, 가상 사설망 기술을 사용하면 공중 네트워크 사용을 통해 저렴한 비용으로 적절한 보안수준의 통신을 수행할 수 있다.

인터넷 기반의 업무환경 변화는 가상 사설망의 확대에 기여하고 있다. 현대의 기업 업무는 지역적으로 떨어진 부서, 협력기업, 고객과의 빈번한 통신을 필요로 한다. 기존의 전용선 기술은 비용 측면에서 매우 불리하며 네트워크 운영에 상당한 부담이 될 수 있다. 반면 인터넷을 통한 통신은 비용은 저렴하지만 보안 측면에서 위험이 매우 높다.

가상 사설망은 저비용인 인터넷을 사용하면서 약점인 보안을 암호화 기술로 보완한다. 두 개의 네트워크 양쪽 끝에 VPN 라우터를 설치하여 필요한 패킷을 암호화/복호화를 수행하여 마치 가상의 사설망처럼 동작한다. 이 기술은 마치 인터넷에 터널을 파서 다른 사람들이 볼 수 없도록 만드는 것과 비슷하다는 의미로 터널링(tunneling)이라고 한다. 암호화를 수행하기 때문에 약간의 네트워크 속도 저하가 발생할 수 있는데 기업의 경우는 전용장비를 설치하여 속도를 향상시킬 수 있다. 소프트웨어적으로는 통신의 시작시에만 인증을 거치고 이후의 패킷은 인증과정을 생략하여 속도를 향상시킨다.

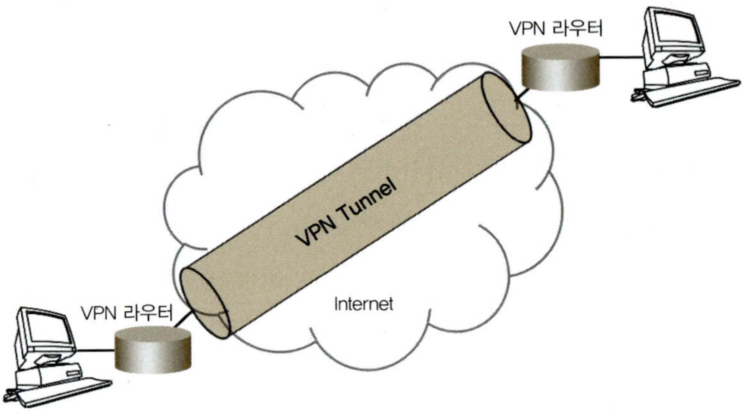

[그림 3-5] 가상 사설망

4. 전자상거래 결제시스템

전자상거래의 결제는 직접 대면 없이 온라인으로 이루어지는 특성 때문에 오프라인 결제에 비해 잠재적 위험이 높다. 예를 들어 오프라인 신용카드 결제의 경우 신분증과 서명 확인을 통해 본인 확인이 가능하지만 전자상거래 결제는 본인 확인을 위해 추가적인 시스템이 필요하다.

전자상거래 결제의 대표적인 유형은 신용카드, 전자자금이체, 소액결제, 전자화폐로 분류할 수 있다. 전자상거래가 발전함에 따라 기존 금융사 외에도 통신사, 온라인포털, 전자지급결제대행(Payment Gateway, 이하 PG)업체 등 비금융기관이 전자상거래에 개입해 유사 금융서비스를 제공하는 현상이 증가하고 있다.

1) 전자지불중개(Payment Gateway)

국내에서는 2007년 전자금융거래법을 제정하여 전자금융업을 전자화폐 발행, 전자채권 관리, 선불전자지급수단의 발행 및 관리, 전자지급결제대행(PG), 결제대금예치

(escrow), 전자고지결제(Electronic Bill Presentment and Payment: EBPP)로 구분하고 관련 업무에 대한 규제 및 관리 기준을 제정하였다. 2012년 기준 국내에 등록된 전자상거래 금융업체는 62개인데 이중 52개가 PG업체일 정도로 국내 B2C 전자상거래 결제시스템에서 PG가 중요한 역할을 하고 있다.

PG는 인터넷 쇼핑몰 등 전자상거래 공급업체와 구매자 간의 자금거래인 신용카드 결제, 가상계좌 결제, 소액 통신결제, 전자화폐 결제 등을 중계하고 정산하는 서비스를 말한다. PG업체는 다수의 전자상거래업체와 결제사업자 사이에서 결제 승인, 취소, 정산 등의 데이터 처리를 수행한다. 가맹점의 형태에 따라 PG 정산업무가 약간 달라지는데 자체 가맹점서비스의 경우에는 정산 대행서비스가 필요 없고 지급결제정보의 처리만 수행한다. 따라서 자체 가맹점서비스의 경우는 수수료율도 대표 가맹점서비스의 0.4~1.0%(카드사 가맹점 수수료 제외 시)보다 약간 낮은 0.4~0.5% 수준이다.

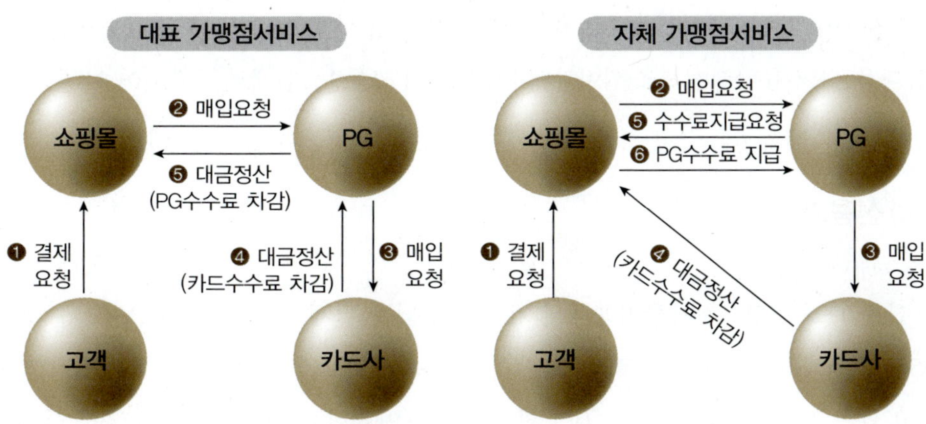

출처: 한국은행.

[그림 3-6] 전자상거래의 PG 정산업무

국내 PG시장 거래액 규모는 전자상거래의 발전과 함께 지속적으로 증가하고 있는데 2007년 15조 2천억 원에서 2011년에는 37조 원으로 급성장하였으며 연간 성장률로 보면 약 20% 내외의 고성장을 지속하고 있다. 거래액의 대부분은 신용카드 PG가 차지하고 있지만 해킹과 같은 전자금융사고의 증가에 따른 보안강화 조치 이후 계좌이체

비중이 늘어나는 추세를 보이고 있다.

2011년 기준 PG시장 점유율을 살펴보면 신용카드가 61%, 계좌이체 30%, 통신과금 7%를 차지하고 있는데 온라인 결제에 대한 신뢰가 증가하면서 전체 신용카드 및 소액결제 내 PG결제 비중은 계속 증가할 것으로 예상된다. 전체 신용카드 사용액 중 PG를 사용한 비율을 보면 2008년 2.5%에서 2011년 4.2%로 대폭 증가하였음을 알 수 있다.

PG업체는 고유업무와 영업방식에 따라 전문 PG업체, 쇼핑몰, 통신과금사업자, 독립사업자로 분류가 가능하다. 전문 PG업체는 전문 IT업체로서 가맹점을 직접, 적극적으로 모집하는 PG업체로 이니시스, 한국사이버결제, 뱅크웰, 인포허브, 다날 등이 있다. 쇼핑몰은 자신의 쇼핑몰에 입점한 업체(가맹점)를 대상으로 PG 서비스를 제공하는 형태로 인터파크, 신세계 등이 해당된다. 통신과금 사업자는 통신요금에 합산하여 PG 서비스 제공하는 형태로 SK텔레콤과 KT 등이 해당한다. 독립사업자는 가맹점 모집 등의 영업활동 없이 소수 계열사나 특정 서비스에 국한해서 서비스를 제공하는 형태로 엘지씨엔에스와 씨제이시스템즈 등이 해당된다. 이외에도 국내 3대 포털업체인 네이버, 다음, SK커뮤니케이션즈(싸이월드와 네이트)가 모두 PG업체로 등록되어 있다.

2) 신용카드 결제

신용카드는 B2C 전자상거래에서 가장 선호되는 결제수단이다. 2011년 기준 전체 PG 거래액의 61%를 차지하고 있고 온라인 쇼핑몰 결제 금액의 대략 70%가량을 점유하고 있는 것으로 알려져 있다. 네트워크를 통한 안전한 신용카드 사용을 위해 다양한 시스템이 개발되었으며 국내에서는 안심클릭과 ISP 서비스가 공인인증서를 사용한 인증과 조합하여 주로 사용되고 있다.

(1) SET(Secure Electronic Transaction)

전자상거래에서 안전한 신용카드 결제를 위해 비자카드(Visa)와 마스터카드(Master-Card)가 공동으로 SET를 개발하였다. 지불정보가 쇼핑몰에 노출되지 않는 이중 암호화와 인증기관을 통한 체계적 인증 등으로 안전성이 뛰어났지만 복잡한 시스템, 별도의 사용자 소프트웨어 사용을 통한 불편함, 구축 및 유지보수 비용이 높은 단점 때문에 활성화에는 실패하였다.

(2) 안심클릭

SET이 실패한 이후 비자카드사 단독으로 3D Secure를 개발하여 보급하였는데 Visa, Mastercard, JCB가 VISA Net을 통해 공동사용하고 있다. 국내에서는 비자카드의 3D Secure를 기반으로 온라인 전자상거래용 결제서비스인 안심클릭을 개발하였는데 다수의 신용카드사(LG, 삼성, 외환, 신한, 현대, 롯데, 하나, 한미카드)가 사용하고 있다.

안심클릭은 온라인 쇼핑 시 소비자의 신용카드 관련 주요정보를 입력하지 않고 소비자가 사전에 정한 패스워드를 거래의 안전을 위해 별도의 창에 입력해 거래하여 본인 인증을 처리한다. 온라인 거래를 위해 소비자의 신용카드 관련 정보가 쇼핑몰에 유출되지 않는 장점이 있다.

(3) ISP(Internet Secure Payment)

국민카드와 비씨카드사가 설립한 (주)한국버추얼페이먼트에서 만든 전자상거래용 결제서비스로 온라인에서 두 회사의 신용카드 사용 시 금액에 상관없이 필수적으로 사용해야 한다. 인터넷 쇼핑 시 신뢰할 수 있는 기관에서 부여된 한쌍의 공개키와 개인키를 사용하며, 소비자의 신용카드 관련 주요정보를 공개키 알고리즘으로 암호화하여 저장하고 사용자가 미리 정한 패스워드를 별도의 창에 입력하여 인증을 수행한다. 신용카드 정보가 개인의 PC에 암호화되어 저장되어 있기 때문에 신용카드번호 · 비밀번호 · 유효기간 등의 정보를 매번 입력해야 하는 안심클릭보다 더 안전한 결제 방식으로 알려져 있다. 안심클릭과 마찬가지로 거래를 위해 소비자가 제공한 신용카드 관련 정보가 쇼핑몰에 유출되지 않는 장점이 있다.

(4) 공인인증서

금융감독원은 온라인결제의 안전성 확보를 위해 인터넷 쇼핑 시에 일정금액 이상의 고액 결제는 본인 확인을 위해 법적인 효력을 지닌 공인인증서를 사용할 것을 권장하고 있다. 공인인증서는 공개키 알고리즘을 사용하여 해킹에 안전한 것으로 알려져 있다. 국가공인인증기관인 금융결제원, 한국정보인증, 한국증권전산, 한국전산원, 한국전자인증, 한국무역정보통신에서 공인인증서를 발행하고 있다. 사용자는 공인인증서를 발급하면서 자신이 원하는 패스워드를 정할 수 있으며 인터넷을 통해 신용카드를 사용할 때 이를 입력하여 본인임을 인증한다.

3) 실시간 계좌이체

실시간 계좌이체는 국내 B2C 상거래에서 신용카드에 이어 두 번째로 많이 사용되는 결제수단이다. 실시간 계좌이체는 주문 완료와 함께 사용자 계좌에서 쇼핑몰로 자금이체가 일어나고 그 결과가 실시간으로 쇼핑몰에 전송되어 주문처리를 완료할 수 있도록 한다. 실시간 계좌이체에서 PG는 쇼핑몰이 제공한 결제 정보를 바탕으로 본인인증과 다수 은행 간의 계좌이체를 수행한다. PG는 일정 주기로 결제대금을 쇼핑몰에 정산하는데 대부분 1 영업일 이내에 정산이 완료된다. [그림 3-7]은 금융결제원이 제공하는 PG형 실시간 계좌이체 서비스의 프로세스와 정보의 흐름을 보여준다.

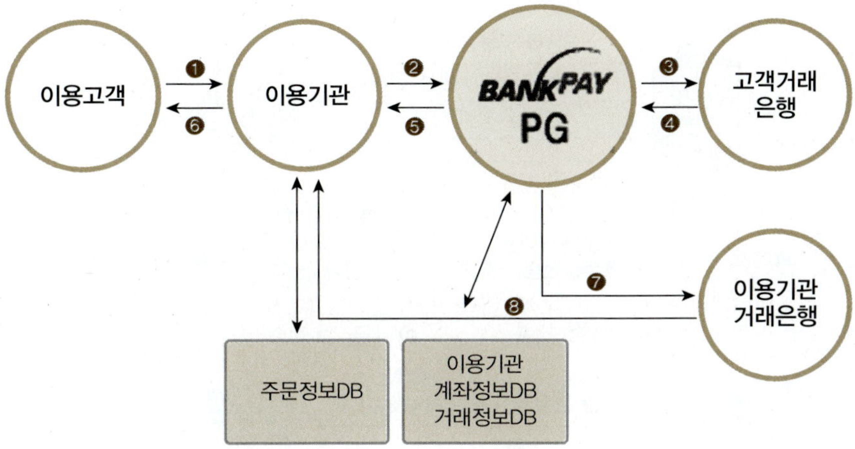

출처: 금융결제원 홈페이지.

[그림 3-7] PG형 실시간 계좌이체 흐름

4) 휴대폰 소액결제

최근 게임과 이북(ebook)을 비롯한 디지털 콘텐츠 산업의 발전과 함께 휴대폰을 이용한 소액결제가 증가하고 있다. 2011년의 경우 PG를 통한 결제액의 약 7%를 차지하고 있는데 이는 신용카드와 실시간 계좌이체 다음으로 많은 금액이다. 특히 온라인 게임 산업의 경우 미성년자의 휴대폰 소액결제 비중이 매우 높은 것으로 알려져 있다.

휴대폰 문자메시지를 통해 4자리 핀을 정해진 시간 내에 입력하는 방식으로 인증이 수행된다. 휴대폰을 통한 소액결제는 사용이 편리하며 성인인증이 가능하고 후불제로 통합 납부할 수 있는 장점이 있으나 환불이 타 결제수단과 비교 시 어려우며 휴대폰과 주민등록번호를 도난당한 경우 피해를 당할 위험이 크다. 특히, 보안위험 때문에 국내 이동통신 3사는 모두 월 결제한도를 두고 있다.

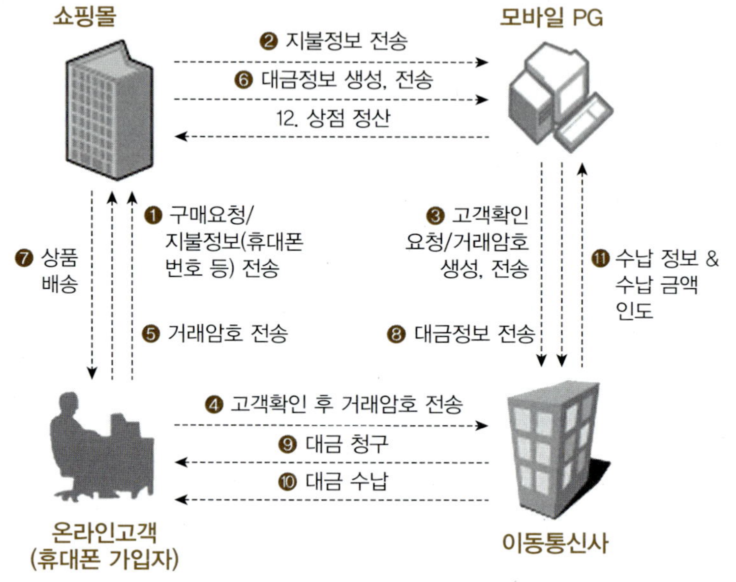

출처: 금융감독원.

[그림 3-8] 휴대폰 소액결제 흐름

5) 비접촉 결제

비접촉 결제는 물리적인 접촉 없이 신속하고 간편하게 결제가 가능한 방식이다. 비접촉식 카드의 경우는 일찍이 IC카드에 적용되고 있으며 국내에서는 T머니가 대표적으로 사용되고 있다. 크기와 모양도 다양화되어 휴대폰 액세서리, 열쇠고리 등 다양한 형태로 제작이 가능한 장점이 있다.

비접촉식 카드는 주로 빠른 결제가 필요한 상황에서 현금을 대체하기 위해 개발되었으며, 주로 버스나 지하철 요금 지불과 같은 소액결제를 위해 사용되고 있다. 기존 신용카드의 경우 카드와 단말기 간의 기계적인 접촉이 필요하기 때문에 비접촉식에 비해 결제시간이 상대적으로 길다. 이러한 특성 때문에 신속한 결제가 이루어져야 하는 매장에서 비접촉식 결제가 선호된다.

비접촉형 IC카드는 2mm 이내에서 통신이 가능한 밀착형(ISO/IEC10536)과 10cm 이내에서 통신이 가능한 근거리형(ISO/IEC14443)이 있다. 근거리형 비접촉식 통신에는 저

주파 방식(100~300KHz), 고주파 방식(13.56MHz), 초고주파 방식(900MHz)이 사용된다. T머니 카드의 경우 근거리형으로 ISO/IEC14443 표준을 따르고 있다.

최근 스마트폰의 보급과 함께 NFC(Near Field Communication)가 새로운 비접촉식 결제 기술로 주목받고 있다. NFC는 필립스사와 소니사가 공동으로 개발한 기술인데 두 개의 NFC 장치가 13.56MHz 주파수를 사용하여 단말기모드, 개인 간 파일공유 모드, 카드 모드의 세 가지로 상호통신이 가능하다. NFC 기술이 휴대폰/스마트폰에 적용될 경우 가입자인식용 SIM 카드에 신용카드정보를 저장하여 비접촉식 신용카드로 사용이 가능하고 추가적으로 ID카드 기능, 전자기기 간의 정보교환 등 다양한 분야에서 활용이 가능하다. 국내에서는 T머니가 스마트폰의 NFC를 이용한 앱을 출시하고 있다.

기존의 비접촉식 IC카드에 비교한 NFC의 장점은 기기 간 통신 기능이다. NFC 탑재 기기를 10cm 이내로 근접시키면 자동적으로 상호 통신이 수행되기 때문에 전통적인 비접촉 IC카드보다 사용이 간편하고 다양한 서비스로 응용이 가능하다. NFC의 국제표준규격인 ISO 18092는 비접촉식 신용카드의 국제표준규격인 ISO 14443은 물론 소니사의 FeliCa나 필립스사의 MIFARE와 같은 비접촉 IC카드의 수용이 가능하며 보안성이 높다. 읽기 전용인 RFID 기술과 비교하면 읽기와 쓰기가 모두 가능하다는 장점이 있다.

이러한 장점에도 불구하고 모바일 결제시장에서 NFC의 확산은 기대보다 낮은 것으로 나타나고 있다. Gartner의 2012년 조사에 의하면 모바일 결제규모는 급격하게 증가하고 있지만 NFC 결제비중은 2009년 11.7%에서 2011년 6.7%로 오히려 하락했다. 최신 스마트폰의 경우 대부분 NFC 기능이 탑재되고 있지만 인프라 구축 비용이 높아 확산이 지체되고 있는 것으로 분석된다. 구글의 NFC 기반 '구글월렛'은 2011년 시작되었지만 미국 내에서 스프린트사를 통한 출시에 그치고 있다. 애플 역시 아이폰5에 NFC 기반의 '아이월렛' 대신 비NFC 기반 서비스인 '패스북'을 도입하였다. 향후 상품정보, 할인정보, 쿠폰정보, 티켓팅과 같은 부가서비스의 도입 여부에 따라 NFC의 확산 속도가 결정될 것으로 보인다.

마무리사례 별들의 전쟁: 모바일 결제

애플에 정통한 JP모건 애널리스트인 마크 모스코비츠는 애플의 차세대 주력은 모바일 결제라고 주장한다. 애플이 이른바 'iPAY'를 앞세워 이번엔 결제시장에 눈독을 들이고 있다는 것이다. 포춘(Fortune)지에 의하면 애플기기에 NFC(Near Field Communication) 기능을 넣고, 이를 계좌와 연동해 아이폰이나 아이패드로 결제 서비스를 이용할 수 있게 된다는 것이다. 모스코비츠는 이를 'iPAY'서비스라고 이름 지었는데 애플은 NFC 관련 특허를 대거 확보하는 등 'iWallet'과 같은 모바일 결제 시장 진입을 위한 움직임을 가시화 하고 있다.

NFC는 약 10cm 이내의 근거리에서 데이터를 교환할 수 있는 비접촉식 무선통신 기술이다. 스마트폰 등의 다양한 휴대기기에 내장되어 교통카드, 신용카드, 신분증 등을 대체할 수 있다. 10cm라는 짧은 거리는 단점이 되기도 하지만 상대적으로 통신거리가 긴 RFID 기술보다 보안성이 높은 장점이 있다. 그리고 기존 근거리 무선 데이터 교환 기술이 '읽기'만 가능했지만 읽기와 쓰기가 모두 가능하다.

모바일 결제는 아마존이나 이베이의 페이팔(Paypal) 등 기존 전자상거래 업체는 물론 통신업체와 구글, 국내의 삼성 등 대규모 글로벌 기업이 눈독을 들이고 있는 유망 시장이다. 애플기기와 아이튠스, 앱스토어로 연결되는 생태계를 지닌 애플이 NFC를 앞세워 모바일 결제 시장에 뛰어들 경우 파장이 적잖을 것이라는 것은 충분히 예상 가능하다.

구글은 2011년 9월 NFC 기반의 모바일 결제 서비스인 구글 Wallet을 출시하였다. 기존 지급결제 시장의 강자인 마스터카드 및 비자카드와 제휴하여 미국 내에서만 수십만 개의 지점에서 사용이 가능하다. 상품 검색 서비스인 구글 쇼핑(Google Shopping)으로 탈바꿈시켜 인터넷 마켓 플레이스로 변화를 꾀하고 있다. 2013년 5월에는 구글 Wallet과 Gmail을 통합하여 사용자가 Gmail 첨부기능을 사용하여 송금 할 수 있는 서비스를 제공하고 있다.

삼성 역시 2013년 5월 삼성 월렛 서비스를 시작했는데 국내 3만여 온라인 가맹점에서 사용가능하다. 온라인에 한정하여 사용가능하기 때문에 파급력이 아직 크지는 않지만 지속적으로 가맹점을 확대하고 신용카드사와의 제휴도 늘려나갈 계획이어서 오프라인 진출 가능성도 완전히 배제할 수는 없는 것으로 보인다.

전통적으로 은행과 신용카드사의 텃밭이었던 지급결제 시장에 애플, 구글, 삼성 등의 비금융 IT기업이 도전하고 있는 형세인데 기존 금융사의 반격에 따라 지급결제시장의 판도가 완전히 재편될 수 있다. 우리는 지금 IT기업과 전통 금융기업 간의 전쟁, 다른 말로 IT-금융 컨버전스(convergence)를 목격하고 있다.

출처: 아이뉴스24(2012. 05. 05).
http://en.wikipedia.org/wiki/Near_field_communication
ZDNet Korea(2013년 05월 21일).

CHAPTER 04

웹사이트 구축

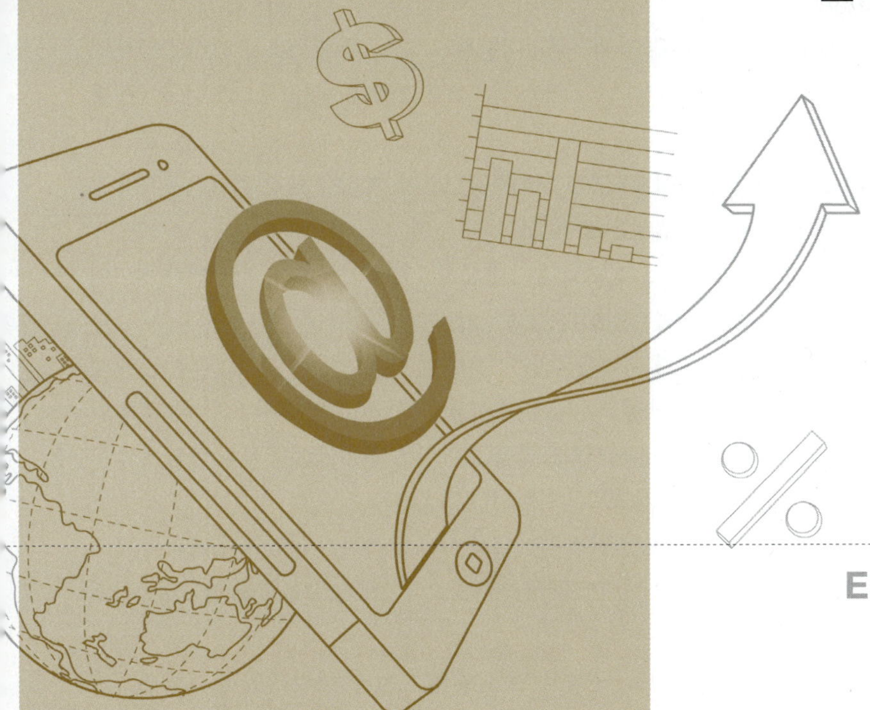

ELECTRONIC COMMERCE

1. 웹 브라우저의 시작
2. 웹사이트 구축 절차
3. 모바일 웹사이트 구축 시 고려사항
4. 쇼핑몰 신규 창업 시 절차

도 입 사 례

중앙부처 모바일웹 낙제점 … 문화부 1위

우리나라 중앙행정기관이 제공하는 모바일 웹사이트(모바일웹)가 '낙제점'을 받았다. 해외에서 한국 모바일 전자정부(m거버먼트)에 대한 높은 평가와 달리, 정부 '모바일 행정'은 아직 갈 길이 먼 것으로 평가됐다.

웹발전연구소(대표 문형남 숙명여대 정책 · 산업대학원 교수)는 국내 최초로 33개 중앙행정기관이 제공하는 모바일웹을 평가한 결과, 평균 56.8점(100점 만점)을 받는 데 그쳤다고 5일 밝혔다.

절반을 훌쩍 넘는 19개 기관이 평점 40~59.9점에 머물렀으며, 70점을 넘긴 기관은 4곳에 불과했다. 식품의약품안전청과 중소기업청은 30점대로 최하위에 그쳤다.

문화체육관광부 모바일웹이 총점 78.4점으로 평가대상 중 1위를 기록했다. 기상청과 청와대가 각각 76.6점과 74.4점으로 2 · 3위로 나타냈다.

이번 평가는 지난 8월 행정안전부가 내놓은 '대국민 모바일 서비스 구축 가이드라인'을 토대로 △명확성 △콘텐츠 △디자인 △호환성 △사용성 △기능성 6개 부문에 걸쳐 11월 한 달 동안 진행됐다. 스마트폰 보급 확대로 인터넷 웹사이트만큼 모바일웹 활용이 보편화된 상황에서 우리나라 '모바일 행정' 구현 수준을 객관적으로 평가한 첫 시도다.

평가에서 적지 않은 행정기관이 모바일 전용 사이트를 아예 구축하지 않았거나 관리를 제대로 하지 않는 것으로 나타났다. 모바일 사이트를 구축한 곳도 PC 사이트에 비해 접근성 · 콘텐츠 · 사용성 측면에서 부실했다.

행안부가 '모바일 전자정부(m거버먼트)' 구축을 위해 제시한 △m거버먼트 관리 지침 △모바일 서비스 사용자 인터페이스 설계지침 △대국민 모바일 서비스 구축 가이드라인 등을 중앙부처들도 지키지 않는 것으로 드러났다.

문형남 웹발전연구소 대표는 "PC 사이트는 지속적인 관리로 평균 80~90점대를 기록한 반면에 모바일 사이트 평가 결과는 대체로 크게 미흡했다."며 "PC 사이트 관리업체에 추가로 모바일 사이트 구축을 부탁하는 등 초보적인 관리 수준에 머물렀다."고 지적했다.

출처: 전자신문(2011년 11월 6일).

웹사이트 구축

CHAPTER 04

2001년 6월, 한국을 방문한 세계적인 미래학자 앨빈 토플러는 세계적 수준의 정보화 인프라를 구축한 한국이 주목해야 할 분야는 전자상거래라고 하였다. 그만큼 한국의 정보인프라는 전자상거래를 위한 가능성을 가지고 있는 나라 중 하나이다. 그의 예측에 맞게 2001년 당시 118조 원에 이르며 국내 전자상거래 시장 규모가 2012년이 되면서 1,000조 원을 넘어섰다. 우리나라 전체 산업 매출액 규모가 3,400조에서 3,500조 정도라는 것을 감안한다면 전자상거래가 차지하는 비중이 무려 29% 이상이라는 것을 알 수 있다. 또 한 가지 주목할 점은 전자상거래의 성장이 매년 10% 후반에서 20% 초반대를 지속적으로 유지하고 있다는 점이다. 즉, 앞으로 성장이 지속될 가능성이 매우 높기 때문에 전자상거래에 대한 이해가 필수적임은 분명하다. 전자상거래를 이해하기 위해서는 다양한 측면에 대한 학습이 필요하다. 그중에서 본 장에서는 전자상거래를 위한 웹사이트 구축에 있어서 고려해야 할 필수적인 요소들에 대해 살펴본다.

1. 웹 브라우저의 시작

1993년 소개된 공개 소프트웨어 하나가 전세계에 영향을 미치는 혁명적인 출발점이 되었다. 웹 브라우저(web browser)라 불리던 이 공개 소프트웨어는 전세계인을 웹으로 쉽게 접근할 수 있는 중요한 채널로 작용함으로써 인터넷 환경의 새 지평을 열게 된다. 따라서 웹 브라우저의 간략한 역사를 살펴보는 것은 의미가 있다.

우리가 알고 있는 그래픽 기반 웹 브라우저의 출발은 모자익(Mosaic)에 의해서 이루어졌다. 모자익은 일리노이대학(University of Illinois Urbana-Champaign)의 국가 슈퍼컴퓨팅 어플리케이션 센터(National Center for Supercomputing Applications: NCSA)에서 Marc Andreessen과 Eric Bina에 의해 1992년 말에 개발되었으며, 여러 베타 테스트를 거쳐 1993년 11월에 대중에게 소개되었다. 현재는 더 이상 존재하진 않지만 모자익의 등장은 월드와이드웹(World Wide Web: WWW)을 위한 웹 브라우저의 대중화에 기여하였으며, 모자익이 소개한 기능들은(URL 입력창, 홈, etc.) 여전히 오늘날의 웹 브라우저가 사용하고 있을 만큼 사용자 친화적인 그래픽 기반 소프트웨어로 기억되고 있다. 또한 모자익으로 인해 사용자들은 쉽게 다양한 유형의 정보에 접근할 수 있게 되었다. 하지만 모자익의 개발과 사용자 지원은 1997년 종료되었다.

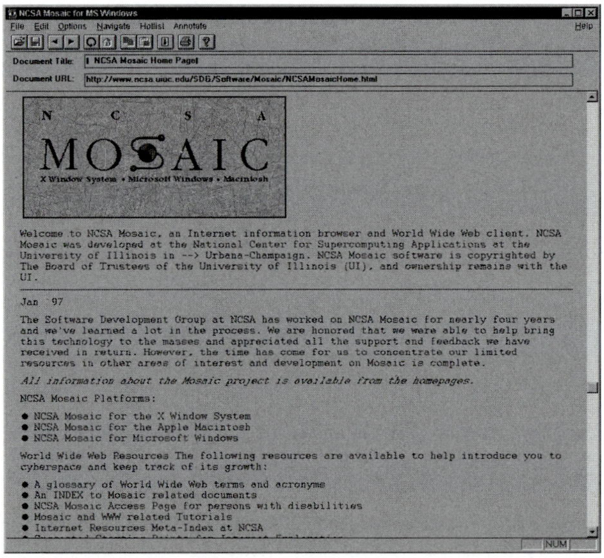

[그림 4-1] Mosaic version 1.0

모자익 개발 팀의 리더였던 Marc Andreessen은 1993년 일리노이 대학을 졸업한 후 NCSA를 떠나 James Clark과 일리노이 대학에 재학 중이던 학생들과 함께 Mosaic Communications Corporation을 설립하였다. 하지만 사명에 모자익이란 이름을 사용하는 것에 대해 NCSA가 반발하면서 사명이 Netscape Communications Corporation으로 변경된다. Netscape사는 1994년 자사의 대표 제품인 Netscape Navigator라는 웹 브라우저를 출시하게 된다. 출시 이후 꾸준히 웹 브라우저의 사용자 점유율을 높여가던

Netscape Navigator는 한때 50% 이상의 점유율을 차지하였으나 Microsoft의 Internet Explorer가 등장한 이후 Netscape Navigator가 시장점유율 유지 및 확대에 실패하면서 자신의 영역을 Explorer에 내어주면서 2002년에 결국 사용자 점유율이 5% 이하로 하락하게 된다. 이후 Netscape사는 AOL에 인수되면서 웹 브라우저 개발은 이어갈 수 있었으나 AOL 역시 더 이상 가능성이 낮다는 것을 인정하고 2007년에 웹 브라우저 개발을 중단하게 된다. 하지만 Netscape Navigator의 소스코드는 그 명맥을 이어가며 Mozilla Firefox로 새롭게 탄생하게 된다. 반대로 Explorer는 Netscape와의 경쟁에서 승리하면서 시장 지배적인 위치에 들어서게 된다.

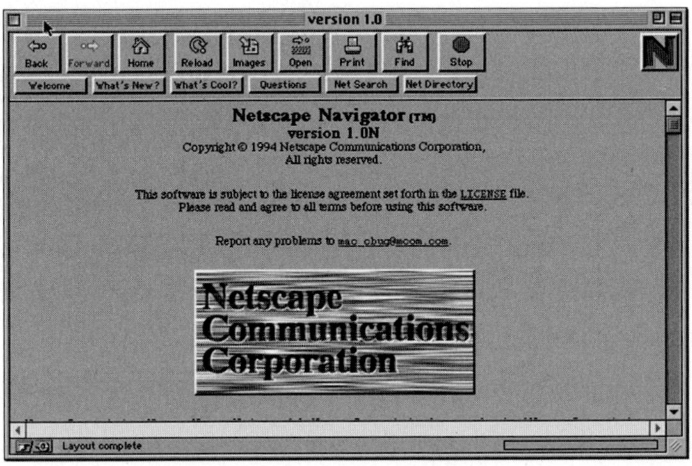

[그림 4-2] Netscape Navigator version 1.0

미국의 소프트웨어 개발회사인 Spyglass(1990년에 설립되어 2000년에 파산)는 자사만의 웹 브라우저를 개발하기 위해 1994년 5월 NCSA의 모자익 소스코드에 대한 라이선스를 취득하였으나 추구하는 기능, 사용자 인터페이스 등 여러 가지 기술적 차이로 인해 실제 웹 브라우저를 개발하지는 않았다. 1995년에 Microsoft사는 Spyglass가 소유한 모자익 소스코드 라이선스를 2백만 달러에 구입한 후 일부 소스코드를 변경하여 Internet Explorer라는 소프트웨어를 시장에 소개하게 된다. Internet Explorer가 등장한 이후 웹 브라우저 시장은 한때 강자였던 Netscape Navigator와의 치열한 경쟁을 시작하게 된다. Microsoft는 자사의 운영체제인 Windows에 Internet Explorer를 포함시켜 판매(bundling)함으로써 시장점유율을 확장하려 노력하였다. Netscape Navigator는 이를 반독점법 위반이라며 소송을 제기한다. 하지만 소송기간이 너무 길어진 나머지 Microsoft는 기존의 번들링을 지속하였고 결국 시장을 빠르게 확장할 수 있게 되었다. 2002년과 2003년 Internet Explorer는 시장의 95%를 차지하여 웹 브라우저 시장을 평정하게 된다. Microsoft가 이만큼의 시장점유율을 확보할 수 있었던 또 다른 이유는 그동안 출신된 브라우저 간 배타적인 기술의 도입으로 인해 발생하였던 웹페이지가 다르게 보이는 현상과 서로에게 구현하지 못하는 기술 때문에 발생하는 많은 혼란을 해결해 주었다는 점이다. Explorer는 다양한 인터넷 환경에서 웹페이지를 가장 최적으로 구현하였다. 이러한 시장선점에도 불구하고 2003년 Apple Safari, 2004년 Mozilla Firefox, 2008년 Google Chrome 등의 새로운 형태의 웹 브라우저가 출시되면서 자신이 확보한 시장점유율을 지속적으로 빼앗기며, 2013년에 27%로 시장점유율이 하락하게 된다. 현재(2013년 5월) Chrome이 41%, Firefox가 19%, Safari가 8%, Opera가 1%의 시장점유율을 나타내고 있다. 이처럼 다양한 웹 브라우저의 등장과 서로 간의 경쟁은 웹 브라우저 시장의 진일보(한 단계 더 높이 발전해 나아감을 이르는 말)에 도움이 될 것이라 예상되지만 비호환성을 고려해야 하는 Cross Browsing 문제가 다시 대두될 가성성도 높이는 계기가 될 수 있다는 문제점이 있음을 명심해야 한다.

2. 웹사이트 구축 절차

다음은 웹사이트를 구축함에 있어서 거쳐야 하는 절차에 대하여 알아본다. 본 절차는 모든 상황에 적용되는 것은 아니나 일반적으로 웹사이트를 구축함에 있어서 그리고 웹사이트를 통해 전자상거래를 함에 있어서 거치게 되는 절차들을 알아보고자 함이다.

1) 웹사이트 구축 목적 설정

웹사이트를 구축함에 있어서 가장 먼저 수립되어야 하는 것은 웹사이트를 통해 무엇을 달성하고자 하는 건지 그리고 어떻게 이를 달성할 것인지에 대한 비전(vision)이다. 비전에는 단지 미션에 대한 기술만 포함되는 것이 아니라 목표고객은 누구이며, 해당 기업이 진출하여 경쟁하고자 하는 시장의 특성은 무엇이며, 목표 시장에 대한 경쟁분석, 그리고 이를 기반으로 웹사이트를 어떻게, 언제까지, 얼마의 예산으로 구축할 것인지에 대한 마스터 플랜(master plan)을 포함한다. 일반적으로 웹사이트를 구축함에 있어서 가장 많은 비용이 지출되는 항목은 마케팅이다. 전체 예산의 35%가 마케팅에 지출되고 다음으로 콘텐츠 개발에 전체 예산의 30%가 지출되며, 다음으로 웹사이트 디자인에 약 15%의 예산이 지출된다.

비전은 기업의 특성에 따라 그리고 기업의 유형에 따라 다르게 수립된다. 예를 들어 영리기업과 비영리기업의 비전은 분명한 차이가 존재한다. 영리기업의 경우 효율성을 중시하여 자원의 투입을 통해 최대의 수익확보 및 경쟁력 유지를 추구하고자 한다. 반면 비영리기업의 경우 효과성 극대화를 위해 정해진 예산 한도 내에서 추구하고자 하는 목표를 극대화하고자 노력할 것이다. 기업에 의해서도 비전은 달라질 수 있는데 예를 들어 Facebook의 경우 더욱더 오픈된 환경에서 많은 인터넷 사용자들을 연결하는 것을 목표로 할 것이다. 반면 Google의 경우 인터넷 세상에 존재하는 유용한 정보를 인터넷 사용자들이 접근하기 쉽도록 구조화할 것인지를 비전으로 삼을 것이다.

비전 수립 시 주의할 점은 비전에 기술된 미션, 목적, 방향성이 너무 장황하게 기술되어서는 안 된다는 점이다. 비전이 너무 장황하게 기술될 경우 관련 이해관계자가 해당 내용을 이해하는 데 어려움이 있으며 비전의 핵심을 이해하기도 쉽지 않기 때문이다.

2) 수익모델 수립

웹사이트의 비전이 수립되었다면 다음으로 수익모델에 대해 고민해야 한다. 전자상거래를 목적으로 한 기업의 경우 상호 간의 거래를 통해 수익을 창출하는 것을 목표로 하기 때문에 어떻게 수익을 창출할 것인지를 나타내 주는 수익모델을 수립해야 한다. 물론 초기부터 수익모델이 지나치게 구체적일 필요는 없다. 포괄적인 시각에서 수익을 어떻게 창출할 것인지를 나타낼 수 있으면 충분하다. 예를 들어, 네이버의 경우처럼, 광고나 파워링크를 통해 수익을 창출할 수 있고, 온라인 Wall Street Journal의 경우처럼 구독료를 통해 수익을 창출할 수 있으며, 결제시스템과 같은 거래 처리 비용을 통해 수익을 창출할 수도 있다. 뿐만 아니라 오픈마켓의 경우처럼 판매자와 구매자를 연결하는 공간을 제공하여 수익을 창출할 수도 있다. 기업은 다양한 수익창출 방법 중 어떻게 자사가 수익을 창출할 것인지를 선택해야 한다. 주지할 것은 수익모델이 반드시 하나일 필요는 없다는 점이다. 〈New York Times〉의 경우처럼 광고와 구독료의 두 가지 수익모델을 추구할 수도 있다.

3) 목표고객 설정

수익모델이 수립되었다면 다음으로 목표고객을 설정해야 한다. 목표고객은 다양한 방법을 통해 설정할 수 있다. 인구통계학적 접근(demographics), 인터넷 사용자의 라이프스타일, 인터넷 사용자들의 소비패턴, 인터넷 사용 패턴 등 여러 가지 특성들이 목표고객을 설정하는 데 사용될 수 있다. 이중 목표고객 설정에 가장 많이 사용되는 특성은 인구통계학적 접근 방법이다. 인구통계학적 정보에는 연령, 성별, 소득수준, 결혼여부, 지정학적 위치, 직업 등 대상 모집단의 인구가 어떻게 분류되며 어떤 집단에 속할지를 결정해 준다. 예를 들어 홈플러스가 운영하는 가상스토어는 주로 20대에서 30대 직장인을 목표고객으로 설정하였다. 일반적으로 홈플러스 매장에 직접 방문하는 고객들의 연령층은 40대에서 60대가 주류를 이루고 있었다. 20대나 30대의 경우 바쁜 직장인이기에 충분한 시간적 여유가 없어 홈플러스 매장을 찾는 비율이 다른 연령층에 비해 높지 않았다. 홈플러스는 이들의 방문을 촉진하기 위해 직접 이들을 방문하는 가상스토어를 오픈하였다. 이를 통해 홈플러스는 20대에서 30대 연령층의 구매를 촉진시킬 수 있었다.

4) 전자상거래 플랫폼의 선택

전자상거래 플랫폼은 크게 종합쇼핑몰, 전문 쇼핑몰, 오픈마켓(open market), 소셜커머스(social commerce) 등으로 구분할 수 있다. 종합쇼핑몰은 롯데닷컴, 이마트몰, 인터넷 홈플러스, GS샵, AK샵, CJ몰 등 오프라인 매장이나 TV 홈쇼핑을 함께 운영하는 쇼핑몰이 해당된다. 이 유형의 업체들은 이미 오프라인 매장을 운영하고 있는 상황에서 온라인으로 영역을 확장하는 경우에 해당되며, 본 형태를 선택하기 위해서는 많은 자본이 요구되기 때문에 신생기업보다는 안정적 자본을 지속적으로 확보할 수 있는 능력이 있는 기업에 적합하다. 전문쇼핑몰은 자사가 판매하고자 하는 제품을 거래하기 위해 웹사이트를 운영하는 기업으로 많은 신생기업들이 여기에 해당된다. 본 유형은 초기 신생기업들이 주로 선택하는 유형으로 소규모의 자본으로 창업을 하고자 할 경우에 적합하다. 오픈마켓으로 G마켓, 11번가, 옥션, 인터파크 등 주로 제품의 판매자와 구매자가 서로 거래할 수 있는 가상 쇼핑 공간을 제공해 주는 업체들이 해당된다. 오픈마켓은 국내 전자상거래의 시조에 해당된다. 1996년 인터파크의 오픈으로 시작된 오픈마켓은 옥션, G마켓, 11번가의 등장으로 활성화되었다. 하지만 최근에 옥션의 주인인 eBay가 G마켓을 인수하면서 온라인 거대 기업이 됨으로써 오픈마켓은 옥션 · G마켓, 인터파크, 11번가의 3자구도로 변모하였다. 하지만 온라인 시장에 영원한 절대강자가 없기 때문에 여러 신규 진입자가 등장하고 있는데 대표적으로 홈앤쇼핑이 있다. 오픈마켓은 판매자에게 '거래 장소'를 제공하고 거래 수수료를 수익모델로 하고 있다. 자신만의 웹사이트를 구축하고 유지할 능력이 부족하거나 자본이 충분치 못한 경우 오픈마켓을 이용할 수 있다. 소셜커머스는 쿠팡, 티켓몬스터, 위메이크프라이스, 그루폰 등 공동 구매를 기반으로 제품을 저렴하게 판매하는 업체들이 해당된다. 본 유형은 최근에 주목받고 있는 분야로 판매 수수료를 수익모델로 하고 있다. 소셜커머스를 이용할 경우 판매자의 입장에서는 일정 수준의 고객들을 확보할 수 있다는 장점이 있고 구매자의 입장에서는 저렴하게 본인이 원하는 제품을 구입할 수 있다는 장점이 있다. 하지만 사용하지 않은 쿠폰에 대한 환불 절차나 정책, 그리고 구입한 제품에 대한 신뢰성 등이 여전히 해결해야 할 문제로 제기되고 있다. 하지만 구매자 확보가 어려운 기업들의 경우 소셜커머스를 통해 직접 판매보다는 낮지만 일정수준의 수익을 확보할 수 있다는 장점에 많은 기업들에 의해 활용되고 있다.

5) 환경분석

자사의 웹사이트를 구축하기에 앞서 기업은 자사가 취해야 할 전략적 행동을 결정해야 한다. 전략적 행동 결정에 중요한 영향을 미치는 것이 환경분석이다. 즉 자사가 경쟁해야 할 환경에 대한 이해와 자사에 대한 이해가 있어야 궁극적으로 취해야 할 전략적 행동을 결정할 수 있다. 환경분석을 위한 여러 가지 도구들이 있는데 이중 가장 많이 활용되는 도구가 SWOT 분석이다. SWOT란 강점(Strengths), 약점(Weaknesses), 기회(Opportunities), 위협(Threats)이란 네 가지 용어가 조합되어 명명되었다. 본 분석을 수행하게 되면 자사가 수행하는 사업에 대한 전략적 이해를 도모할 수 있으며, 어디에 자사가 가진 자원과 역량을 집중시켜야 하는지 결정하는 데 도움을 제공한다. 네 가지 분석 중 강점과 약점은 자사의 내부 조직환경을 분석하는 것으로 내부 환경분석이라고 한다. 기회와 위협은 현재의 조직 외부 상황을 분석하기 때문에 조직 외부 환경분석이라고 한다. 본 분석을 통해 기업은 자사의 강점은 강화시키고, 약점을 보완할 수 있는 방법을 고안할 수 있다. 또한 기회 요인을 분석함으로써 기회의 포착 및 최대한 활용할 수 있는 방안을 도출할 수 있으며, 자사에 위협이 되는 요인에 대해 사전에 대처할 수 있는 가능성을 높여준다. 예를 들어 신생 기업의 경우 현재 다른 웹사이트가 제공하지는 않지만 고객의 잠재 수요가 있는 새로운 제품/서비스를 제공한다면 강점이 될 수 있다. 반면에 신생기업의 경우 자본과 인적 자원의 제약이 있기 때문에 이는 약점이 될 수 있다. 만약 정부에서 신생기업 육성 및 지원정책을 발표하고 이를 실행한다면 기회요인이 될 수 있다. 하지만 자사가 제공하는 제품/서비스가 다른 기업이 쉽게 모방할 수 있는 것이라면 앞으로 잠재적 경쟁자가 많아질 수 있기 때문에 위협요인이 될 수 있다.

[그림 4-3] SWOT 분석

6) 웹사이트 개발

성공적인 전자상거래를 위한 웹사이트를 구축하기 위해서 단지 기술에 대한 이해만으로 목표를 달성할 수 없다. 성공적인 전자상거래는 비즈니스, 기술, 사회적 이슈뿐만 아니라 시스템에 대한 이해가 필요하다. 따라서 경영자는 자사의 비즈니스 목적에 대해 명확히 이해해야 하며, 이 목적을 달성하기 위한 적합한 기술을 선택할 수 있어야 한다. 비즈니스 목적을 정확히 이해하기 위해서 사업계획을 수립해야 한다. 목적 달성을 위해 필요한 기술을 선택하기 위해서는 전자상거래 인프라스트럭처의 구성요소에 대한 기본적인 지식이 필요하다. 따라서 이러한 기본적인 이해를 기반으로 전자상거래를 위한 웹사이트를 구축해야 한다.

(1) 프로젝트 계획/시스템 분석

웹사이트를 구축하는 과정에 있어서 직면하게 될 다양한 문제를 해결하기 위해서는 체계적인 절차를 기반으로 개발 프로젝트가 수행되어야 한다. 이를 위한 방법 중 하나가 시스템 개발 생명주기(Systems Development Life Cycle: SDLC)이다. SDLC는 정보시스템을 개발할 때 많이 사용되는 방법으로 비즈니스 목적에 대한 정의에서부터 시작하여 시스템 구축과 유지 · 보수 과정까지 체계적인 절차를 기반으로 수행된다. 전체적인 절차는 다음 [그림 4-4]와 같다.

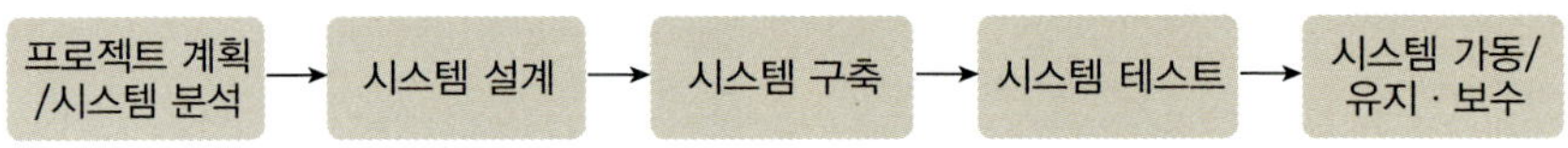

[그림 4-4] 웹사이트 시스템 개발 생명주기

물론 본 방법론 자체가 성공적인 웹사이트 구축을 보장해 주지는 않는다. 하지만 가장 많이 활용되고 많이 검증된 방법론이기에 개발과정 속에서 발생할 수 있는 실수를 미연에 방지할 수 있다.

SDLC의 첫 번째 단계는 프로젝트 계획/시스템 분석단계이다. 본 단계에서 수행되는 활동은 비즈니스 목적에 대한 이해, 시스템의 기능에 대한 이해, 정보 요구사항 파악 등이다. 비즈니스 목적(business objectives)이란 현재 자사가 구축하고자 하는 웹사이트가 가지고 있어야 하는 능력(capabilities)을 말한다. 이런 능력을 파악하기 위해서 시스템 기능과 정보 요구사항에 대한 목록을 각각 작성해야 한다. 시스템 기능(system functionalities)은 비즈니스 목적을 달성하기 위해 필요할 것이라 생각되는 정보시스템 역량(information systems capabilities)을 말한다. 예를 들어 비즈니스 목적이 고객 정보수집이라면 시스템 역량으로 고객 데이터베이스(database)가 필요하다. 시스템의 정보 요구사항(information requirements)이란 비즈니스 목적을 달성하기 위해 시스템이 반드시 산출해야 하는 정보요소들을 말한다. 마찬가지로 고객 정보를 수집하는 것이 비즈니스 목적이라면 고객의 이름, 주소, 연락처, 이메일 등과 같은 고객정보 요소가 필요하다.

(2) 시스템 설계

시스템 설계단계에서는 시스템 분석단계에서 기술된 비즈니스 목적, 시스템 기능, 정보요구사항을 전달할 수 있는 방법을 살펴본다. 설계를 위해 가장 먼저 작성되어야 하는 문서는 시스템 설계 명세서이다. 시스템 설계 명세서(system design specification)는 시스템의 주요 구성요소와 각 구성요소 간의 관계를 기술한 문서를 말한다.

다음으로 시스템 설계는 두 가지 유형으로 구분되는데 하나는 논리적 설계와 물리적 설계이다. 예를 들어, 건물을 지을 때 그리게 되는 설계도는 논리적 설계에 포함되고, 물리적 설계는 논리적 설계의 결과물인 설계도를 기반으로 해당 건물을 어떻게 지을지, 몇 명의 인력으로, 어떤 자재를 사용할 것인지와 같이 무형의 설계도를 유형화하는 과정을 말한다. 논리적 설계(logical design)에서는 전자상거래 사이트상에서 흐르는 정보의 흐름을 나타내는 데이터 흐름도(data flow diagram: DFD)가 포함되는데 데이터 흐름도에서는 저장소(databases), 데이터의 흐름(data flow), 처리 행위(processing activities)가 나타난다. 여기서는 정보보안 체계와 비상 시 데이터 백업(backup) 절차가 포함된다. 물리적 설계(physical design)는 논리적 설계를 물리적 요소로 변환하는 과정이다. 즉, 구매하게 될 구체적인 서버 모델을 포함하여 전자상거래 웹사이트를 위한 모든 하드웨어 및 소프트웨어가 명시된다. 또한 네트워크는 어떻게 구성할 것인지가, 그리고 외부의 공격으로부터 내부의 데이터를 보호할 보안시스템도 명시된다.

(3) 시스템 구축

설계도 작성이 완료되었다면 다음으로 설계도를 기반으로 시스템을 구축하여야 한다. 구축과정에 있어서 우선 고려해야 하는 점은 내부에서 구축할지 외부에 구축을 의뢰할지 결정해야 한다. 만약 내부에서 구축하기로 결정하였다면 세 가지 접근법을 생각해 볼 수 있다. 첫 번째는 직접 내부인력이 시스템을 처음부터 끝까지 구축하는 것이다. 이 경우 가장 큰 장점은 웹사이트 구축과정을 통제하기가 다른 방법에 비해 용이하다는 것이다. 또한 웹사이트 구축과정에서 발생하는 다양한 요구사항이 다른 방법에 비해 쉽게 최종 결과물에 반영될 수 있다. 하지만 단점도 있는데 가장 큰 문제는 회사가 직접 웹사이트를 구축할 수 있는 전문인력을 보유해야 하기 때문에 재무적 부담이 가중될 수 있다. 두 번째 방법은 웹사이트 구축을 위한 패키지(packages)를 구입하는 것이다. 예를 들어 Microsoft Commerce Server, IBM WebShpere 등이 있다. 이들 패키지의 특징은 매우 비싸다는 것이다. 하지만 검증된 최신의 소프트웨어를 사용할 수 있다는 장점과 직접 구축하는 것보다는 시장에 빠르게 진출할 수 있다는 장점이 있다. 마지막 방법은 이미 만들어져 있는 템플릿(templates)을 사용하는 것이다. 예를 들어, Yahoo Merchant Solutions, Amazon Stores 등이 해당된다. 템플릿을 사용할 경우 전체적인 기능이나 디자인의 변경이 쉽지 않으며 자사의 특성에 따라 만들어진 것이 아니기 때문에 자사의 비즈니스 목적과 상충될 가능성도 있다. 하지만 그림, 텍스트 등 간단한 데이터의 입력만으로 쉽게 웹사이트를 구축할 수 있기 때문에 다른 방법에 비해 저렴하고, 빠르게 시장에 진출할 수 있다는 장점이 있다.

웹사이트를 자사가 직접 구축하지 않기로 하였다면 외주(outsourcing, 아웃소싱)를 주는 방법도 생각해 볼 수 있다. 외부 혹은 아웃소싱을 하게 되면 자사가 직접 전문인력을 고용하지 않아도 되며, 전문성이 어느 정도 보장된 인력을 활용할 수 있다는 장점이 있다. 또한 내부에서 웹사이트를 구축하는 것이 아니기 때문에 웹사이트 구축에 대한 전체적인 책임에서 자유로울 수 있다. 하지만 외주를 위한 비용이 저렴하지 않다는 문제점도 있다. 또한 외주에 의해 웹사이트가 구축된다면 내부 인력이 이를 관리할 수 있는 능력이 부족하여 외주 업체에 대한 의존도가 높아질 수 있다.

(4) 시스템 테스트

전자상거래를 위한 웹사이트 시스템의 구축이 완료되면 실제 구동에 앞서 테스트 과정을 거치게 된다. 테스트는 세 가지 유형이 있는데 단위 테스트, 시스템 테스트, 인수 테스트 등이다. 단위 테스트(unit testing)는 웹사이트의 프로그램 모듈(module, 시스템의 최소단위)을 각각 검사하는 과정을 말한다. 예를 들어 회원가입기능, 비회원 주문, 제품 주문, 결제 기능, 회원 탈회 등이 제대로 구동되는지, 문제없이 작동되는지 검사하는 과정 단위 테스트이다. 두 번째로 시스템 테스트가 있다. 시스템 테스트(system testing)는 각각의 기능이 아닌 웹사이트 전체를 검사하는 과정이다. 고객의 관점에서 혹은 직접 고객을 참여시켜 전체 웹사이트가 문제없이 작동하는지 검사하는 것이 시스템 검사이다. 마지막 검사과정은 인수 테스트이다. 인수 테스트(acceptance testing)란 각 부서의 핵심 인력 및 관리자가 해당 시스템을 검사하는 과정으로 본 검사의 목적은 웹사이트가 비즈니스 목적을 제대로 반영하고 있는지 확인하기 위함이다.

중요한 점은 여전히 많은 기업들이 웹사이트를 구축할 때 테스트 과정에 예산을 적게 편성한다는 점이다. 하지만 구축된 소프트웨어의 약 50%는 소프트웨어상의 문제로 인해 수정 및 재구축되는 과정을 거치고 있다. 따라서 차후에 발생할 문제점을 파악하고 미연에 방지하기 위해서는 테스트 과정에 더 많은 자원과 시간을 투자해야 한다.

(5) 시스템 가동/유지 · 보수

시스템의 구축이 완료되고 최종적으로 시스템 사용자에게 전달된다면, 시스템 개발 과정은 종료된다. 하지만 시스템의 운영은 이제 시작이다. 시스템의 세상에서 변치 않는 불변의 진리는 "세상에 오류가 없는 하드웨어나 소프트웨어는 존재하지 않는다." 라는 말이다. 시스템은 여러 가지 원인에 의해 오류가 발생할 수 있으며, 이를 사전에 예측하는 것도 쉽지 않다. 따라서 시스템은 지속적인 확인과 테스트와 수리가 요구된다. 이를 위한 단계가 시스템의 유지보수(systems maintenance) 단계이다.

전자상거래를 위한 시스템은 설치되는 순간 마무리되는 것이 아니다. 설치된 후가 바로 시작이다. 모든 전자상거래 시스템은 지속적인 관리가 필요하다. 고객의 소리를 듣고 자사의 웹사이트 사용자의 피드백에 신속하게 응답해야 한다. 또한 기존의 웹페이지를 개선하고, 수정하고, 웹페이지 간 링크가 제대로 운영되는지 확인하고, 시스템이 멈춤없이 운영되도록 지속적인 모니터링을 해야 한다. 이 모든 과정이 모두 유지보수과정에 포함된다. 이뿐만 아니라 다양한 활동들이 유지보수 활동에 포함된다. 이 모든 활동이 제대로 운영되기 위해서 기업이 필요한 것은 전담관리팀(Web team)이다.

웹팀은 웹사이트를 모니터링하고 시장 상황에 맞추어 웹사이트를 변경하는 등 웹사이트 운영에 관한 전반적인 활동을 수행하는 팀이다. 웹팀이 전반적인 웹사이트 운영을 전담하고 있다 해서 기술적 전문가들로만 구성되어 있는 것은 아니다. 전자상거래를 위한 웹사이트는 고객과 기업 간의 면대면 대면이 없는 상황에서 상거래가 이루어지기 때문에 비즈니스에 대한 이해, 그리고 시장에 대한 반응이 더욱더 신속하고 민첩해야 한다. 또한 온라인 고객에 대한 깊은 이해가 선행되어야 한다. 따라서 웹팀은 단지 프로그래머, 디자이너뿐만 아니라 마케팅, 생산, 영업 등 다양한 부서에서 추출된 경영 관리자들도 포함되어야 한다.

기업의 웹사이트를 직접 자사의 웹 서버에 업로드하여 관리하는 내부 호스팅(in-house hosting)이 비용이나 관리 측면에서 부담스럽거나 지속적으로 안정적 서비스를 유지하기 위한 다른 대안은 호스팅 외주(outsourcing)이다. 아웃소싱을 선택할 경우 웹사이트 접속 및 관리를 외부 전문업체가 관리해 주기 때문에 기업은 웹사이트 운영에 대한 부담을 경감시킬 수 있으며 시스템 장비들을 모두 구입할 필요가 없기 때문에 비용도 저렴하다는 장점이 있다. 호스팅 서비스는 여러 가지로 구분되는데 일반적으로 하나 이상의 웹사이트들을 위해 파일의 저장공간을 제공함과 동시에 유지해 주는 웹호스팅, 서버를 관리해 주는 서버 호스팅, 이미지 파일을 업로드할 수 있는 공간을 제공해 주는 이미지 호스팅, 대용량 메일을 보관하고 관리해 주는 웹메일 호스팅, PC에서 단문 메시지(Short Message Service: SMS), 특히 단체 문자 전송을 관리해 주는 SMS 호스팅 등으로 나누어 볼 수 있다. 물론 여러 가지 장점에도 불구하고 웹호스팅 업체가 신뢰할 수 없는 업체이거나 관리가 제대로 되지 않는 업체를 선택할 경우 정상적인 웹사이트 운영이 어렵기 때문에 초기에 업체 선정 시 심사숙고해야 한다.

다른 대안으로는 이원화(co-location)하는 방법이 있다. 이원화란 기업이 웹 서버와 같은 장비를 구입하거나 임대하되 해당 장비를 직접 관리하는 것이 아니라 관리 서비스를 제공하는 전문업체인 벤더(vendor)의 물리적 공간에 맡기는 방법을 말한다. 이 방법을 선택할 경우 장비의 유지 · 보수 및 관리를 전문업체가 대신 해주기 때문에 적은 비용으로 유지 · 보수에 대한 부담을 덜 수 있다는 장점이 있다.

마지막으로 최근에 소개된 대안은 클라우드서비스(cloud service)이다. 클라우드서비스는 이원화와는 기업이 직접 물리적 장비를 구입하거나 임대할 필요가 없이 클라우드 서비스 제공업체가 보유한 인프라스트럭처 내의 가상공간을 임대하여 사용하기 때문에 비용 부담을 덜 수 있다는 장점이 있다. 클라우드서비스 제공자는 고객에게 표준화된 인프라스트럭처와 가상화 기술을 제공한다. 이러한 장점으로 인해 최근 이원화 시장을 클라우드서비스가 대체하고 있다.

중간사례 생생한 호스피스 이야기 담은 웹사이트 구축 … '질병체험이야기'

호스피스 환자와 가족들의 생생한 체험담을 동영상 인터뷰로 담아 공유하는 온라인사이트 '질병체험이야기(healthstory4u.co.kr) 호스피스 완화의료 모듈'이 국내 의료진에 의해 최초로 구축됐다.

고려대 의과대학 가정의학과 최윤선 교수(고대구로병원 완화의료센터장)와 서울대 인문대학 강창우 교수는 다학제적 융합 연구를 통해 호스피스 완화의료 이야기 모듈을 구축했다고 20일 밝혔다.

질병체험이야기는 질병을 체험한 환자들의 생생한 이야기 속에서 공신력 있는 질병 관련 정보를 누구나 손쉽게 얻을 수 있도록 '그들의' 이야기를 인터넷을 통해 데이터베이스화하는 것을 목표로 한다. 특히 의학과 인문학 등이 상호 영역의 경계를 넘어 통섭적으로 구성된 웹사이트다.

질병체험이야기 웹사이트에 게재된 질병모듈 중에서 최윤선 교수 주도하에 구축된 호스피스 완화의료 이야기 모듈은 말기진단과 대처, 고통과 지지, 삶에 대한 성찰과 마무리 등 각 세부 주제별과 연령대별로 환자와 가족들의 생생하고 다양한 이야기들을 영상에 담았다. 또 호스피스에 대한 정확한 정보와 구체적 조언도 전문가의 인터뷰를 통해 함께 들을 수 있다.

최윤선 교수는 "자신의 고통을 밖으로 드러내는 것 자체를 매우 힘들고 조심스러워 하는 호스피스 환자분들의 솔직한 심경과 생생한 이야기들을 듣는 것이 결코 쉬운 일은 아니였다."며 "하지만 고통받고 있을 다른 환자분들과 가족에게 조금이라도 도움이 되었으면 하는 마음에 인터뷰에 흔쾌히 응해 진솔한 이야기들을 해주셨다."고 말했다.

또한 최 교수는 "국내 첫 호스피스 완화의료 이야기 모듈이 더욱 발전해 사회에 기여하고, 학문 연구 발전에 기초자료로 활용되길 바란다."며 "무엇보다 호스피스 환자분들의 질병극복에 도움을 주고, 의료진도 환자의 심경과 고통을 정서적으로 이해하고 환자중심의 의료활동을 펼칠 수 있도록 의료현장과 활발한 연구로 최선을 다해 나갈 것"이라고 강조했다.

한편, '질병체험이야기'는 호스피스 완화의료는 물론 당뇨병, 유방암, 위암, 우울증을 앓는 환자와 가족들의 질병 극복 의지를 북돋우고자 2009년 7월부터 한국연구재단의 지원으로 각 분야 최고 의료진과 전문가가 주축이 되어 구축한 온라인 사이트다. 현재 다양한 환자와의 인터뷰 영상을 제작해 학술 및 교육자료로 DB화하고 공유하고 있다.

출처: 국민일보 쿠키뉴스(2013년 6월 20일).

3. 모바일 웹사이트 구축 시 고려사항

모바일 웹사이트가 관심을 받고 있는 이유는 무엇일까? 가장 큰 이유는 시장성이다. 최근 한국온라인쇼핑협회의 조사에 따르면 2009년 100억 원 수준에 머물렀던 모바일 상거래 시장 규모가 2012년에는 1조 7,000억 원에 달했으며, 2013년에는 두 배 이상 상승한 3조 9,700억 원에 달할 것으로 예상했다. 이와 같은 모바일 상거래 시장 규모의 증가는 결국 기존 업체들을 모바일로 끌어들이는 충분한 동인으로 작용하였으며, 많은 기업들이 현재도 모바일로 진출하고 있다.

모바일 웹사이트는 크게 두 가지 형태로 구분된다. 첫째는 데스크톱용 웹사이트를 소유한 기업들이 사용자들의 접근성과 편의성 증대를 위해 모바일용 웹사이트를 구축한 경우이다. 일반적으로 대부분의 모바일 웹사이트는 이 경우에 해당된다. 두 번째로 순수 모바일 웹사이트 기업이다. 개인 간 중고물품을 거래할 수 있는 웹사이트인 헬로마켓(www.hellomarket.com)은 모바일에서 시작하였다. 모바일 웹사이트에서 자신이 팔고자 하는 제품을 업로드하거나 자신이 구매하고자 하는 제품을 검색한 후 판매자의 위치를 바로 확인할 수 있도록 하여 거래의 투명성을 높여 사용자들의 인기를 얻어 데스크톱용 웹사이트로 확장한 경우이다. 어떠한 경우에 해당되든지 사용자들의 접근 편의성과 사용자층 확대, 그리고 접근 채널의 다양화를 위해 많은 기업들은 모바일용 웹사이트를 구축하고자 한다. 모바일 웹사이트의 구축과정 역시 전체적인 관점에서 데스트톱용 웹사이트 구축과정과 유사하다. 하지만 모바일이 갖고 있는 본질적인 제약이 있다. 따라서 최적화된 모바일 웹사이트를 구축하기 위해서는 이 제약이 무엇이며 이를 해결하기 위한 방안이 무엇인지 고려해야 한다.

모바일에 진출할 때 꼭 기억해야 할 현실적인 문제가 있다. 그것은 여전히 사용자들이 모바일 장비를 이용해 모바일용 웹사이트를 방문하기가 용이하지 않다는 점과 데스크톱에 맞춰진 웹사이트들을 검색하는 것도 쉽지 않다는 점이다. 물론 이를 해결하기 위해 웹사이트를 지나치게 단순화하는 것은 해당 기업이 추구하고자 하는 웹사이트의 가치가 손상되는 위험이 발생할 수 있기 때문에 조심스러운 접근이 요구된다. 따라서 모바일 웹사이트를 구축하기 위해서 우리가 유념해야 할 사항들에 대해 살펴보고자 한다.

1) 웹사이트에 접속하는 장비 감지

웹 페이지에 접속하는 모바일 장비를 감지할 수 있는 사용자 에이전트를 이용한다. 사용자 에이전트를 이용할 때 주의할 점은 브라우저의 창 크기를 감지하고, 이 정보를 이용해 스마트폰과 태블릿을 구별할 수 있는 에이전트를 사용해야 한다는 것이다. 예를 들어 모토로라 모빌리티의 줌 태블릿은 스스로를 안드로이드 디바이스로 분류한다. 따라서 주의하지 않는다면, 모든 장비를 스마트폰으로 처리해 화면을 제공할 수도 있다. 하지만 아이패드의 경우에는 다른 iOS 장치와 사용자 에이전트가 다르기 때문에 이를 고려할 필요가 없다.

2) 웹 페이지 분해

페이지를 적절하게 표현하기 위해 가장 먼저 웹 페이지들을 컴포넌트로 설계 구축해야 한다. 1024×768 해상도에 맞춰진 웹 페이지를 320×480의 모바일 장비를 통해 그대로 보여줄 수는 없다. 따라서 장치별로 화면을 표현할 수 있도록 해야 한다. 단, 웹 페이지의 폭과 테이블 폭 등을 정할 때 절대값을 사용하지 않고 비율(%)을 이용하는 것이 효과적이다. 이렇게 하면 모바일 장비의 화면보다 큰 요소를 만들지 않게 된다. 단 이미지와 같은 임베디드 객체는 예외이다. 크기를 줄이고 싶을 수도 있는데, 이때는 폭이나 높이에 절대값을 주면 된다.

3) 레이아웃 시나리오를 마련

어떤 방식으로 일반적인 브라우저 창에서 페이지를 보이게 할지 파악할 필요가 있다. 스마트폰은 320이나 480픽셀이다. 이는 수직이나 수평화면 중 무엇을 최적화할지에 달려 있다. 태블릿은 768이나 1024픽셀이다. 이 경우 수평폭을 기준으로 1024픽셀에 최적화하는 것이 적절하다. 데스크톱 브라우저의 경우 1024픽셀일 확률이 높다.

스마트폰용으로 너무 복잡하게 보이지 않도록, 웹페이지의 특정 요소를 빼야 하는 경우가 있다. 이때 제거한 요소의 일부를 링크를 통해 새로운 페이지로 연결할 수 있다. 또는 모바일 사용자들에게 보일 필요가 없을 경우 이를 보지 못하도록 할 수도 있다. 이런 접근법은 각 장비별로 관리와 보고를 위해 별개의 페이지를 유지해야 한다는 것을 의미한다.

모바일 친화용으로 만들 수 없지만, 접속이 가능하도록 해야 하는 웹 페이지의 경우에도 몇 가지 방법이 있다. 모바일 호환이 되지 않는다는 안내 페이지를 중간에 표시해 접속할 수 없도록 하거나, 사용자에게 데스크톱 페이지를 그대로 전송하는 방법이다. 후자의 경우 웹 페이지의 움직임이 오류가 아니라는 점을 알리는 안내 페이지를 넣는 것이 효과적이다.

4) 배타적인 기술을 제거

잘 설계된 웹사이트는 HTML 4, HTML 5, 자바스크립트, CSS에 충실하다. 따라서 널리 쓰이고 있는 다양한 데스크톱 브라우저 모두에서 문제없이 작동된다. 하지만 상당수 웹사이트는 인터넷 익스플로러(IE, Internet Explorer)가 표준과 다름없던 시절에 만들어졌다. 이런 이유에서 IE에서만 작동하는 ActiveX나 다른 기술들을 사용하고 있다. 하지만 모바일 장비는 물론, 파이어폭스, 사파리, 크롬 같은 데스크톱 브라우저도 지원하지 않기 때문에 이런 특정 기술에 대한 의존성을 줄여야 한다. 또 어도비 플래시를 사용하고 있는 사이트들도 비슷한 문제를 겪을 수 있다. 대부분 데스크톱 브라우저들은 이 플러그인을 지원한다. 하지만 모바일은 현재 안드로이드 OS2.2만이 지원한다. 따라서 대부분의 스마트폰과 태블릿은 플래시 비디오를 재현할 수 없다. 이는 iOS에만 해당되는 문제가 아니다. 이미 데스크톱이나 안드로이드 2.2 사용자들을 대상으로 제공하고 있는 기존 플래시 비디오를 없애는 것은 합리적이지 못하다. 하지만 더 이상 플래시 비디오를 추가해서는 안된다. 또 모바일용 웹 페이지에서 플래시 비디오를 없앨지 결정하기 위해 자바스크립트나 CSS를 이용해야 한다. 그리고 점차 H.264 같은 포맷으로 비디오를 바꿔야 한다. HTML5 기능을 갖춘 브라우저들이라면 코덱을 보유하고 있기 때문이다.

5) 사용자에게 데스크톱용 웹 페이지에도 접속할 수 있는 방법 제공

상당수 사용자들은 모바일에 자동으로 최적화되는 웹사이트를 좋아하지 않는다. 이들은 장비와는 상관없이 데스크톱 브라우저 기능 모두를 쓰기 원한다. 따라서 데스크톱 사이트로 전환할 수 있도록 선택권을 줘야 한다. 더 정교한 서비스를 제공하고 싶다면, 선호도를 보여주는 쿠키를 저장한다. 그리고 사용자가 다음에 사이트를 방문했을 때 원하는 형태의 사이트를 자동으로 제시한다.

6) 표준 기반의 모바일

모바일용 웹사이트를 생성해 주는 서비스를 돈을 주고 이용할 수도 있다. 그러나 이는 지속적으로 비용을 발생시킬 뿐더러, 만족할 만한 결과물을 만들어 내지 못할 수 있다는 위험이 존재한다. 이 경우 표준 웹 기술을 이용해, 모바일 환경에 친화적인 웹사이트를 다시 설계하는 것이 합리적일 수 있다. 템플릿 수준에서 이를 하게 된다면, 더욱 신속하게 모바일 환경에 친화적인 사이트를 만들 수 있다. 태블릿이나 스마트폰을 사용하는 사람들은 갈수록 늘어나고 있다. 따라서 이들의 활용도를 예상하고 웹사이트를 만들어야 한다.

7) 접근성

모바일 웹사이트는 일반 사이트와 다른 사용습관이 요구된다. 따라서 웹 접근성 보조도구를 사용하는 장애인과 고령자 등이 적응하기 어려운 것이 현실이다. 모바일 전용 웹사이트를 별도로 만들 경우 장애인이나 고령자를 위한 웹 접근성 보장은 더욱 어려워질 수 있다. 모바일기기 환경에서는 기존 데스크톱 환경에서는 고려하지 않아도 됐던 일반사용자 접근성도 고려해야 된다. 데스크톱 환경에서는 접근성에 문제를 겪지 않을 수 있는 저시력자도 화면이 작은 모바일단말기 사용환경에서 문제를 겪을 수 있기 때문이다.

4. 쇼핑몰 신규 창업 시 절차

마지막으로 쇼핑몰 신규 창업을 하고자 할 때 거쳐야 하는 절차들에 대해 살펴보고자 한다.

1) 사업계획서 작성

사업계획서는 창업자가 기업을 설립하고 지속적으로 성장 및 발전시키고자 하는 창업자의 구체화된 계획을 체계적으로 기술해 놓은 문서를 말하는 것으로 앞에서 살펴본 비전을 포함하고 있다. 사업계획서 작성을 위한 정형화된 규칙은 없으나 일반적으로 다음의 내용들이 포함될 수 있다.

(1) 시장조사

- 연매출이 어느 정도인지, 매출 규모의 성장 여부에 대한 조사 결과가 포함된 시장 규모 조사 결과
- 자신이 준비한 제품을 팔 목표고객층에 대한 조사 결과로 목표고객층의 성별, 연령층, 취향 등이 포함
- 경쟁업체: 자신이 판매하고자 하는 제품과 동일하거나 유사한 제품을 어떤 업체

들이 팔고 있는지에 대한 조사 결과

(2) 취급 아이템

- 어떤 제품을 팔 것인지에 대해 명시함과 동시에 제품의 취급 범위나 공급 및 재고 관리 방안을 기술

경쟁우위

- 자신만의 차별화 요소, 즉 동종 품목 취급 업체 대비 서비스, 제품, 가격, 콘텐츠 등 모든 측면에서 경쟁에서 살아남을 수 있는 경쟁 우위점을 명시함

(3) 배송

- 배송 방법에 대해 구체적으로 기술. 즉 배송 업체 선정, 제품 포장, 반품 방안 등을 기술

(4) 광고 및 홍보계획

- 광고예산 및 수단 등을 기간별로 수립하고 이벤트 방안 및 일정도 제시한다.

(5) 인원 및 운영

- 업체를 운영하는 데 있어서 필요 인원 및 역할을 정립한다.

(6) 예산계획

- 창업자금, 운영자금 확보 방안 등을 제시한다.

(7) 플랫폼 선정

- 아이템 선정 후 자사만의 사이트 오픈 혹은 오픈마켓 등 어떠한 방법으로 판매 채널을 확보할 것인지 결정
- 자사만의 웹사이트를 개발하고자 할 경우 전문인력을 고용하여 개발할 것인지 외부에 개발을 위탁할 것인지 결정해야 한다. 뿐만 아니라 개발된 웹사이트를 어떻게 유지 · 운영할 것인지에 대해서도 명시되어야 한다.

2) 도메인 등록

만약 자사만의 사이트를 운영하고자 할 경우 고객들이 자사의 웹사이트에 쉽게 접속할 수 있도록 '이름'이 필요하다. 이를 도메인 네임(domain name)이라고 하는데, 도메인이란 숫자(예: 111.111.111.111)로 되어 있는 IP 주소(Internet Protocol Address)를 문자로 바꾸어 주는 것을 말한다. 물론 IP 주소만으로도 접속이 가능하나 12자리 숫자를 일일이 기억하기란 쉽지 않다. 따라서 도메인 네임을 활용하는 것이 용이하다.

좋은 도메인 네임이란 자사의 상호, 브랜드, 홈페이지의 목적과 성격에 부합해야 한다. 예를 들어 ~mall로 끝나는 도메인 네임은 고객들이 쉽게 쇼핑몰이라는 것을 인지할 수 있다. 또한 고객들이 외우기 쉽고 간결해야 고객들이 재방문 시 어려움을 겪지 않을 수 있다. 그리고 가능하다면 가장 많이 사용하는 ~.com, ~.co.kr 등을 사용하는 것이 좋다. 이외에도 ~.biz, ~.info, ~.org 등 여러 가지 유형의 도메인도 사용가능하나 일반적으로 상업적 목적을 가진 쇼핑몰의 경우 ~.co.kr이나 ~.com을 주로 사용한다. com이나 co는 company를 의미하며, kr은 Korea를 의미한다. biz는 business, info는 information, org는 organization을 의미한다.

주의할 점은 도메인 네임 설정 시 영문자, 숫자, 하이픈(-)만 사용할 수 있다는 점과 대소문자의 구분이 없다는 것이다. 또한 공백이나 언더바(_), &와 같은 특수문자는 사용할 수 없고 이름의 시작이나 끝에 하이픈이 올 수 없다. 이름은 최소 2자에서 최대 63자까지 가능하다.

도메인 등록은 대행업체를 통해서 가능한데 우리나라의 경우 한국인터넷진흥원과

등록대행계약을 체결한 등록대행자 홈페이지에서 직접 신청하면 된다. 도메인등록대행자는 도메인 등록 관련 업무의 일부를 대행하기 위해 한국인터넷진흥원이 '인터넷 주소자원에 관한 법률'에 근거하여 선정한 대행자들이다. 예를 들어, 가비아(domain.gabia.co.kr), 한강시스템즈(www.doregi.com), 닷네임코리아(www.dotname.co.kr), 후이즈(whois.co.kr) 등 여러 업체가 있다. 이 업체를 통해 도메인을 등록할 때 등록대행자 수수료를 지불해야 하며, 등록비가 업체마다 상이하기 때문에 도메인 등록 전에 업체를 비교하는 노력이 필요하다. 하지만 등록대행자 수수료의 차이가 등록 서비스나 등록 절차상의 차이와 비례하지는 않는다. 등록대행자 수수료에 대한 비교는 한국인터넷진흥원을 참고하면 확인할 수 있다.

본인이 마음에 드는 좋은 도메인을 생각해 냈다 하더라도 이미 다른 사람이 등록한 도메인이라면 사용할 수 없다. 등록을 진행하기 전에 어떤 이름이 좋을지 몇 개의 후보군을 선정한 후, 등록가능 여부를 확인해야 한다.

등록대행자 홈페이지에서 원하는 도메인을 등록하기 위해 필요한 정보를 입력한 후 결제하면 도메인 등록은 완료된다. 도메인은 1년 단위로 등록할 수 있으며, 최소 1년에서 최장 10년까지 등록할 수 있다. 알아두어야 할 점은 일반 개인사업자가 도메인을 영구적으로 소유하는 것은 불가능하다는 것이다.

3) 사업자등록

온라인 쇼핑몰을 포함한 모든 형태의 영업 및 판매를 하려면 반드시 사업자등록이 되어야 하며, 사업 개시 전부터 사업 시작 후 20일 이내에 언제든지 관할세무서에서 신청하면 된다. 사업자 신고 후 발행 기간은 세무서마다 조금씩 차이가 있으나, 보통 당일에 사업자등록증 발급이 가능하다. 사업자등록을 할 때는 일반과세자와 간이과세자 중 하나를 선택해야 한다. 간이과세자는 연 매출 4,800만 원 미만으로 세금계산서 발급이 불가하며 초기 사업자의 세금 부담이 적다는 장점이 있다. 일반과세자는 연 매출 4,800만 원 이상이고 세금계산서를 의무적으로 발급해야 한다.

4) 통신판매업신고

온라인 쇼핑몰을 하기 위해서는 통신판매업신고를 해야 한다. 전자상거래 등에서의 소비자보호에 관한 법률에 의해 통신판매업신고의 의무가 있으며 통신판매신고를 하지 않고 쇼핑몰을 운영할 경우, 영업정지 15일 이상 및 최고 1천만 원 이하의 과태료가 부가되며, 공정거래위원회로부터 시정조치, 영업정지 등의 행정처분에 처해질 수 있다.

통신판매업신고는 관할시청/구청/군청에서 신청할 수 있으며, 무통장 입금, 실시간 계좌이체, 카드 결제 등 온라인상의 결제가 발생하는 사업은 반드시 통신판매신고를 해야 한다.

5) 부가통신사업신고

온라인 쇼핑몰은 부가통신망 서비스 중 인터넷에서 상품 주문과 결제가 발생하는 전자상거래 업종에 해당되기 때문에 부가통신사업신고를 해야 한다. 하지만 소규모 사업자에 대해서는 2008년 개정된 '전기통신사업법'에 따라 1억 원 미만의 소규모 부가통신사업자는 해당 신고가 면제된다. 부가통신사업신고는 한국방송통신위원회 홈페이지(www.ekcc.go.kr)에 접속하여 온라인으로 신청할 수 있다.

6) 세금 납부

온라인 쇼핑몰 운영 시 발생하는 세금납부는 크게 부가가치세와 종합소득세이다. 부가가치세(value added tax)란 생산 및 유통 과정의 각 단계에서 창출되는 부가가치에 대해 부과되는 일반 소비세이며 사업자로부터 최종 소비자에게 전가되는 간접소비세이다. 부가가치세는 사업장 단위로 과세되며, 부과세는 6개월을 과세기간으로 하여 신고 및 납부하는데 각 과세기간을 다시 3개월로 나누어 중간에 예정신고제도를 두고 있다.

종합소득세는 1년 단위로 과세되는 세금으로 자율신고 납부하는 세금이다. 쇼핑몰 운영자가 장부를 기장하거나 세무사를 통해 관할세무서에 신고한다. 자진신고 및 납부를 하면 세액공제 및 감면 등의 혜택을 얻을 수 있고 신고 및 납부를 하지 않을 경우 신고 및 납부해야 할 세금에 신고 불성실 가산세와 납부 불성실 가산세를 추가하여 부담해야 한다.

7) 배송업체 선정

자사가 판매하는 제품이 온라인 콘텐츠가 아닌 유형의 제품이라면 배송업체를 선정해야 한다. 업체 선정 시 유념할 사항은 배송 가격 및 거래 조건이 유리한 업체를 선정하되 배송 신뢰도가 높은 업체를 선택해야 한다는 점이다. 그래야 택배회사로 인해 쇼핑몰에 고객들의 클레임 문의를 줄일 수 있다.

8) 결제수단 결정

온라인 쇼핑몰 결제 방법 중 가장 기본적인 결제수단은 카드 결제와 온라인 결제이다. 최근 국가 정책적으로 인터넷 쇼핑몰의 사기 피해를 예방하기 위해 반드시 카드결제(Payment Gateway: PG)를 인터넷 쇼핑몰에 적용하기를 권고하고 있다. 온라인 쇼핑몰에서 카드 결제가 이루어지기 위해서는 카드사와 일괄 계약된 PG사에 가입해야 한다. PG사 선정 시에는 정산주기와 안전한 시스템을 갖추었는지를 확인하고 내가 판매하는 상품의 특성에 맞게 서비스 지원이 가능한지 확인해야 한다.

다른 결제수단으로 휴대폰 결제, 실시간 계좌이체, 에스크로제도가 있다. 휴대폰 결제는 소비자가 인터넷 상품을 휴대폰을 이용해 결제하고 이용대금은 휴대폰 요금에 합산되어 청구되는 결제 서비스이다. 실시간 계좌이체는 인터넷상에서 상품/서비스 요금을 구매자 본인의 거래은행에서 지불하는 서비스로, 은행계좌만 있으면 결제가 가능하다. 이용 상점의 경우 고객의 구매 정보가 실시간으로 제공되어 입금 확인을 자주 해야 하는 무통장입금에 비해 업무량이 많이 감소되고, 신용카드에 비해 수수료가 저렴하다. 에스크로제도는 전자상거래에서 구매자와 판매자가 서로 만나지 않고 거래하기 때문에 발생할 수 있는 거래불이행 위험을 회피하기 위해 신뢰할 수 있는 제3자가 대금을 위탁받아 서로의 거래가 이뤄졌음을 확인하고 대금을 결제해 주는 서비스이다. 에스크로는 전자상거래에 있어 구매자와 판매자 모두를 보호하기 위한 제도로 2007년 9월 1일부터는 쇼핑몰 초기화면 및 소비자가 결제수단을 선택하는 화면에서 반드시 구매안전서비스 인증마크와 에스크로 서비스 제공기관 등을 표시해야 한다.

마무리사례 국내 업체, '워너 브러더스' 인터넷 구축

국내 중소업체가 세계적인 영화 배급사인 '워너 브러더스'의 인터넷 구축 사업권을 따냈다. 디지털오아시스(대표 이보람)는 미국 워너 브러더스가 준비 중인 새로운 인터넷 사이트를 구축해 주기로 최종 계약을 체결했다고 밝혔다. 특히 이번 계약은 단순 용역 형태의 디자인 외주 사업 형태가 아닌 계약 주체로 사업권을 따냈다. 이 회사 엄상현 이사는 "글로벌로 진행한 입찰 경쟁에 참여해 지난 주 최종 계약서에 사인을 했다."라며 "국내에서 워너 브러더스와 계약한 첫 사례."라고 말했다.

디지털 오아시스는 이번 계약으로 워너가 내년에 서비스 예정인 새로운 웹사이트 구축 사업 전반을 진행한다. 워너는 디즈니가 최근 인수한 어린이용 커뮤니티인 '펭귄' 사이트가 기대 이상의 반응을 얻자 이를 겨냥한 새로운 인터넷 사업을 준비하고 있는 것으로 전해졌다. 워너 브러더스는 타임 워너 그룹에 속한 미국 유명 영화사로 1918년 설립한 이후 애니메이션으로 벅스 버니를 시작으로 슈퍼맨 · 매트릭스 · 해리포터 시리즈 등을 제작했다.

디지털오아시스는 또 국내에 테마파크를 추진 중인 유니버셜 스튜디오와 캐릭터 사용권한과 관련한 독점 계약도 체결했다. 이번 계약으로 디지털오아시스는 국내 시장을 겨냥해 '조스'와 같은 유니버셜의 다양한 캐릭터를 활용한 온라인 게임 사업 등을 추진할 예정이다. 디지털오아시스 측은 "앞으로 부가가치가 높은 캐릭터 · 애니메이션 분야를 적극 개척할 계획"이라며 "워너와 유니버셜과 계약 건도 이들의 유통과 제작 노하우를 얻기 위한 과정"이라고 말했다.

디지털오아시스는 웹사이트 구축, 동영상 저작물을 통한 웹 마케팅 전문 업체로 자체 스튜디오를 둘 정도로 콘텐츠 개발에 주도적으로 나서고 있다.

출처: 전자신문(2008년 3월 13일).

CHAPTER

05

B2C 전자상거래 비즈니스 모델

ELECTRONIC COMMERCE

ELECTRONIC COMMERCE

도 입 사 례

국내 최초 온라인 쇼핑몰 '인터파크' 개장 〈1996년 6월〉

우리나라에 온라인 쇼핑 개념을 도입한 것은 1996년 6월 1일 개장한 '인터파크'다. 인터파크는 국내 최초 인터넷 쇼핑몰로 '인터넷 테마파크'의 줄임말이다. 인터파크는 오픈마켓의 장점과 종합쇼핑몰의 편리함을 결합해 생활의 다양한 욕구를 온라인으로 해결하는 경험을 소비자에게 제공했다. 한마디로 '전자상거래'라는 개념을 도입한 최초의 사이트였다.

인터파크는 서비스를 시작할 때 화장품, 꽃 배달, 귀금속, 식품 등으로 한정돼 있는 품목을 의류, 완구, 생활용품, 자동차용품, 전자제품 등으로 다양하게 확대하고 제품 검색시스템을 도입했다. 인터파크는 기업과 소비자 간(B2C) 전자상거래와 함께 북파크 서비스를 중심으로 한 기업 간(B2B) 전자상거래 서비스를 추진해 21세기 전자상거래시대를 준비했다.

◇**종합 몰, 인터넷 쇼핑의 시작**=1996년 인터파크와 롯데닷컴이 사이트를 열었다. 이듬해 신세계 백화점 쇼핑몰 · e현대 · 한솔CS클럽이 만들어졌다. 1998년에는 삼성몰 · 옥션이 뒤를 이었고, 온라인서점인 예스24 · 알라딘이 선을 보였다. 당시는 중소 유통업체와 제조업체까지 자체 인터넷쇼핑몰 구축 바람이 불었던 시기다.

초창기 등장한 인터넷 쇼핑몰은 대부분 오프라인 매장과 마찬가지로 여러 가지 상품을 모아 놓고 판매하는 종합 인터넷 쇼핑몰과 도서 · 의류 · 가전제품 등을 판매하는 전문 몰(카테고리 킬러) 형태였다. 2000년에는 주요 인터넷 쇼핑몰업체가 사상 처음으로 손익분기점을 넘어서면서 승자와 패자의 경계가 분명해졌다. B2C 전자상거래 시장은 부익부 빈익빈 현상이 가속되고 업체 간 사활을 건 승부가 불가피했다. 대기업들이 쇼핑몰시장에 적극 참여하면서 틈새시장을 겨냥한 전문 몰 시장이 각광받았다. 이에 대응해 종합쇼핑몰업체도 전문 몰을 강화했다. 인터파크는 티켓 · 북 · 게임파크 등 5개의 전문 몰 외에 CD 전문매장인 CD파크와 아동용품 전문매장인 키즈파크를 열었다. 한솔CSN도 웨딩 · 골프 · 여행과 같은 생활서비스 부문을 별도 사이트로 독립시켰다.

쇼핑몰시장이 급속도로 늘어 국내에 쇼핑몰업체는 1200여 개로 추산됐다. 이 가운데 실제로 월 100만 원 정도의 매출을 내는 쇼핑몰은 전체 쇼핑몰 중 일부에 불과하다. 일부 업체만 흑자로 돌아서면서 대부분의 업체가 사라졌다.

◇**오픈마켓, 인터넷 쇼핑의 새 장**=인터넷 쇼핑시장이 본격적으로 양적 팽창을 시작한 시점은 G마켓이 세를 확장하던 2000년 이후다. 그후 인터넷쇼핑몰 수가 급격히 증가하고 인터넷

이용자 수도 크게 늘었다. 2000년 6,600억 원에 불과했던 인터넷 쇼핑 거래 금액은 2002년 4조 7,700억 원으로 무려 6배 신장했다. 인터파크의 사내 벤처였던 G마켓(옛 인터파크구스닥)이 출범한 것도 이 시기다. G마켓은 인터파크에서 분리된 뒤 다수의 공급자와 다수의 소비자가 참여하는 오픈마켓 시장을 주도해 왔다.

G마켓은 설립 3년 만인 2004년에 매출액이 2003년 대비 420%가량 성장한 2,300억 원에 달했다. 2003년 12월 한 달간 9만 건이었던 판매건수는 2004년 11월에 100만 건을 기록하는 등 한 달 판매건수가 1년 만에 11배 이상 성장하는 등 가파른 성장세를 나타냈다. 다음 디앤샵도 2004년 11월 개편 이후 포털 방문자 수가 6,000만 명으로 기존의 2배가량 늘었으며 페이지뷰도 약 50% 성장한 32만 회에 달했다.

온라인쇼핑업체들이 앞다퉈 온라인장터 사업에 뛰어든 이유는 '안정적인 수익기반 마련'에 있었다. 기존 쇼핑몰 사업이 판매수수료에 의존한 반면에 온라인장터는 △입점료, △상품등록비, △판매수수료 등을 받기 때문에 고정적인 수익을 확보할 수 있다. 각 업체들이 판매자 확보에 열을 올리는 것도 이 때문이다. 그러나 판매자들이 '잘 팔리는' 온라인장터에만 대거 몰리는 '쏠림 현상'이 크게 나타나 서비스 업체들의 명암도 함께 엇갈렸다. 이후 G마켓 · 옥션 · 11번가로 대변되는 오픈마켓 삼각편대로 재편됐다. 2010년 기준 오픈마켓 3사 거래액은 12조7,200억 원으로 전체 인터넷 쇼핑 시장의 절반을 차지했다.

◇2011년, 소셜 커머스의 해=2000년대 초반 양적 팽창을 오픈마켓이 이뤄냈다면 2011년의 인터넷 쇼핑의 뜨거운 감자는 소셜 커머스의 등장이다. 2010년 말 구글이 소셜 커머스 업체 그루폰 인수에 천문학적인 금액을 베팅했지만 결국 좌절됐다는 소식과 함께 국내에서도 소셜 커머스에 대한 관심이 부쩍 높아졌다. 티켓몬스터 · 쿠팡 · 위메이크프라이스는 토종 업체로 시작했다. 지난해 이후 수백 개의 소셜 커머스 회사가 생겨났다. 업계는 대략 500개의 소셜 커머스 업체가 설립된 것으로 보고 있다. 그러나 티켓몬스터 · 쿠팡 · 위메프 · 그루폰 4강 구도로 정리되고 있는 중이다. 티켓몬스터가 리빙소셜에 매각되면서 외국계는 그루폰과 티몬 두 업체로 정리됐다.

출처: 전자신문(2012년 10월 10일).

CHAPTER 05

B2C 전자상거래 비즈니스 모델

1. 비즈니스 모델의 개념

경영자가 기업을 창업하여 성장 및 발전시키기 위해서는 사업계획을 잘 수립하여야 한다. 어떠한 제품을 어떤 고객에게 어떻게 판매하여 수익을 올릴 것인지, 경쟁업체는 누구인지, 그러한 경쟁환경에서 살아남기 위해서는 어떠한 자원으로 어떤 역량을 가지고 경쟁업체를 공략할 것인지, 조직의 구조 및 경영진은 어떻게 구성할 것인지, 그리고 예상되는 수입과 비용은 어떻게 될 것인지 등에 대하여 다양한 분석을 통하여 계획을 수립하여야 하고, 이를 사업계획서라고 한다.

사업계획서를 작성하는 목적은 다양하다. 기업 자체적으로 나아가야 할 방향을 설정하는 목적도 있지만 투자유치를 위해서 작성하는 경우도 많다. 어떠한 목적으로 사업계획서를 작성하든지 관계없이 사업계획서에는 앞에서 설명한 상세한 내용이 포함되어 있어야 한다. 사업계획서 내에 들어갈 내용이 바로 비즈니스 모델이다.

비즈니스 모델(business model)이란 기업이 지속적인 경영을 위해 이익을 창출하기 위한 사업의 방법을 기술한 것이다. 비즈니스 모델에는 고객 및 시장, 제품 및 서비스의 가치, 수익모델, 경쟁환경 및 경쟁도구, 마케팅전략 등 다양한 요소들이 포함되어 있어야 한다. 이중에서 몇 가지 중요한 요소에 대하여 살펴보기로 한다.

1) 고객 및 시장

기업이 사업을 수행할 때 가장 중요하게 고려하여야 할 것이 고객(또는 시장)이다. 그런데 모든 고객을 대상으로 사업을 할 수도 있겠지만 기업의 자원이 한정되어 있고 역량이 부족해 모든 다양한 고객의 욕구를 충족시켜 주기란 불가능하다. 따라서 대부분의 기업들은 자기들이 공략하기 쉬운 일부 고객 및 시장을 대상으로 제품 및 서비스를 판매하게 된다. 이를 목표고객 또는 목표시장이라고 한다.

목표시장을 설정할 때 가장 중요한 것은 실제적 그리고 잠재적으로 기업에게 수익을 줄 수 있는 영역을 찾아야 한다. 이러한 영역을 찾기 위해 일반적으로 많이 사용하는 방법이 시장 세분화이다. 세분화된 시장 중에서 일부를 선택하여 집중적으로 고객을 공략하는 것이 바람직하다. 시장을 세분화하기 위해 많이 사용하는 방법으로는 지리적 세분화, 인구통계적 세분화, 라이프스타일 세분화 등을 들 수 있다. 때로는 비록 규모는 작지만 경쟁업체가 미처 발견하지 못한 숨어있는 시장을 공략하는 것도 좋은 전략이다. 이러한 시장을 틈새시장(niche market)이라고 한다.

2) 제품 및 서비스의 가치

고객들에게 어떠한 제품이나 서비스를 제공할 것인지 결정하여야 한다. 이때 중요한 것이 자사의 제품이나 서비스를 통해 어떠한 가치를 제공할 것인지를 고려하여야 한다. 고객은 여러 기업에서 판매하는 다양한 제품이나 서비스를 비교하여 구매를 한다. 고객들이 여러 제품이나 서비스 중에서 특정 기업의 제품이나 서비스를 구매하는 이유는 그 제품이나 서비스가 다른 기업의 제품이나 서비스에서는 제공해 주지 못하는 가치를 인지하였기 때문이다.

고객이 특정기업의 제품이나 서비스를 통해 인지하는 가치는 매우 다양하다.

첫째는 차별성이다. 경쟁기업이 제공해 주지 못하는 제품이나 서비스의 특성, 예를 들어 제품의 디자인이 뛰어나다든지, 성능이나 기능이 좋다든지, 내구성이 좋다든지 하면 고객은 그 제품을 선택할 것이다.

둘째는 저가격이다. 비슷한 수준의 제품이나 서비스라면 가격이 낮은 것이 고객에게는 매력적으로 보일 것이다.

셋째는 개인화이다. 최근에는 과거와 달리 고객의 욕구가 매우 다양하여 이를 잘 충족시켜 주는 제품이나 서비스가 무엇보다 중요하다. 인터넷 기술의 발달로 인해 고객 개인에 대한 선호도 파악이 용이해졌기 때문이다.

고객들에게 널리 알려진 전자상거래 기업들은 나름대로 이러한 가치를 고객들에게 제공하고 있다. 예를 들어 아마존(amazom.com)의 웹사이트는 사용하기 매우 편리한 인터페이스를 가지고 있고, 고객들의 구매결정에 도움을 주는 다양한 정보를 제공하고 있으며, 선택의 폭이 매우 넓으며, 가격 또한 상대적으로 저렴하다고 볼 수 있다. 이러한 점들이 아마존이 고객들에게 제품이나 서비스를 통해 제공하는 가치인 것이다. 이러한 가치는 결국 고객충성도를 높이는 결과로 이어진다.

3) 수익모델

아무리 고객들에게 가치가 있는 제품이나 서비스를 제공하여도 수익이 남지 않으면 기업은 유지하기 어렵고 결국에는 파산에 이르게 된다. 수익은 수입에서 비용을 감한 것이다. 따라서 수익을 내기 위해서는 수입을 올리거나 비용을 낮추어야 한다. 기업이 수입을 창출할 수 있는 방법도 여러 가지이다. 예를 들어 똑같은 스마트폰을 판매하는 삼성전자와 애플은 수입을 창출하는 방법이 다르다. 삼성전자는 스마트폰을 생산 및 판매하여 발생하는 매출액이 주된 수입이지만, 애플은 스마트폰을 생산 및 판매하여 발생하는 매출액 외에 앱스토어(App Store)를 운영하면서 받는 수수료 수입이 상당하다. 또한 어떻게 비용을 통제하는지도 수익에 많은 영향을 미친다. 사실 매출액이 계속 증가함에도 불구하고 비용이 너무 과다하게 지출되어 파산한 기업도 많이 볼 수 있다. 코즈모(kozmo.com)라는 기업도 매출액은 급성장하였지만 무료배송을 함으로 인해 발생하는 비용을 감당하지 못해 결국에는 더 이상 볼 수 없는 기업이 된 것이다. 이와 같이 어떠한 방법으로 수입을 올리며 비용을 통제할 것인지가 바로 수익모델인 것이다.

전자상거래에서 수입을 올릴 수 있는 방법은 몇 가지로 구분해 볼 수 있다.

첫째, 광고수입이다. 1995년 처음 전자상거래업체가 등장하였을 때 대부분의 콘텐츠를 무료로 제공하였다. 콘텐츠를 만드는 데 비용이 발생함에도 불구하고 무료로 제공한 이유는 우선 많은 고객을 회원으로 확보하는 것이 무엇보다 중요한 것으로 고려되었기 때문이다. 사실 이때부터 고객들은 무료 콘텐츠에 익숙해져서 오늘날에도 유료 콘텐츠의 판매가 매우 어려운 실정이다. 그런데 무료로 콘텐츠를 제공하는 또 다른 이유는 광고수입을 기대하기 때문이다. 웹사이트를 방문하는 고객이 많으면 광고효과가 높아지기 때문에 광고수입을 올릴 수 있게 된다. 광고수입이 있기 때문에 TV시청자에게 무료로 드라마를 제공하는 것과 같은 원리이다.

네이버(naver.com), 구글(google.com), 야후(yahoo.com)와 같은 포털비즈니스는 바로 광고수입에 의존하고 있다. 그러나 최근 경기가 좋지 않아 광고수입이 급감한 관계로 다른 수입원을 찾고 있는 포털업체가 늘어나고 있다.

둘째, 판매수입이다. 판매수입에 의존하는 대표적인 기업은 전자소매업체이다. 아마존은 초기에는 책을 판매하였고, 그 이후에는 전자제품, DVD 등 다양한 제품을 판매함으로써 수입을 올리고 있다. 월마트(wal-mart.com), 교보문고(kyobobook.co.kr) 등 대부분의 전자소매업체들은 판매수입에 의존하고 있다.

셋째, 거래수수료 수입이다. 전자소매업체가 제품을 판매한다고 해서 모두 판매수입을 올리는 것은 아니다. 예를 들어 G마켓의 경우 제품을 판매하고 있지만 판매수입이 아니라 거래수수료 수입을 올리고 있다. G마켓은 판매자와 구매자가 거래를 할 수 있도록 웹사이트 및 관련 서비스를 제공하고, 이에 따른 수수료를 받는다. 이와 같이 거래수수료 수입에 의존하고 있는 대표적인 전자상거래업체로는 이베이(eBay.com), 옥션(auction.co.kr) 등을 들 수 있다.

넷째, 구독료 수입이다. 구독료란 건당 대신 일정 기간(예를 들어 월 단위, 연 단위) 동안 디지털 콘텐츠 구독에 대해 지불하는 금액을 말한다. 월스트리트 저널, 머니투데이 등 디지털 출판사의 주된 수입이 구독료 수입이다. 그러나 지금까지 고객들이 디지털 콘텐츠를 무료로 제공받는 데 익숙해져 있기 때문에 구독료 수입을 올리기가 쉽지는 않은 실정이다.

다섯째, 제휴수입이다. 제휴수입이란 다른 관련기업과 제휴를 맺고 그에 따른 수입을 말한다. 예를 들어 아마존은 자사 제품을 아마존 사이트에서만 판매하는 것이 아니라 다른 제휴업체의 웹사이트에서도 판매하고 있다. 제휴업체의 웹사이트를 통해 판매되면 그 금액의 일부를 제휴업체에게 지불하게 된다.

4) 기타 요소

비즈니스 모델에 포함될 기타 요소로는 경쟁환경 및 경쟁도구, 그리고 마케팅전략을 들 수 있다. 먼저 경쟁환경에 대하여 살펴보면, 동일한 시장에서 유사한 제품이나 서비스를 판매하고 있는 기업들에 대한 분석이 이루어져야 한다. 주요 경쟁업체는 누구인지, 직접적인 경쟁업체인지 간접적인 경쟁업체인지, 경쟁업체의 규모는 어떠한지, 경쟁업체의 시장점유율은 어떠한지, 경쟁업체의 수익성, 제품가격, 웹사이트의 특성 등에 대하여 파악하여야 한다.

둘째, 이러한 경쟁업체와의 경쟁에서 우위를 점하기 위해서 자사가 가지고 있는 경쟁도구는 무엇인지를 파악하여야 한다. 일반적으로 기업이 경쟁업체가 쉽게 모방할 수 없는 차별화된 유형 및 무형의 자원이 경쟁도구이다.

셋째, 마케팅전략이다. 아무리 가치가 있는 제품이나 서비스를 판매한다고 하여도 고객이 인지하고 있지 않으면 소용없다. 자사의 제품이나 서비스가 고객들에게 매력적으로 보이도록 고객을 설득하여야 한다. 이러한 활동에 대한 방향을 설정한 것이 마케팅전략이다.

2. 전자상거래 비즈니스 모델의 유형

전자상거래 비즈니스 모델의 유형을 구분하는 것은 쉬운 일이 아니다. 전자상거래 비즈니스 모델을 분류하는 방법도 다양할 뿐만 아니라 상호배타적으로 분류하는 것이 어렵기 때문이다. 상호배타적으로 분류한다는 것은 모든 전자상거래 비즈니스 모델을 포괄할 수 있어야 되며, 서로 중복되는 것이 없어야 된다는 것을 의미한다. 이러한 점에서 볼 때 가장 많이 사용되는 분류방법은 전자상거래 참여자가 누구이냐에 따라 분류하는 것이다.

1) 거래참여자에 따른 분류

전자상거래 참여자는 기업이 될 수도 있고, 개인이 될 수도 있고, 정부가 될 수도 있다. 그런데 정부는 기업과 유사한 점이 많기 때문에 크게 기업(business)과 개인(consumer)으로 나누고, 이에 따라 전자상거래 비즈니스 모델을 크게 B2C, B2B, C2C로 구분할 수 있다.

B2C는 business-to-consumer의 약자로 기업과 개인 간의 전자상거래를 말한다. 대부분의 경우 기업은 판매자가 되며 개인은 구매자가 된다. 1990년대 중반 이후에 많은 전자상거래업체가 등장하였는데, 이때 주를 이루는 기업들은 B2C 전자상거래업체들이다. 일반인들이 많이 알고 있는 아마존, 이베이, 야후, 네이버, 옥션 등은 대표적인 B2C 기업들이다.

B2C 전자상거래 시장은 지속적으로 증가하고 있지만 개별기업의 경쟁상황은 변화가 심하다. 초기에 수많은 B2C 전자상거래업체들이 시장에 등장하였지만 대부분의 기업들은 1990년대 말에서 2000년대 초에 도산을 하였고, 일부 생존한 기업들은 크게 성장하기도 하였다. 또한 초기에는 순수 전자상거래업체가 주를 이루었으나 최근에는 기존 오프라인 사업과 온라인 사업을 함께 수행하는 혼합형 전자상거래업체들도 많이 등장하였다. 또한 스마트폰과 같은 모바일 기술의 발달로 인해 모바일 전자상거래(m-commerce)가 앞으로 급성장할 것으로 예상된다.

B2B는 business-to-business의 약자로 기업과 기업 간의 전자상거래를 말한다. B2B 전자상거래는 일반인에게는 생소할지 몰라도 전자상거래 규모로 본다면 B2C 전자상거래보다 훨씬 크며 증가속도도 빠르다. 한 제품이 생산과정을 거쳐 최종적으로 개인 고객에게 판매될 때까지의 과정을 보면 기업과 개인 간의 거래보다는 기업과 기업 간의 거래가 훨씬 규모가 크다는 것을 알 수 있다. 전자상거래가 초기에는 B2C 분야에서 활발하게 이루어졌지만 최근에는 B2C는 다소 성장속도가 떨어지는 반면에 B2B 분야의 시장이 급속도로 성장하고 있다. 이러한 B2B 전자상거래를 위하여 SCM과 같은 다양한 시스템과 도구가 개발되어 활용되고 있다.

한편 정부(government)도 거래참여자로서 전자상거래를 활발히 하고 있다. 정부는 주로 기업으로부터 자재를 조달받는 거래를 많이 하는데, 이는 B2B 전자상거래와 크게 다를 바가 없다. 일부에서는 B2G로 구분하기도 하지만 여기서는 B2B의 범주에 포함시켰다. 또한 우리나라 정부는 전자정부 사업의 일환으로 대국민 행정서비스를 인터넷을 통해 제공하고 있다. 이러한 대국민 행정서비스도 전자상거래로 포함시킬 수 있으며, 이를 G2C 또는 G4C(government-for-consumer)로 구분하기도 한다.

C2C는 consumer-to-consumer의 약자로 개인과 개인 간의 전자상거래를 말한다. C2C 전자상거래는 흔하게 일어나는 것은 아니다. 주로 경매 사이트에서 중고품을 처리하는 형태로 C2C가 많이 일어난다. 국내는 여러 가지 제약으로 인해 불가능하지만 외국에서는 개인과 개인 간의 금융거래도 전자상거래로 일어나고 있다.

한편 C2C와 많이 혼돈되게 사용되는 용어가 P2P(peer-to-peer)이다. P2P는 거래참여자에 따라 구분하는 유형이 아니고 사용되는 기술에 따라 별도로 붙여진 용어이다. 일반적으로 인터넷을 통한 전자상거래는 서버와 클라이언트 간의 커뮤니케이션으로 이루어진다. 그러나 P2P기술은 서버를 통하지 않고 클라이언트와 클라이언트 간의 커뮤니케이션으로 이루어지도록 하는 기술이다. 따라서 P2P기술을 이용한 전자상거래가 P2P 전자상거래인 것이다. 지금은 저작권 문제로 서비스가 되고 있지 않지만 소리바다 사이트에서 개인과 개인 간의 음악파일 공유가 대표적인 P2P 전자상거래이다. 그런데 P2P 전자상거래가 주로 개인과 개인 간에 거래가 많이 이루어지는 관계로 P2P를 C2C로 혼동하는 경우가 많은데, P2P 전자상거래는 B2B에서나 B2C에서도 이루어질 수 있다.

2) B2C 전자상거래 비즈니스 모델의 분류

B2C 전자상거래 비즈니스 모델은 매우 다양한 방법으로 분류되고 있지만 여기서는 가장 보편적으로 활용되는 방법으로 분류하여 그 특성을 살펴보고자 한다. 그중에서 전자소매와 디지털 콘텐츠 및 미디어 분야는 별도로 자세히 설명하고자 한다.

(1) 전자소매

전자소매점은 전통적인 소매점을 온라인 형태로 전환한 것을 말한다. 여기에도 여러 가지 형태가 있는데 자세한 내용은 다음 절에서 별도로 설명하고자 한다. 전자소매의 주된 수입은 판매수입이다.

주요 특징은 다음과 같다. 첫째, 진입장벽이 낮아 경쟁이 매우 치열하다. 아마존과 같은 기업의 경우 고도의 전문기술을 활용한 웹사이트를 구축하고 많은 자금과 물류센터 등을 갖추어야 하지만, 단순하고 규모가 작은 전자소매를 운영하는 데는 거의 자금도 들지 않고 전문기술도 필요가 없다. 따라서 쉽게 전자소매점을 창업할 수 있는 관계로 경쟁이 치열할 수밖에 없다.

둘째, 경쟁이 치열한 관계로 차별성이 없으면 성공하기 어렵다. 경쟁이 치열하지 못하지만 의외로 수익을 가져다 줄 수 있는 틈새시장을 노리는 것도 한 방법이다. 또한 아이템(제품) 선정이 매우 중요하며 선택의 폭을 넓히는 것도 성공요인 중 하나이다.

셋째, 비용을 통제하는 것도 중요하다. 경쟁이 치열하다 보니 제품을 저가로 판매하는 경우가 많은데, 일시적인 시장점유율 상승 효과가 있을 수 있지만 장기적으로 보면 자금 고갈의 원인이 되기도 한다. 사실 1990년대 말에 많은 전자소매점이 도산을 하였는데 주된 원인은 운영자금의 부족이었다.

(2) 디지털 콘텐츠

디지털 콘텐츠 산업은 최근 들어 크게 성장하고 있다. 대표적인 분야로는 온라인 출판, 신문, 전자책(e-book), 엔터테인먼트(음악, 영화, 게임 등), 이러닝(e-learning) 등을 들 수 있다.

디지털 콘텐츠 분야에서 이슈가 되고 있는 것은 다음과 같다. 첫째, 저작권 보호 문제이다. 디지털 콘텐츠를 만드는 데는 많은 비용이 들어간다. 그러나 디지털 콘텐츠는 정보기술의 특성상 복제가 매우 쉽고 간단하기 때문에 형식적으로는 저작권이라는 제도로 보호를 받고 있지만 실질적으로는 보호를 받기 어려운 현실이다. 정보기술을 이용하여 쉽게 복제를 못하게 막을 수는 있지만 사용자가 불편해지는 단점이 있어 이 또한 쉽지는 않다.

둘째, 수익모델 문제이다. 앞에서도 언급하였듯이 인터넷을 통한 전자상거래가 처음 등장하였을 때 대부분의 기업들은 무료로 디지털 콘텐츠를 제공하였고, 이에 따라 고객들이 지금까지 디지털 콘텐츠는 무료라고 인식하고 있다. 디지털 콘텐츠를 무료로 제공하면서 대신 광고수입을 올렸지만 경기불황, 경쟁과다 등의 이유로 더 이상 광고수입에만 의존할 수 없어 유료로 서비스를 제공하려는 기업들이 등장하였지만 실패를 본 기업이 많다. 따라서 향후 디지털 콘텐츠 산업이 성장 발전하기 위해서는 적절한 수익모델을 발굴하여야 할 것이다.

(3) 포털서비스

인터넷에는 웹사이트가 너무 많기 때문에 사용자가 원하는 웹사이트를 찾기가 쉽지 않다. 포털서비스는 디렉토리 또는 검색엔진을 이용하여 사용자들이 원하는 웹사이트로 안내해 주는 서비스이다. 대표적인 포털업체로는 야후(yahoo.com), 구글(google.com), 네이버(naver.com) 등을 들 수 있다.

초기에는 포털업체들이 순수 포털서비스만 제공하였지만 요즘은 포털서비스뿐만 아니라 다양한 콘텐츠를 제공하고 있으며, 더 나아가서 전자소매를 병행하기도 한다. 다시 말하면 사용자에게 목적지까지 안내해 주는 관문의 역할에서 최종 목적지의 역할로 점차 바뀌고 있다는 것이다. 이에 따라 수입원도 다양하게 바뀌고 있다. 여전히 주된 수입은 광고수입이지만 구독료, 거래수수료 수입, 제휴수입 등이 발생하기도 한다.

포털서비스의 유형은 수평적 포털과 수직적 포털로 구분할 수 있다. 가장 일반적인 수평적 포털은 일반화된 모든 분야의 검색서비스와 콘텐츠를 제공하는 반면에 수직적 포털은 특별히 전문화된 분야의 검색서비스와 콘텐츠를 제공한다. 수직적 포털은 보털(Vortals: Vertical Portals)이라고도 한다.

(4) 온라인 거래중개서비스

거래중개란 판매자와 구매자를 연결시켜 주는 서비스를 말하며, 이러한 서비스를 통해 고객(판매자와 구매자)들의 시간과 비용을 줄여준다. 거래중개는 오프라인에서도 많이 이루어지고 있는 서비스인데, 이를 온라인으로 변경하였다고 보면 된다. 순수 온라인 서비스를 제공하는 업체도 있지만 오프라인 업체가 온라인서비스를 병행하는 업체도 많이 있다. 주된 수입은 거래수수료 수입이다. 거래중개를 필요로 하는 주요 분야로는 재무 및 금융 분야, 관광 및 여행서비스 분야, 고용 및 취업알선 분야를 들 수 있다. 이에 대한 상세한 내용은 다음 절에서 설명하고자 한다.

거래중개서비스가 고객들에게 제공하는 주요 가치는 앞에서 언급하였듯이 원하는 구매자와 판매자를 찾는 시간과 비용을 줄여주는 것이다. 시간과 비용만 줄여주는 것이 아니라 편리하게 서비스를 활용할 수 있게 해주며, 해당 분야의 다양하고 전문적인 정보도 제공해 준다. 한편 거래중개서비스가 더욱 활성화되기 위해서는 보안문제가 해결되어야 한다. 특히 금융거래의 경우 보안문제는 치명적일 수 있다.

(5) 전자시장서비스

전자소매의 경우 판매자가 웹사이트를 개설하고 구매자가 방문을 하여 거래가 이루어진다. 일반적으로 오프라인에서 시장이라고 하면 다수의 판매자와 다수의 구매자가 서로 거래가 이루어지는 곳이다. 이를 온라인으로 변경한 것이 전자시장인 것이다.

전자시장서비스란 전자시장을 구축하고 거래와 관련된 다양한 기반구조와 서비스를 제공하는 것을 말한다. 전자시장서비스 제공업체가 얻는 수입은 거래수수료이며 주로 판매자로부터 받게 된다. 전자시장서비스에서 제공하는 기반구조 및 서비스로는 제품 카탈로그, 전자카트, 경매시스템, 결제 및 지불시스템, 배송시스템 등을 들 수 있다.

전자시장이 성공하기 위해서는 효율적 시장을 만드는 것이 무엇보다 중요하다. 효율적 시장이란 판매자는 언제든지 제품을 판매할 수 있으며, 구매자는 언제든지 원하는 제품을 구매할 수 있는 시장을 말한다. 효율적 시장을 만들기 위해서는 시장에 판매자나 구매자의 수가 많아야 하며, 이를 위해서는 전자시장서비스 제공업체의 자금력, 마케팅 능력, 브랜드 인지도 등이 무엇보다 중요하다. 따라서 일부 선두업체를 제외하고는 경쟁에서 살아남을 수 없게 되는 것이 이 분야의 특징이다. 즉 승자독식 현상이 나타나게 된다. 전자시장서비스를 제공하는 대표적인 기업으로는 G마켓(gmarket.co.kr), 11번가(11st.co.kr), 이베이(ebay.com) 등을 들 수 있다.

(6) 커뮤니티서비스

전자소매, 포털서비스, 거래중개 등 어떠한 형태의 비즈니스를 하든 대부분의 웹사이트에서는 사용자 간 정보를 공유할 수 있도록 커뮤니티서비스를 제공하고 있다. 최근에는 이러한 커뮤니티서비스를 전문으로 제공하는 업체가 등장하여 우리 사회를 엄청나게 변화시키고 있다. SNS(Social Network Service)가 바로 그것이다.

SNS란 학연, 지연, 또는 관심사가 유사한 사람들끼리 서로 의사소통하고, 거래하며, 콘텐츠를 공유할 수 있도록 온라인 환경을 제공하는 서비스를 말한다. 국내의 싸이월드가 초기 SNS라고 할 수 있으며, 그 이후에 마이스페이스(myspace.com), 페이스북(facebook.com), 유튜브(youtube.com) 등 많은 SNS가 등장하였다. PC기반의 SNS도 많은 사람들이 사용하였지만, 최근에는 스마트폰의 보급으로 인하여 SNS의 사용인구가 폭발적으로 증가하고 있다.

아직까지 SNS 제공업체는 광고수입에만 의존하고 있지만 앞으로 다양한 수익모델을 창출한다면 많은 사용자를 기반으로 하여 경쟁력을 높일 수 있을 것이다. 대표적인 예가 카카오톡서비스이다. 카카오톡서비스는 무료로 제공하지만 게임을 함께 서비스하면서 새롭게 수익을 창출하고 있다.

3. 전자소매

1) 전자소매의 개념 및 추세

B2C 전자상거래의 대표적인 유형인 전자소매는 오프라인 소매를 온라인으로 구현한 것이다. 1990년대 중반에 인터넷을 상업적인 목적으로 활용될 수 있다는 인식이 확산된 후에 많은 전자상거래업체들이 등장하였는데 주된 형태가 바로 전자소매이다. 1995년 전자서점으로 창업을 한 후 지금은 매우 다양한 제품들을 판매하고 있는 아마존이 전자소매의 대표적인 기업이다.

1990년대 중반부터 엄청나게 많은 전자소매업체들이 창업을 하였지만 과다한 경쟁, 부적절한 수익모델, 경제위기 등으로 인해 거의 90% 이상의 전자소매업체들이 1990년대 말에 도산을 하였다. 그러나 아마존과 같이 생존한 전자소매업체들은 2000년 이후부터 급성장을 하였고, 새로운 전자소매업체들도 끊임없이 등장하였으며, 기존의 오프라인 전자소매업체들도 인터넷을 새로운 판매채널로 활용함에 따라 전자소매 시장은 폭발적으로 성장하였다. 그 추세는 지금도 계속 이어지고 있다. 2008년 금융위기 기간에 전자소매 시장의 성장이 잠시 주춤하였으나 그 이후에는 다시 성장하고 있는 추세이다.

초기에 전자소매에서 취급되는 제품은 일부 품목으로 한정되었다. 첫째, 제품을 고객이 직접 눈으로 확인하고 만져볼 수 없기 때문에 품질수준을 미리 예상할 수 있는 품목이 주로 거래되었다. 브랜드 인지도가 높은 품목이나 PC와 같은 표준사양제품이 여기에 해당되었다.

둘째, 전자상거래에서는 판매된 제품을 고객에게 배송을 하여야 한다. 따라서 규격이 매우 크거나 파손되기 쉬운 품목들은 잘 거래되지 않았다. 또한 배송비가 추가로 들기 때문에 디지털 배송이 가능한 디지털 제품들이 많이 거래되었다. 음악, 영화 파일 등이 대표적인 디지털 제품이다.

셋째, 고객의 입장에서 전자상거래는 오프라인 거래에 비해 사기를 당한다든지 위험이 따르게 된다. 따라서 위험을 최소화한다는 점에서 고가의 제품은 잘 거래되지 않왔다.

그러나 최근에는 고객이 원하는 제품이라면 어떠한 품목이라도 판매되고 있는 실정이다. 고객의 신뢰를 높이기 위해서 다양한 제도와 서비스들이 등장함에 따라 고객들도 안심하고 제품을 구매할 수 있게 되었다. 전자상거래업체 인증서비스, 에스크로(escrow) 서비스 등이 여기에 해당된다. 또한 고객들이 전자상거래에 대한 경험이 풍부해짐에 따라 전자상거래에서 거래되고 있는 품목의 수가 점차 증가하고 있는 실정이다.

제품의 수만 늘어난 것이 아니라 전자소매의 형태도 계속 변하고 있다. 특히 최근에는 소셜 네트워크서비스(Social Network Service: SNS)가 확산되는 점을 활용하여 소셜 쇼핑의 형태로 발전하고 있다. 또한 블로그, UCC, 가상 시뮬레이션 등과 같이 상호작용적이고 멀티미디어 효과를 낼 수 있는 정보기술의 발달로 인하여 전자소매가 더욱 고객들에게 어필하면서 발전하고 있다.

2) 전자소매의 장단점

전자소매가 오프라인 소매에 비해 상대적으로 어떠한 장점과 단점이 있는지 살펴보고자 한다. 먼저 장점은 다음과 같다.

첫째, 판매자의 입장에서 보면 비용이 감소된다. 물리적 매장, 영업사원 등이 불필요하기 때문에 고정비용이 줄어든다. 또한 전자 카탈로그의 활용으로 마케팅 비용이 줄어들며 거래에 수반되는 제반비용들도 절약할 수 있다. 산업 전체적으로 보면 유통구조가 단순해져서 최종 고객에게 값싼 제품을 공급할 수 있게 된다.

둘째, 시장이 확대된다. 전통적인 소매의 경우 지리적인 한계로 인해 시장이 제한되어 있다. 그러나 전자소매의 경우 가상의 공간에서 거래가 이루어지는 관계로 전세계의 모든 고객에게 접근이 가능하기 때문에 시장이 넓다. 그러나 시장이 확대되는 반면에 경쟁자의 수도 늘어나기 때문에 이러한 환경의 변화에 적절히 대처하지 못하면 오히려 단점이 될 수도 있다.

셋째, 유연성이 높아진다. 유연성이란 환경의 변화에 기업이 빠르게 대처할 수 있는 능력을 말한다. 특히 고객의 선호도와 제품에 대한 수요는 빠르게 변하고 있다. 전통적인 소매에서는 고객의 선호도를 파악하는 것조차 쉽지 않다. 이에 반해 전자소매에서는 쿠키(cookie) 기술, 거래로그(transaction log) 기술, 인공신경망 기술, 공동필터링(collaborative filtering) 기술 등을 활용하여 고객의 변화하는 선호도를 빠르게 파악할 수 있고, 고객의 선호도를 충족시켜 줄 수 있는 제품이나 서비스를 제공할 수 있는 것이다.

제품의 수요에 따라 가격변동도 빠르게 할 수 있다. 전통적인 소매에서도 가격변동은 필요하다. 그런데 가격이 변동되면 카탈로그도 다시 인쇄하여야 하고, 매장에 전시되어 있는 제품의 가격표를 전부 변경하여야 한다. 이러한 비용을 메뉴(menu) 비용이라고 하는데, 가격변동에 따른 메뉴비용이 높기 때문에 수요변동이 있다고 하더라도 가격을 쉽게 변동시키지 못하는 문제점이 있다. 그러나 전자소매에서는 가격변동에 따른 메뉴비용이 거의 들지 않는다. 따라서 제품의 수요에 따라 유연하게 가격을 변동시킬 수 있게 된다.

넷째, 개인화(personalization)와 맞춤화(customization)가 용이하다. 개인화와 맞춤화는 개인의 선호도에 제품이나 서비스를 맞춰준다는 의미로 거의 비슷한 개념이지만 개인화가 서비스에 초점을 두고 있다면 맞춤화는 제품에 초점을 두고 있다. 전통적인 소매에서는 개인의 선호도에 맞추어 매장 배치를 달리 할 수도 없고 제품의 가격도 개인에 따라 다르게 책정할 수도 없다. 그러나 전자소매에서는 제공하는 제품을 개인의 선호도에 따라 맞춰줄 수도 있고, 웹사이트에서 제공되는 콘텐츠의 내용도 달리 할 수 있고, 추천하는 제품의 종류도 달리 할 수 있다.

다섯째, 전통적인 소매에서는 구매결정을 도와줄 수 있는 정보를 고객들에게 제공하는 길이 극히 제한되어 있다. 매장에서 영업사원이 고객들에게 제품에 대한 설명을 한다고 해도 만족할 만한 수준은 아닐 것이다. 그런데 전자소매에서는 웹사이트를 통해 제품에 대한 상세한 정보를 다양한 방법으로 다양한 효과를 내면서 제공할 수 있다. 그것도 고객이 일방적으로 제공받는 것이 아니라 고객이 선택할 수가 있다. 더욱이 최근에는 판매자가 제공하는 정보뿐만 아니라 고객들이 스스로 만들어 낸 정보를 고객들이 공유할 수 있기 때문에 그 활용도가 더욱 높아지고 있다.

이에 반해 전자소매가 가지고 있는 단점은 다음과 같다.

첫째, 여러 가지 측면에서 보안이 문제가 될 수 있다. 우선 거래 상대방을 볼 수 없으니 사기를 당할 수 있다. 웹사이트가 해킹을 당해 고객 정보가 유출될 수 있으며, 거래의 내용이 왜곡될 수도 있다. 웹사이트가 디도스(DDoS) 공격을 당해 접속이 안 될 수도 있고, 처리속도가 현저하게 느려질 수도 있다. 서버나 클라이언트가 바이러스와 같은 악성코드에 감염될 수도 있고, 피싱(phishing)을 당할 수도 있다. 이러한 문제를 최소화하기 위해 보안기술이 계속 개발되고 있으며, 관련 법규나 표준이 제정되고 있지만 완벽하게 문제를 해결할 수는 없는 실정이다.

둘째, 프라이버시(privacy) 침해의 소지가 상대적으로 높다. 프라이버시는 여러 측면에서 얘기될 수 있는데 여기서는 개인의 정보를 보호한다는 측면에서 이해를 하여야 한다. 개인의 정보는 개인의 자산으로서 개인에게 권한이 있다. 그런데 개인의 정보를 개인에게 동의를 받지 않고 무단으로 수집하여 활용한다면 프라이버시 침해가 되는 것이다. 전통적인 소매에서는 개인의 정보를 수집하기가 어려워서 프라이버시 침해의 소지가 적다. 그러나 전자소매에서는 개인정보의 수집이 너무나 용이하여 허락을 받지 않은 상태에서 수집 및 활용이 쉽게 이루어질 가능성이 높다.

셋째, 배송, 반품 및 교환이 용이하지 않다. 당일 배송도 가능하겠지만 비용이 들기 때문에 일반적으로는 며칠이 소요된다. 고객의 성향에 따라 다르겠지만 대금지불은 하였지만 배송이 오래 걸리는 것을 싫어하는 고객에게는 이것이 불만족 요인이 된다. 또한 배송문제와는 별개로 반품이나 제품의 교환이 쉽지 않다. 일부 기업은 온라인과 오프라인 사업을 함께 하면서 주문은 온라인으로 하고, 반품이나 교환은 오프라인으로 할 수 있도록 함으로써 이러한 문제를 해결하기도 한다.

3) 전자소매의 유형

전자소매는 전자상거래의 한 유형이지만 전자소매 자체도 여러 가지 유형으로 나눌 수 있다. 먼저 오프라인 사업과의 혼합 여부에 따라 순수 전자소매점, 혼합형 전자소매점으로 구분할 수 있다. 순수 전자소매점이란 온라인으로만 제품을 판매하는 기업을 말한다. 아마존이 대표적인 예이다. 반면에 혼합형(click-and-mortar) 전자소매점은 온라인뿐만 아니라 오프라인으로도 제품을 판매하는 기업을 말한다. 이 경우 판매채널이 둘 이상이 되기 때문에 다채널(multi-channel) 소매점이라고도 한다. 월마트는 오프라인 매장뿐만 아니라 웹사이트에서도 제품을 판매하고 있어 혼합형 전자소매점이라고 할 수 있다. 월마트와 같이 혼합형 전자소매점의 대부분은 유통업체이지만 제조업체인 경우도 있다. 제조업체의 경우 유통업체를 통하지 직접 최종 소비자에게 판매하는 경우는 거의 없다. 그러나 최근에는 제조업체가 직접 웹사이트를 통해 제품을 판매하는 경우가 많아지고 있다. 이러한 방식을 직접 마케팅(direct marketing)이라고도 하지만 오프라인 방식으로 유통업체에게 판매하고 온라인으로 최종 소비자에게 판매하는 방식을 병행하기 때문에 혼합형 전자소매에 포함된다고 할 수 있다.

혼합형 전자소매의 경우 처음에 온라인 판매를 하다가 오프라인을 추가하는 경우도 있고 반대로 오프라인 판매를 하다가 온라인을 추가하는 경우도 있다. 전자의 예로는 델(Dell) 컴퓨터를 들 수 있고, 후자의 예로는 월마트(Wal-Mart)를 들 수 있다. 혼합형 전자소매의 경우 채널 간 갈등이 발생할 수 있다. 온라인 채널이 추가되면 오프라인 매출에 영향을 미칠 수 있으며 그것은 바로 오프라인 판매를 담당하는 기업이나 직원의 성과에 영향을 미치는 결과를 초래한다. 당연히 반발이 생길 것이다. 또한 동일한 제품을 온라인과 오프라인에서 같이 판매하는 경우 가격을 동일하게 할 것인지 아니면 차별화할 것인지를 정하기가 매우 어렵다. 이러한 갈등을 잘 해결하지 못하면 혼합형 전자소매를 추진해서는 안 된다. 반대로 이러한 갈등을 잘 관리할 수 있다면 혼합형 전자소매는 순수 전자소매에 비해 시너지 효과를 얻을 수 있기 때문에 경쟁력이 높아질 수 있다. 사실 일부 순수 전자소매업체를 제외하고는 혼합형 전자소매업체의 경쟁력이 더 높은 것으로 파악되고 있다.

판매자와 구매자가 거래하는 웹사이트(전자시장)의 운영방식에 따라 전자소매를 전자상점, 전자 몰로 구분할 수 있다. 전자상점이란 한 판매업체가 웹사이트를 개설하고 다수의 구매자가 방문을 하여 거래를 하는 형태이다. 판매업체는 델 컴퓨터와 같이 제조업체일 수도 있고, 아니면 아마존과 같이 유통업체일 수도 있다.

전자 몰(mall)이란 제3의 기업이나 기관이 개설한 웹사이트에서 다수의 판매업체와 구매자가 서로 거래를 하는 형태이다. 전자 몰은 다시 두 가지 형태로 구분된다. 첫째,

디렉토리(directory) 방식이다. 이 방식의 경우 해당 웹사이트에서는 단순히 판매자와 구매자를 연결만 시켜주고 실제 거래는 해당 판매자 웹사이트로 넘어가서 이루어지는 방식이다. 둘째, 공동서비스 몰 방식이다. 이 방식에서는 전자상점에서처럼 해당 웹사이트에서 모든 거래가 다 이루어지게 된다. 따라서 공동서비스 몰을 운영하는 기업에서는 제품전시, 선택, 지불, 배송에 이르기까지 모든 서비스를 다 제공하여야 한다. 고객은 여러 판매자의 제품을 구매하더라도 마치 한 판매자와 거래를 한 것처럼 지불하고 배송을 받게 된다.

그 밖에 웹사이트에서 이루어지는 거래의 방식에 따라 전자소매를 구분할 수 있다. 대부분의 전자소매에서는 전자 카탈로그를 통해 제품을 전시하고 고정가격으로 제품을 판매한다. 그러나 일부 전자소매에서는 경매나 공동구매라는 특별한 메커니즘을 통해 변동가격으로 제품을 판매하기도 한다. 경매나 공동구매 등에 대해서는 뒤에서 별도로 설명할 것이다.

4) 전자소매의 구성요소

오프라인 소매에서는 제품을 전시할 물리적 매장, 계산대, 영업사원 등이 필요하겠지만 전자소매에서는 웹사이트가 이들을 대신한다. 전자소매의 구성요소를 보다 상세히 살펴보면 다음과 같다.

(1) 구매자와 판매자

오프라인이든 온라인이든 구매자와 판매자는 거래의 기본 요소이다. 앞에서 설명한 바와 같이 구매자와 판매자는 기업일 수도 있고 개인일 수도 있다. 전자소매의 경우 판매자의 대부분이 기업이고 구매자는 개인이다.

(2) 제품 및 서비스

구매자와 판매자 간에 거래되는 제품이나 서비스가 필요한 것은 당연하다. 현재 거래되고 있는 대부분은 물리적 제품이다. 물리적 제품과 디지털 제품은 배송에서 차이가 있다. 인터넷을 통해 다운로드 받을 수 있는 제품이 바로 디지털 제품인 것이다. 최근에는 물리적 제품을 디지털 제품으로 전환시키는 품목들이 생겨나고 있다. 예를 들어, 종이로 된 책(물리적 제품)을 e-북(디지털 제품)으로 전환시키고 있다. e-북은 생산비용이 적게 들기 때문에 가격을 낮출 수도 있고, 고객의 입장에서 사용하기에 편리한 점도 많지만, 무엇보다 배송이 간단하여 점차 시장이 확대되고 있는 실정이다.

(3) IT 기반구조

전자상거래는 네트워크를 통해 가상의 공간에서 구매자와 판매자가 만나는 것이기 때문에 IT 기반구조는 필수적인 요소이다. 네트워크 중에서도 인터넷은 가장 중요한 기반구조이고, 판매자나 구매자도 서버, PC, 스마트폰 등과 같은 하드웨어가 있어야 되며, 거래를 가능하게 하는 다양한 소프트웨어도 있어야 한다. 최근에는 보안의 중요성이 높아짐에 따라 보완 관련 기술도 매우 중요한 요소로 등장하고 있다.

(4) 웹사이트

판매자는 전자소매를 위해 웹사이트를 구축하여야 한다. 물론 직접 웹사이트를 소유하고 관리할 수도 있지만 웹사이트를 임대해 주는 호스팅서비스를 받을 수 있다. 전자소매를 위한 웹사이트는 두 부분으로 구분된다. 첫째는 고객들과 직접 접촉하는 전단부분(front-end)이 있고, 둘째는 고객의 주문을 후속적으로 처리하는 후단부분(back-end)이 있다. 전단부분에는 전자 카탈로그, 전자 카트, 검색엔진 등이 포함되어 있고, 후단부분에는 재고관리, 회계처리, 지불처리, 배송 등이 포함되어 있다.

(5) 관련 업체

전자소매에는 판매자의 비즈니스 파트너 등 여러 관련된 업체들이 존재한다. 먼저, 판매자의 전자소매를 가능하도록 IT서비스를 제공하는 업체들이 필요하다. 웹사이트를 개발하고 관리해 주는 업체뿐만 아니라 하드웨어, 네트워크 등을 전문으로 하는 기업들이 여기에 해당된다. 둘째, 은행, 신용카드회사 등 전자결제와 관련된 기업들이 필요하다. 대부분의 전자결제는 신용카드로 이루어진다. 최근에는 소액결제를 위해 휴대폰 요금에 함께 청구되는 경우가 많은데 이동통신사업자도 전자결제와 관련된 기업이다. 셋째, 배송업체가 매우 중요한 비즈니스 파트너이다. 전자소매의 대부분은 물리적 배송을 필요로 한다. 그런데 배송이 잘못되면 전자소매업체의 신뢰에도 영향을 미치기 때문에 배송업체의 선택은 전략적으로 매우 중요하다.

(6) 법규 및 지원서비스

전자소매의 여러 가지 문제점을 해결하기 위해서는 관련된 법규가 개정 및 제정되어야 한다. 예를 들어 오프라인에서는 거래가 이루어질 때 물리적 서명의 법적 효력이 있다. 그러나 전자소매에서는 물리적 서명 대신 전자서명을 하게 된다. 그러나 전자서명이 기술적으로 가능하다고 하더라도 법규가 이를 뒷받침하지 않으면 전자서명은 무용지물이 될 것이고, 이에 따라 전자소매가 활성화되지 못하게 된다. 그리고 앞에서 언급한 바와 같이 판매자와 구매자가 안심하고 거래를 할 수 있도록 하는 지원서비스가 필요하다. 인증서비스, 에스크로서비스 등이 여기에 해당된다.

5) 전자소매의 거래방식

앞에서 언급한 바와 같이 전자소매의 거래방식으로는 전자 카탈로그를 이용한 고정가격 방식과 경매 및 공동구매를 이용한 변동가격 방식이 있다.

(1) 전자 카탈로그

제품을 소개하기 위해 전통적인 소매에서 사용하는 카탈로그를 전자적인 형태로 만든 것을 전자 카탈로그라고 한다. 전자 카탈로그의 목적은 판매자를 위해서는 제품을 홍보하고 판매를 촉진시키는 것이며, 구매자를 위해서는 원하는 제품을 쉽게 찾을 수 있도록 해주는 것이다. 이는 전통적인 카탈로그와 동일하다. 그러나 전자 카탈로그는 전통적인 카탈로그에서는 볼 수 없는 새로운 기능을 가지고 있다.

전자 카탈로그의 이러한 목적을 달성하기 위해서는 먼저 데이터베이스와 제품 디스플레이가 연동이 되어야 한다. 제품의 정보를 웹 문서에 코딩을 하게 되면 제품의 가격, 설명 등에 변화가 있을 때마다 프로그램을 다시 작성하여야 하기 때문에 유연성이 떨어진다. 따라서 제품의 정보를 필요할 때 신속하게 변동시키기 위해서는 제품의 정보를 프로그램과 분리를 하여 데이터베이스에 저장을 하고, 데이터베이스와 프로그램을 연결시키면 된다. 이렇게 되면 제품 정보가 바뀌더라도 프로그램을 수정하지 않아도 된다.

전자 카탈로그를 사용하여 고객이 쉽게 원하는 제품을 찾을 수 있도록 하기 위해서는 디렉토리 및 검색 기능을 포함시켜야 한다. 디렉토리 기능은 제품의 범주를 분류하고 이를 메뉴 방식으로 고객이 선택하도록 하는 방식이다. 메뉴는 계층적으로 되어 있기 때문에 범주의 수가 많더라도 고객이 원하는 제품을 편리하게 선택할 수 있다. 검색기능은 검색엔진을 활용하여 고객이 키워드를 입력하면 키워드와 관련이 있는 제품들이 화면에 나열된다.

초기의 전자 카탈로그는 단순한 문자와 그림만을 활용하여 제품정보를 제공하였지만 최근에는 멀티미디어 기술(동영상, 애니메이션 등)을 활용하여 보다 상호작용적이고 동적인 방식으로 제품정보를 제공하고 있다. 뿐만 아니라 고객 개인의 선호도에 따라 전자 카탈로그 화면에 나타나는 콘텐츠의 내용을 달리하는 즉, 개인화된 방식으로 맞춤형 카탈로그를 제공하며, 또한 기업 내부의 정보시스템과 통합되어 보다 고차원적인 기능을 수행하기도 한다.

맞춤형 카탈로그는 개인화 전략에서 빼놓을 수 없는 중요한 요소이다. 고객 개인의 선호도를 파악한 후 고객이 구매할 가능성이 높은 제품을 앞으로 배치를 한다든지 혹은 추천을 할 수도 있다. 심지어는 동일한 제품의 가격을 고객에 따라 달리 책정하여 표시할 수도 있다. 고객이 디렉토리나 검색 기능을 활용하여 원하는 제품을 선택하기 전에 웹사이트에서 먼저 고객이 원하는 제품을 전시하거나 추천한다면 고객의 만족도는 매우 높아질 것이고 구매 가능성도 높아질 것이다.

전자 카탈로그를 기업의 내부 정보시스템과 통합시키는 것은 매우 중요하다. 만약 통합이 되어 있지 않다면 웹사이트에서 발생한 거래 데이터를 재고처리, 회계처리 등을 하기 위해 관련 정보시스템에 다시 입력을 하여야 한다. 그 과정에서 시간도 지체될 뿐만 아니라 입력 오류가 발생할 수도 있다. 또한 재고시스템과의 통합이 되지 않아 품절이 되었음에도 불구하고 전자 카탈로그에는 그 내용이 표시되지 않아 나중에 고객의 주문을 취소하는 경우도 발생할 것이다.

전자 카탈로그와 함께 전자소매에서 필요한 요소로는 전자 카트를 들 수 있다. 쇼핑 카트, 장바구니라고도 부르는 전자 카트는 고객들이 구매할 의사가 있는 품목들을 임시로 저장해두는 기능을 가지고 있다. 전자 카트는 다시 지불시스템과 연결되어 고객의 주문을 처리하는 데 중요한 역할을 한다. 기업과 기업 간의 전자상거래인 B2B에서는 기업의 조달시스템과 연동이 되어 보다 복잡한 기능을 가지고 있다.

(2) 경매 및 공동구매

전자 카탈로그 방식과 달리 경매는 변동가격 제품을 판매한다. 변동가격이란 특정 시간의 제품에 대한 수요와 공급의 관계에 따라 제품의 가격이 지속적으로 변하는 것을 말한다. 변동가격은 경매 외에도 다른 거래의 형태에서 발생한다. 가장 기본적인 형태는 판매자 일인과 구매자 일인이 서로 협상방식으로 거래를 하는 경우이다. 과거 정찰제가 일반화되기 전에 주로 거래되는 방식이었으며, 기업과 기업 간(B2B)의 거래에서는 지금도 많이 나타나고 있는 형태이다.

둘째, B2B 전자상거래의 가장 대표적인 형태인 거래소(exchange) 방식에서도 변동가격으로 거래가 이루어진다. 거래소 방식에서는 다수의 판매자와 다수의 구매자가 동일한 제품에 대해 서로 가격을 제시하고, 제시한 가격을 언제든지 수정 및 취소를 할 수 있는 방식으로 거래가 이루어진다. 따라서 판매자와 구매자가 어떤 가격을 제시, 수정, 취소하느냐에 따라 계속 가격이 변할 것이다. 주식거래가 전형적인 거래소 방식이다.

경매는 다시 두 가지 형태로 구분된다. 첫째, 정규경매(일반적으로 경매라고도 함)는 판매자가 일인이고 구매자가 다수인 경우이다. 이 경우 판매자는 제품에 대한 최소 가격과 마감시간을 지정하게 된다. 구매자는 마감시간 전까지 현재가격보다 높은 가격을 제시하게 되며, 마감시간에 가장 높은 가격을 제시한 구매자에게 판매하게 된다. 둘째, 역경매는 정규경매와는 반대로 구매자가 일인이고 판매자가 다수인 경우이다. 이 경우 구매자는 제품에 대한 최대 가격과 마감시간을 지정하게 된다. 판매자는 마감시간 전까지 현재가격보다 낮은 가격을 제시하게 되며, 마감시간에 가장 낮은 가격을 제시한 판매자로부터 구매하게 된다.

온라인 경매는 인터넷을 이용한 전자상거래에 매우 적합한 거래방식이라고 할 수 있다. 오프라인 경매는 시간과 공간의 한계로 인하여 많은 구매자(또는 판매자)를 모을 수 없었기 때문에 일부 품목에서 제한적으로 이용된 거래방식이었다. 그러나 인터넷이라는 매체는 이러한 한계를 없애줄 수 있기 때문에 전자상거래가 등장한 이후 급속도로 확산된 대표적인 비즈니스 모델이다. 미국의 eBay와 우리나라의 옥션이 급성장한 것도 같은 맥락에서 이해될 수 있다. 그러나 경매의 경우 효율성이 매우 중요하다. 즉 많은 판매자와 많은 구매자가 모일 수 있어야 거래가 활성화된다는 것이다. 따라서 경매의 경우 선두업체만 시장에서 생존할 수 있는 독특한 특성을 가지고 있다.

경매는 지금도 경매라는 거래방식을 고객들이 선호하기 때문에 전자소매의 중요한 형태로서 자리를 지키고 있다. 그 이유는 다음과 같다. 첫째, 고객들이 경매를 통해 제품을 구매하는 가장 큰 이유는 저렴하게 구매할 수 있기 때문일 것이다. 물론 사기를 당할 위험이 높기 때문에 전자 카탈로그를 통해 고정가격으로 제품을 구매하는 것보다 저렴하게 구매할 수 있어야 한다. 그러나 그러한 위험을 감안하더라도 가격이 낮은 편이다. 둘째, 재미가 있다. 다른 구매자와 가격경쟁을 하여 제품을 구매하는 것이기 때문에 게임을 하는 것과 같은 느낌을 받을 수 있다. 셋째, 경매는 개인이 소장하고 있는 중고제품이나 기업의 재고처리에 매우 적합한 방식이다. 사실 B2C 경매 사이트에서는 중고제품이 많이 거래되고 있는 실정이다. 넷째, 골동품, 미술품과 같은 품목의 가격 책정은 매우 어렵기 때문에 오프라인뿐만 아니라 온라인 경매에서 주로 거래가 되고 있다.

한편 공동구매도 전자소매에서 많이 볼 수 있는 거래방식이다. 일반적으로 구매자가 대량으로 구매를 하면 판매자는 제품가격을 할인해 줄 수 있다. 그러나 전자소매의 경우 구매자는 개인 소비자이기 때문에 대량구매를 하지 않는다. 그러나 만약 동일한 제품을 구매하기를 원하는 소비자가 많고 이들이 서로 협력하여 함께 공동으로 구매를 한다면, 대량구매가 가능할 것이고 그 결과 구매자는 협상력을 가지게 될 것이며 가격도 낮출 수 있을 것이다. 이것이 공동구매의 메커니즘이다. 공동구매는 구매자가 중심이 되어 공동구매자를 모아서 판매자에게 협상을 할 수도 있고, 반대로 판매자가 중심이 되어 대량판매를 위해 공동 구매자를 모을 수도 있다. 최근에는 SNS를 이용한 소셜쇼핑(social shopping)이 활성화되고 있는데 이 또한 공동구매의 한 형태로 이루어지기도 한다.

4. 온라인 거래중개서비스

온라인 거래중개서비스는 온라인으로 판매자와 구매자를 연결시켜 주는 서비스이다. 넓게 본다면 온라인으로 서비스를 판매하는 전자소매라고 보면 된다. 여러 분야에서 이러한 서비스가 제공되고 있지만 대표적인 분야로는 재무 및 금융 분야, 관광 및 여행서비스 분야, 고용 및 취업알선 분야를 들 수 있다.

온라인 거래중개서비스의 특징을 보면 먼저, 시장의 규모가 매우 크며 점차 성장하고 있다는 점을 들 수 있다. 또한 시장의 범위도 넓어지고 있는 실정이다. 둘째, 제품을 판매하는 전자소매에 비해 정보의 활용도가 더 크기 때문에 전자상거래에 매우 적절한 비즈니스 모델이라고 할 수 있다. 서비스 자체도 그렇지만 거래중개서비스는 정보중심적인 서비스인 관계로 고객에게 적절한 정보를 제공하는 것이 서비스의 핵심이라고 할 수 있다. 셋째, 개인화 및 맞춤화가 전자소매에 비해 훨씬 용이하다. 개인화 및 맞춤화는 성공적인 전자상거래의 중요한 전략 중 하나이다. 그런데 제품의 경우와는 달리 서비스를 제공하는 데는 개인화 및 맞춤화가 훨씬 쉽다. 개인의 취향에 맞는 정보를 제공한다든지 고객이 원하는 대로 서비스를 맞춰줄 수 있기 때문이다.

1) 재무 및 금융 분야

재무 및 금융 분야는 온라인 거래중개서비스의 대표적인 분야이면서 지속적으로 성장하고 있는 분야이다. 해킹 등 보안문제가 성장의 저해요인이 되고 있지만, 이것 또한 보안기술의 발달, 보안표준 및 정책의 설정, 관련 법규의 제정으로 큰 문제가 되지 않고 있다. 재무 및 금융 분야는 다시 세부적으로 다음과 같이 나누어 살펴볼 수 있다.

첫째, 온라인 부동산이다. 온라인 부동산업체는 부동산 매도자와 매수자를 온라인으로 연결시켜 주고 수수료를 받는다. 오프라인에서는 불가능하거나 어려운 기능을 제공해 줄 수 있기 때문에 성장가능성이 매우 크다. 예를 들어, 가상현실, 3D 기술 등을 이용하여 실제 방문하지 않고도 부동산의 내부 및 외부 모습을 상세히 볼 수 있다. 또한 매물로 나와 있는 부동산 리스트를 다양한 기준으로 정렬할 수 있어 고객이 쉽게 원하는 부동산을 선택할 수 있게 된다. 외국에서는 온라인 부동산이 매우 활성화되고 있으나, 국내는 아직 도입단계에 머물고 있다.

둘째, 온라인 주식거래이다. 전세계적으로 온라인 주식거래가 가장 활발하게 이루어지고 있는 곳이 우리나라이다. 그 이유는 개인거래의 비중이 높기 때문일 것이다. 오프라인에 비해 거래수수료가 낮은 것과 주식거래와 관련된 많은 정보를 제공할 수 있다는 것이 장점이라고 할 수 있다. 다른 분야도 마찬가지이지만 온라인 주식거래는 특히 보안이 중요하다. 이러한 문제를 해결하기 위해 공인인증서 등과 같은 다양한 기술을 적용하고 있다.

셋째, 온라인 보험이다. 아직까지 영업사원을 통해 보험 상품을 구매하는 경우가 더 많지만 점차 온라인 비중이 높이질 전망이다. 특히 자동차 보험의 경우 온라인 보험 시장이 급격히 성장하고 있는 실정이다. 온라인 주식거래와 마찬가지로 저렴한 보험료와 보험 상품에 대한 정보제공이 온라인 보험의 주요 장점이다.

넷째, 온라인 뱅킹이다. 온라인 뱅킹이 고객에게 제공하는 주된 가치는 편리성이다. 많은 고객들이 직접 은행에 가지 않고 인터넷을 이용해 계좌조회 및 이체를 하고 있다. 모든 거래를 온라인으로 할 수 있는 것은 아니지만 앞으로 점차 오프라인에서 제공할 수 없는 새로운 기능을 개발하여 제공할 것으로 기대하고 있다.

2) 관광 및 여행서비스 분야

관광 및 여행서비스와 관련된 업체는 항공사, 호텔, 렌트카, 여행사 등 매우 다양하다. 오프라인에서는 여행사가 공급자(항공사, 호텔 등)와 수요자(고객)를 연결시켜 주는 방식으로 서비스를 제공하였으나, 온라인에서는 여행사뿐만 아니라 공급자가 직접 서비스를 제공하기도 한다. 더욱이 야후와 같은 포털업체들도 이 분야에 진출하고 있다.

이 분야의 최근 추세를 보면 첫째, 오프라인에서는 모든 고객에게 획일적인 서비스를 제공하였지만 온라인에서는 고객의 취향에 따라 차별화된 서비스를 제공하고 있다. 둘째, 지능형 에이전트(intelligent agent)의 활용이 이 분야에서도 점차 증가하고 있다. 지능형 에이전트란 사용자를 대신해서 특정 목적을 지능적으로 달성해 주는 프로그램을 말한다. 일반적으로 특정 제품을 최저가로 판매하는 사이트를 찾거나, 수많은 사이트를 방문하여 특정 정보를 찾는데 지능형 에이전트를 많이 활용하지만 최근에는 고객의 여건 및 여행목적에 맞는 여행상품을 찾아주는 데도 활용되고 있다. 고객의 입장에서는 일일이 수많은 웹사이트를 찾아가서 여행상품을 비교하지 않아도 되기 때문에 시간과 비용을 많이 절약할 수 있다. 셋째, SNS를 이용한 서비스가 활성화되고 있다. 최근 SNS 이용자가 폭발적으로 늘고 있는데, SNS를 통해 여행 관련 정보를 제공한다든지, 여행에 대한 고객의 성향을 분석하여 마케팅활동에 이용한다든지, 여행에 관심이 있는 고객을 유인하고 있다.

관광 및 여행 분야에서 고객들에게 제공하는 서비스는 기본적으로 오프라인에서 제공하는 서비스를 온라인으로 전환한 것이라고 보면 된다. 공급자와 수요자를 연결시켜 주는 것뿐만 아니라 여행 관련 뉴스, 가격비교, 여행지에 대한 정보 등을 추가로 제공하고 있다. 더욱이 오프라인에서는 제공될 수 없는 서비스도 제공할 수 있다. 예를 들어, 만기일에 가까운 상품에 대한 정보를 고객들에게 빨리 알려주는 것은 오프라인에서는 불가능한 것이었다. 최근에는 스마트폰과 같은 무선 단말기의 확산으로 고객의 위치에 맞는 여행 정보를 알려주는 서비스까지 등장하고 있다.

온라인 관광 및 여행서비스의 가장 큰 장점은 수수료를 낮출 수 있어 고객들에게 유리할 뿐만 아니라 많은 고객을 유치할 수 있어 서비스 제공자들에게도 매출증대에 도움이 된다는 것이다. 또한 여행과 관련된 풍부하고 수준 높은 정보를 거의 무료로 제공할 수 있어 여행자들에게 인기가 있다.

3) 고용 및 취업알선 분야

경제상황이 좋지 않아 취업을 할 수 없는 경우도 있지만, 구직자가 원하는 직장을 찾지 못하고 고용주는 원하는 구직자를 찾지 못한 경우도 많다. 외국의 경우 고용 및 취업알선 분야의 온라인서비스가 매우 활성화되어 있지만 국내는 기대에 미치지 못하고 있는 실정이다. 물론 구직자가 직접 개인 홈페이지를 통해 자신의 이력서를 게시하고, 고용주도 자사의 웹사이트를 통해 직원모집 광고를 게시할 수 있을 것이다. 그러나 고용알선 전문기업을 활용하면 비용은 들겠지만 보다 효율적이고 효과적인 취업 및 고용이 이루어질 수 있다.

이와 같이 온라인으로 고용 및 취업알선 서비스를 제공하면 다음과 같은 이점이 있다. 첫째, 구직자와 고용주 모두 보다 많은 정보를 제공받을 수 있게 된다. 그만큼 선택의 폭이 넓어지고 원하는 취업 또는 고용이 성사될 가능성이 높아진다. 둘째, 시간과 비용이 절감된다. 인터넷을 이용하면 시간적 · 공간적 제약이 없어지기 때문에 빠른 시간 내에 서로 원하는 직장과 직원을 구할 수 있다. 면접 및 입사시험도 원격으로 진행될 수 있기 때문에 비용도 현격하게 줄일 수 있다.

그러나 온라인 고용 및 취업알선서비스는 다음과 같은 한계점도 있다. 첫째, 입사지원자가 너무 많아 지원서를 비교 평가하는 데 너무 많은 비용과 시간이 소요될 수 있다. 이러한 문제를 해결하기 위해 일차적으로 부적절한 지원자를 걸러주는 지능형 프로그램을 활용하기도 한다. 둘째, 디지털 입사지원서나 이력서가 인터넷을 통해 유통되다 보니 프라이버시 침해의 소지가 많다. 암호화와 같은 보안기술을 활용하여 이러한 문제를 최소화할 수 있다. 셋째, 온라인서비스가 취업 및 고용을 용이하게 만들어 주기 때문에 오히려 이직률이 높아진다는 것이다. 이직률이 높아지면 결국 기업에게는 고용 관련 비용이 높아지게 된다.

5. 디지털 콘텐츠

1) 디지털 콘텐츠의 개념 및 추세

디지털 콘텐츠란 유선 무선 네트워크에서 사용하기 위해 문자, 음성, 이미지, 영상 등을 디지털 방식으로 제작, 처리, 유통하는 정보를 말한다. 이렇게 본다면 전자상거래를 위해 웹사이트에서 제공되는 모든 정보가 디지털 콘텐츠라고 할 수 있다. 그러나 본 절에서 언급하고자 하는 디지털 콘텐츠란 온라인 출판, 전자책, e-러닝, 온라인 엔터테인먼트 등을 말한다.

디지털 콘텐츠 분야의 최근 추세를 살펴보면 다음과 같다. 첫째, UCC(User Created Contents), 즉 사용자가 직접 만든 콘텐츠의 유통이 크게 늘어나고 있다. 2000년대 초반만 하더라도 웹사이트에서 제공하는 대부분의 정보는 웹사이트 운영자가 만든 콘텐츠이다. 그러나 2000년대 초반에 수많은 전자상거래업체들이 도산을 한 후 웹 2.0의 개념이 도입되었고, 웹 2.0의 특징 중 하나가 UCC이다. 이때부터 UCC의 유통이 크게 늘어나고 있다. 그 결과 유튜브(YouTube)와 같은 인기가 있는 웹사이트가 등장하기도 했다.

둘째, 모바일 기술의 발달로 인하여 디지털 콘텐츠의 유통방식이 달라지고 있다. 소비자들은 언제 어디서나 어떠한 콘텐츠라도 보고 듣기를 원한다. 이러한 욕구를 충족시켜준 것이 이동통신 기술, 와이파이(Wi-Fi), 와이브로, 스마트폰 등과 같은 모바일 기술이다. 여기서 한걸음 더 나아가 특정 위치에 고객에게 맞는 콘텐츠를 제공해 주는 위치기반 서비스(Location-based Service: LBS)가 등장하고 있다. 예를 들어, 복잡한 시내에서 주차공간을 찾고 있는 고객에게 주차안내 메시지가 스마트폰으로 전달된다면 고객에게 매우 유용할 것이다. 시골에 있는 고객에게 이러한 정보를 제공하는 것은 오히려 불만의 요인이 될 것이다. 따라서 고객의 위치에 따라 콘텐츠를 선택적으로 제공하는 것이 LBS의 핵심이다.

셋째, 디지털 콘텐츠의 유료화가 추진되고 있다. 인터넷을 통한 전자상거래가 처음 도입된 1990년대 중반부터 대부분의 콘텐츠 제공업자들은 무료로 콘텐츠를 고객들에게 제공하였다. 그 이유는 경쟁이 치열하여 우선 고객을 많이 확보하고자 하는 전략을 취하였고, 또한 확보한 고객을 기반으로 한 광고수입이 있었기 때문이었다. 그런데 경기불황으로 인해 광고수입이 급감하게 되자 콘텐츠 제공업자들은 다양한 수입원을 찾게 되었고, 그 결과 디지털 콘텐츠를 유료로 전환하기 시작하였다.

오래전부터 무료에 익숙해져 있는 고객들에게 디지털 콘텐츠를 유료로 판매하는 것은 쉽지 않은 일이었다. 일부 제공업자들은 콘텐츠의 유료화를 추진하다가 고객으로부터 외면당하는 일도 벌어졌다. 그러나 최근에 월스트리트 저널과 애플의 아이튠즈와 같이 콘텐츠의 유료화에 성공한 기업들이 등장하면서 새로운 국면으로 접어들고 있다. 즉 고객들에게 차별화되고 가치 있는 디지털 콘텐츠를 제공하면 고객들도 이에 대해 지불할 의사가 있다는 것이 입증이 되어 유료화는 점차 가속화될 것으로 기대한다.

넷째, 저작권 보호에 대한 관리가 강화되고 있다. 지금까지는 디지털 콘텐츠에 대한 불법복제가 많이 이루어지고 있었는데 그 이유는 다음과 같다. 첫째, 디지털 콘텐츠는 속성상 복제가 매우 용이하고 비용이 들지 않는다. 둘째, 사용자들의 지적재산권 보호에 대한 윤리적 의식이 결여되어 있어 사용자들이 아무런 죄의식 없이 음악, 영화, 기사 등의 콘텐츠에 대한 불법복제를 많이 하고 있는 실정이다. 셋째, 사용자들의 불법복제로 이익을 보는 업체들의 드러나지 않는 압력이 있다. 넷째, 불법복제를 막을 수 있는 보안기술을 적용하면 사용자가 불편해지는 문제점이 있다. 이러한 제약에도 불구하고 최근에는 저작권 보호에 대한 사회적 요구에 따라 관리가 강화되고 있고, 사용자들의 윤리의식도 높아지고 있는 실정이다.

2) 디지털 콘텐츠의 수익모델

디지털 콘텐츠를 제공하는 업체들의 주된 수입은 조금씩 변하고 있다. 초기에는 디지털 콘텐츠를 무료로 제공하면서 많은 고객을 유인한 다음 광고를 게재함으로써 얻는 수입이 주된 수입이었다. 그러나 경기가 나빠지면서 광고수입이 급감하자 콘텐츠 제공업체들은 다른 수입원을 찾는 한편 콘텐츠의 유료화를 시도하였다. 구독료 수입은 일정기간(예를 들어, 한달, 일년) 동안 콘텐츠를 제공하고 받는 일정 금액을 말한다. 구독료 방식은 콘텐츠를 자주 이용하지 않는 사용자에게는 적절한 요금체계가 아니다. 그래서 등장한 것이 콘텐츠 건당 요금을 부과하는 방식이 도입되었다. 최근 애플의 아이튠즈에서 앨범 전체가 아니라 음악 한 곡당 저가로 판매하는 것이 좋은 예이다.

대부분의 콘텐츠 제공업체들은 한 가지 방식이 아니라 앞에서 설명한 다양한 방식으로 수입을 올리고 있다. 뿐만 아니라 다른 업체와 제휴를 하여 별도의 수수료를 받는 방식으로도 수입을 올리고 있다. 예를 들어, 아마존과 제휴를 맺어 아마존의 제품을 콘텐츠 제공업체에서 판매함으로써 판매수입의 일부를 받게 되는 것이다. 한편 수입을 올리지는 않지만 무료 콘텐츠를 제공하면서 고객을 유인한 다음 자사의 제품을 홍보하는 목적으로도 콘텐츠를 제공하는 기업도 있다.

3) 온라인 출판

온라인 출판이란 신문, 잡지, 책, 음악, 영화 등을 네트워크를 통해 전자적인 방식으로 전달하는 것을 말한다. 순수 온라인 출판업체가 등장하여 전통적인 출판업체를 위협하자 최근에는 이들도 온라인 출판을 병행하여 사업을 하고 있다.

(1) 온라인 신문(전자 신문)

온라인 신문을 제공하는 방법은 두 가지가 있다. 첫째는 온라인 아카이브 방식으로 종이로 된 신문의 내용을 변경하지 않고 그대로 디지털화 하는 방식이다. 둘째는 종이 신문의 내용을 다양한 정보기술을 활용하여 재구성, 추가적인 분석을 하여 제공하는 방식이다. 이 방식에서는 하이퍼텍스트 기술을 이용하여 사용자가 편리하게 정보에 접근할 수 있게 하며, 검색기능을 추가하여 원하는 정보를 쉽게 찾을 수 있게도 한다. 또한 사용자의 취향에 맞게끔 구성을 달리 하는 등 개인화된 방식으로 정보를 제공할 수도 있다.

온라인 신문은 신문사가 직접 콘텐츠를 제공하지만 뉴스 통합업체(예를 들어, 네이버)를 통해서도 제공하고 있다. 사용자의 입장에서는 어느 채널을 통해 신문을 보든 상관없지만, 신문사의 입장에서는 힘들게 만든 콘텐츠를 아무런 대가도 치르지 않고 뉴스 통합업체에서 활용하는 것을 결코 방관하고만 있을 수 없을 것이다. 이 문제와 관련하여 신문사와 뉴스 통합업체 간에 적절한 타협점을 찾을 것이다. 왜냐하면 뉴스 통합업체들도 신문사가 존재하지 않으면 양질의 콘텐츠를 잃게 되기 때문이다.

대부분의 사용자들은 오프라인 신문은 유료로 구독하지만 온라인 신문은 무료로 구독하는 경우가 많다. 신문사들도 오프라인 신문의 구독을 유도하기 위해서 홍보차원으로 온라인 신문을 무료로 제공하기도 하지만 오히려 오프라인 신문 매출을 떨어뜨리는 결과를 초래하기도 한다. 따라서 타 신문사에서는 제공하지 않는 양질의 차별화된 콘텐츠를 제공함으로써 온라인 신문에서도 구독료 수입을 올리려는 시도를 하고 있다. 한편 온라인 신문을 이용하는 방법도 다양해지고 있다. 초기에는 PC를 이용하는 방법밖에 없었으나 최근에는 휴대폰, 태블릿 PC, 스마트폰, 전자책 리더기 등 다양한 단말기가 활용되고 있다.

(2) **전자책(e-북)**

전자책이란 컴퓨터나 특별 단말기를 통해 읽을 수 있도록 만들어진 디지털 형태의 책이다. 초기의 전자책은 PC를 통해서만 읽을 수 있는 형태였지만 최근에는 킨들(Kindle)과 같은 특별 단말기 또는 태블릿 PC나 스마트폰과 같은 일반 단말기를 통해서도 읽을 수 있는 형태로 발전하고 있다. 전자책은 아마존이 킨들이라는 전자책 단말기를 출시하면서 급속도로 확산되고 있다. 국내에서는 아직 외국에 비해 전자책의 활용도가 낮지만 정부의 정책과 산업의 여건에 따라 점차 확대될 것으로 기대된다.

전자책의 장점은 여러 가지가 있다. 첫째, 전자책의 생산, 유통, 관리 비용이 현저하게 줄어들기 때문에 전자책의 가격이 저렴하다. 둘째, 휴대하고 사용하기 편하다. 태블릿 PC나 스마트폰을 이용하면 언제 어디서나 전자책을 읽을 수 있다. 그리고 종이책에는 없는 검색 및 링크 기능 때문에 사용하기에 매우 편리하다. 셋째, 종이책과는 달리 절판이 되지 않고, 훼손이 되지 않으며, 개정판을 신속하게 출판할 수 있다.

한편 전자책이 생각만큼 빠르게 확산되지 않은 이유는 다음과 같은 단점이 있기 때문이다. 첫째, 휴대하기 편리한 반면에 불편한 점도 있다. 소형 화면으로 책을 읽어야 하며, 배터리가 충분하지 않아 장시간 읽을 수가 없다. 둘째, 화면이 작을 뿐만 아니라 화질의 문제로 인해 장시간 책을 읽을 경우 눈이 빨리 피로해진다. 셋째, 전자책을 이용하기 위해서는 단말기와 같은 별도의 장치가 필요하다는 것이다. 넷째, 아직까지 보편적인 표준이 없어 전자책의 호환성 문제가 발생한다.

전자책이 활성화되기 위해서는 앞에서 언급한 문제점 외에도 해결해야 될 과제가 있다. 첫째, 지적재산권 보호문제이다. 쉽게 복제가 가능해져 전자책 생산비용은 줄어들지만 그만큼 불법복제도 용이하다. 불법복제를 방지하기 위한 여러 가지 방안을 마련할 수 있지만 정당한 사용자들에게는 오히려 불편을 초래하기 때문에 이 또한 쉬운 해결책은 아니다.

둘째, 전자책의 가격문제이다. 전자책의 원가가 종이책에 비해 낮기 때문에 가격도 낮아야 할 것이다. 그러나 너무 낮게 책정될 경우 오히려 종이책 매출에 악영향을 미칠 것이고, 너무 높게 책정될 경우 전자책이 잘 팔리지 않게 된다.

셋째, 전자책을 읽는 속도를 빠르게 하고, 장시간 읽어도 피로하지 않게 하기 위해서는 전자책의 폰트, 색상, 글자 크기 등에 대하여 세심한 신경을 써야 한다. 너무 화려한 색상도 문제이지만 너무 단순한 것도 바람직하지 않다. 글자 크기도 너무 크게 하면 소형 화면에 많은 내용을 담을 수 없고, 너무 작게 하면 읽기 힘들게 된다. 또한 종이책에서는 불가능한 검색, 하이퍼텍스트 기능을 이용하여 사용자에게 편리한 내비게이션을 가능하게 하는 것도 필요하다. 이러한 것들이 잘 조화가 이루어지면 피로하지 않으면서 읽는 속도도 증가시킬 수 있다.

넷째, 아무리 잘 만들어진 전자책이라 하더라도 사용자가 외면하면 활성화될 수 없다. 사용자가 전자책을 이용하지 않는 이유 중 가장 근본적인 것은 습관의 문제이다. 지금까지 종이책에 익숙해져 있는 고객이 갑자기 전자책을 수용하기가 쉽지 않기 때문이다. 습관의 변경은 점진적으로 이루어지지만 좋은 전자책이 많이 나오고 많은 사람들이 이용하게 된다면 이 또한 빠르게 진행될 수 있다.

다섯째, 사용자의 입장에서는 전자책이 많이 보급되어야 단말기도 구매할 것이고 전자책을 이용할 것이다. 그런데 출판업자의 입장에서는 수익이 보장되어야 전자책을 출판할 것이다. 전자책을 출판하였는데 이용자가 없거나, 전자책의 출판이 오히려 종이책의 매출을 떨어뜨려 전체적으로 수익이 감소한다면 곤란하다.

(3) 온라인 엔터테인먼트

디지털 콘텐츠를 크게 분류하면 정보의 성격을 지니고 있는 것과 오락의 성격을 지니고 있는 것으로 나눌 수 있다. 앞에서 설명한 콘텐츠들은 전자에 해당된다면, 온라인 엔터테인먼트는 후자에 해당된다. 온라인 엔터테인먼트는 음악, 영화, 비디오, 게임, 라디오, TV 등과 같은 콘텐츠를 디지털 형태로 배급하여 활용하게 하는 것이다.

음악, 영화, 비디오는 파일공유 사이트를 통해 불법복제가 많이 이루어졌다. 그러나 저작권 문제가 이슈로 대두되고 소액으로 음악이나 영화를 볼 수 있는 방식이 등장함에 따라 최근에는 유료화가 조금씩 진행되고 있는 실정이다. 게임의 경우 중독성으로 인해 사회문제가 되고 있지만 경제적인 측면에서 보면 국내경제에 많은 공헌을 하고 있다. PC를 이용한 온라인 게임이 주를 이루고 있지만 최근에는 스마트폰을 이용한 게임도 많이 등장하고 있는 실정이다.

4) e-러닝

e-러닝이란 교육 및 훈련과 관련된 콘텐츠를 디지털 방식으로 전달하는 것을 말한다. 기업에서는 종업원, 고객 등을 대상으로 하는 교육 및 훈련의 수단으로 많이 이용되고 있으며, 대학에서도 인터넷 강의라는 이름으로 점차 확산되고 있는 추세이다. e-러닝은 강의 콘텐츠를 단순하게 디지털화하여 제공하는 방법에서부터 상호작용적이면서 복잡한 방법까지 다양하다. 최근에는 강의효과를 높이기 위해 애니메이션, 시뮬레이션, 증강현실, 게임 등과 같은 기술을 이용하기도 한다. 또한 태블릿 PC와 스마트폰의 보급으로 이동 중에도 강의를 들을 수 있는 m-러닝도 등장하였다.

e-러닝은 많은 장점을 가지고 있다. 첫째, 비용을 절감할 수 있다. 강의실 공간이 필

요 없고, 수강인원도 제한이 없으며, 동일한 강의를 여러 번 하지 않아도 되기 때문에 비용을 많이 줄일 수 있다. 둘째, 시간적 · 공간적 제약이 없다. 지역적으로 멀리 떨어져 있는 사람도 강의를 들을 수 있으며, 시간이 맞지 않아 강의를 들을 수 없는 경우는 발생하지 않는다. 또한 다른 사람들에게 지장을 주지 않으면서 강의를 편리한 시간에 언제든지 들을 수 있고 학습속도도 본인의 사정에 따라 조절이 가능하다. 셋째, 오프라인 강의의 경우에 비해 강의 콘텐츠의 갱신이 비교적 용이하다. 또한 오프라인의 경우 교재가 동일하더라도 강사가 다르면 강의내용이 달라질 수 있지만 온라인에서는 일관성이 유지된다.

그러나 e-러닝도 단점이 있다. 첫째, 교육에서 중요한 대면 상호작용이 없다. 강의를 할 때 아이콘택트(eye-contact)는 강의의 집중도를 높일 뿐만 아니라 피드백으로서의 역할을 한다. e-러닝에서는 이러한 것이 결여되어 있기 때문에 수강생들의 상태를 알 수가 없고 강의 효과도 떨어진다는 것이다. 둘째, 지적재산권 보호문제를 들 수 있다. 강의내용이 담긴 파일을 불법적으로 유출하여 유통시키는 것이 상대적으로 용이하기 때문에 이에 대한 보호대책이 없으면 e-러닝의 발전을 기대할 수 없다. 셋째, 평가문제를 지적할 수 있다. e-러닝에서는 학습에 대한 평가도 원격으로 이루어지는 경우가 많다. 따라서 평가 대상자를 확인하기도 어렵고 다른 사람의 도움을 받고 있는지도 확인하기 어렵다. 객관적이고 공정한 평가가 이루어지지 않으면 교육의 효과를 기대하기 어렵다. 그외에도 e-러닝을 위한 별도의 설비나 장치가 필요하다든지, 컴퓨터에 익숙하지 않은 사람들이 여전히 많다는 점도 e-러닝의 단점으로 들 수 있다.

한편 교육과 게임(엔터테인먼트)을 결합한 에듀테인먼트(edutainment)도 등장하고 있다. 에듀테인먼트의 주요 목적은 교육에 재미를 가미하여 학습에 보다 적극적인 참여를 유도하고, 학습경험을 풍부하게 하여 획득한 지식을 오랫동안 기억할 수 있게 만드는 것이다. 초기에는 주로 어린아이들을 대상으로 제한된 범위에서 에듀테인먼트가 적용되었으나 최근에는 성인에까지 적용대상이 넓어지고 교육의 주제도 매우 다양해져 가고 있다.

마무리사례 중국 전자상거래, 작년 2배로 … 알리바바는 글로벌 전략 시동

중국의 소비자(B2C) 전자상거래 시장이 급팽창을 지속하고 있다. 고속 성장세를 구가하고 있는 대표 기업들은 외형 확장과 더불어 글로벌 전략에도 박차를 가하고 있다. 차이나데일리 등 현지 외신에 따르면 2010년 상반기 중국의 인터넷 도소매 거래액은 총 2118억위안(36조3,555억 원)에 달했던 것으로 집계됐다. 이는 지난해 같은 기간과 비교하면 거의 배 가까이 늘어난 수준이다. 특히 지난 2007년부터 작년까지 3년간 인터넷 쇼핑몰 거래금액은 무려 세 배가량 급증, 이 기간 오프라인 유통 시장의 연평균 성장률 18%를 크게 웃돌았다. 지난해 연간 중국 내 전체 전자상거래 금액은 3조8,000억 위안으로 전년 대비 22% 상승했다.

중국 최대 인터넷 전자상거래 업체인 알리바바에 따르면 지난 6월 말 기준 6,500만 명의 개인과 1,200만 개의 기업이 쇼핑몰을 개설했다. 역시 중국 최대 온라인 경매 사이트인 타오바오는 인터넷 판매자의 약 70%가 21~30세로, 젊은 이들이 인터넷 전자상거래 시장에 적극 뛰어드는 추세라고 설명했다. 이와 함께 전체 인터넷 인구의 약 3분의 1에 달하는 1억4,200만 명이 온라인 소비자들이고, 전자상거래가 유발하는 고용 효과 또한 130만 개 이상의 일자리를 창출했다는 추산이다.

특히 중국을 대표하는 전자상거래 업체인 알리바바는 양적 성장과 더불어 글로벌화 전략에도 본격 시동을 걸었다. 데이비드 웨이 알리바바 CEO는 최근 항저우에서 열린 '제7회 넷리프리너 서밋'에서 '슈워제네거 신흥 기업가 이니셔티브'라는 이름을 걸고, 미국 캘리포니아 주 대학생들을 대상으로 쇼핑몰 개설에 300만 달러를 투자하기로 했다고 밝혔다. 이 프로그램은 내년 말까지 캘리포니아 주 15개 대학 3,000명의 학생들을 선정, 인터넷 쇼핑몰 운영 경비를 개인당 1,000달러씩 지원한다.

알리바바의 이 같은 전략은 미국 인터넷 시장에서 브랜드 인지도를 높이기 위한 일환으로 풀이된다. 실제 알리바바는 지난 4월 '알리 익스프레스'라는 인터넷 쇼핑몰 플랫폼을 미국 시장에 출시한 바 있다. 또 '옥티바'와 '벤디오'라는 e베이의 협력사들을 각각 인수하며 해외 시장에서 세 확장에 나설 것을 예고하기도 했다.

한편 알리바바는 그동안 몸집을 불리면서 경쟁을 펼쳐온 미국 e베이와도 향후 사안에 따라 협력할 수 있다는 뜻을 내비치기도 했다.

출처: 전자신문(2010년 9월 13일).

CHAPTER 06

B2B 전자상거래 비즈니스 모델

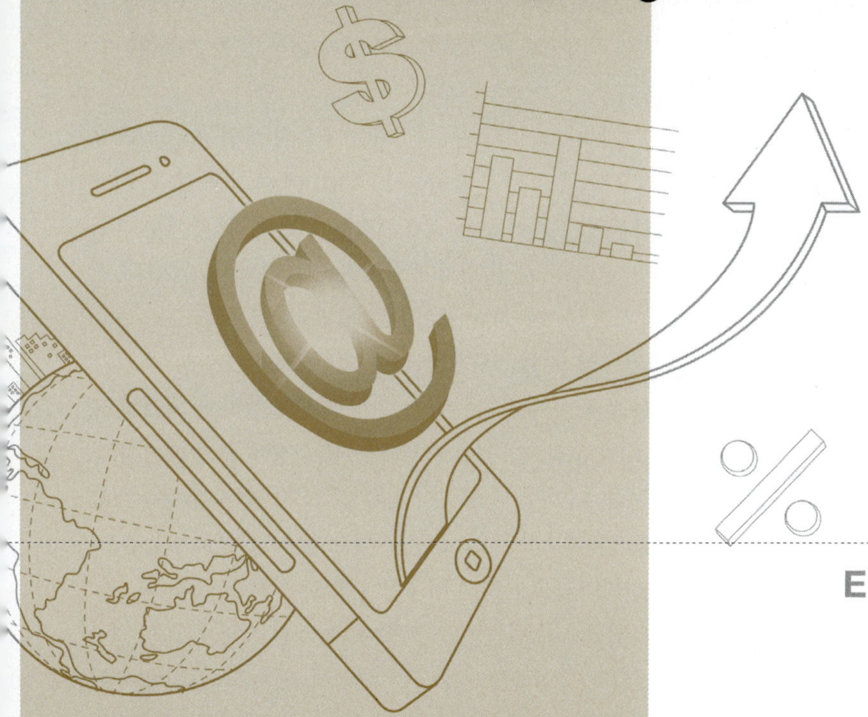

ELECTRONIC COMMERCE

도 입 사 례

B2B 산업 특성 녹인 부품기업의 SCM 혁신

B2B 부품 기업들의 SCM 프로세스 혁신은 B2C 기업들의 혁신과는 일부 다른 양상을 띠고 있다. 고객 기업의 납기 변동에 빠르게 대응해야 한다는 점, 또 R&D 과정부터 수요 기업과 협업이 발생한다는 점 등이 가장 큰 특징이다. 이를 위해 부품 기업들은 제품별 프로세스 특성에 따라 조립형 SCM과 장치형 SCM으로 구분하고 차별화된 프로세스로 납기 대응 등을 효율화하고 있다.

LG이노텍 DN사업부의 경우 300~400개에 이르는 부품을 관리하는 조립형 사업이다. 따라서 수많은 부품을 고객 수요에 맞춰 효과적으로 관리 및 조달하는 프로세스에 중점을 뒀다. 이에 비해 LED 등 부품 수가 적은 장치형 사업부의 경우 수요 예측에 중점을 두고 있다. 장치형 사업에서는 부품 수가 20~30개에 불과하지만 구리 등 해외 원자재가 많아 리드타임이 길다. 이 때문에 한달 전 혹은 최소 2주 전에 수요를 정확히 예측하는 것이 매우 중요하다.

삼성SDI도 하나의 전지를 만드는 과정에서 SCM 전략을 장치형 '셀' 공정과 조립형 '패키지' 공정에 따라 달리했다. 셀 공정은 화학물질 등이 투입되는 등 장치형 특성이 강하고 패키지 공정은 조립 특성이 강하기 때문이다. 약 12일의 리드타임이 발생하는 셀 공정에 비해 패키지 공정의 리드타임은 1시간도 채 걸리지 않는다. 따라서 셀 공정의 경우 긴 리드타임을 효율적으로 관리할 수 있도록 납기 일정 준수율 등을 엄격히 관리하도록 하고 있으며, 시장 변화가 빠른 패키지 공정에서는 개발에서 공급까지의 리드타임을 단축해 대응할 수 있도록 하고 있다.

또 R&D 과정에서 수요기업과 협업을 위한 시스템 연계도 이슈다. 삼성전기 관계자는 "연구개발 성과가 매출과 직결되므로 수요 기업과 협업하는 R&D 프로그램이 많다."고 설명하며 이제는 R&D 관리가 부품기업 내부의 문제가 아니라고 말했다. 개발 과제 선정 당시부터 마케팅과 연계해 수요 기업의 요구를 연구개발에 빠르게 반영할 수 있는 것이 공급망의 중요한 과제로 부각되고 있다는 것이다.

특히 R&D 연계는 설계 단계부터 협업이 중요한 자동차 부품 기업들이 적극으로 나서고 있다. 현대모비스와 만도는 관련 부문 간 정보를 공유할 뿐 아니라 협업 강화, 개발 속도 관리 및 프로젝트 투입 자원 절감을 위해 개발 프로세스를 재설계하고 있다. 현대모비스는 지난해 하반기 PMS 시스템 구축을 완료했으며, 팀별이 아닌 프로젝트별로 매트릭스형 협업을 하도록 했다.

현대모비스 관계자는 "완성차 제조기업이 자동차 개발을 시작하면 이 자동차에 납품되는 부품 또한 동시 개발되기 때문에 2~3년간의 개발 일정을 수립하고 투입되는 자원을 효율적으로 관리해야 한다."며 "프로젝트관리시스템(PMS)을 통해 연구개발 프로젝트 현황 정보를 한 눈에 볼 수 있도록 하고 과제의 진행 상황에 맞춰 부서 간 협업이 가능하도록 전환했다."고 말했다.

만도는 지난 3월부터 올해 말까지 기존 개발 프로세스 개선과 함께 제품수명주기관리(PLM283) 시스템을 통합 관리시스템으로 확장한다는 계획이다. 만도 관계자는 "개발부문뿐 아니라 모든 개발 현황 정보를 품질, 구매, 영업, 생산 부서와 공유 및 협업할 수 있도록 하고, 제품개발 결정 관리 등을 강화해 신제품 개발에 대한 의사결정 과정을 관리할 수 있도록 할 계획"이라고 말했다.

출처: 전자신문(2010년 7월 11일).

CHAPTER 06

B2B 전자상거래 비즈니스 모델

1. B2B 전자상거래의 개념

1) B2B 전자상거래의 초기 형태

인터넷이 대중화되면서 폭발적으로 성장한 전자상거래의 유형은 B2C이다. 일반인에게는 전자상거래라고 하면 B2C를 주로 생각하게 되고, 시장의 규모도 B2B에 비해 더 클 것이라고 생각하겠지만 이는 잘못된 생각이다. 기업과 기업 간의 거래인 B2B 전자상거래는 인터넷이 활성화되기 전부터 시작되었으며, 시장의 규모도 B2C보다 훨씬 크고, 앞으로 성장속도도 더 빠를 것으로 예측되고 있다.

B2B 전자상거래의 초기 형태로는 전자자금이체(Electronic Fund Transfer: EFT), EDI(Electronic Data Interchange) 등을 들 수 있다. 인터넷이 대중화되기 훨씬 전인 1960~70년대에도 금융기관 간에 자금을 상호 이체하기 위해서 별도의 네트워크를 설치하고 전자적인 방식으로 정산을 하였다. 특정 분야에서 특정 네트워크를 이용하여 특정 기업들 간에만 이루어지는 것이지만 EFT도 B2B 전자상거래인 것이다.

1970년대에 일부 기업에서는 정보기술을 전략적인 목적을 활용하기 위해서 기존의 방법과는 다른 새로운 방식으로 기업 간 거래를 하기 시작하였다. 대표적인 예로는 의약품 유통기업인 박스터(Baxter)와 아메리칸 항공(American Air Line)을 들 수 있다. 박스터는 병원과의 주문 거래를 위해서 고객기업인 병원의 정보시스템과 자사의 정보시스템을 연결시켜 네트워크를 구축하고, 이를 통해서 주문을 받기 시작하였다. 병원의 입장에서는 전화를 이용하여 주문을 할 때보다 인건비와 통신비를 절약할 수 있을 뿐만 아니라 재고비용까지 낮출 수 있게 되니 박스터 외에 다른 유통기업과 거래를 할 이유가 없게 되었다. 그 당시 박스터의 경쟁력을 엄청나게 높이게 해준 이 정보시스템은 박스터와 병원 간에 전자적인 방식으로 거래를 가능하게 해준 B2B 전자상거래인 것이다. 또한 아메리칸 항공은 세이버라는 항공기 좌석예약시스템을 개발하였다. 세이버 시스템이 개발된 후 아메리칸 항공의 고객인 여행사에서는 기존의 전화 대신 컴퓨터를 이용하여 항공기 좌석을 예약하기 시작하였다. 이 시스템 덕분에 아메리칸 항공의 매출은 급증하였고 항공기 좌석예약 프로세스에 많은 변화를 초래하였다.

한편 1970년~80년대에 EDI가 등장하였다. 전통적인 기업 간 거래에서는 거래와 관련된 문서들을 주고받는 과정에서 시간과 비용이 많이 소요될 뿐만 아니라 오류가 발생하기도 하였다. 이러한 문제들을 없애기 위해서 거래 문서를 직접 교환할 것이 아니라 거래 문서의 내용을 전자적인 방식으로 전송하기 시작하였다. 특히 국가 간 무역거래에서 많이 활용되었던 이러한 EDI도 B2B 전자상거래의 초기 형태라고 할 수 있다.

오늘날 B2B 전자상거래가 EFT, EDI, 항공기 좌석예약시스템과 같은 초기 형태의 B2B 전자상거래가 다른 점은 인터넷이라는 매체를 활용하고 있다는 점이다. 초기 형태의 B2B 전자상거래에서는 부가가치통신망(VAN)과 같은 폐쇄적인 네트워크를 사용하기 때문에 사전에 협의된 기업만 전자상거래에 참여할 수 있다. 특히 EDI의 경우 거래문서의 내용만 전자적인 방식으로 전송하기 때문에 사전에 데이터의 형식에 대한 약속이 되어 있지 않으면 제대로 거래를 할 수 없는 한계점이 있었다. 따라서 폐쇄적인 네트워크를 이용한 전자상거래는 여러 가지 제약이 많아 활성화될 수 없었으며, 기능적으로도 오늘날의 전자상거래에 비해 많이 뒤떨어져 있었다.

인터넷이 대중화되면서 B2C 전자상거래가 등장하였고, 이어서 B2B 전자상거래도 과거와는 다른 모습으로 활성화되기 시작하였다. 폐쇄적인 B2B 전자상거래와는 달리 많은 기업들이 참여할 수 있게 되었고, 기술적인 장애요인들도 제거되었다. 인터넷을 활용한 초기의 B2B 전자상거래는 주로 판매자나 구매자가 중심이 되어 웹사이트를 개설하여 거래를 하였다. 그러다가 제3의 기업이나 기관이 전자시장을 개설하여 판매자와 구매자를 중개하는 방식인 e-마켓플레이스가 등장하였다. e-마켓플레이스도 취급하는 품목의 종류와 거래방식에 따라 다양한 형태로 발전을 하였다. 한편 B2B 전자상거래에서는 거래뿐만 아니라 기업 간 전략적 제휴를 위한 협업이 중요한 부분을 차지하게 되었다. 이에 따라 협업상거래를 위한 기술들이 발전하게 되었다.

2) B2B 전자상거래의 시장규모 및 성장

다른 나라와 마찬가지로 최근 우리나라의 전자상거래 시장규모도 점차 확대되고 있다. 〈표 6-1〉에서 볼 수 있듯이 매년 20% 정도의 성장률을 보일 정도로 전자상거래 시장의 규모는 급성장을 하고 있다. 2009년의 성장률이 7%로 주춤한 이유는 금융위기로 인해 전세계의 경기가 침체되었기 때문이다. 2010년에 23%의 성장률로 다시 회복한 후 2012년의 성장률이 15%로 다소 낮아졌지만 앞으로도 지속적으로 성장할 것으로 예측된다.

〈표 6-1〉 전자상거래의 시장규모

(시장규모 단위: 10억 원)

연도	2008년	2009년	2010년	2011년	2012년
시장규모	630,087	672,478	824,392	999,582	1,144,689
전년 대비 성장률	22%	7%	23%	21%	15%

출처: 통계청.

우리나라 전자상거래 시장규모를 거래주체별로 구분하여 보면 〈표 6-2〉에서 볼 수 있듯이 기업 간(B2B) 전자상거래가 전체 전자상거래 시장규모의 90% 이상을 차지할 정도로 절대적이다. 예를 들어, 2012년 전체 전자상거래 시장규모가 1144조 6890억 원인데 이중에서 B2B 전자상거래의 시장규모가 1050조 9850억 원으로 92%를 차지하고 있다. 그 다음이 기업과 정부 간(B2G) 전자상거래의 시장규모는 62조 2590억 원으로 전체의 5%를 차지하고 있고, 기업과 소비자 간(B2C) 전자상거래의 시장규모는 19조 6410억 원으로 전체의 2%에 지나지 않는다. B2G 전자상거래는 특성상 B2B에 포함시킬 수 있기 때문에 B2B 전자상거래의 시장규모는 97%에 이를 정도로 절대적이라고 할 수 있다. 소비자 간(C2C) 전자상거래는 예상대로 그 규모가 가장 작은 것으로 나타났다.

〈표 6-2〉 거래주체별 전자상거래의 시장규모

(단위: 10억 원)

거래주체별	2008년	2009년	2010년	2011년	2012년
기업 간(B2B)	560,255	592,965	747,090	912,883	1,050,985
기업 · 정부 간(B2G)	52,266	59,455	52,772	58,378	62,259
기업 · 소비자 간(B2C)	11,359	12,045	16,005	18,533	19,641
소비자 간(C2C)	6,207	8,012	8,524	9,788	11,804

출처: 통계청.

이처럼 B2B 전자상거래 시장규모가 B2C 전자상거래 시장규모보다 큰 이유는 제품의 공급사슬(supply chain)을 보면 쉽게 이해될 수 있다. 공급사슬이란 하나의 제품이 원자재의 가공에서부터 완제품의 생산에 이어 최종적으로 소비자에게 판매될 때까지 많은 기업들이 서로 공급관계로 연결되어 있는 것을 말한다. 따라서 공급사슬에서 보면 최종적으로 소비자에게 판매되는 부분만 B2C이며, 나머지 거래는 모두 B2B인 것이다.

[그림 6-1]과 [그림 6-2]에서는 B2C 전자상거래와 B2B 전자상거래의 성장 추세를 보여주고 있다. 비록 시장규모는 B2B 전자상거래가 절대적이지만 B2C 전자상거래도 지속적으로 성장하고 있다. 특히 2010년부터는 가파르게 성장하고 있는 것으로 나타났다. 마찬가지로 B2B 전자상거래 또한 해마다 지속적으로 성장하고 있으며, 최근에는 성장속도가 더욱 빨라지고 있다는 것을 알 수 있다.

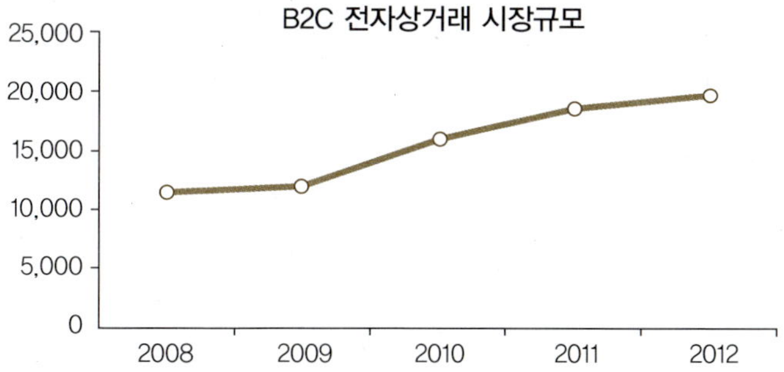

[그림 6-1] B2C 전자상거래의 성장

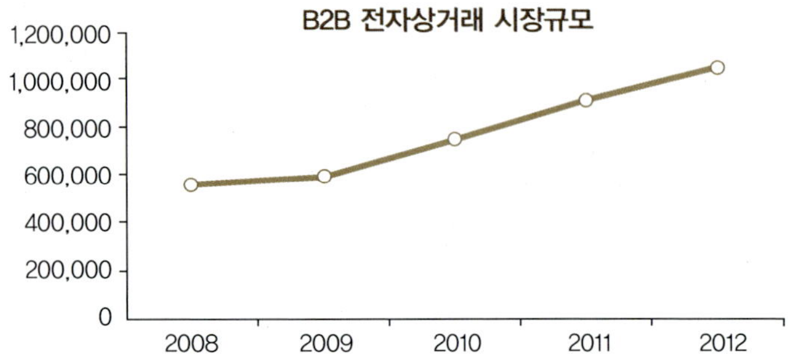

[그림 6-2] B2B 전자상거래의 성장

3) B2B 전자상거래의 장점

B2B 전자상거래는 전통적인 B2B 거래에 비해 많은 장점을 가지고 있다, 첫째, B2B 전자상거래는 다양한 분야에서 기업의 비용을 감소시킬 수 있다. 우선 인터넷을 활용하면 고객을 용이하게 찾을 수 있기 때문에 고객검색비용을 줄일 수 있다. 그리고 거래 프로세스가 매우 효율적으로 이루어지기 때문에 거래 및 관리비용을 대폭 줄일 수 있다. 또한 필요한 품목을 필요한 시기에 필요한 양만큼 정확하게 주문할 수 있기 때문에 불필요한 재고를 줄일 수 있어 재고비용도 낮출 수 있다.

둘째, B2B 전자상거래를 통해 기업의 유연성을 높일 수 있다. 유연성(flexibility)이란 환경의 변화에 신속하게 대응할 수 있는 능력을 말한다. 과거에는 기업의 성과지표로 효과성(effectiveness)과 효율성(efficiency)을 중요하게 여겼다. 그러나 최근 기업을 둘러싸고 있는 환경이 급변하고 경쟁이 더욱 치열해짐에 따라 유연성도 중요한 성과지표로 인식되고 있다. B2B 전자상거래는 공급사슬상의 정보, 자재, 자금의 흐름을 매우 원활하게 만들고, 관련 기업 간 협업을 원활하게 만들기 때문에 고객주문의 변경, 수요예측의 불확실성, 리드타임의 불확실성 등에 따른 대응이 잘 이루어질 수 있다.

셋째, B2B 전자상거래가 B2C 전자상거래와 다른 점 중에서 가장 두드러진 것은 기업 간 협업에 있다. B2C는 주로 가치의 교환에 초점을 둔 것이라면 B2B에서는 가치의 교환뿐만 아니라 관련 기업 간 서로 협력을 하여 공동으로 제품 설계, 생산, 판매, 서비스 등을 하는 것도 중요한 영역으로 포함되어 있다. 이를 협업상거래(C-Commerce)라고 한다. B2B 전자상거래는 기업 간 협업을 용이하게 만들어 결국에는 비용을 절감할 수 있고, 제품의 품질을 개선시키고, 제품의 사이클 타임을 감소시키고, 기업을 유연하게 만들 수 있는 것이다.

4) B2B 전자상거래의 최근 추세

초기 형태의 B2B 전자상거래는 일부 기업들 간의 폐쇄적인 형태로 이루어졌으나 인터넷이 대중화되면서 진정한 의미의 B2B 전자상거래 모습을 갖추기 시작하였다. 그 이후에도 B2B 전자상거래는 B2C와 마찬가지로 다양한 형태로 발전하였는데 최근의 추세를 보면 다음과 같다.

첫째, 앞에서 언급한 바와 같이 우리나라 B2B 전자상거래 시장규모는 해마다 20% 정도의 성장을 하고 있으며, 앞으로도 이러한 성장추세는 계속 이어질 것으로 예측된다. 그런데 이러한 성장추세는 전세계적인 추세이다. 특히 지금까지는 대기업을 중심으로 전자상거래가 활성화되었는데, 앞으로는 중소기업으로까지 확대될 것으로 판단된다.

둘째, B2B 전자상거래의 시장규모도 성장하지만 내용적인 측면에서도 점차 복잡해지고 있다. 초기의 B2B 전자상거래의 목적은 주로 거래비용을 줄이는 것이었다. 그런데 최근에는 B2C 전자상거래와 마찬가지로 마케팅 목적이 추가되고 있다. 따라서 B2B 전자상거래도 고객중심적인 내용으로 변하고 있으며 이에 따라 전자상거래의 모습도 변하고 있다. 또한 공급사슬의 효율성을 높이고, 구매 프로세스를 개선하기 위한 내용도 새롭게 추가되고 있고, 특히 기업 간 협업상거래가 B2B 전자상거래에서 차지하는 비중이 점차 확대되고 있는 실정이다.

한편 B2B 전자상거래의 시장규모가 확대되고 발전할 수 있는 배경에는 관련 기술의 발전이 있다. B2B 전자상거래 기술과 관련하여 최근의 추세를 보면 다음과 같다.

첫째, 복잡한 B2B 전자상거래를 가능하게 하는 것은 B2B 소프트웨어 및 도구가 발달하였기 때문이다. 특히 보안과 지불시스템의 발전은 B2B 전자상거래를 더욱 활성화시키고 있다.

둘째, 모바일 기술이 B2B 전자상거래에도 적용이 확대되고 있다. 모바일 기술은 거래의 공간적 제약을 더욱 제거시켜 줌으로써 B2B 전자상거래의 활성화에 많은 기여를 하고 있다.

셋째, B2B 전자상거래 분야에도 클라우드 컴퓨팅서비스가 확대 적용되고 있다. 클라우드 컴퓨팅서비스는 서버 구입 및 유지보수 비용, 소프트웨어 개발 및 구입 비용 등을 줄여줌으로써 기업들의 자원을 보다 전략적인 분야에 집중할 수 있게 해주는 새로운 컴퓨팅 개념이다. 아직 클라우드 컴퓨팅서비스는 초기 단계이기 때문에 크게 확대되지는 않았지만 앞으로 급성장할 것으로 예측되는 분야이다. 과거에는 B2B 전자상거래를 구현하기 위해서는 B2B 소프트웨어를 구입하거나 개발할 수밖에 없었는데, 최근에는 클라우드서비스를 통해 SaaS(Software as a Service) 형태로 서비스를 제공받을 수 있게 된 것이다.

넷째, B2B 전자상거래에도 웹2.0의 기술 및 서비스가 적용되고 있다. 웹2.0은 B2C 전자상거래에서 주로 적용되었던 개념이다. 1990년대 중반부터 인터넷이 활성화되면서 B2C 전자상거래는 폭발적인 성장을 하였다. 그런데 2000년을 넘어서면서 거의 대부분의 전자상거래업체들이 도산을 하였다. 그러나 생존을 한 일부 전자상거래업체들은 경쟁력을 더욱 강화하면서 승승장구하고 있다. 이에 따라 도산을 한 기업과 생존을 한 기업의 차이점을 분석하는 과정에서 웹2.0의 개념이 등장한 것이다. 웹2.0이란 기업에서 일방적으로 제공하던 콘텐츠 및 서비스 대신에 고객들이 콘텐츠를 만드는데 직접 참여하고, 이를 개방하여 공유하고, 서로 협동하여 새로운 서비스를 만들어 내는 특징을 지니고 있다. 이러한 개념이 최근 B2B 전자상거래에도 적용되기 시작한 것이다.

2. 기업의 구매절차와 방법

1) 구매절차 과정

B2B 전자상거래와 B2C 전자상거래는 유사한 점도 많지만 거래절차나 방법에서 많은 차이가 있다. B2B에서는 구매 고객도 기업이기 때문에 비록 전자적인 방식으로 이루어진다고 하더라도 기업의 구매절차 과정을 똑같이 거쳐야 하기 때문에 개인 고객의 경우와는 다른 점이 많다. 기업의 구매절차 과정은 기업마다 조금씩 다르고, 공급사슬상에서 이루어지는 경우가 많으며, 단순한 가치의 교환 외에 기업 간 협업이 필요하다. 기업의 가장 기본적인 구매절차는 〈표 6-3〉과 같다.

(1) 탐색

기업 간 장기적인 납품계약을 맺고 있지 않은 경우에는 구매기업은 어떤 기업으로부터 제품을 구매할지 결정하여야 하며, 이를 위해 탐색과정을 거쳐야 한다. 탐색을 위한 전통적인 수단으로는 카탈로그, 영업사원, 제품설명서 등이 주로 활용되었으나 전자상거래에서는 인터넷이 주된 수단이 되고 있다.

(2) 분석

탐색단계가 구매결정에 필요한 정보를 획득하는 과정이라면 분석단계에서는 수집된 정보를 활용하여 고려하고 있는 판매기업이 거래당자자로서 적절한지를 판단하는 과정이다. 여기서는 판매기업의 신용도, 제품의 품질, 특성 등을 종합적으로 분석하게 된다.

(3) 협상

일단 분석단계에서 판매기업이 잠정적으로 결정되고 나면 본격적으로 협상단계에 접어들게 된다. 이 단계에서는 제품의 가격, 신용조건, 품질수준, 납기일, 에스크로 서비스 등에 대하여 상호 협상을 하게 된다. 만약 거래조건에 대하여 서로 합의에 이르게 된다면 후속 절차를 밟게 되고 큰 문제가 없다면 구매결정은 거의 확정적이다.

(4) 주문

이 단계에서는 협상단계에서 결정한 거래조건에 따라 실제 주문을 하는 과정이다. 여기서는 구매주문서를 입력 및 작성하여 거래기업에게 이를 발송하게 된다.

(5) 송장

판매기업은 구매기업으로부터 구매주문서를 접수하게 되고, 내부검토를 거친 후 송장을 발송하게 된다. 송장에는 주문한 물품의 내역 및 청구금액이 포함되어 있기 때문에 송장을 접수한 구매기업은 주문이 제대로 처리되었는지를 확인할 수 있다. 주문처리에 이상이 없으면 판매기업은 주문대로 납품을 하기 위한 준비를 하게 된다.

(6) 배송

납품 준비가 완료되면 구매기업에게 제품을 배송하게 된다. 배송과정에서 별 다른 문제가 없는지를 확인하기 위해 배송추적시스템을 활용하여 구매기업에게 다양한 서비스를 제공하게 된다.

(7) 결제

구매기업은 배송된 제품을 수령하게 되고, 송장에 기재된 내용과 실제 납품된 내용을 확인한 후 이상이 없으면 대금결제를 하게 된다. 만약 이상이 발견되면 송장을 수정한 후 다시 발송하게 될 것이다. 대금이 지불되고 나면 모든 구매 프로세스는 마무리 되는 것이다.

〈표 6-3〉 기업의 구매절차

구매절차						
탐색	분석	협상	주문	송장	배송	결제
-카탈로그 -인터넷 -영업사원 -제품설명서 -전화 -팩스	-조사 -신용도 -경쟁업체	-가격 -신용조건 -에스크로 -품질 -납기	-제품주문 -주문서 작성 -주문서 입력 -주문서 발송	-주문서 접수 -재무시스템 실행 -생산시스템 실행 -송장 발송 -주문서 대조 -내부 검토 -물류시스템 실행	-배송추적 시스템 실행 -제품 배송	-제품 수령 -물류시스템에 배송문서 입력 -송장 확인 및 수정 -송장 재발송 -지불 -정정된 송장 내부시스템에 입력

출처: Laudon & Traver(2012).

2) 구매품목의 유형 및 방법

기업에서 구매하는 품목은 매우 다양하다. 이를 크게 분류하면 직접자재와 간접자재로 구분할 수 있다. 직접자재(direct material)는 기업에서 생산하는 제품에 직접적으로 필요한 부품이나 원자재를 말한다. 전자, 자동차, 조선 등 산업별로 필요한 직접자재는 주로 공급사슬상에 있는 기업 간 거래에서 주로 취급된다. 직접자재는 구매량이 많은 편이며, 구매빈도도 높다고 할 수 있다.

간접자재(indirect material)는 사무용품과 같이 직접 생산에 투입되는 것은 아니지만 기업의 운영에 필요한 품목들이다. 대표적인 간접자재는 MRO(Maintenance, Repairs, and Operations)이다. MRO는 유지보수, 수리, 운영에 필요한 각종 자재를 지칭하는 것이다. 간접자재는 대부분 소모품으로서 구매량이 소량이며, 구매빈도는 높은 편이다.

또한 간접자재의 가치는 직접자재에 비해 상대적으로 낮은 편이다. 구매품목의 유형을 직접자재와 간접자재로 구분하는 이유는 구매의 특성이 많이 달라 전자상거래 시장이 다르게 형성되고 있기 때문이다. 이와 관련하여서는 다른 절에서 설명하기로 한다.

한편 기업에서 자재를 구매하는 방법도 매우 다양하지만 이를 크게 분류하면 현장구매(spot purchasing)와 계약구매(contract purchasing)로 구분할 수 있다. 현장구매는 즉각적인 필요에 따라 사전 계약이 없이 구매하는 것을 말한다. 주로 간접자재를 구매할 때 적용되는 방법이며, 많은 판매기업이 포함되어 있는 대규모 전자상거래 시장에서 거래가 많이 이루어진다. 이에 반하여 계약구매는 전략적인 목적에 따라 특정기업과 특정제품에 대하여 특정기간 동안 특정조건(품질, 가격, 대금결제방법, 수량 등)의 장기계약을 맺고 이에 따라 구매를 하는 방법이다. 일반적으로 직접자재는 계약구매의 방식으로 거래가 많이 이루어진다.

3. B2B 전자상거래의 유형

B2B 전자상거래의 유형은 분류방법에 따라 다양하게 구분할 수 있다. 가장 기본적인 분류방법은 취급하는 품목의 종류에 따라 구분하는 것이다. 앞에서 언급한 바와 같이 B2B 전자상거래에서 거래되는 품목의 종류를 직접자재와 간접자재로 구분할 수 있다. 이에 따라 B2B 전자상거래를 직접자재를 취급하는 수직적 전자상거래와 간접자재를 취급하는 수평적 전자상거래로 구분할 수 있다. MRO를 거래하는 B2B 전자상거래는 수평적 전자상거래에 해당된다.

한편 B2B 전자상거래의 유형을 구분하는 또 다른 방법은 전자시장의 운영주체에 따라 구분하는 것이다. 운영주체에 따라 판매자 중심의 B2B, 구매자 중심의 B2B, e-마켓플레이스로 구분할 수 있다. 이 분류방법이 B2B 전자상거래를 이해하는 데 도움이 된다.

1) 판매자 중심의 B2B 전자상거래

판매자 중심의 B2B 전자상거래는 개별 판매자가 전자시장을 구축하고 모든 통제권을 가지고 있는 형태를 말한다. 이 유형은 B2C 전자상거래와 유사한 점이 많다. 판매자가 구축해 놓은 전자시장에 구매자가 방문을 하여 거래를 하게 된다. 거래는 전자카탈로그, 공동구매, 경매, 협상 등 매우 다양한 방법으로 이루어진다. B2C에서는 협상이 극히 드문 거래방식이지만 B2B에서는 가격, 수량, 지불, 배송, 거래조건 등에 대하여 협상을 하게 된다.

한편 판매자가 거래와 관련된 모든 통제권을 가지고 있기 때문에 거래에서 필요로 하는 대부분의 서비스를 책임지고 제공하게 된다. 그러나 경매와 같은 특별한 거래에 대해서는 중개자의 도움을 받을 수도 있다. 이러한 경우에도 시장의 통제권은 판매자에게 있다.

판매자 중심의 B2B 전자상거래는 폐쇄적으로 운영될 수도 있고 개방적으로 운영될 수도 있다. 폐쇄적으로 운영된다는 말은 사전에 허락된 구매자 외에는 거래에 참여할 수 있는 경우를 말하고, 개방적으로 운영된다는 말은 어떠한 구매자라도 항상 거래에 참여할 수 있는 경우를 말한다. 앞에서 구매방식을 현장구매와 계약구매로 구분할 수 있다고 하였는데, 현장구매의 경우는 개방적 전자시장을 통해서, 그리고 계약구매의 경우 폐쇄적 전자시장을 통해서 거래되는 경우가 많다.

2) 구매자 중심의 B2B 전자상거래

B2C에서는 구매자 중심의 전자상거래는 거의 없으나 B2B에서는 구매자 중심의 전자상거래는 매우 흔한 일이다. 구매자 중심의 B2B 전자상거래는 구매자가 전자시장의 운영주체이며 모든 통제권을 가지고 있다는 점 외에는 판매자 중심의 B2B 전자상거래의 특징과 거의 같다.

삼성전자, GM 등과 같은 대형 기업의 경우 기업의 규모가 워낙 크기 때문에 구매하는 자재의 종류도 많을 뿐만 아니라 양도 많을 것이다. 이러한 상황에서 자재를 구매하기 위해 일일이 판매가가 구축해놓은 전자시장을 방문하여 거래를 하는 것은 매우 복잡하고 번거로울 수 있다. 따라서 이러한 경우 구매자는 자신들이 구축해놓은 전자시장에 판매자가 방문을 하여 거래를 함으로써 필요로 하는 자재를 구매하게 된다.

판매자 중심의 전자상거래에서와 같이 구매자 중심의 전자상거래에서는 거래는 전자 카탈로그, 공동구매, 경매, 협상 등 다양한 방법으로 이루어지며, 개방적으로 또는 폐쇄적으로 전자시장이 운영될 수 있다.

3) e-마켓플레이스

판매자 중심 그리고 구매자 중심의 B2B 전자상거래가 특정 판매자와 구매자가 중심이 되어 전자시장을 구축하고 통제권을 가지고 있는 반면에 e-마켓플레이스(e-Marketplace)는 제3의 기업 또는 단체가 전자시장을 구축 및 운영하고 이에 대한 통제권을 가지고 있다. 판매자와 구매자는 e-마켓플레이스업자가 구축한 전자시장을 방문하여 거래를 하게 되기 때문에 중개자 중심의 B2B 전자상거래이며, e-허브(e-Hub) 또는 네트 익스체인지(Net Exchange)라고도 한다. e-마켓플레이스업자는 거래와 관련된 모든 서비스를 제공하게 되며 거래에 수반된 수수료를 받게 된다.

B2B 전자상거래가 활성화됨에 따라 e-마켓플레이스도 급성장하게 되며, 그 형태도 다양하게 변하고 있다. 먼저 e-마켓플레이스업자가 누구냐에 따라 분류할 수 있다. 판매자와 구매자가 전혀 관계가 없는 제3의 기업이 전자시장을 운영하는 경우가 대부분이다. 또는 특정산업에서 판매자와 구매자가 컨소시엄을 형성하여 함께 전자시장을 운영하는 경우도 있다. 예를 들어 일부 자동차 제조회사가 공동으로 자동차 부품을 구매하기 위해 e-마켓플레이스를 구축 및 운영하고 있다.

한편 구매품목의 유형과 방법에 따라 다양한 e-마켓플레이스로 구분할 수 있다. 앞에서 언급한 바와 같이 구매품목의 유형은 간접자재와 직접자재로 구분할 수 있으며, 구매방법은 현장구매와 계약구매로 구분할 수 있다. 이에 따라 간접자재를 현장구매할 수 있도록 지원하는 e-마켓플레이스, 간접자재를 계약구매할 수 있도록 지원하는 e-마켓플레이스, 직접자재를 현장구매할 수 있도록 지원하는 e-마켓플레이스, 그리고 직접자재를 계약구매할 수 있도록 지원하는 e-마켓플레이스로 구분할 수 있다. 이중에서 가장 보편적인 것은 간접자재를 현장구매하는 방식의 e-마켓플레이스이다. 산업의 종류와 관계없이 모든 기업은 기업을 유지, 보수, 운영하기 위한 자재가 필요한데 이것을 MRO라고 한다. 기업마다 MRO 자재는 수시로 필요하기 때문에 이를 취급하는 e-마켓플레이스가 활성화되어 있다. 대표적인 사례로는 Grainger.com, MRO.com, Staples.com 등을 들 수 있다.

한편 B2B 전자상거래에서는 독특한 거래방식으로 운영되기도 한다. 일반적으로 전자상거래에서는 전자 카탈로그, 공동구매, 경매 등의 방식으로 거래가 되는데, B2B에서는 익스체인지(exchange)가 추가된다. 교환 또는 거래소라고도 불리는 익스체인지는 동적가격결정(dynamic pricing)의 한 유형이다. 동적가격결정이란 제품의 가격이 고정된 것이 아니라 고객의 수요에 따라 지속적으로 가격이 변동하는 것을 말한다. 동적가격결정의 대표적인 예는 경매이다. 익스체인지도 동적가격결정 방식이지만 경매와는 조금 다른 방식으로 가격이 결정된다. 익스체인지에서는 다수의 판매자와 다수의 구매자가 동시 다발적으로 판매 또는 구매 요청을 하는 형태인데, 최초에 제시한 가격은 거래가 성사되기 전까지는 언제든지 수정, 취소될 수 있는 유연한 방식이다. 이 경우 판매자와 구매자는 해당 제품에 대한 특징을 사전에 공유하고 있기 때문에 가격만이 판매 및 구매 결정기준이 된다. 이 방식은 주로 직접자재를 현장구매하는 경우에 많이 적용된다.

4. 협업상거래

1) 협업상거래의 개념

일반적으로 B2C 전자상거래는 판매자와 구매자가 거래 프로세스를 획기적으로 변화시켜 비용절감, 품질개선 등의 성과를 얻고자 하는 것이다. 그러나 B2B 전자상거래에서는 이러한 목적 외에 공급자, 고객, 파트너와의 협업을 통해 공급사슬상에 있는 기업들의 공동가치를 극대화시키는 목적도 있다. 이와 같이 정보기술을 이용하여 기업들이 함께 협력하며 제품 및 서비스를 설계, 개발, 생산, 판매, 관리하는 것을 협업상거래(c-Commerce)라고 한다. 협업상거래는 넓은 의미에서 B2B 전자상거래에 포함된다.

협업상거래는 공급사슬상에 있는 기업들 간에 이루어지는 경우가 많다. 공급사슬(Supply Chain)이란 [그림 6-3]과 같이 원자재 공급업체에서부터 제조업체 및 유통업체를 거쳐 최종 고객에 이르기까지 생산과 공급의 전 과정에서 포함되는 각각의 요소들을 연결하는 체인을 의미한다. 일반적으로 공급사슬에서는 원자재, 부품 등이 구매되고, 이를 기반으로 공장에서 제품이 생산되고, 생산된 제품은 유통과정의 하나로 창고에 저장되며, 창고에서 도/소매업자나 최종소비자에게 제품이 전달되어진다. 공급사슬에는 정보, 자재, 자금의 흐름이 있다. 이러한 흐름이 원활하게 잘 흐르면 필요한 자재가 필요한 시점에 필요한 양만큼 잘 전달되어 궁극적으로 고객의 납기일을 준수하면서 고품질의 제품을 저렴하게 생산하여 제공할 수 있게 된다.

그러나 공급사슬에는 이러한 흐름을 원활하게 만들지 못하는 몇 가지 문제점을 내포하고 있다. 첫째, 공급사슬은 기본적으로 불확실성을 내포하고 있다. 수요예측을 기반으로 공급사슬 프로세스가 시작되는 경우 수요예측의 정확성이 무엇보다 중요하다. 그런데 미래의 수요를 100% 정확하게 예측한다는 것은 불가능한 일이다. 또한 부품을 주문한 후 공급될 때까지 소요되는 시간인 리드타임(lead time)도 정확하게 예측할 수 없다. 이러한 불확실성 때문에 공급사슬상의 자재, 정보, 자금의 흐름이 원활하지 못하여 불필요한 재고는 쌓이고 비용은 증가하게 된다.

둘째, 기업 내부의 비효율적인 업무처리와 공급자와의 협조 부재로 인하여 불필요한 재고가 발생하고, 판매기회를 상실하며, 납기일을 지키지 못하고, 품질이 떨어지는 등의 문제가 빈번히 발생한다. 만약 공급사슬상의 관련 기업들이 모든 정보를 함께 공유하고, 협업을 위한 인프라가 잘 구축되어 있다면 이러한 문제들을 상당 부분 해소할 수 있을 것이다.

셋째, 공급사슬 자체적으로 내포하고 있는 불확실성과 공급자와의 협조 부재로 인한 문제점은 공급사슬 상단(즉, 원자재 공급업체)으로 갈수록 더욱 확대된다. 이를 공급사슬의 채찍효과(bullwhip effect)라고 한다. 이러한 문제점은 공급사슬이 복잡하거나 긴 경우 더욱 심화된다.

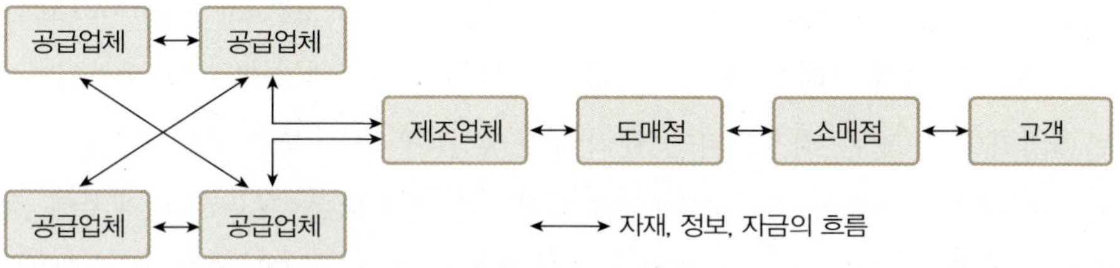

[그림 6-3] 공급사슬

2) 협업상거래와 정보공유

협업상거래를 하기 위한 중요한 전제조건은 관련기업 간 신뢰와 정보공유라고 할 수 있다. 관련기업 간에 신뢰가 형성되지 않으면 공동으로 제품을 설계, 개발, 생산, 판매, 서비스를 하기 힘들다는 것은 두말할 필요도 없다. 공동으로 협업을 하게 되면 비용이 발생하고, 또한 그 결과 손실 또는 이익이 발생하게 된다. 이를 공동 분배를 하여야 하는데 상호 신뢰를 바탕으로 하지 않으면 분쟁이 발생할 가능성이 높고 결국에는 협업도 깨지게 된다.

정보공유도 매우 중요한 협업의 전제조건이다. 공급사슬상의 관련기업들 간에 제품설계, 주문, 재고, 제품수요, 리드타임 등에 대한 실시간 정보를 서로 공유할 수 있다면 각자 생산 및 재고 계획에 즉각적으로 반영할 수 있게 되어 불필요한 재고와 품절을 막을 수 있고, 리드타임도 줄일 수 있게 되며, 품질도 개선할 수 있게 된다.

정보공유의 목적은 매우 다양하다. 먼저, 가장 보편적인 것은 관련기업들에게 시너지 효과를 제공할 수 있으며 또한 핵심역량을 강화할 수 있다. 이는 비단 기업 간 정보공유뿐만 아니라 기업 내 부서 간 또는 사업부 간의 정보공유를 하는 주된 목적이기도 하다. 둘째, 협업상거래와 밀접한 관계가 있는 것으로서 정보공유의 두 번째 목적은 전략적 제휴이다. 최근에 전략적 제휴의 중요성이 부각됨에 따라 이를 위한 정보공유도 활성화되고 있다. 예를 들어, 자동차 조립회사와 자동차 부품회사가 서로 전략적 제휴를 맺고 정보를 공유할 수 있다. 자동차 조립회사는 부품회사의 정보를 활용하여 부품의 재고를 최소화할 수 있으며, 부품회사는 조립회사의 정보를 활용하여 생산일정계획 수립에 도움을 받을 수 있게 된다.

전략적 제휴를 위한 정보공유를 정보 파트너십(information partnership)이라고도 한다. 정보 파트너십의 사례는 다양한 분야에서 볼 수 있다. 델(Dell)은 PC제조업자이면서 판매업자이다. 델은 경쟁자와는 달리 주문생산이라는 독특한 판매방식을 취하고 있다. 인터넷으로 주문을 받은 후에 주문자의 사양대로 PC를 조립하여 배송해 준다. 이 방식의 장점으로는 다양한 고객의 욕구를 충족시킬 수 있다는 점과 계획생산을 하지 않기 때문에 재고가 없다는 점이다. 그러나 단점으로는 주문 후 배송까지의 리드타임이 길어 고객의 만족도가 떨어질 수 있다는 점이다. 델은 리드타임을 줄이기 위해 PC 부품회사와의 정보공유를 하고 있다. 고객이 인터넷을 통해 델에 주문을 하게 되면 주문정보는 즉각적으로 부품회사에 전달되어 부품공급 납기를 줄이게 되고 결국 배송까지의 리드타임을 줄일 수 있게 되는 것이다.

정보 파트너십의 또 다른 사례는 월마트와 P&G를 들 수 있다. 월마트는 대표적인 할인점을 운영하고 있는 기업이며, P&G는 소비자 제품을 공급하는 기업이다. 월마트의 경쟁력은 지속적인 재고보충시스템에 있다. 즉 월마트에서 제품이 판매되면 판매정보가 실시간으로 집계되어 재고를 즉각적으로 보충함으로써 재고비용을 최소화하면서 품절이 발생하지 않도록 하는 것이다. 그런데 재고를 즉각적으로 보충하기 위해서는 공급업자와의 정보공유가 필수적인 것이다. 월마트의 판매정보를 공급업자인 P&G에 전송되어 P&G의 자체적인 판단에 따라 적절한 방법으로 재고가 보충되는 것이다. 여기서 한 걸음 더 나아가서 P&G는 월마트의 재고까지 관리하는 것으로까지 정보 파트너십이 확대되었다. 이와 같이 공급자에 의해 구매자의 재고를 관리하는 것을 공급자재고관리(Vendor Managed Inventory: VMI)라고 한다.

3) 협업상거래의 주요 기술

단순한 거래를 넘어서 기업 간 협업을 함으로써 비용절감, 매출증대, 고객충성도 향상 등을 통해 공급사슬상에 있는 기업들의 경쟁력을 강화시키는 것이 B2B 전자상거래의 궁극적인 목적이라고 할 수 있다. 이러한 협업상거래를 추진하기 위해서는 정보기술의 활용이 필수적인 조건이다. 여기서는 협업상거래를 위한 주요 정보기술에 대하여 살펴보고자 한다.

(1) SCM시스템

협업상거래는 대부분 공급사슬상에 있는 기업들 간에 이루어지기 때문에 공급사슬의 효과적 및 효율적 운영을 위한 SCM(Supply Chain Management)시스템은 협업을 위한 필수적인 도구이다. SCM시스템은 "제품의 생산 및 유통이 적정한 시간, 적정한 양, 적정한 장소에서 발생할 수 있도록 공급자, 제조업체, 창고, 도/소매업체를 효율적으로 연계시킴으로써 공급사슬 전체의 비용을 최소화하기 위한 여러 가지 기법들의 집합"이라고 할 수 있다. 즉 SCM시스템의 주된 기능은 고객의 요구사항을 효율적, 효과적으로 충족시키기 위해 공급사슬에서 자재의 흐름, 정보의 흐름, 재무자원의 흐름을 새로이 계획, 설계, 통제하는 일련의 작업이라 할 수 있다. 자재의 흐름은 공급자로부터 고객까지의 물류흐름 및 반품, A/S 등 역으로의 흐름도 포함하며, 정보의 흐름은 수요예측, 주문처리, 배송정보 등이 있으며, 재무자원의 흐름은 신용카드정보, 신용기간, 지불계획, 위탁판매 혹은 소유권 등과 관련된 계약관계를 의미한다.

SCM시스템도 ERP(Enterprise Resource Planning)시스템과 CRM(Customer Relationship Managtement)시스템과 마찬가지로 패키지로 공급되고 있다. 대표적인 패키지 공급업체는 Manugistics, i2 Technologies, SAP, Oracle 등을 들 수 있다. SCM 패키지는 공급사슬을 계획하는 부분을 지원하는 것과 공급사슬 단계를 실행하는 부분을 지원하는 것으로 구분될 수 있다. 공급사슬 계획시스템은 제품에 대한 수요예측뿐만 아니라 생산계획, 적정재고수준 등에 관한 의사결정을 도와준다. 반면에 공급사슬 실행시스템은 제품이 가장 효율적인 방법으로 적정 지점에 배달될 수 있도록 제품의 흐름을 추적 관리한다.

SCM시스템은 인터넷 기술의 발달로 인하여 그 가치가 더욱 증가하였다. 인터넷을 활용하기 전에는 SCM시스템 내부의 정보의 흐름이 원활하지 못하였을 뿐만 아니라 공급사슬상에 있는 파트너 기업 간에도 정보를 공유하기 매우 힘들었다. 인터넷 기술에 기반을 두고 있는 인트라넷(intranets)과 엑스트라넷(extranets)을 활용함으로써 공급사슬상의 모든 기업들이 협력을 위해 항상 커뮤니케이션이 가능하고, 실시간 정보를 공유할 수 있게 되었다.

SCM시스템은 공급사슬상의 기업 간 정보, 자재, 자금의 흐름을 원활하게 만들어 수요와 공급을 일치시키고, 재고수준을 낮추고, 납기일을 맞추고, 리드타임을 줄일 수 있게 만든다. 그 결과 SCM시스템을 도입함으로써 얻을 수 있는 가장 큰 효과는 비용절감에 있다. 공급사슬에서 발생하는 비용은 기업 전체 운영비용의 상당 부분을 차지하고 있기 때문에 이러한 비용을 줄인다는 것은 기업의 수익성에 많은 영향을 미친다.

또한 SCM시스템은 매출을 증대시킬 수 있다. 공급사슬이 제대로 관리되지 않았다면 품절이 일어나기 쉽고, 품절이 일어나면 그 기업의 신뢰도에 영향을 미쳐 고객은 타 경쟁업체로 발길을 돌릴 것이다. 적절한 시기에 적절한 제품을 적절 수량만큼 보유한다는 것은 판매로 이어질 가능성을 높인다는 의미이다.

(2) RFID

RFID(Radio Frequency Identification) 기술은 사물을 식별하기 위해 바코드 대신 전자칩을 사용하는 기술이다. 바코드가 물류에 일대 혁신을 가져다 준 것은 사실이지만 몇 가지 문제점이 있다. 바코드는 첫째, 많은 양의 데이터를 담을 수 없고, 둘째, 멀리 떨어져 있으면 인식이 되지 않으며, 셋째, 데이터를 읽을 수만 있고 새로운 데이터를 저장할 수는 없다. 이러한 문제점을 해결할 수 있는 대안이 바로 RFID 기술이다.

RFID 시스템의 작동원리는 다음과 같다. 먼저 RFID 전자태그(칩)를 사물에 내장하고 일정한 거리에 있는 RFID 판독기와 라디오파로 송수신하면서 무선으로 데이터를 전송한다. RFID 판독기는 다시 컴퓨터와 네트워크로 연결되어 데이터를 처리하게 된다. RFID 전자태그에는 많은 양의 데이터를 저장할 수 있으며 이를 다시 새로운 데이터로 변경할 수도 있다. 또한 RFID 시스템의 종류에 따라 다르지만 고주파 시스템의 경우 수십 미터 떨어진 곳이라도 인식이 가능하다.

그러나 RFID 기술이 어느 정도는 사용되고 있지만 광범위하게 확산되고 있지는 않다. 그 이유는 다음과 같다. 먼저, 비용이 많이 든다. 바코드의 경우 종이에 바코드를 인쇄하기 때문에 비용이 거의 들지 않지만 RFID의 경우 전자태그를 이용하기 때문에 비용이 적지는 않다. 물론 제품의 단가가 높은 경우에는 그 비용이 크게 문제가 되질 않지만 저가의 경우 전자태그를 부착하기 힘들게 된다. 예를 들어, 가격이 1,000원 정도인 제품에 500원의 비용을 들여 전자태그를 부착할 수는 없기 때문이다. 다행스럽게도 최근 전자태그의 비용이 급속도로 내려가고 있어 RFID 기술의 도입이 빨라질 것으로 판단된다.

둘째, 경우에 따라서 정확한 인식이 안 되기도 한다. 100% 정확한 인식이 요구되는 분야에서는 비록 확률은 낮다고 하더라도 인식에 오류가 발생할 가능성이 있다면 RFID 기술을 이용할 수 없는 것이다. 사실 액체를 많이 포함하고 있는 물품이나 주변에 금속물체가 많은 경우에는 RFID 인식의 정확도가 상당히 떨어진다는 보고도 있다. 향후 관련 기술의 발달로 정확도가 높아지면 RFID 기술의 활용도는 더욱 커질 것으로 예상된다.

RFID 기술을 기업 간 협업에 사용한 대표적인 사례는 월마트와 P&G를 들 수 있다. 앞에서 언급한 바와 같이 P&G는 월마트에 소비재를 공급하는 회사로서 월마트의 지속적인 재고보충시스템을 지원해 주고 있다. 한걸음 더 나아가 월마트의 재고관리를 직접 해주는 공급자재고관리를 도입하고 있다. 이러한 전략을 지원하기 위해 P&G는 RFID 시스템을 활용하고 있다. 월마트에 신속하게 재고를 보충하기 위해서 운송 중인 트럭 내에 있는 제품을 RFID 기술을 이용하여 파악하여 납품을 하게 한다.

(3) 기업포털

기업포털(corporate portals)이란 상업용 포털과 마찬가지로 정보와 지식에 접근할 수 있도록 해주는 관문이다. 그러나 상업용 포털과는 두 가지 점에서 차이가 있다. 첫째, 상업용 포털에서는 일반고객이 사용자이지만 기업포털에서는 조직의 구성원, 공급자, 파트너, 고객 등이 사용자이다. 둘째, 기업포털에서는 정보와 지식에 접근할 수 있도록 해주는 것뿐만 아니라 조직 내 또는 조직 간 커뮤니케이션과 거래, 그리고 더 나아가서는 협업까지 할 수 있도록 지원해 주는 수단이다.

기업포털의 유형은 사용자에 따라서 구분될 수 있지만 포털의 목적에 따라 분류되는 것이 일반적이다. 정보포털(information portals)은 기업 내에 산재되어 있는 여러 가지 정보를 찾기 위한 경로를 제공한다. 지식포털(knowledge portals)은 정보뿐만 아니라 지식을 관리하고 제공하는 목적을 가지고 있는 포털이다. 협업포털(collaborative portals)은 공급자, 파트너 등의 기업들과 협업을 가능하게 하는 목적을 가진 포털이다.

기업포털에는 위의 목적을 달성하기 위해 다양한 기능을 가지고 있다. 첫째, SSO(Single Sign On) 기능이다. 단 한 번의 로그인으로 모든 시스템에 접근할 수 있도록 해주는 기능이다. 기업포털은 다양한 시스템에 접근할 수 있도록 해주는 관문이기 때문에 SSO는 사용자의 편리성을 높여준다. 둘째, 검색 기능이다. 상업용 포털과 마찬가지로 검색 기능은 포털에서 필수적인 기능이다. 셋째, 통합 기능이다. 기업 내에는 다양한 플랫폼으로 개발된 정보시스템이 존재하고 있다. 플랫폼에 관계없이 이들을 통합시켜 줄 수 있다. 넷째, 보안 기능이다. 기업포털이 다양한 정보와 지식에 쉽게 접근할 수 있도록 해주는 편리함을 제공하는 이면에는 보안문제가 발생할 우려가 존재한다. 따라서 기업포털은 강력한 보안 기능을 갖추고 있어야 한다. 다섯째, 개인화 기능이다. 기업포털의 사용자 유형은 매우 다양하다. 따라서 사용자 개인의 선호도, 업무 등에 따라 웹사이트의 기능과 모습을 다르게 만들 필요가 있다. 여섯째, 기업포털의 목적에 따라 협업 기능을 포함시킬 수 있다. 기업 내부 또는 외부의 다른 사용자와 공동으로 작업을 할 수 있도록 해주는 기능이다.

(4) 그룹웨어

그룹웨어(groupware)란 집단으로 공동으로 작업을 하는데 서로 협력하여 업무의 효율성을 높여줄 수 있도록 사용되는 소프트웨어를 말한다. 그룹웨어는 기업포털의 구성요소로서 또는 단독으로 활용될 수 있다. 네트워크로 연결된 사용자들이 서류작성, 전자결제 등의 작업을 공동으로 할 수 있게 된다. 여기에 다양한 업무용 소프트웨어까지 연동시켜 묶을 수 있으며, 전자우편, 전자게시판, 데이터 공유, 더 나아가서는 전자회의 기능까지도 포함시킬 수 있다. 이러한 이유로 그룹웨어는 업무의 생산성 향상에 필수적인 요소로서 인식되고 있다. 대표적인 그룹웨어로는 로터스(Lotus)사의 노츠(Notes)를 들 수 있다.

4) 협업상거래의 장애요인

SCM시스템, RFID, 기업포털, 그룹웨어 등과 같은 첨단 정보기술을 활용한다 하더라도 협업상거래가 활성화되기 위해서는 다음과 같은 장애요인들이 해소되어야 한다.

첫째, 정보공유는 협업상거래의 핵심적인 전제조건이다. 그러나 지금까지 대부분 기업들의 자사 정보시스템은 내부 구성원들만 사용하였지 외부 구성원들에게 접근이 허용되지 않았다. 따라서 정보공유라는 새로운 접근방법에 대한 내부저항이 발생할 수 있다. 이러한 저항을 최소화하지 못하면 협업이 잘 이루어질 수 없을 것이다.

둘째, 서로 상대방 기업의 정보시스템에 접근을 허용하는 정보공유는 상호 신뢰를 바탕으로 하고 있다. 만약 상대방 기업이 약속과는 달리 정보시스템에 대한 접근을 부분적으로만 허용한다는 의심을 가지게 되면 협업은 불가능할 것이다.

셋째, 협업을 추진하는 동안에 비용이 발생할 것이고, 또한 협업의 결과 여러 가지 이득이 발생할 것이다. 이러한 비용과 이득을 서로 분할하여야 하는데 이에 대한 의견이 서로 다를 수 있을 것이다.

넷째, 기술적인 문제로서 협업에 참여하는 기업들의 정보시스템 및 네트워크가 통합이 되어야 한다. 기업 내 그리고 기업 간 정보시스템이 통합되지 않으면 서로 커뮤니케이션이 되지 않아 협업을 할 수 없게 된다. 그런데 다행스럽게도 인터넷의 발달로 기업 간 네트워크가 쉽게 통합될 수 있고, XML과 같은 기술의 발달로 인해 정보시스템 간 커뮤니케이션도 과거에 비해 용이하게 될 수 있다. 한편 정보시스템과 네트워크의 개방은 보안문제를 야기하기도 한다. 따라서 보안문제가 새로운 장애요인이 될 수 있다.

마무리사례 글로벌 IT TOP 20위 B2B 기업들의 도전과 과제는?

페이스북, 애플 등이 2분기 실망스러운 성적을 내놓으면서 IT 업계가 침체됐을 것이라고 생각하면 오산이다. 기업용(B2B)시장의 주옥 같은 기업들이 사상 최고 기업 가치를 뽐내며 선방하고 있다.

구글 파이낸스에 따르면 B2B 상위 20개 기업의 총 가치는 1조7,000억 달러에 달한다. 이는 필리핀 국내총생산(GDP)과 맞먹는 수치다. 이들의 기회와 과제에 대해 비즈니스인사이더가 12일 분석했다.

마이크로소프트(MS) 비즈니스 부문은 매출의 절반 이상을 차지한다. 가장 이익이 많이 남는 사업이다. 오피스, 아주르 등으로 오랫동안 이 시장에서 승승장구했다. IBM은 다양한 포트폴리오가 강점이다. '기업이 필요하면 IBM이 만든다'라는 속설이 있을 정도다. 지난해 포천 500대 기업의 80%가 IBM 클라우드 컴퓨팅 솔루션을 채택했다. 경쟁이 치열해지면서 고객사가 이탈하는 점은 풀어야 할 과제다.

오라클은 전천후 기업이다. 그러나 인텔과 IBM 등 유닉스 서버업체가 신제품을 속속 발표하면서 경쟁이 뜨거워지고 있다. 시스코시스템스는 SAP의 고성능 분석 어플라이언스 'HANA'로 시장점유율 높이기에 나섰지만 SAP와 얼마나 손발을 맞추는지가 관건으로 떠올랐다. 지멘스는 거대 복합기업이다. 다양한 분야에 진출해 있는 경험을 기반으로 신흥국가에서 그린에너지 등 새로운 비즈니스를 할 수 있는 기회가 많다.

나란히 7, 8위에 랭크된 EMC와 VM웨어의 관계는 묘하다. VM웨어는 네트워크 가상화 업체 니시라를 인수하면서 솔루션 포트폴리오를 강화했다. EMC는 VM웨어 대주주로서 이득을 봤다. 이들은 시스코와 협력해 서버, 스토리지, 네트워크, 가상화 소프트웨어, 운용체계(OS)를 한 데 묶어 고객에게 제공한다. 라이벌과 힘을 합치는 일은 기회인 동시에 위기를 불러올 수 있다는 게 전문가들의 지적이다.

HP는 여전히 시장가치 9위에 랭크된 큰 기업이지만 구조조정이라는 태풍에 휩싸였다. PC사업에 더 이상 의존하지 말고 혁신을 보여줘야 한다. 델은 미래 스토리지 기술 개발에 6,000만 달러를 투자하는 용단을 보였다. 새 성장동력을 발굴하기 위해서다. 하지만 델 역시 매출의 60%나 차지하고 있는 PC사업 의존도를 줄여야만 살 수 있다.

14위에 오른 세일즈포스닷컴은 서비스로서의 소프트웨어(SaaS) 시장에서 확고한 위치다. 소셜미디어와 마케팅 분야에서 세일즈포스닷컴 소프트웨어를 사용하는 업체가 많아졌다. 하지만 여전히 오라클과 SAP의 아성을 넘기 힘들다는 게 약점이다.

어도비는 터치 기반 프로그램을 내놓으며 시대에 발맞췄다. 문제는 대다수의 소비자가 여전히 어도비를 공짜로 여긴다는 점이다. 모토로라솔루션스는 무선네트워크 사업을 전방위로 강화하고 있지만 지난 2007년 모토로라 측이 개발한 공중무선네트워크 '아이덴(iDen)'을 소유한 스프린트넥스텔이 이를 폐쇄할 가능성이 높아 불안하다.

이외에도 시만텍은 모바일 보안시장이 커지면서 상황은 나아졌지만 CEO 교체에 따른 조직 안정화가 가장 큰 관건이 될 전망이다.

출처: 전자신문(2012년 8월 12일).

CHAPTER 07

e-Business 전략

ELECTRONIC COMMERCE

1. e-비즈니스 시장진입전략

2. 시장 운영전략

3. 경쟁우위전략

4. 위험관리전략

도 입 사 례

글로벌 경제위기, 韓 게임사 생존전략은?

2013년 글로벌 경제위기에 대한 경고가 각 경제연구소와 매체들을 통해 나오고 있다. 특히 우리나라의 경우 전형적인 'L'자형 경기 침체를 보이는 가운데, 정부가 내년 경제성장률을 3%대로 예상하면서 힘든 한해가 될 것으로 전망된다. 이 가운데 국내 대표 게임사들 역시 새로운 전략과 대응책을 짜고 불황에 맞설 준비를 하고 있다. 특히나 국내 게임업계는 게임 플랫폼의 변화로 격변의 시기를 겪는 만큼 내년을 위기이자 새로운 기회로 바라보고 있다. 31일 관련업계에 따르면 국내 게임사들은 위기 극복을 위해 경쟁력 있는 IP 확보와, 모바일 게임 사업에 더욱 매진한다는 계획이다. 무리하게 대작을 개발하기보다 기존 IP를 활용하거나 또는 해외 유명 IP를 확보하는 전략에 더욱 집중하는 모습이다. 모바일 게임 사업의 비중을 높이는 것 역시 새로운 트렌드에 대응하는 전략의 일환이기도 하지만 저비용 투자, 고효율 성과를 노린 전략이다.

넥슨 "유명 IP 확보에 주력"

먼저 올해 중순 엔씨소프트 지분을 인수한 넥슨은 올해에 이어 내년에도 경쟁력 있는 새로운 IP를 확보하고, 고품질 신작 게임을 잇달아 출시한다는 계획이다. 이 회사는 올해 지스타 때 공개한 '카운터스트라이크 온라인2'를 비롯해, '마비노기2 아레나', '워페이스', '도타2' 등을 내년에 선보일 예정이다. 또 이 회사는 '메이플스토리', '던전앤파이터', '카트라이더', '서든어택' 등 기존 라이브 서비스 중인 게임들의 정기적인 업데이트와 안정적인 운영을 기반으로 모바일 게임 강화에도 힘쓸 방침이다. 넥슨은 올해 모바일 사업의 시너지를 내기 위해 자회사인 넥슨모바일을 합병했으며, 일본의 모바일 게임사인 인블루와 글룹스를 인수한 바 있다. 끝으로 넥슨은 유럽과 미국, 일본에 있는 현지법인은 물론 파트너사들과의 긴밀한 협력을 통한 사업 확장을 꾸준히 모색한다는 계획이다. 여기에 '커리어클럽'과 같은 채용설명회를 열어 우수한 인재들을 모으고, 개발자 컨퍼런스 등으로 인재육성에 적극 나서기로 했다.

엔씨소프트 "모바일 게임의 원년"

엔씨소프트는 내년을 본격 해외 진출과 모바일 게임 원년의 해로 정했다. 올해 출시한 '블레이드앤소울'(이하 블소)과 '길드워2'를 본격적으로 해외에 서비스 하고, 또 대작의 명맥을 이어가면서 온라인과 모바일을 넘나드는 게임 서비스를 이어간다는 전략이다. 북미와 유럽에서 론칭한 길드워2와 블소를 중국에 서비스함으로써 세계 시장에서 큰 성과를 이루는 것이 엔씨소프트의 새해 비전이다. 또 모바일 게임 부문을 강화하되, PC 온라인과 모바일을 단순히 이분법적으로 나누지 않고 상호 연결 및 확장시키는 서비스를 선보인다는 각오다. 이미 엔씨소프트는 올해 일본의 그리, 디엔에이(DeNA)와 각각 리니지, 블레이드앤소울 모바일 게임 개발 협약을 체결함으로써 모바일 사업 확장에 기반을 다졌다. 아울러 이 회사는 내년 여름 판교 R&D 센터로 본사를 이전하고, 최적화된 연구개발 및 문화복지 환경을 갖춘 새 곳에서 양질의 게임들을 개발할 예정이다. 지난 2000년부터 매년 실시해 온 공개채용과 수시채용을 통해 능력 있는 인재를 끌어온다는 전략도 그대로 유지된다.

중략 -

위메이드 등 모바일 게임사 "유통 채널 대응 및 확대"

이외에도 위메이드는 1천200여 명의 개발진이 투입된 총 50여 종의 모바일 게임과, 대형 MMORPG '천룡기'와 '이카루스'를 통해 위기를 정면으로 돌파한다는 방침이다. 특히 국내는 카카오톡, 일본은 라인을 통해 모바일 게임 사업에 박차를 가한다는 계획이다. 아울러 게임빌은 올해 구축한 자체 소셜 네트워크 플랫폼인 '게임빌 라이브'와 통합 서비스 시스템인 '게임빌 서클' 등을 통해 안정적인 서비스를 이어가면서 새로운 유통 채널인 라인과 카카오톡도 적극 활용한다는 전략이다. 컴투스 역시 '리틀 레전드' 등 다수의 신작들을 출시함은 물론 카카오톡, 라인, QQ 등 인기 메신저 채널을 적극 활용할 방침이다. 또 유능한 인재 확보를 위해 공개채용 및 수시채용을 계속 진행하고, 국내 우수 개발사들의 게임을 적극적으로 퍼블리싱한다는 계획이다. 게임업계 관계자는 "국내 게임사들의 새해 전략은 전체적으로 모바일 게임 집중과 이용자 확보를 위한 유통 채널 확보라는 공통점을 갖고 있다."며 "기존 온라인 게임사들도 막대한 자본금을 앞세워 대형 게임을 만들기보다 기존에 갖고 있는 IP를 다양한 방식으로 활용하는 방안을 구상 중이다."고 말했다.

출처: 지디넷(www.zdnet.co.kr) 2012년 12월 31일.

1. e-비즈니스 시장진입전략

많은 e-비즈니스 기업이 창업하고 사라지고 있다. 우리나라에서 e-비즈니스 기업의 시장진출은 1997년 금융위기 이후 새로운 성장 동력을 찾던 사회 분위기와 맞물려 활발하게 이루어졌다. e-비즈니스의 정의에서 아서 앤더슨(Arthur Anderson) 컨설팅 그룹은 인터넷 그리고 다른 정보통신기술을 이용해서 시장의 재화 공급과 서비스를 원활하게 하고 다양한 비즈니스 단위의 교류를 돕는 활동이라고 말한다. 이러한 e-비즈니스는 21세기 경제 환경에서 중요한 분야로 자리 잡고 있으며, 앞으로 더욱 큰 발전을 기대할 수 있는 분야다. 본 장에서는 e-비즈니스 분야 시장에 진입하려는 기업의 전략을 살펴본다. 시장진입전략은 경영학 일반에서 다루고 있는 내용이며, 이를 e-비즈니스에 접목해서 해당 산업의 특수한 상황을 반영하여 이해하도록 한다.

1) e-비즈니스 시장의 구조

e-비즈니스 시장은 여러 구조로 이루어져 있으며, 복수의 구조가 서로 혼재한 형태로 나타나기도 한다. 시장 구조는 크게 거래주체에 따른 구분과 플랫폼 기반에 따른 구분이 있다. 전자는 제품과 서비스를 제공하는 주체와 소비하는 주체 사이의 관계를 중심으로 살펴본 것이며, 후자는 거래가 발생하는 장비, 시스템, 거래체계 등을 기준으로 한다. 거래주체별 시장 형태는 크게 B2B, B2C, B2G, G2C, C2C 등이 있다. 거래플랫폼 기준으로는 인터넷 환경, 모바일 환경, TV환경 등이 있으며, 각 내용은 다음과 같다.

거래 주체별 시장에서 첫째, B2B 시장은 기업 간 거래 시장을 말한다. 기업 간 거래는 오프라인 시장의 공급사슬관리를 온라인으로 옮겨놓은 것으로 생각하면 이해하기 쉽다. 많은 기업은 생산에 필요한 부품을 수급하고 일상 업무에 필요한 소모품을 구매한다. 과거에는 필요한 부품이나 일반용품을 중심으로 생산자, 도매상, 소매상, 구매자 순으로 거래를 했다면, 경제 환경의 복잡성과 정보공개의 일반화로 이러한 전통적 유통 과정이 무너지고 있다. 즉, 더 많은 정보를 소유한 개인이나 기업은 과거와 달리 구매 대상 기업을 평가하고 대등한 제품정보를 가지고 있다. 또한 시장에서 제품표준화가 일반적이므로 과거처럼 필요한 제품을 일일이 확인할 필요가 줄어들었다.

B2B 사이트가 확대되는 이유는 우선 거래 과정의 투명성에 있다. 과거 면대면 거래에서 발생할 수 있는 불필요한 영업비용 지출을 절감할 수 있고, 거래 과정을 전산으로 기록하여 재고 관리 등에 효율성을 높일 수 있다. B2B 모델은 또한 글로벌 무역에도 활용도가 높다. 과거와 달리 인터넷을 이용해 원거리에서도 판매자의 제품 정보를 쉽게 파악할 수 있으므로, 국제시장의 잠재적 고객을 대상으로 하는 다양한 B2B 형태의 사이트가 등장했다. 대표적인 예가 중국의 알리바바(Alibaba)이다. 알리바바는 전세계 4,500만 개의 중소기업을 유료회원으로 하여 기업 간 거래를 주선하고 있다. 많은 중소기업이 아리바바를 활용해서 새로운 수출 활로를 찾고 있으며, 특히 소비재 생산 중소기업에 여러 편익을 제공하고 있다.

둘째, B2C 구조가 있다. 이 구조는 일상 속에서 가장 많이 접할 수 있는 형태다. 대표적으로 많은 사람이 이용하는 쇼핑몰이 여기에 해당한다. B2C 거래는 기업이나 생산자가 소비자와 인터넷 사이트를 이용해 직접 거래하는 방법을 말한다. 과거 거래방식으로는 소매점과 구매자의 관계와 같다. 인터넷 전자상거래 분야에서 가장 먼저 두각을 드러낸 분야도 바로 B2C 분야다. 또한 사실상 가장 큰 시장규모를 형성한 곳도 이 구조이다. B2C 구조는 기업이 아닌 개인 창업이 쉽다는 특징이 있다. 또한 다른 구조의 e-비즈니스와 달리 진입과 퇴출이 용이하다. 따라서 해당 구조에 진출하는 많은 창업자가 있으며, 그만큼 경쟁이 치열한 곳이기도 하다.

셋째, B2G 구조가 있다. 이 구조는 공공구매 부문에 해당하며, 정부와 기업 간 거래에 온라인을 이용하는 방식을 말한다. 우리나라에서는 조달청 구매서비스가 여기에 해당한다. 전세계 대부분 정부는 공공구매 시스템을 운영하고 있으며, 해당 온라인 체계를 이용해 많은 기업이 정부 구매 입찰 과정에 참여하고 있다. B2G 시장은 거래대금 지급의 안정성으로 많은 기업이 참여하고 있는 e-비즈니스 구조이다.

넷째, G2C 구조가 있다. 이 구조는 행정전산망을 생각하면 이해하기 쉽다. 전자정부(electronic government) 프로젝트의 하나로 민원 업무를 전자서류로 처리하는 EDI(electronic document integration)가 여기에 해당한다. 해당 구조는 크게 내적 업무 처리와 외적 업무 처리로 나눌 수 있다. 전자는 정부 기관 안에서의 일반적 정보공유, 결제 등의 활동을 전산화 하는 작업을 말한다. 그러나 정작 G2C 구조라고 할 때는 후자를 말한다. 외적 업무처리 시스템으로 대국민 서비스가 가능하기 때문이다. 입찰, 공고, 증명서 발급 등 민원 업무 처리에 필요한 시스템 구축이 대표적 사례다. [그림 7-1]은 이상에서 설명한 주요 e-비즈니스 시장 구조에 따른 규모를 보여준다.

다섯째, C2C 시장구조가 있다. 이는 최근 중국시장에서 급격하게 성장하면서 주목받고 있다. C2C 시장구조란 소비자 간 거래가 이루어지는 서비스를 말한다. 우리나라에서는 주로 인터넷 산업 초기부터 개인이 제공할 수 있는 다양한 정보를 가공해서 문서, 이미지 등의 형태로 거래하면서 나타났다. 이러한 모델을 2000년대 초반 당시로는 비교적 용량이 큰 동영상 파일 공유 사이트들이 등장하면서 본격화하였다. 그러나 이미 그 이전에도 옥션처럼 개인이 참여하는 경매 사이트 형태로 있어 왔다. 지금은 C2C 분야도 새로운 모델로 지속적인 전환을 맞고 있다. 프로슈머(Prosumer)라는 말에서 알 수 있듯이 개인이 생산자이며, 소비자인 모습으로 등장한다. 특히, 최근에는 1인 미디어 시장에서 이러한 e-비즈니스 시장 구조를 접할 수 있다.

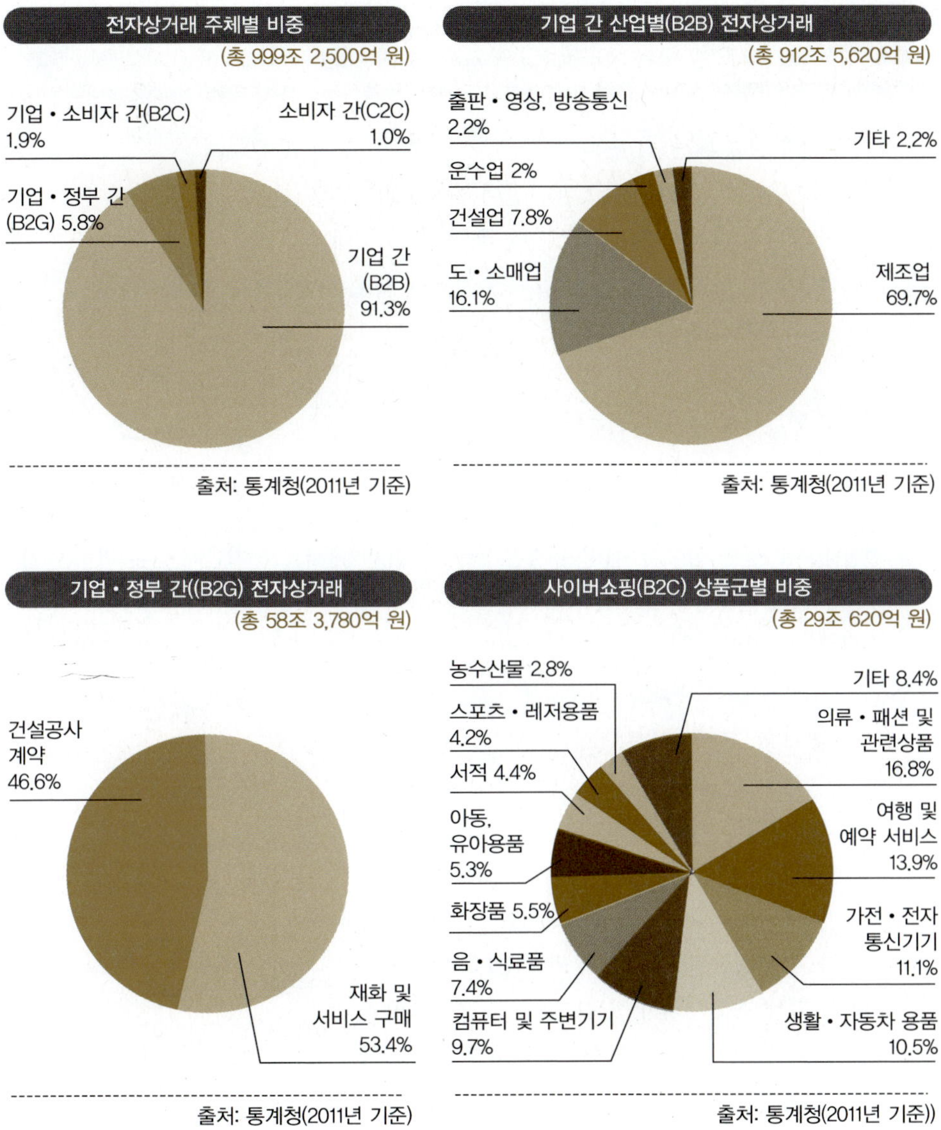

[그림 7-1] 주요 e-비즈니스 시장 구조별 규모

중 간 사 례 인터파크(035080) B2B-B2C-C2C를 보유한 국내 최대, 유일의 온라인 유통업체!

자사주 매각 이슈 관련 (11/13)
- 매매가: 7,910원/ 매각물량: 12.7% / 잔여 자사주물량: 9.9%
- 차입금 상환에 전액 사용(차입금 잔여 금액: 약 400억대)
- 인터파크 INT, 아이마켓코리아 등 핵심 자회사 양호한 실적으로 현금 흐름 좋아지고 있어 현재 추가 매도 계획 없음
- 자사주 매각 후 공교롭게도 중소형주에 대한 시장 심리 악화로 주가 하락 했으나, 회사 실적 트렌드나 펀더멘탈은 견고한 상황

인터파크 INT, '12년 4Q 현황
- 전통적으로 공연 성수기: 대형 뮤지컬 등 호조세, 단 콘서트는 지난해 높은 기저(나가수, 싸이)로 전년 동기대비 감소
- 쇼핑, 도서: 거래총액 전년동기대비 -10%대, 상반기 대비 감소폭 회복 추세, 수익성 좋은 리빙, 식품, 육아 비중 확대
- 투어: 전년 동기대비 20%대 성장 추세

'13년 연간 가이던스(잠정적)
- 인터파크 INT: 지속적인 펀더멘탈 개선으로 수익성 향상되며 영업이익 200억 원 전망
- 아이마켓코리아: 삼성그룹 보장물량으로 2012년 대비 매출, 수익 개선으로 지분법이익증가 기대(지분법이익 100억 원 이상)
- 기타 자회사: 손실자회사 정리로 2013년 전체 BEP 예상
- 참고로, 아이마켓코리아 주가에 연동되고 있는 금융부채평가이익은 12년 4분기 실적 발표 시에 영업 외 이익으로 조정될 예정

사업 부문별 현황 및 향후 전망

1) 티켓판매, 엔터
- 2013년 순천만 엑스포 거래총액 500억 원 정도 기여 예상, 국가 행사임에도 수익도 달성 가능할 것, 동사의 오랜 경험과 경쟁력이 향후 국가 이벤트 유치, 공식 판매처로 선정되는데 긍정적
- 레미제라블, 펜텀오브오페라 직접 투자(각각 20억 원 정도), 현재 대중적인 관심 높아

적 조화와 대응이 중요하며, 이러한 활동은 특정 재화나 서비스를 공급하는 기업의 가치사슬상에 나타난다. 가치사슬 통합전략으로 해당 활동에 들어가는 거래비용을 줄일 수 있으며, 이로써 납품 단가를 낮출 수 있다.

넷째, G2C 시장에서는 업무처리의 비용절감과 서비스 향상 전략을 고려해야 한다. 또한 민간자본의 사업 참여방식도 함께 생각하면 좋다. G2C란 정부가 민간을 고객으로 전자정부 서비스를 제공하는 것을 말한다. 국내의 대표적 사례로 민원24(http://www.minwon.go.kr)가 있다. 2010년 기준 우리나라는 전세계 전자정부 서비스 분야의 1위 국가이며, 미국, 캐나다, 영국 등이 그 뒤를 잇고 있다. 이러한 서비스는 정부 민원 업무 처리와 공공조달 부분의 비용 효율성을 고려해 성장한 결과다. 여기서는 정부와 거래에서 발생하는 불필요한 비용과 시간을 절감하려는 목적이 우선이다. 그러므로 G2C 시장에서 주요한 전략을 효율성 증대와 비용절감의 실효성 전략이다. 이로써 기업과 민간의 행정 부담을 줄이고, 국민에게 필요한 정보화 서비스를 단순화할 수 있기 때문이다.

다섯째, C2C 시장에서는 네트워크 효과를 극대화하는 전략을 고민해야 한다. C2C 시장은 고객과 소비자가 양면성을 가지고 공존하는 시장이다. 누군가의 고객이 또 다른 누군가에게는 공급자가 되는 시장이다. 많은 공급자와 소비자는 각각 경쟁과 협력의 관계를 반복한다. 이 과정에 다양한 융합효과나 지렛대효과(leverage effect)가 나타난다. 네트워크 전략이란 이 과정에 필요한 다양한 파트너십을 형성하는 방식을 의미한다. 이는 위에서 언급한 전략적 제휴나 가치사슬상의 아웃소싱과는 다른 개념이다. 네트워크 형성은 계약 형태 없이 나타날 수 있기 때문이다. 다양한 네트워크를 형성했다는 점은 업무 조력의 여러 부분에 의지할 수 있는 협력자 관계가 강하다는 점을 말한다. 개인과 개인의 거래가 이루어지는 시장은 대부분 마켓플레이스(marketplace)를 바탕으로 거래가 이루어지는 경매 모델이나 콘텐츠 서비스 공급 시장인 경우가 많다. 그러므로 개인 공급자가 취급할 수 있는 재화의 양을 늘리려면 주변 네트워크의 활용이 중요하다. 특이한 점은 이러한 외연 확대가 계약관계보다 인터넷상의 관계 특성, 즉 동호회, 파워블로거, 전문가 커뮤니티 등을 중심으로 발달한다는 점이다. 이에 개인을 고객으로 하는 또 다른 개인은 풍부하면서 유연한 네트워크를 구축해야 한다.

2. 시장운영전략

e-비즈니스 시장에 진출한 기업은 다양한 형태의 운영전략을 펼친다. 기업의 운영전략은 경영학 분야의 전략 연구에서 오랜 기간 다루어져 왔다. 전통적으로 자원확보전략, 비용절감전략, 차별화전략, 경쟁우위 창출전략 등이 있다. 그러나 고전적 의미의 운영전략은 인터넷이라는 새로운 환경을 맞아 변화를 겪는다. e-비즈니스가 인터넷 환경을 바탕으로 한다는 점에서 해당 환경을 고려한 다양한 운영전략이 있어야 한다. 여기서는 e-비즈니스 시장 구조에 따라 적절한 운영전략을 살펴보고 그 특징을 이해하도록 한다.

1) B2B 시장의 운영전략

B2B 시장은 기업 간 거래를 바탕으로 하므로 개인 고객을 상대하는 것보다 더 높은 수준의 품질보증이 필요하다. 이는 품질경쟁력 확보의 중요성을 말해준다. 또한 외부 협력 조직과의 유기적 관계를 유지하는 것도 중요하다. 이러한 활동은 모두 고객의 가치를 극대화하는 방향으로 초점을 두고 있다. B2B 시장은 주로 제조 기업이나 대규모 시스템 통합 기업들이 제공할 때가 많다. 이러한 기업은 비교적 좁은 의미의 고객, 즉 일반 개인이 아닌 특정 요구를 가지고 거래하는 소수 기업을 상대하는 경우가 많다.

이러한 상황에서 제품이나 서비스를 공급하는 기업은 고객 기업의 욕구와 의사결정에 영향을 미치는 요인에 집중해야 한다. 사실 높은 기술력을 가진 기업이 시장에서 성공하지 못하는 사례가 많은데 이러한 점을 간과하기 때문이다. B2B 비즈니스의 핵심은 고객의 가치를 극대화하고 그들의 욕구를 구체화하는 과정에 충실하게 임하는 태도다. 그러려면 우선 고객의 문제를 적절히 파악하고 있어야 한다. 고객 기업이 필요로 하는 제품과 서비스의 공급에서 발생하는 문제부터 시작해서 필요한 재화를 도입했을 때 발생하는 문제 그리고 사후관리 문제까지 모든 분야에서 발생할 수 있는 어려움을 파악해야 한다. 다음으로 문제로부터 발생하는 수요에 주목하고 이를 구매과정으로 유도해야 한다.

앞의 과정에서 가장 중요한 운영전략은 구매과정의 복잡성과 파생 수요를 고려한 품질경쟁력 확보전략이다. 품질경쟁력 확보전략은 B2B 비즈니스 분야에 높은 연구개발 비용이 투입되어야 함을 의미한다. 또한 고객의 욕구를 파악하고 신제품에 반영할 수 있는 역량이 필요하다. B2B 시장에서는 고객관리가 중요하다. 고객관리란 고객의 욕구를 만족시킬 수 있는 제품을 매개로 한다. 그러므로 품질경쟁력 확보에 많은 노력을 기울여야 한다. 품질경쟁력은 차별화를 전제로 하며, 고객에게 호소할 수 있는 제품이나 서비스가 경쟁자들과 달라야 한다.

또한 B2B 시장에서 적극적인 홍보전략을 고민해야 한다. 이는 마케팅전략의 하나로 고객과 적절한 의사소통을 포함해서 다양한 고객을 공략하는 세분화한 방법을 포함한다. B2B 시장은 기업 간 거래를 바탕으로 하며, 다양한 욕구를 가진 구매 집단이 있다. 구매 기업은 서로 다른 이유와 배경으로 제품을 소비하며, 자신이 처한 문제를 해결하려 한다. 이때 적극적 홍보전략을 가진 기업은 고객 기업 세분화, 개별적 의사소통 방식 개발, 고객 욕구의 파악과 해결 그리고 반복구매로 이어지는 선순환 구조를 형성한다.

이처럼 B2B 시장에서 새로운 제품을 개발하는 과정에 고객 가치를 더 적극적으로 반영할 수 있는 방안으로 마켓센싱(market sensing)이 있다. 마켓센싱은 고객 가치가 새로운 제품이나 서비스 개발에 어떻게 반영되고 있는지를 고객에게 직접 보여주는 효과가 있다. 최근 많은 B2B 관련 시장의 경쟁력 추세를 살펴보고 해당 전문가들의 의견을 들어보면 고객과의 마켓센싱을 강조하는 의견을 들을 수 있다. 마켓센싱을 B2B 시장에서 활동하는 기업의 주요 경쟁우위 중 하나로 보고 있다.

2) B2C 시장의 운영전략

B2C 시장은 기업의 개인 소비자 고객을 상대한다는 점에서 기존의 오프라인 시장과 가장 유사한 구조를 가지고 있다. 이에 B2C 시장에서의 운영전략 역시 비슷한 점이 있으나 온라인 시장의 특성을 반영한 차이점 또한 있다. 이러한 B2C 시장은 가장 다양

한 고객 특성에 동시에 직면하는 특징이 있다. 그러므로 B2C 시장의 복잡성을 고려한 운영전략을 수립해야 한다.

고객과의 관계 측면에서 생각할 수 있는 운영전략으로 고객관리의 체계화전략이 있다. B2C 시장의 고객은 제품의 유무형성을 떠나 매우 다양한 계층으로 세분화할 수 있다. 따라서 고객의 욕구나 상황 그리고 구매 유형 등에서 많은 차이를 드러낸다. 또한 다수 고객의 복수의 기업 제품을 자유롭게 오고가는 특징이 있다. 이러한 고객을 상대하려면 그들의 욕구와 평소 소비 행태 등을 면밀하게 살펴야 하며, 이를 체계적으로 관리해야 한다. 구체적으로 CRM(customer relationship management) 등의 활동이 여기에 해당한다. 고객관리는 일종의 고객 정보의 체계적 정리를 의미한다. 최근 빅데이터(big data) 분석이 중요해지고 있는데 고객 정보가 대표적인 빅데이터에 해당한다. 방대하게 형성한 고객의 행동 반응을 구조적으로 체계화하면 이들의 미래 행동을 예측하는 데 도움을 준다. B2C 시장의 기업은 이를 바탕으로 세분화한 맞춤형 고객서비스를 제공할 수 있다.

다음으로 B2C 시장은 규모의 경제가 가능하다. 이는 고객의 구매가 서로 다른 기업 사이트에서 중복으로 이루어지므로 그렇다. 예컨대, 한 고객이 복수의 쇼핑몰에서 제품을 구매하는 행동이 발생한다. 이러한 활동은 시공간의 제약이 없는 온라인 시장의 특성과 맞물려 시장 규모를 크게 하는 원인이 된다. 이러한 특징은 다양한 비즈니스 모델의 초기 시장 형성 이후에 지배적인 시장 기업의 등장을 촉진하는 요인이다. 즉, 규모의 경제로 차별화 서비스를 제공하는 기업이 등장한다. 예컨대, 1990년대 중반 이후 본격화한 포털사이트 경쟁은 결국 네이버라는 거대 기업의 등장으로 이어졌다. 그러므로 시장지배력 확대에 필요한 고객확보 중심의 운영전략을 펴야 한다. 결국 다수 고객의 충성도를 바탕으로 한 기업이 시장에 강한 지배력을 확보하기 때문이다.

B2C 시장에서는 또한 표준화 선도전략이 필요하다. 표준화란 시장에서 제공하는 재화의 다양성이 하나로 모아지고 그 결과 소비자의 편의성을 증대하는 과정이다. B2C 시장의 고객 확대는 결국 그들의 편의성을 얼마나 높이느냐에 달려 있다. 이 점에서 제품 표준화는 항상 중요한 화두였다. 규격, 서비스 방식 그리고 기술표준까지 다양한 분야에서 제품 표준화 작업이 발생하며, 기업들은 여기에 맞추어 경쟁한다. 결국 시장 표준을 주도하는 기업이 더 많은 고객과 접촉할 수 있다. 동시에 이후에 나올 제품

의 유형을 먼저 선점할 수 있다. 그러므로 B2C 마켓에서 표준화 방식을 누가 선점하는지는 중요한 문제다. 이러한 운영전략은 B2C 마켓의 물리적 제품이나 서비스 제품에 모두 통용 가능하다. 서비스 제품으로 최근 급성장한 스마트폰 시장의 앱스토어 표준화전략(wholesale application community)이 있다.

3) B2G 시장의 운영전략

B2G 시장은 정부를 고객으로 하는 점에서 안정성, 규격준수, 사후관리 중요성 등의 특징이 있다. 최근에는 FTA 등의 여파로 전세계 정부조달 시장이 개방 추세로 가고 있다. 우리나라 기업도 미국 정부 조달시장에 활발하게 진출하고 있다. 예컨대, ㈜이글코리아라는 기업은 일찍부터 군수 물자 부분의 제품 차별화를 바탕으로 이스라엘 정부의 군수 조달시장에 진출하였다. 이처럼 정부를 고객으로 하는 G2B 시장은 시장 규모의 크기와 앞으로의 개방성 등에 영향을 받아 점차로 영향력 있는 시장이 되고 있으며, 2011년 기준으로 약 58조에 달한다. 또한 그 동안 우리나라 기업의 진출이 비교적 약한 아프리카 등 제3세계 시장에 진입할 수 있는 다양한 기회를 제공한다.

B2G 시장에 진출한 기업의 운영전략으로는 첫째, 고객과의 신뢰구축 전략이다. 정부시장은 개별 국가의 정치적, 사회적 그리고 경제적 특성을 반영한 독립적 고객을 의미한다. 각 정부는 자신들의 구매 정책에 따라 조달 기업을 선정하며, 다양한 조건을 제시한다. 대부분 정부 조달시장에서는 기존 경력 유무를 중요한 선정 요인으로 본다. 또한 기존에 정부를 상대로 판매행위를 했다면 그 평판 역시 중요하게 생각한다. 이처럼 정부조달 시장에 진출하려는 기업은 기존 활동에 따른 평판으로 고객의 신뢰를 얻어야 한다. 정부시장은 정당한 사유 없이 판매 기업에 일방적 구매 중단 행위를 할 수 없으므로 거래 기업 선정에 주의를 기울이는 원인이다. 이에 긍정적 평판으로 형성한 신뢰가 없이 정부 조달시장에 진출하기는 어렵다. 앞서 언급한 ㈜이글코리아를 포함한 다수 기업은 이 점에서 현지 정부와의 신뢰 형성을 주요한 운영전략으로 지적한다.

다음으로 현지화 운영전략이 있다. B2G 시장은 한 국가의 정부를 상대하는 점에서 해당 국가의 특징이 가장 잘 드러나는 시장이다. 각 국가의 문화적 특징이나 사회적 차이 등이 구매 과정에 필요한 요건을 만들어 낸다. 그러므로 개별 국가의 특징에 따라 정부 고객의 요구사항이나 업무 진행 과정에 차이가 나타난다. 이러한 차이는 기업 입장에서 수용해야 할 어려움이 된다. 즉, 판매 재화의 차별화가 요구되는 상황이다. 기본적으로 현지에 진출한 기업은 신생기업으로 어려움(liability of newness)과 외국기업으로 어려움(liability of foreigness)이 있다. 일종의 비관세 장벽 역할을 하는 이러한 문제로 정부 조달시장의 다양한 국가적 특색을 넘어서기란 쉽지 않다. 이런 문제를 해결하는 운영전략이 현지화다. 현지화 전략의 실천 방법으로는 현지인 고용과 현지 파트너와의 제휴 등이 있다. 모두 현지 국가의 사회문화적 특징을 이해하고 정부 조달 과정에 필요한 경험과 지식을 제공할 수 있는 인력이나 외부조직을 수급하는 방식이다. 현지화 전략의 목적은 정부와의 거래과정에 필요한 정보와 지식의 습득이다. 이로써 조달시장 진출의 노하우를 쌓을 수 있도록 해야 하며, 그 경험을 독자적으로 구축할 수 있는 역량을 높여야 한다.

4) C2C 시장의 운영전략

C2C 시장은 여러 e-비즈니스 시장 중에서 출현 시기가 비교적 늦은 시장이다. 우리나라는 옥션이 2002년 마켓플레이스 비즈니스 모델을 도입하면서 성장하기 시작했다. 현재는 쇼핑몰 분야에만 지마켓, 11번가 등 거대 C2C 마켓플레이스가 경쟁하고 있다. C2C 시장은 일종의 장터 모델이라고 할 수 있다. 즉, 상설장을 개설하고 여기에 다수 판매자와 구매자 간의 다양한 거래가 이루어지는 시장이다. 이러한 C2C 시장에서는 크게 물리적 제품과 무형의 서비스 제품 판매에 따라 운영전략이 달라진다.

최근 C2C 시장이 급부상하는 국가는 중국이다. 대표적으로 알리바바(alibaba) 등이 있으며, 중국전자상거래연구센터(CNNIC)에 따르면 그 규모가 B2C를 포함해서 98조에 이르고 있다. 이처럼 C2C 시장은 뒤늦은 출현에도 가장 각광받는 시장이며, 외국 진출을 준비하는 e-비즈니스 기업 입장에서도 주목해야 할 시장이다.

물리적 제품을 판매하는 대표적 C2C 모델이 우리가 흔히 말하는 입점 기업 중심의 온라인 쇼핑몰이다. 이때 중요한 운영전략은 공급망관리에 있다. 시장의 적절한 수요는 동시에 적절한 공급을 전제로 한다. 시장의 수요를 충족할 수 없는 공급은 곧 소비자로부터 외면을 받는다. 따라서 적절한 공급망의 체계적 관리가 필요하다. 그러나 오프라인과 달리 온라인의 수요는 소비자들의 접근성 증대로 예측의 오차 범위가 넓다. 즉, 유행이나 소비자 경향에 따라 집단적 구매가 일어날 수 있으며, 때로는 공급자가 이를 독려하기도 한다. 이 점에서 온라인 마켓의 공급망 관리는 수요 예측의 과학성을 필요로 하면서 공급망과의 관계적 측면에서 지속적 관리가 필요하다.

반면 무형의 서비스 제품을 공급하는 경우, 즉 콘텐츠, 전자책 등의 서비스에서는 특별한 공급물량의 물리적 관리가 필요하지 않다. 여기서 필요한 운영전략은 제품 다각화 전략이다. 이는 기존 오프라인 기업을 설명하려는 비즈니스 영역의 다각화를 의미하지 않으며, 좁은 관점에서 순수하게 취급 제품의 다양성 확보를 말한다. 서비스 재화는 유형 재화와 달리 입소문, 즉 구전 마케팅(mouth to mouth marketing)에 영향을 받는다. 예컨대, '어디에 가면 좋은 자료가 있다' 등이 여기에 해당한다. 따라서 무형 제품을 취급하는 C2C 시장의 공급자는 관련 분야의 제품 다양성을 확보해야 한다.

다음으로 유형제품 C2C 시장에서는 유통구조 선택과 운송비 절약 등 배송 과정의 편의성을 높이려는 고객 친화적 서비스 강화 전략을 써야 한다. 온라인 시장이 발달하면서 같이 성장한 시장 중 하나는 유통 배송 분야다. 이제 고객은 제품의 품질만큼 구매 제품의 배송 시간과 가격 그리고 편의성 등을 고려한다. 최근 스마트폰의 발달로 제품 배송 과정을 추적할 수 있는 다양한 앱이 등장하고 있다. 흔히 택배라고 하는 서비스의 중요성이 커진 결과다. 이에 물리적 제품을 취급해서 배송하는 기업은 고객과의 약속 준수 차원에서 원활한 배송 서비스가 되도록 관련 기업과의 협력을 증대해야 한다.

무형 제품을 취급하는 공급자는 따로 배송 과정이 있지 않다. 반면 이들이 신경 써야 하는 부분은 품질 보장이다. 무형 제품은 구매 행위가 있은 후에 소비자 입장에서 구체적인 만족도가 정해진다. 이 과정에 소비자 만족도가 높지 못하면 이 또한 입소문을 거쳐 온라인 공간에 알려진다. 콘텐츠 다운로드 서비스를 제공하는 기업이 해당 자료의 완결성을 자체 검증하는 이유가 여기에 있다. 이처럼 무형 제품은 고객의 신뢰를 바탕으로 하는 점에서 e-비즈니스 시장이 가진 특색, 다시 말해 오프라인 시장과 다른 점이 두드러진 결과다.

3. 경쟁우위전략

경쟁우위전략(competitive advantage strategy)은 포터(Porter, 1990)가 제안한 이래로 기업의 경쟁력을 설명하는 적절한 이론으로 자리 잡아 왔다. 최근에는 성장하는 e-비즈니스 시장에 경쟁력 우위 이론을 접목하려는 시도도 활발하다. 경쟁우위전략의 주요 접근은 경쟁자와 다른 무언가를 시장에 제공할 때 기업이 취할 수 있는 접근 방법에 중점을 둔다. 또한 최근에는 영원한 경쟁우위란 없다는 인식이 일반적이다. 여기에 부합하는 차원에서 지속 가능한 경쟁우위(sustainable competitive advantage) 창출을 살펴본 논의들도 많다. 물론 이러한 논의를 오프라인 시장과 다른 온라인 시장에 기계적으로 적용하는 데는 한계가 있다. 그러나 시장 특성을 인식하고 이를 응용한다면 e-비즈니스 기업에 필요한 방향성을 제시하는 데 도움을 줄 수 있다. 경쟁우위전략을 적용해서 살펴본 e-비즈니스 시장별 주요 내용은 다음과 같다.

1) B2B 시장의 경쟁우위전략

B2B 시장에서 필요한 경쟁우위전략에 앞서 우선 생각해볼 문제는 역량강화 측면이다. B2B 시장은 특히 높은 수준의 판매역량이 필요하다. B2B 시장은 개인 소비자가 아닌 기업 고객을 다룬다는 점에서 더 특수하고 구체적인 제품 사용 욕구를 자극해야 한다. 그리고 소비자 욕구 해결이 제품 구매로 이어지도록 관리할 수 있는 역량이 필요하다.

이를 영업 과정별로 살펴보면 다음과 같다. 우선 잠재적 고객을 발굴하는 단계를 거쳐야 한다. 시장조사나 기존의 판매 네트워크를 활용해서 시장의 잠재 고객을 발굴한다. 다음으로 고객과의 접촉이 필요하다. 여기서는 고객에게 해당 제품의 필요성을 설득할 수 있는 역량이 필요하다. 이후 고객의 구체적 욕구를 파악하고 이를 해결할 수 있는 대안을 제시하는 단계로 나아가야 한다. 그 이후 제품 판매의 조건과 가격 등을 협상할 수 있다.

이러한 일련의 과정에서 필요한 경쟁우위 창출은 집중화전략으로 가능하다. 집중화전략이란 명확한 표적 고객을 대상으로 하는 특정 제품 등을 제공하고 이로써 고객 만족과 충성도를 유도하는 전략이다. 집중화전략은 사전에 목표고객을 세분화해서 선정해야 한다. 복잡한 시장 환경으로 겉보기에는 비슷한 고객도 욕구나 상황이 다를 수 있기 때문이다. 기업이 보유한 자원이 유한하다는 점을 생각하면, 특별한 역량을 집중할 수 있는 시장 발굴이 중요하며, 집중화전략 역시 이런 상황을 반영한 전략이다. 집중화전략에서는 특정 시장의 표적 세분화가 중요하다. 예컨대, 특정 시장을 선정했다고 해도 전체 시장을 상대하는 기업의 경쟁 제품이 그 영역에 들어오기 쉽다면 실패 가능성이 높아진다.

우리나라 인터넷 사업 초창기에는 전자우편 서비스만을 전문으로 제공하는 기업이 많았다. 이들은 주로 개인을 대상으로는 무료 서비스를 진행하며, 기업 대상의 유로 전자우편 시스템 구축으로 수익을 얻으려는 목적을 가지고 있었다. 그러나 비슷한 시기에 등장한 대형 포털들이 전자우편 서비스를 기존의 포털 서비스 영역으로 흡수하면서 쇠락의 길을 걸었다.

이처럼 표적시장 세분화는 집중화전략의 핵심이며, 특유의 비교우위가 잘 드러날 수 있는 시장에서 고객을 공략해야 한다. B2B 산업은 다른 e-비즈니스 영역보다 기업의 특유 역량이 오랜 기간 동안 축적되어야 경쟁력을 드러낼 수 있다. 이 점에서 특정 역량을 보유한 기업은 특정 시장에 있는 고객의 욕구를 해결하려는 구체적인 목표를 가진 경우가 많다. 그러므로 이들은 처음부터 세분화한 시장에서 특정 고객을 목표로 자신들의 역량을 집중하는 과정을 거친다. 집중화전략이 성공하려면 고객 욕구의 파악이 정확해야 하며, 이에 대응하는 제품이 확실한 문제해결책임을 잘 알려야 한다. 그리고 특정 고객의 목표를 중심으로 개발한 제품인 점을 감안해서 지속적인 고객 욕구의 파악과 반영 과정 역시 중요하다.

2) B2C 시장의 경쟁우위전략

B2C 시장에서는 개인 고객을 두고 기업이 경쟁을 진행하며, 이 과정에서 지속적인 혁신(innovation)을 필요로 한다. 피터 드러커(Peter Ferdinand Drucker, 1909~2005)에 따르면 혁신이란 기업 내부를 변화하는 것이 아니며, 시장을 변화하는 역량이다. 즉, 혁신의 결과가 조직 내부를 지향하기보다 조직 외부의 시장을 지향해야 한다는 말이다. B2C 시장은 특히 혁신이 중요한 시장이다. 여기서는 불특정 다수의 고객을 대상으로 다수 기업의 치열한 경쟁이 진행 중이기 때문이다. B2C 시장에서 지속적인 혁신을 추구하지 못하는 기업은 장기적으로 생존하기 어렵다. 소비자의 기호가 빠르게 변화하며, 제품 정보 또한 실시간으로 공개되고 평가받는 환경이기 때문이다.

고객은 더 이상 소비의 객체가 아니며 능동적 주체로 성장했다. 기업은 고객의 필요성을 주관적으로 파악하고 일정한 기술력을 그 위에 덧붙여 시장에 출시하던 전략을 전면 수정해야 하는 상황이다. 다시 말해 고객의 욕구가 복잡하게 분화하는 시점에서 기업의 대응 역시 지속적으로 새로움을 추구해야 한다. 혁신이란 이런 과정에서 기업의 생존에 필요한 필수불가결한 사항이다.

혁신을 경쟁력의 핵심을 해야 하는 B2C 시장에서 경쟁우위는 차별화전략으로 가능하다. 차별화전략이란 가격 이외의 제품 요소에 경쟁 기업과 다른 차별성을 확보하는 방식이다. 가격 이외의 요소이므로 통상 제품 자체의 기능이나 디자인 혹은 고객 마케팅과 사후관리 등의 무형 요소까지 이 범주에 넣을 수 있다. 가장 일반적으로 알려진 차별화 요소는 제품의 기능이다. 제품의 기능은 기술력과 맞닿은 점에서 기업의 연구개발 역량의 결과이기도 하다. 반면 고객관리나 판매 후 서비스 등 관리적 측면에서의 차별화도 중요하다.

최근에는 기술의 평준화로 제품의 기능 그 자체가 새롭기보다 기업이 제공하는 서비스 내역에서 차별화를 추진하는 경우가 많다. 예컨대, 스마트폰이 대중화하고 LTE(long term evolution)서비스가 등장한 후 시간이 지나면서 통신사들은 각종 무제한 요금제 서비스를 시행하고 있다. 이는 스마트폰 단말 기능과 무관하며, 통신사가 제공하는 서비스 영역의 차별화를 목표로 한 활동이다.

이처럼 B2C 시장에서의 혁신이란 결국 고객 입장에서 차별적 요소로 인식할 수 있는 무언가를 제시해야 한다. 그렇지 않다면 소비자들은 이러한 기업의 제품이 가진 특징을 인식조차 못할 수 있다. 차별화전략은 이 점에서 기업의 역량을 제품과 서비스의 차이로 이끌어 내는 역량을 필요로 한다. B2C 시장에서 이러한 역량은 곧 기업의 시장 정보 파악 능력과 관련이 높다. 시장에서 고객의 기호 변화와 무엇보다 경쟁자의 행동을 면밀히 관찰하지 않으면 적절한 차별화 지점을 파악하기 어렵기 때문이다. 차별화 전략은 시장의 요구를 신제품에 적절히 반영한다는 점에서 경쟁력의 원천이다. 특히 B2C처럼 유사 제품을 다루는 복수의 경쟁자가 시장에 있을 때 그 중요성은 더 커진다.

3) B2G 시장의 경쟁우위전략

B2G 시장은 정부를 고객으로 하는 점에서 경쟁우위전략 중 원가우위전략을 실행하는 것이 적절하다. 원가우위전략은 규모의 경제나 신기술 개발 혹은 새로운 제조 공정 기법 등을 이용해 생산 원가를 줄이는 것을 말한다. 원가우위전략은 기술의 진보와 생산 공정의 효율적 관리가 가능해지면서 주목을 받아왔다. 다수 기업이 오프라인과 온라인에서 시장 지배력 확보를 목표로 판매가격을 낮추는 방법을 사용하고 있으며, 이 중 다수가 원가우위전략을 펴고 있다.

공공부문 시장은 대량납품과 검수 그리고 결과보고 등의 과정이 따른다. 또한 서비스 분야의 납품에는 진행과정의 각종 보고서 그리고 사후관리 등이 필요하다. 모든 과정은 기업 입장에서 비용과 직결한 문제다. 정부 또한 세금을 사용하는 구매 과정의 특징으로 상대적으로 저렴한 가격의 공급자를 선호한다. 이러한 선호는 개인 소비자들의 선호와는 다른 형태로 실제 공급 기업 선정에 영향을 미친다. 개인 소비자에게는 가격이 단지 선호의 문제일 수 있지만 정부를 고객으로 하면 공개 입찰 과정에서 중요한 평가 항목이 된다. 그러므로 정부 조달 부분에 진출하려는 기업은 우선적으로 생산원가를 절감하고 이로써 판매 가격을 낮추는 과정을 밟아야 한다. 특히, 정부 조달 부분이 대부분 공개적 경쟁 입찰인 점을 감안하면 가격경쟁력 확보의 중요성이 더해진다.

원가우위전략은 크게 다음과 같은 조직 역량과 관련이 있는데 첫째, 기술역량과 관련이 있다. 제품 제조 과정의 공정을 단축하거나 원가를 절감할 수 있는 새로운 공법 등의 개발은 원가우위로 이어진다. B2G 시장의 기업은 정부 납품 제품을 외부로부터 공급받는 유통상 역할도 있지만, 자체 개발하는 경우도 있다. 어느 경우라도 원 제조 공급 과정의 생산원가를 절감할 수 있다면 경쟁자보다 좋은 경쟁 여건을 형성할 수 있다.

둘째, 적절한 공급망 관리와 규모의 경제를 이용해서 원재료 구매 단가를 낮추는 방법이 있다. 규모의 경제 단계로 들어서면 원재료 공급자와의 협상에서 협상력(bargaining power)을 가질 수 있다. 이러한 협상력으로 비용을 절감하면서 원가우위전략의 실행이 가능하다.

셋째, 원가우위전략은 시장에서의 경험과 지식의 축적에 영향을 받는다. B2G 기업은 정부를 대상으로 하는 점에서 다양한 경험을 축적할 수 있다. 이러한 경험은 곧 사라질 수도 있지만 지식 차원에서 기업 내 역량으로 축적될 수도 있다. 기업은 시장에서 다양한 경험과 원가절감 노력에서 학습한 내용을 조직적으로 축적하고 공유하면서 이를 현실화할 수 있는 다양한 방법을 찾을 수 있다. 원가절감 우위란 이러한 기업의 경험 축적과 지식창출 활동과 밀접한 관련이 있다. 그래서 B2G 시장에 진출하는 기업은 대부분 해당 분야에서 오랜 기간 노하우를 축적한 경우가 많다. 결국 경험과 지식을 바탕으로 원가절감을 달성하지 못하면 시장에서 도태됨을 알기 때문이다.

원가우위전략은 기존 전통산업에서도 많이 사용했지만, G2B 기업에 주는 시사점도 크다. 정부 입찰 과정의 특성이 원가우위전략의 필요성과 맞물려 있으므로 경쟁에서 이기려면 제품의 품질 보증 못지않게 원가우위전략의 지속적인 전개가 중요하기 때문이다.

4) C2C 시장의 경쟁우위전략

C2C 시장은 마켓플레이스 형태로 같은 재화를 판매하는 다수 공급자와 이를 소비하는 다수 고객이 혼재한 시장이다. 이들 사이에 정확하게 어떠한 판매경로가 있는지를 안다는 것은 쉽지 않다. 그러므로 적절한 경쟁우위전략을 수립하기 어려울 때가 있

다. 그러나 C2C 시장은 개인 간 거래를 기본으로 하는 점에서 여러 경쟁우위전략 중 두 가지를 생각할 수 있다. 차별화 우위와 원가우위가 이에 해당한다. 반면, 앞선 시장과 비교해서 이러한 경쟁우위의 구체적 실천 방법에는 차이가 있다.

우선 차별화 우위전략을 전개하는 점에서는 다른 e-비즈니스 시장과 차이가 없다. 그러나 C2C 시장에서 차별화란 제품 그 자체의 기능적 측면보다 배송, 고객 불만처리 등의 관리적 측면에 더 중점을 두어야 한다. C2C 시장에서 공급자는 대부분 중간 유통 과정의 단계에 있는 기업이나 개인이다. 이들은 판매 제품을 적절한 가격에 수급하여 필요한 소비자에 공급하는 역할을 한다. 예컨대, 옥션(www.auction.co.kr)에서 판매하는 제품에서 복수의 공급업체를 찾기란 어렵지 않다. 이들의 경쟁 역량은 게시판의 소비자 평가 등을 살펴보면 알 수 있다. 많은 부분의 평가가 공급자의 시장 평판과 신뢰도와 관련이 있다.

이러한 특징은 소비자가 제품 만족도 이외에 다른 점, 즉 서비스 측면에서 공급자의 역할에 민감하다는 점을 보여준다. 그러므로 공급자는 고객 만족도 향상 차원에서 제품의 기능 이외 부분에 차별화전략을 취해야 한다. 앞의 다른 e-비즈니스 시장과 비교하면 차별화 지점이 제품 외적인 부분으로 옮겨간 특징이 있다. 이는 C2C 시장의 거래가 개인 중심의 소규모이지만 그 횟수가 많다는 점에서 사소한 부분의 차별화가 구매로 연결될 수 있다는 점을 고려한 결과다.

원가우위전략은 C2C 시장에서도 유효하다. 다양한 쇼핑몰에서 제품을 구매한 경험이 있는 소비자라면 같은 제품에서 가격이 차지하는 비중을 알 수 있다. 공급자는 이러한 소비자의 기본적 성향에 우선 충실해야 한다. 특히, C2C 시장은 자체 제품을 판매하는 형태보다 기존 제품을 유통하는 공급자가 많으므로 이들 간의 가격 차이는 소비자에게 중요한 판단 기준이다. 그러므로 여기서 공급자 원가절감의 의미는 다른 e-비즈니스 시장과 다르다. 이때 원가절감은 생산원가를 낮추는 것이 아니며, 유통과정의 불필요한 비용을 줄이는 데 중점을 둔다. 즉, 제품 구매 과정과 판매 과정에 들어가는 다양한 시장의 거래비용(transaction cost)을 줄이는 것이 중요하다.

4. 위험관리전략

e-비즈니스 시장을 주제로 한 논의에서 위험관리를 본격화한 경우는 아직 드물다. 그러나 오프라인 시장과 다른 점을 고려해도 e-비즈니스 시장 역시 상승과 하락을 겪하는 시장이라는 점에서 위험관리전략이 필요하다. 이에 어떠한 위험이 있을 수 있는지를 검토해야 한다. e-비즈니스 시장에 등장할 수 있는 위험으로는 크게 기술 중심의 사고에 따른 위험과 마케팅활동의 잘못에 따른 위험, 고객관리 실패에 따른 위험, 그리고 전략적 제휴 과정에서 오는 위험 등이 있다. 이러한 상황은 또한 기존에 많이 사용하는 SWOT 분석을 응용해서 살펴볼 수 있다. 즉, 시장의 위협과 약점을 각각 강점과 기회와 결합해서 S-W, S-T, O-W, O-T 상황을 전제할 수 있다. e-비즈니스 시장에서 발생하는 위험관리 상황과 SWOT 분석을 연결하면 다음과 같다.

1) 기술중심사고의 위험관리전략

기술중심사고란 일종의 기술지상주의를 지칭하는 말로 사용한다. 캐즘 마케팅(chasm marketing)을 고안한 제프리 무어(Geoffrey Moore)는 실리콘밸리의 첨단 e-비즈니스 기업을 컨설팅하면서 이러한 기업들이 빠질 수 있는 위험을 경고했다. 실제로 다수 기업은 자신들이 보유하고 있는 기술역량을 너무 과신하는 경향이 있다. 그러나 신기술 패러다임의 전환을 이해한다면 이러한 위험을 막을 수 있다. 신기술은 초기단계에 시장에 바로 안착하는 것이 아니며, 성장기를 거치며 표준화한 제품이 출시되면 그 이후 보편적 소비재화로 진화한다. 그러나 기술중심사고는 이러한 진화 과정을 주의 깊게 살펴보지 않는 경향이 있다. 도리어 신기술을 적용한 제품을 이해하지 못하는 시장의 후진성을 탓한다.

기술중심사고에는 강점과 위협이 공존하는 형태이다. 즉, 기술역량이라는 강점이 있지만 신기술이 시장에 안착하는 데 실패할 위협이 동시에 있다. 다수 기업은 강점과 위협이 같이 있는 상황을 이해하기 어려워한다. 그러므로 자신들의 강점만을 무기로 시장을 개척하려 하지만 실제로 소비자들의 반응은 기술로만 발생하지 않는다. 이 점에서 자신이 가진 신기술이 도리어 소비자의 구매 목적을 초월하는 이상적 제품으로 스스로를 가두는 역할을 한다. 이는 분명한 위협 요인이 되며, 우수한 제품이 시장에서 빛을 보지 못하는 결과를 만들어 낸다. 예컨대, 1990년대 중반의 이리듐(iridium) 프로젝트는 인공위성을 이용한 이동전화서비스의 상용화가 목적이었다. 당시로는 뛰어난 기술이었지만 시장의 반응은 냉담했다. 단말기의 크기, 비용 그리고 이동전화라는 새로운 제품을 대하는 소비자의 욕구와 거리가 먼 제품이었기 때문이다.

이처럼 신기술을 이용한 제품 개발은 초기 자원 투자, 다시 말해 비용과 인력의 투자를 동반하므로 매몰비용이 발생할 가능성이 있다. 여기서 시장의 반응이 뜨겁지 않으면 투자한 자원은 모두 매몰비용이 된다. 역량과 위협은 이렇게 서로 공존하고 있다. e-비즈니스 시장은 특히나 새로운 기술과 아이디어를 가지고 승부하려는 기업이 많다. 소비자 역시 이들이 제시하는 신기술을 기대하고 있다. 그러나 새로운 기술이 바로 시장에서 효과를 드러내는 것은 아니다. 더구나 기술 그 자체가 새롭다고 해서 고객이 제품을 구매하지는 않는다. 실용적 측면이 있어야 한다. 그러므로 기술중심사고는 높은 기술 역량을 보유하려는 의식적 활동을 전개하는 점에서 의미가 있지만, 그것만을 중심으로 시장을 바라보면 위협에 직면할 수 있다.

2) 인적자원 분야의 위험관리전략

e-비즈니스 시장에서 인적자원관리는 기존 전통산업과 다른 모습을 드러냈다. 우선 창의적 인재를 양성하고 남들이 도전하지 않는 영역을 개척하는 기업가정신을 높이 평가했다. 더불어 새로운 아이디어를 실천하고, 서비스를 개발하는 기술인력, 기획인력 등의 확보가 기업 경쟁력의 핵심 과제였다. 그러나 이러한 인적자원관리는 구조화라는 보완정책을 도입하지 않으면 e-비즈니스 기업에 좋은 결과만을 보장하지 않는다. 이는 e-비즈니스 시장의 역동성이 전통산업과 비교해서 높다는 점에서 이해해야 한다. 또한 e-비즈니스 시장은 전통산업보다 인력의 이동이 자유롭다. 소위 말하는 프리랜서 개념이 우리 사회에 일반화된 것도 e-비즈니스 산업

의 성장과 무관하지 않다. e-비즈니스 기업에 우수한 인재는 시장의 잠재적 기회를 제공하는 좋은 자원이면서 이들의 이동성을 고려할 때 치명적인 약점이 될 수 있다.

자원기반이론(resource based view)에서는 기업의 지속가능한 경쟁우위를 창출하는 특유자원(unique resource)의 성격을 세 가지로 정리한다. 모방 불가능, 이동 불가능, 대체 불가능이다. 이중 인적자원은 이동 불가능이란 특유자원의 핵심 특징과 배치하는 특징을 가지고 있다. 즉, 사람의 이동을 물리적 물건처럼 막을 수 없기 때문이다. 개인의 창의성을 중시하는 e-비즈니스 시장의 풍토에서 개인 역량을 극대화하는 기업전략이 때로는 개인의 능력에 너무 의존하는 방향으로 갈 수 있다. 개인의 역량은 분명 기업에 새로운 시장기회를 제공한다. 그렇게 해서 이전에 없던 여러 가지 e-비즈니스 영역의 서비스를 볼 수 있다.

이처럼 개인 역량의 극대화는 기회요소이지만 자원의 이동 가능성 측면에서는 약점이다. 이에 e-비즈니스 시장의 기업은 일찍부터 지식관리 시스템 등을 도입해서 조직 내부의 지식 자원을 체계화하고 기록하는 문화를 서둘렀다. 특히, 핵심 기술 인력의 이동에 대비해 개발 공정과 응용제품 개발에 필요한 모든 내용을 문서화하고 데이터베이스화하는 작업을 진행했다. 그렇지 못한 기업은 우수 인력의 퇴사 후, 재 창업 또는 경쟁사로 이동할 때 어려움에 직면했다. 우수 인재가 기회면서 약점이 되는 모순적인 상황이 e-비즈니스 시장에는 일반적이다. 1990년대 중반 IT 산업이 활성화할 때는 직원을 주주 개념으로 대하는 스톡옵션(stock option) 등이 유행이었다. 그러나 이러한 제도는 실제 기업의 성공률이 낮고 우리나라 e-비즈니스 기업의 성장세가 둔화하면서 유명무실화했다.

e-비즈니스 시장의 기업에 인적자원관리는 중요한 부분이며, 여기에는 기회와 약점이 능력 있는 개인을 중심으로 공존하고 있다. 따라서 인적자원관리의 효율성을 높이면서 동시에 지식자원을 체계적으로 축적하는 전략이 필요하다. 물론 창업자가 모든 노하우를 독점적으로 가지고 있다면 이러한 문제가 없겠지만, 기업이 성장하다 보면 창업자만을 중심으로 한 제품개발과 업무진행에 한계가 있다. 이때 시장의 새로운 기회를 창출할 인재가 필요함과 동시에 이러한 인재들의 노하우를 기업의 지식으로 체계화하고 응용할 수 있는 구조를 갖추는 작업이 필요하다.

3) 고객관리 분야의 위험관리전략

e-비즈니스 시장에서 고객은 전통산업의 고객과 비교해서 더 많은 정보를 가지고 있으며, 욕구 또한 구체적이다. 그리고 제품 구매 과정에서 발생하는 다양한 문제에 명확한 의견을 제시하는 경향이 있다. 즉, 고객의 지식이 인터넷이라는 거대한 정보창고를 활용해서 성장하고 있다. 그러므로 고객은 더 이상 신제품의 필요성을 알려줘야 하는 계몽의 대상이 아니다. 도리어 제품 개발 과정에 정보를 제공하고 적극적으로 참여하는 경향을 나타낸다. 더 나아가 스스로 재화(財貨)를 생산하는 프로슈머(prosumer) 개념도 등장했다. 이렇게 고객의 욕구가 구체화하고 적극적인 점에서 e-비즈니스 기업은 자신들이 상대할 소비자층을 적절하게 군집화할 수 있다. 이는 공략 대상 시장을 가시적으로 설정할 수 있다는 점에서 기회이다. 그러나 고객의 복잡한 욕구를 제대로 파악하지 못하거나 심지어 판매 과정의 서비스에 고객이 불만족을 느낀다면 상황은 달라진다. 친화적 고객에서 적대적 고객으로 돌변할 수 있기 때문이다.

이러한 고객관리에서 발생할 수 있는 다양한 위험은 체계적 관리전략을 필요로 한다. e-비즈니스 시장의 기업이 고객관리 프로그램을 적극 도입하는 것도 이러한 이유에서다. 특히, B2C, C2C 시장에서 고객의 입장 변화는 자주 있는 일이다. 본질적인 제품의 하자에서부터 사소한 서비스까지 고객들의 불만이 위협으로 변할 수 있는 요소는 충분하다. 그러므로 기업은 항상 고객과 관련한 정보를 체계적으로 정리하고 자신들이 주로 상대하는 고객의 특징을 일목요연하게 보유해야 한다. 즉, 일종의 맞춤형 고객관리전략이 필요하다.

기회와 위협의 공존은 역설적이지만 기업에는 큰 영향을 준다. 우호적 고객이 사소한 실수를 계기로 비판적 고객으로 돌아서는 경우가 많다. e-비즈니스 환경은 또한 이러한 고객의 목소리가 퍼져 나가는 속도가 빠르다. 예컨대, 2012년 사우스웨스트 여객기에 탑승하려던 할리우드의 한 유명 감독은 몸무게가 많이 나간다는 이유로 좌석 배정을 받지 못했다. 만석이므로 한 좌석에 한 사람씩 앉아야 하는데 그의 덩치가 너무 컸기 때문이다. 이 유명 감독은 즉시 자신의 트위터에 항공사를 공격하는 글을 올렸다. 무려 160만 명의 팔로어를 보유한 덕에 불만을 토로한 글은 짧은 시간 안에 인터넷 공간에 퍼졌으며, 결국 항공사는 이에 대응해야 했다.

이처럼 소셜미디어가 발달한 시대에 고객의 불만은 다양한 형태로 기업에 압박을 준다. 고객이 구매자로서 기회 역할을 하는 것과는 대비되는 결과다. 이에 e-비즈니스 시장의 기업들은 고객관리전략으로 기회와 위협을 동시에 제공하는 고객을 상대해야 한다. 또한 빠른 고객 응대도 중요한데 인터넷의 발달로 더 이상 시간은 여유롭지 않기 때문이다.

4) 전략적 제휴의 위험관리전략

전략적 제휴 문제는 기존 오프라인 산업과 e-비즈니스 산업에서 모두 중요한 주제다. 전략적 제휴가 발생하는 원인은 여러 가지다. 그러나 한 가지 중요한 공통점은 복잡한 경영 환경에서 한 기업이 경쟁에 필요한 모든 자원을 보유할 수는 없다는 사실이다. 즉, 스스로 보유하지 못한 자원과 역량을 외부 조직과의 협력으로 보유하려는 목적이 크다. 이 점에서 전략적 제휴는 부족한 강점을 보완하려는 의도를 포함한다. 전략적 제휴의 성격이 이를 설명하는데, 아웃소싱과 달리 전략적 제휴는 상호 보완 자원에 즉각적 대가를 지급하지 않는다. 제휴 기업은 장기적인 이윤을 공유하려는 목적으로 협력한다. 이는 포터(Poter)의 공급사슬관리(value chain management)로 설명할 수 있다. 기업의 이윤추구 활동은 원재료 구입에서부터 사후관리까지 하나의 과정으로 이루어진다. 한 기업은 모든 과정을 포괄하는 자원이나 역량을 보유할 수 있지만, 시장 규모나 고객의 층이 복잡해지면 막대한 자원을 투입해야 한다. 따라서 부족한 역량이나 자원을 외부로부터 조달하려 한다. 이 과정에서 전략적 제휴가 발생한다. 그러므로 제휴 기업들은 외주 기업과 다른 관계를 형성하며, 상호 협력한다. 이렇게 이루어진 협력의 결과로 필요한 역량을 보강하면 시장에서 없던 강점을 보유하는 효과를 나타낸다. 그러나 이는 제휴 기업과의 잠재적 경쟁관계가 사라지지 않는다는 점에서 약점으로 나타나기도 한다.

전략적 제휴 파트너가 제휴 기간 이후에 시장의 경쟁자가 되는 경우는 많다. 그렇다면 제휴 과정에서 파트너와 장기적 협력을 구축하기 어렵다면 파트너의 존재는 기업에 약점으로 작용한다. 제휴 성격상 자신들의 역량과 지식을 파트너에게 노출해야 하기 때문이다. e-비즈니스 시장은 특히 기술발달의 속도와 고객 기호의 변화 등에 따라 제품의 변화가 빠르다. 그만큼 필요한 자원이나 역량도 빠른 속도로 변화한다. 이 점에서 파트너와의 협력에서 얻어오는 지속적 학습효과를 무시할 수 없다. 학습효과를 높게 누리는 기업은 제휴 이후에 시장 경쟁에서 우위를 점할 수 있다. 그러나 반대인 기업은 제휴 기간 동안 파트너와의 동반 활동이 결과적으로 약점으로 작용한다. 자신들의 노하우를 상대방에 전달한 상황이기 때문이다.

이렇게 파트너와의 제휴 활동에서 강점과 약점을 동시에 가질 수 있는 상황에서는 지속적인 학습전략을 수립해야 한다. 학습효과를 높이는 전략은 제휴 이후에도 시장에서 강점을 잃지 않으려는 목적을 반영한 행위이다. 학습효과를 높이는 활동은 조직학습전략에 해당한다. 결국 조직적 학습 결과만이 기업 내부에 살아 있는 지식으로 남을 것이기 때문이다.

마무리사례 '페이스북 폰'에 가장 불쾌한 이는 바로 '구글'

페이스북이 4일 공개한 '페이스북 홈'은 애초 예상됐던 '페이스북에 최적화된 하드웨어', 즉 '페이스북폰'은 아니었다. 다만 기존의 안드로이드 운영체제(OS) 기반 스마트폰을 페이스북의 소셜네트워크 서비스와 콘텐츠에 최적화된 방향으로, 즉 '페이스북 폰'처럼 탈바꿈해주는 소프트웨어다.

때문에 '페이스북 홈'은 애플의 iOS 같은 폐쇄형 모바일 OS에서는 사용이 불가능하다. 애플은 아이폰 고유의 사용 인터페이스(UI)를 특정 애플리케이션이나 사용자가 임의로 바꿀 수 없도록 하고 있기 때문이다. 때문에 '페이스북 홈'은 개방형 OS인 구글 안드로이드를 기반으로 구동한다. 안드로이드의 세계 스마트폰 OS시장 점유율도 높아 보급 면에서도 유리하다.

이에 가장 속타는 이는 바로 구글이다. 미 경제전문지 비즈니스인사이더는 4일 페이스북 홈에 대해 "구글의 안드로이드 전략을 망쳐놓을 물건"이라고 평가했다. 재주(플랫폼)는 구글이 넘고 돈(광고수익)은 페이스북이 가져가게 된다는 것이다.

구글이 안드로이드를 개방형 OS로 만든 이유는 더 많은 사람들이 스마트폰으로 구글 검색이나 G메일 같은 구글의 서비스를 이용하도록 하려는 것인데 이를 통해 모바일 광고수익을 높일 수 있으며 폐쇄형 OS를 기반에 두고 하드웨어 · 콘텐츠 판매를 통해 수익을 높일 수 있기 때문이다. 이점은 폐쇄형 OS를 기반으로 두고 하드웨어 · 콘텐츠 판매로 수익을 내는 애플과 다른 점이다.

그런데 '페이스북 홈'은 이를 완전히 무력화시킨다. 페이스북 홈은 페이스북 앱을 통한 사용자 간 메시지 교환, 메일 계정 등으로 사용자의 스마트폰 환경을 바꿔놓는다. 구글의 서비스 대신 페이스북의 서비스를 이용하게 되는 것이다.

단, 여기엔 검색이 빠져 있다. 굳이 그럴 필요가 없었다. 스마트폰 사용자들의 이용 패턴이 점차 검색에서 SNS 같은 모바일 서비스로 옮겨지고 있기 때문이다. 마크 저커버그 페이스북 CEO에 따르면 사람들이 모바일 기기를 사용하는 전체 시간의 25%가 페이스북과 인스타그램(사진 공유 앱)이 차지하고 있을 정도다. 페이스북 홈은 사람들로 하여금 더 많은 모바일기기 사용 시간을 구글 서비스 대신 페이스북 서비스로 끌어오게 될 것으로 보인다.

이는 구글의 수입원인 모바일 광고수익을 점점 갉아먹는 셈이 된다. IT 시장조사업체 이마케터에 다르면 지난해 미국 주요 온라인 기업들의 모바일광고 매출은 총 41억1230만 달러다. 구글은 이중 21억7140만 달러를 차지하며 단연 1위이며, 페이스북이 3억9090만 달러(9.5%)로 2위다.

올해 전체 모바일 매출은 72억8960만 달러로 늘어날 것으로 보이며, 페이스북의 점유율은 9억6490만 달러(13.2%)로 치솟을 것으로 예상된다. 또 페이스북은 모바일 디스플레이 광고(PC와 모바일 등 각종 스크린을 통한 배너광고)의 경우 약 30%를 차지하며 1위를 굳건히 지킬 전망이다.

페이스북의 성장은 구글에 있어 분명히 골칫거리다. 남 좋은 일만 하게 된 구글은 어떻게든 나름의 답을 내놓아야 하는 상황이다.

그중 하나는 페이스북에 맞서 내놓은 구글의 '구글플러스' SNS다. 초기의 부정적인 전망을 어느 정도 딛고 차별화를 이루는 데는 성공했지만, 페이스북의 아성에 도전할 정도까지 성장하려면 한참 멀었다는 점이 문제다.

또 하나는 지능형 사용자지원 서비스 '구글 나우'다. 사용자의 일정정보나 주변환경 정보를 통합해 필요할 만한 정보를 알아서 제공해 주는 서비스다. 하지만 페이스북의 강력한 장점, 즉 내 주변 인물들의 일상을 생생히 전달해 준다는 것을 넘어서려면 더 확실한 무기가 필요해 보인다.

출처: 아시아 경제 신문(2013년 4월 7일).

CHAPTER 08

인터넷 마케팅

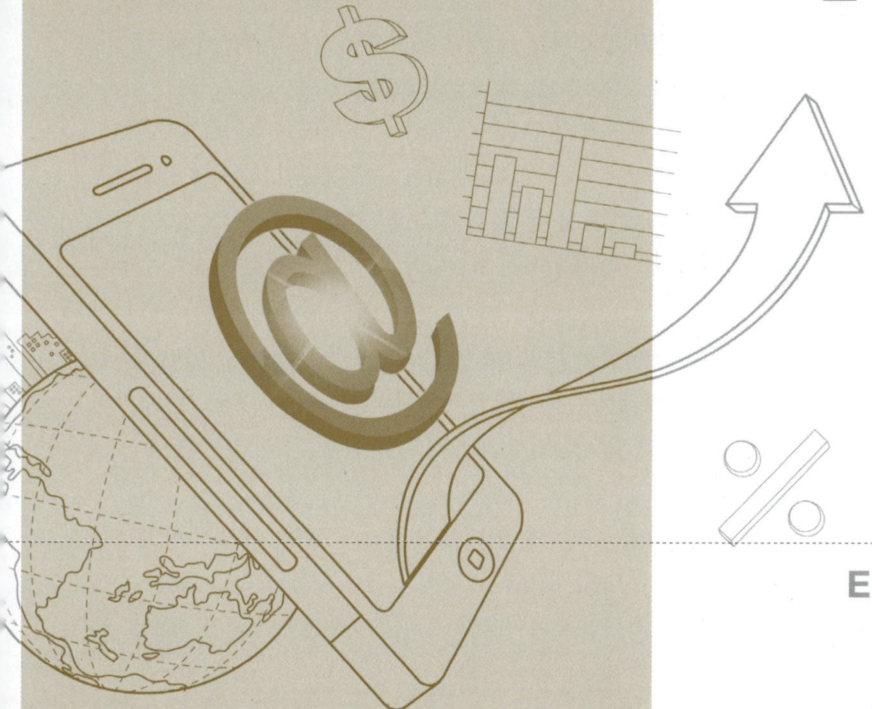

ELECTRONIC COMMERCE

1. 인터넷 마케팅의 기본개념
2. 인터넷 마케팅의 종류
3. 인터넷 마케팅의 수행 형태
4. 인터넷 마케팅의 마케팅 믹스
5. 인터넷 마케팅 사이트의 구축과 활용
6. 인터넷 마케팅의 성공전략
7. 인터넷 마케팅의 윤리적 이슈

도 입 사 례

피자외식업체 인터넷 · 앱 주문, 전체 주문량 절반 넘었다

소비자들의 외식 주문방식이 음성통화에서 데이터 전송 형태로 빠르게 전환하고 있다. 특히 피자 주문은 인터넷 및 스마트폰 앱 주문이 절반을 넘는 것으로 나타나, 데이터 전송이 외식 주문방식의 대세로 자리잡았다.

외식주문중계 전문기업 씨엔티테크(대표 전화성)는 지난 크리스마스 연휴기간 주요 피자외식업체 인터넷 주문 비중이 전체 배달주문의 50%를 넘어섰다고 밝혔다.

회사는 인터넷 등 주문 확대가 외식 주문처리 인프라 기술개발에 주력한 결과로 평가했다. 주문 처리 인프라는 전 매장에 통합 설치돼 있는 POS를 말한다. 주문을 처리하는 POS가 안정적으로 구축되지 못하면 인터넷, 스마트폰 등을 통해 접수되는 주문을 소화할 수 없다. 현재 POS 시스템을 구축하지 못한 치킨 브랜드의 경우 대부분 주문이 아직도 전화로 이뤄지는 상황이다.

외식업계는 인터넷, 모바일이 주요 마케팅 수단으로 떠오르며 주문 트렌드가 변화하고 있다. 전화 주문에 집중됐던 기존 주문 행태에서 인터넷의 발달과 스마트폰의 등장으로 모바일 등으로 방법이 다양해졌다. 인터넷, 모바일 주문이 활성화된 외식 업체는 매출상승과 예산 절감 효과를 보고 있다.

전화성 씨엔티테크 대표는 "모바일주문 서비스뿐 아니라 외식업에 적합하게 개발한 POS를 도입해 주문 인프라를 통합할 경우 온라인 주문활성화로 외식 업체는 매출상승과 주문처리 예산 절감 효과를 얻을 수 있다."며 "향후 외식업계에 인터넷, 모바일 주문은 더 늘어날 것으로 본다."고 말했다.

씨앤티테크는 국내 외식주문콜센터 시장을 92% 차지하며 미스터피자, 도미노피자, 피자헛, 롯데리아 등 대표 외식브랜드의 POS 개발과 콜센터 운영 등을 대행하고 있다.

출처: 전자신문(2012년 12월 31일).

1. 인터넷 마케팅의 기본개념

1) 인터넷 마케팅의 발전

1969년에 미국 국방부가 핵전쟁에 대비해서 미국의 대학교들과 연구소들을 연결하기 위해서 만든 망인 ARPAnet이 인터넷의 기원으로 알려지고 있다. 정부의 공공목적으로 활용되던 것이 1980년대를 넘어서면서 일반인들도 조금씩 활용하게 되었다. 1990년대에는 상업적인 목적에 따라 적극적으로 도입되면서 인터넷이 기업활동의 핵심영역으로 떠오르게 되었다.

영국에서는 2050년 정도에는 기존의 오프라인의 물건판매의 비중과 온라인으로 제품판매하는 비중이 대략적으로 50대 50의 비율로 발전할 것으로 추산하고 있다. 이것은 1990년대부터 2050년까지 약 60년 만에 인류역사가 수천 년 동안 활용해 온 다양한 형태의 땅위에서 진행되는 기존의 마케팅판매 방식의 절반 정도를 대체할 것이라는 예견이다. 실제로 이렇게 될 것인지에 대해서는 2050년이 되기까지는 지구상의 어느 누구도 장담할 수는 없으나, 인터넷이 마케팅의 주요 수단들 중 하나로 떠오르는 것은 부정하기가 힘들어졌다.

우리나라에서 기존의 마케팅 대부분은 전통적인 제조–유통 라인을 통해서 발전해 왔다. 대형 재벌그룹의 경우에는 자사의 계열사인 종합대행사들을 통해서 해외도매활동을 수행했고, 중소형업체들의 경우에는 전통적인 재래시장들(서울 남대문시장, 서울 경동시장)과 전자상가들(서울 용산전자상가들)이 도매의 업무를 수행했다. 그리고 제조업체 주도하에 다양한 형태의 대리점들도 도매를 수행했다. 제조와 도매를 거쳐서 대형 소매업체들(백화점, 할인점, 대형 슈퍼마켓)의 판매와 제조업체 계열형태의 편의점과 주유소들이 우리나라 내부의 주요한 판매원들이었다.

그러나 전세계에서 인터넷의 인프라스트럭처가 가장 발달했다는 우리나라는 1990년대에 인터넷 마케팅의 초고속 성장으로 기존 부동산 중개업소들의 업무의 대부분이 인터넷으로 가격정보 제공을 하게 되었고(그 결과 전국에 10만 개가 넘었던 부동산 중개업소의 상당수가 폐점), 또한 규격상품의 대표인 서적도 인터넷 서점들의 고속성장으로(예스24, 인터파크, 알라딘) 기존의 15,000개 정도의 서적소매상들이 5,000개 이하로 삭감되면서 매출 대부분을 인터넷 서점들이 장악하게 되었다.

또한 대한민국 특유의 TV드라마 형태의 TV홈쇼핑 5개 업체들이 치열한 경쟁을 하면서 세계에서 홈쇼핑이 가장 발달한 나라가 되었다. 미국에는 홈쇼핑 업체가 단 두 개밖에 없는데 국토 면적 기준으로 미국의 100분의 1이 안 되는 우리나라에는 홈쇼핑 업체들이 다섯 개가 있고 모두 성공하고 있다는 것도 우리나라 인터넷 마케팅의 활발함을 입증하는 것이다.

또한 모바일기기의 대표인 스마트폰의 생산과 판매를 전세계적으로 대한민국 기업체들(삼성전자, LG전자, SK텔레콤, KT)이 주도하면서 2012년에는 100억 정도의 매출이었던 모바일 마케팅이 앞으로 수천 억대와 수조 원대로 고속성장할 것으로 예견되고 있다. 인구 5,000만 명 정도 되는 우리나라에서 스마트폰이 3,000만 대 이상을 가지고 있다는 것도 모바일 마케팅의 미래성장을 징표로 보여주는 것이다.

2) 인터넷 마케팅의 의의

인터넷 마케팅(Internet Marketing)이란 마케팅활동을 인터넷 위주로 수행하는 것을 의미한다. 인터넷이란 유선과 무선의 네트워크로서 사람들 간의 커뮤니케이션이 가능하게 해주는 시스템이다. 기존의 PC기반의 인터넷이나 모바일 인터넷 혹은 홈쇼핑 그리고 전통적인 카탈로그를 통한 통신판매까지 전부 인터넷 마케팅의 영역에 속한다고 볼 수 있다. 그런데 1800년대부터 미국에서 카탈로그 판매의 대명사였던 시어즈 로벅 백화점이 1980년대 이후에 쇄락의 길을 걸으면서 미국에서 카탈로그 마케팅은 거의 사라졌고 또한 우리나라에서도 카탈로그를 통해서 통신판매의 고속성장을 하던 업체들도 1990년대 후반의 인터넷과 홈쇼핑의 거품에 밀려서 이제는 거의 다 없어졌다.

현재 인터넷 마케팅이라고 하면 오프라인의 점포가 없이 인터넷이나 전화로 주문과 결제가 이뤄지는 시스템을 총칭하는데, 대부분 PC 기반이나 스마트폰 기반의 인터넷 전송을 통해서 주문하고 배송이 되는 형태이다. 그외에 전화로 하는 홈쇼핑도 일부 포함이 되고 있다.

전자상거래(Electronic Commerce)와 인터넷 마케팅(Internet Marketing)을 동일한 의미로 보는 쪽도 있고, 혹은 다른 견해로 구별하는 쪽도 있다. 동일하게 보는 것은 전자상거래가 정보산업의 부각에 힘입어서 온라인상으로 상행위를 하는 것이고, 인터넷 마케팅도 이와 비슷한 의미로서의 온라인 마케팅이라는 의미에서 양자를 동일하게 보는 사람들도 있다. 전자상거래가 모든 행위의 상적인 거래들(판매, 중개, 서비스 제공)을 포함하고 있으나, 인터넷 마케팅은 전통적인 마케팅의 핵심대상인 판매에 치중한다고 해서 약간 다르게 보는 사람들도 있다. 전자상거래는 판매뿐만 아니라 대형구매자인 정부의 조달에 부응하거나 혹은 다양한 부수적인 업무들도 수행한다는 의미에서는 전자상거래가 인터넷 마케팅보다 훨씬 더 광역적인 개념이라고 볼 수도 있다.

개념상의 분류란 주도하는 사람들이나 관련된 사람들의 인식의 문제이지 이것이 현실에 크게 영향을 미치지 않는다면 어떻게 분류하든지 별로 큰 차이는 없을 것이다.

전자상거래 전반의 모든 현상들을 취급하고 있고 인터넷 마케팅은 영리 위주의 판매의 일부분이라고 보는 관점에서 본서는 전자상거래가 인터넷 마케팅을 포함하는 거시의 개념이라고 분류하려고 한다.

3) 인터넷 마케팅이 기존의 오프라인 마케팅과 비교한 특징들

온라인 마케팅과 오프라인 마케팅의 구체적인 차이점들은 다음과 같다.

첫째, 온라인 마케팅은 오프라인에 점포가 없고, 오프라인 마케팅은 오프라인에 점포가 있다. 이것은 아주 큰 특징으로서 오프라인에 점포(백화점, 할인점, 슈퍼마켓, 대리점, 편의점, 기타 점포)가 있는 오프라인 마케팅은 오프라인 점포개설비용과 유지비용이 상당히 많이 들어가며, 많은 사람들이 다니는 좋은 상권(지하철 환승역, 대형건물들이 즐비한 대로변, 배후 아파트들이 밀집한 포켓상권)에 위치해야 많은 잠재고객들을 유입할 수가 있는데, 이렇게 되려면 토지매입비용과 건축비가 상당히 들고 또 임대를 할 경우에도 보증금과 월세들이 꽤 비싸고 경우에 따라서는 상당한 금액의 권리금도 소요된다. 이에 반해, 온라인 마케팅은 기본적으로 오프라인에 점포가 없기 때문에 점포개설비용이 거의 들지 않고, 유지비용도 오프라인에 비해서는 상당히 저렴하면서 조금 들어간다. 또한 개점비용이나 별도의 권리금, 인테리어 비용이 들지 않는다는 점에서 상당히 저렴하다.

온라인 마케팅과 오프라인 마케팅이 큰 차이가 없고 고객들이 직접 제품을 안보고도 구매가 가능하면서 제품이 표준화되어 있는 대표적인 제품이 도서이다. 대학교재나 일반 단행본 혹은 소설류와 아동물들은 모두 다 표준화되어 있고 그리고 일정 부분 이상의 할인이 법률적으로 금지되어 있다. 인터넷 쇼핑몰에서 책의 내용을 얼마든지 검색해 보고 또한 평가들도 볼 수 있으므로 굳이 오프라인 점포에까지 방문을 안 해도 구매결정을 내릴 수가 있다. 그래서 오프라인 도서판매를 하는 전국의 서점들이 15,000개에서 한때는 20,000개에 달했는데 온라인 마케팅이 확산되면서 대부분이 문을 닫고 현재는 5,000개도 되지 않는데 그나마도 소수의 대형서점들을 빼고는 거의 다 소멸할 것으로 보고 있다. 심지어는 국내의 초대형 대형서점들도 현재 적자인 것으로 보아 언젠가는 책은 거의 다 온라인 마케팅으로 구매하는 현상이 나타날 것으로 예상된다.

둘째, 온라인 마케팅은 판매하는 제품의 재고를 먼저 구입할 필요가 없으나, 오프라인 마케팅은 판매하는 제품의 재고를 찾아온 고객들에게 바로 제공하기 위해서 상당부분을 확보하고 있어야 한다는 차이가 있다. 인터넷 마케팅에서는 쇼핑몰에다가 한두 개의 제품으로 디지털 사진을 찍어서 올려두고 고객들이 주문이 들어오면 주문량 만큼만 발주를 하면 된다. 따라서 온라인 쇼핑몰은 별도의 재고를 미리 확보할 필요가 별로 없다. 한꺼번에 수많은 주문이 들어와도 주문이 들어온 이후에 바로 발주를 하고서 택배로 우송시키면 되니까 최악의 경우에 하루이틀의 지연에 대해서 고객에게 미리 양해를 구할 수만 있다면 재고부담이 거의 없다는 것이 온라인 마케팅의 특징이다.

반면에 오프라인 마케팅은 점포 내부에 제품들을 거의 모두 확보하고 있어야 한다. 생활필수품을 판매하는 편의점이나 슈퍼마켓들은 손님들이 와서 구매하면서 바로 가지고 갈 수 있도록 휴지, 비누, 우유, 쌀들을 구비해두어야 한다. 기상변화로 태풍이 심하게 부는 때에는 농산물이 해를 많이 입어서 어떤 때는 배추값이 소고기값보다 비싼 상황이 일어날 수도 있는데, 이러한 때에도 생필품을 판매하는 점포들은 모두 확보하고 있어야 한다. 제품을 미리 구매해서 확보하고 있다가 손님에게 파는 것이 좋으나 팔다가 보면 재고가 남게 되는 경우가 비일비재하다. 전세계에서 가장 뛰어난 오프라인 점포들인 미국의 월마트나 독일의 알디도 항상 재고가 남는다. 재고를 헐값에 땡처리를 하게 되면 오프라인 점포로서는 그만큼 손실을 보게 된다는 점이 문제가 된다.

셋째, 온라인 마케팅은 고객이 늘어도 종업원의 숫자를 별로 늘리지 않고도 해결이 가능하나, 오프라인 마케팅의 경우에는 판매가 잘되면 그에 비례해서 종업원의 숫자를 늘려야 한다. 반면에 온라인 마케팅은 고객이 늘어도 종업원의 숫자를 별로 늘리지 않고도 해결이 가능해, 인건비가 많이 들지 않는다. 마케팅 관리자와 컴퓨터 관리자 정도가 거의 모든 일들을 대처할 수가 있다. 나머지 대부분의 일들은 외부를 통해서 처리하면 된다. 예를 들어서, 고객주문에 대한 배송은 택배나 전문물류업체를 활용하면 되고, 제품을 공급받는 것도 외부의 협력업체들과 사전에 계약만 되어 있으면 된다. 고객주문이 늘게 되면 협력업체들의 업무량이 늘어나는 것이지 온라인 마케팅업체는 별로 업무가 폭증하지 않는다. 따라서 고객주문이 늘어나도 비용증가가 별로 늘지 않는다는 장점이 있다.

반면에 오프라인 마케팅의 경우에는 손님이 늘게 되면 이에 비례해서 비용이 많이 늘어나게 된다. 대한민국에서 가장 큰 유통업체인 백화점들은 보통 만 평이 넘는 매장에서 근무하는데 백화점 자체 직원들과 협력업체 파견사원들 수천 명이 근무한다. 백화점이 정기세일을 하면 고객이 몰려 매출이 두세 배 정도 급증하지만 백화점도 초과근무 등 엄청난 노력을 들인다. 그 결과 매출에 비해서 실제로 비용이 많이 들어서 순수익은 오히려 줄어드는 경우도 종종 발생한다.

넷째, 온라인 마케팅은 시간에 제약없이 24시간 일년 내내 오픈이 가능하나, 오프라인 마케팅은 휴일은 폐점하고 그리고 야간시간에도 거의 다 점포를 닫는 것이 보통이다. 온라인 마케팅의 대표인 인터넷 마케팅은 관리자 한두 명이 번갈아 있으면 24시간

일 년 내내 별로 문제없이 대응할 수 있다. 고객주문이 들어오면 일정 시간의 간격을 두고서 처리하면 되고, 혹시 고객불만사항이 인터넷으로 접수되어도 별도로 묶어서 처리하면 된다. 그리고 일 년 내내 판매할 수 있다는 큰 장점이 있다.

반면에 우리나라에서 24시간 일 년 내내 영업을 하는 오프라인 마케팅업체는 편의점 한 곳 정도이다. 과거의 전통적인 구멍가게를 대체한 편의점들이 24시간 무휴점 영업을 하고 있고, 나머지 수십 개에 달하는 거의 모든 오프라인 업체들은 일주일에 하루 정도를 휴점하고(주로 주중인 월요일이나 화요일) 그리고 오전 10시부터 저녁 10시 정도까지 하는 것이 보통이다. 대형 할인점의 경우에는 중소 유통인들의 반발로 한 달에 두 번씩 강제휴무를 하고 있다. 따라서 영업시간에 제약이 있는 오프라인 마케팅이 영업시간의 제약이 없는 온라인 마케팅에 비해서 생태적인 한계가 있다고 볼 수 있다.

다섯째, 온라인 마케팅은 고객점유율(Customer Share)에 초점을 많이 맞추고 있고, 반면에 오프라인 마케팅은 매출액(Sales Volume)에 초점을 맞추고 있다. 온라인 마케팅은 1990년대에 출발해서 그다지 역사가 길지 않아 매출액이 오프라인 업체에 비해서는 적을 수도 있다. 그러나 현재 온라인이 오프라인 상당수를 대체하는 측면이 강해서 장기적으로는 온라인이 지속성장할 것이다. 따라서 현재 고객의 생활에서 얼마만큼의 위치를 차지하고 있느냐가 중요하다. 고객의 마음속에서 차지하는 비중이 높으면 앞으로 온라인이 생활화되어 가면서 점점 더 매출액이 자연적으로 늘어갈 것이다.

그러나 오프라인은 산업혁명 이후에 수백 년 동안 발전해 왔다. 따라서 거의 전세계에서 개발된 지역들(인구 백만 명 이상의 대형도시들)은 거의 다 포화상태이다. 그리고 작은 중소형 도시들의 발전 속도는 과거처럼 가파르게 성장하지 않고 있다. 아직도 대부분이 미개발 지역인 아프리카, 남미 그리고 일부의 아시아 지역은 향후에도 발전할 것으로 보이지만 거주인들의 구매력이 낮은 수준이다. 과거에서부터 현재까지 오프라인은 매출액이 중심이었다.

2. 인터넷 마케팅의 종류

인터넷 마케팅의 형태도 너무나 다양하고 복잡해서 특정의 기준을 가지고서 분류를 하고 적절한 종류에 맞추어서 기술하는 것이 바람직할 것으로 보인다.

1) 인터넷 마케팅 분류의 기준들

인터넷 마케팅을 크게 판매자와 구매자의 형태로서 분류하는 것이 가장 큰 분류이다. 다시 말해서, 기업판매자가 기업소비자에게 판매하는 형태와 기업판매자가 개인소비자에게 판매하는 형태가 대표적이고 개인판매자와 개인소비자 간의 형태도 있다. 또 다른 분류로는 제품판매와 서비스판매로 구분할 수도 있다. 형체가 있는 제품을 판매하는 인터넷 업체들과 형체가 없는 서비스를 판매하는 인터넷 업체들로 구분이 가능하다. 세 번째 분류는 판매하는 제품의 형태로 분류하는 것도 가능한데, 이 세상에서 가장 많이 판매되는 제품들인 의류, 식품, 잡화로 분류가 가능하다. 네 번째는 판매의 목적보다는 홍보나 정보전달의 간접적인 마케팅활동들을 수행하는 분류가 가능할 것으로 보인다. 예를 들어서, 기업 홍보용 사이트나 포털을 통한 광고마케팅을 하는 경우도 장기적인 마케팅활동의 일부라고 볼 수 있다. 하나씩 열거해서 분류하면 다음과 같다.

2) 인터넷 마케팅 종류

(1) 판매자와 소비자의 형태에 따른 종류

판매자와 소비자의 형태에 따른 종류는 크게 세 가지가 있는데 다음과 같다.

첫째, 기업 간 인터넷 마케팅이다. 인터넷 마케팅의 발홍지인 미국에서 인터넷 마케팅의 대부분이 기업 간 형태이다. 기업들이 판매하고 구매하는 것을 과거에는 전화하고 팩스로 확인하고 배송지침을 내리던 것이 거의 모두 인터넷 사이트를 통해서 통합형 마케팅으로 선진적으로 발전해서 많은 비용감소를 한 것이다. 물론 인터넷 마케팅의 직접목표 중 하나가 수익창출에 있기 때문에 기업 간 마케팅에서도 효율성이 늘면서 줄어든 비용에 대비해서 많은 판매효과가 나고 있는 것도 사실이다.

그런데 우리나라의 경우에는 기업 간 인터넷 마케팅의 비중이 미국만큼 막대하지 않다. 기본적인 이유는 미국은 신용사회(Credit Society)가 오래전부터 확립되어 오프라인 마케팅 업무 대부분이 바로 인터넷으로 적용되어 진행되었다. 그러나 불행하게도 우리나라는 아직 현찰거래가 많으면서 미국에 비해서는 불투명한 거래관행들이 많이 남아 있다. 예를 들어서, 거래와 관련된 자료들을 없애고 판매하는 무자료거래의 관행이 아직도 있고, 현찰거래를 통해서 마케팅을 하므로 나중에 판매실적에서 의도적으로 누락시키는 경우도 있고(세금탈루의 목적), 또한 어음거래를 하면서 대금지불을 하지 않는 경우도 있고(의도적인 사기행위), 또한 재벌그룹 내부의 회사와 외부의 약한 협력업체와의 거래에서 재벌계열사들이 일방적으로 약한 업체들에게 가격인하나 판매중단을 요청하는 행위들도 많기 때문이다. 또한 기업 간 인터넷 마케팅의 상당 부분을 차지했던 소모성 자재들(MRO)에 대해서 재벌들이 치부의 수단으로 활용한다는 비판이 일자 삼성과 같은 거대재벌이 MRO 인터넷 마케팅 계열사를 외부에 팔아버린 경우도 있었다.

기업 간의 인터넷 마케팅은 상당히 중요하다. 대량생산된 규격공산품들을 제조업체들이 막강한 판매력을 가지고 있는 할인점과 같은 대형 유통업체들에게 판매하는 형태를 인터넷으로 수행하게 되면 양자 간에 엄청난 효과를 보게 된다. 제조업체들이 미리 판매망을 확보할 수 있게 되면서 자동판매가 가능해지고, 또한 유통업체들은 미리 확보된 제조업체와의 연계를 통해서 자동발주가 가능해지는 것이다. 제조유통협력단계의 핵심이 인터넷 마케팅이라고 볼 수 있다.

기업 간 인터넷 마케팅이 확대되어서 정부와 기업 간의 조달발주와 물품공급의 인터넷 마케팅도 발생하고 있다. 우리나라는 조달청이 정부와 공공영역에서 필요한 거의 모든 것들을 발주하게 되는데 이때 정부의 수요에 대해서 원하는 기업체들이 인터넷을 통해서 제품정보와 가격정보를 제공하고 정부승인을 기다리는 경우도 많아지고 있다. 과거에 기업관계자가 정부의 조달청에 직접 방문해서 마케팅활동을 하는 것보다 인터넷을 통한 마케팅의 효율성이 훨씬 더 증대하게 된 것이다. 혹자들은 기업과

정부 간의 활동을 인터넷 마케팅의 영역에서 제외하는 경우도 있다. 이유는 기업이 최종소비자들을 상대로 영리목적으로 하는 것에 마케팅의 개념을 한정할 때 정부의 조달청은 최종소비자가 아니라 중간소비자라는 관점에서 마케팅의 대상이 아니라고 해서 대학교재에서 제외시키는 경우도 상당히 있다.

둘째, 기업과 소비자 간의 인터넷 마케팅도 상당히 활발하다. 미국에 비해서 우리나라에서는 기업과 소비자 간의 인터넷 마케팅이 더 활발한 면도 있다. 그것은 전세계에서 최고의 인터넷 인프라스트럭처를 우리나라가 갖추고 있기 때문으로 보인다. 초등학생들부터 80이 넘은 어르신들까지 거의 전국민들이 인터넷 생활화를 하고 있는 우리나라에서 기업과 소비자 간의 인터넷 마케팅이 더 활성화 된 것으로 보인다.

기업과 소비자 간의 인터넷 마케팅은 기업체들이 과거의 오프라인에서 판매되던 것들을 온라인으로 끌어올려서 별도의 추가적인 점포개설비용과 점포운영비용 없이 수행하는 모든 마케팅활동들이다. 미국의 아마존이 서적을 전세계의 모든 소비자들에게 판매하는 것처럼, 우리나라의 예스24도 거의 모든 전국에 도서를 판매하고 있는 것이 대표적인 형태이다. 또한 미국에서 컴퓨터 주문생산방식을 카탈로그로 시작해서 인터넷으로 바꾸어서 급성장을 한 델컴퓨터도 기업과 소비자 간 인터넷 마케팅의 대표라고 할 수 있다.

셋째, 소비자 간 인터넷 마케팅도 어느 정도는 진행되고 있다.

아파트들이 밀집한 곳에서는 매주 월요일이나 혹은 수요일에 장터가 열린다. 가게들이 아파트 내부로 출장을 나온 경우도 있으나, 아파트 거주민들이 자기에게 필요가 없는 제품들을 가지고 나와서 필요한 사람들에게 판매하는 벼룩시장의 형태도 있다. 소비자와 소비자 간의 과거의 재래시장의 판매나 혹은 현대식의 직접 판매가 온라인으로 옮겨온 것이 경매라고 볼 수 있다.

소비자가 판매하고 소비자가 구매하는 소비자 간의 인터넷 마케팅의 대표는 우리나라의 거의 모든 경매 사이트들이 이에 해당한다고 볼 수 있다. 미국의 이베이가 가장 큰 경매사이트이다.

미국 이베이의 자회사가 운영하는 우리나라의 옥션은 대표적인 소비자 간 인터넷 마케팅의 형태라고 볼 수 있다.

(2) 제품판매와 서비스판매의 형태에 따른 종류

제품판매와 서비스판매의 형태의 종류는 크게 두 가지가 있는데 다음과 같다.

첫째, 제품판매만 하는 인터넷 쇼핑몰들이 그것이다. 우리나라의 상당수의 쇼핑몰들은 오프라인에서 판매되는 제품 중 자동차와 보석류를 일부 제외하고는 거의 모든 것을 판매한다. 자동차는 단가가 너무 비싸고 메이커가 현대자동차와 기아자동차로 거의 제한되어서 가격통제가 심하므로 온라인에서 판매하기는 힘들고 또한 보석류는 가짜가 많고 눈으로 안 보고 구매하기에는 부담감이 크다는 것이 이유이다.

둘째, 서비스를 위주로 하는 인터넷 마케팅 업체들이다. 오프라인에서 서비스를 공급하는 업체들(미용실, 헬스장, 골프클럽 등)이 온라인으로 옮겨와서 서비스를 공급하는 형태이다. 온라인만으로 모든 서비스를 제공하기는 어려워서 온라인으로 정보제공과 예약을 받고(일부의 예약금이나 선수금을 받고) 서비스 판매 확보를 한 후에 하는 형태가 있다. 이러한 경우에는 오프라인과 온라인 서비스의 결합 형태라고 볼 수 있다.

이와는 달리, 순수하게 온라인에서만 서비스를 판매하는 업체들도 있다. 인터넷의 도입과 함께 전국적으로 온라인 게임이 확산되었다. 전국 어디에서든지 PC만 있으면 접속이 가능해서 도박이나 바둑과 같은 사행성 게임을 하거나 그냥 시간 보내는 형태의 단순한 게임접속도 거의 모두 유료화의 형태로 진행되고 있다. 이것은 온라인 서비스의 전형적인 형태라고 볼 수 있다.

(3) 판매되는 제품의 유형에 따른 종류

형체가 있는 제품을 판매하는 경우에는 오프라인에서도 가장 많이 구분되는 형태인 의류, 식품, 잡화가 인터넷 마케팅을 제품별로 분류한 형태라고 볼 수 있다. 우리나라에서 판매되고 있는 전체 제품의 숫자는 약 500만 개 정도라고 한다. 수천 개의 대형 오프라인 점포들과 수십만 개가 넘는 중소형 오프라인 점포들이 이들을 취급하고 있다. 또한 점포등록을 하지 않는 전국의 수많은 업체들(구멍가게, 지하철행상, 도로변의 무등록 점포들)도 엄청나게 많다고 한다. 이러한 거의 모든 오프라인 점포들이 500만 개의 제품들을 조금씩 취급하고 있다. 초대형 백화점인 롯데백화점 서울 명동 본점의 경우에는 대략 60만 개에서 80만 개 정도의 제품을 취급한다고 하고(입점업체들의 변화에 따라서 변화가 심함) 나머지 업체들은 보통 적으면 수천 개에서 많으면 수만 개 정도를 판매한다.

온라인 마케팅 업체들은 쇼핑몰에 리스트 업을 할 수만 있다면 얼마든지 제한을 받지 않고 취급이 가능하다. 오프라인 업체들이 매장면적의 제한을 받는 것과는 다르게, 온라인 마케팅 업체들은 그들이 제품공급 업체들을 확보할 수만 있다면 얼마든지 취급할 수가 있다.

우리나라에서 가장 많이 팔리는 것들이 의류, 식품과 잡화이다. 나머지들은 거의 이 세 종류의 부속물들이라고 할 수 있다. 대형 백화점에 가보면 제품들이 위의 세 가지로 구성되어 있는 것을 알 수 있다. 지하 1층과 2층은 식품매장이고, 지상 1층부터 5층 정도까지는 의류와 관련된 패션용품과 화장품들이고, 지상 6층부터는 잡화 종류와 이와 관련된 가구나 기타들이다.

첫째, 의류쇼핑몰은 우리나라의 소비자를 타깃으로 하는 인터넷 마케팅의 대표라고 할 수 있다. 20~30대의 젊은 여성들을 상대로 하는 의류쇼핑몰들이 청소년들과 20대 젊은 여성마케터들이 중심이 되어 운영되고 있다. 우리나라에서 팔리는 의류는 거의 다 여성을 상대로 한 것이다. 남성을 상대로 한 쇼핑몰은 173cm 남자 중심의 '머시따' 정도이다. 우리나라 남성들의 평균키가 173cm라는 것에 착안해서 만든 남성전용의 의류쇼핑몰이다. 그외 거의 모든 것들은 여성전용이다. 코코라벨, 로맨틱슈슈, 동경대샵, 프체카, 마이롤리타, 엔젤짱, 헤이요, 위드윤, 소녀나라 모바일 등이다. 이중에서 소녀나라 모바일은 모바일 전용의 의류쇼핑몰이다.

둘째, 식품전용 쇼핑몰도 많다. 서울식품, 엘피스, 닥터스샵 등이 있다. 이들은 식품전용 쇼핑몰로서 다양한 형태의 제품들을 판매하고 있다. 예를 들어서, 서울식품은 통조림, 라면, 과자 등을 판매하고 있고, 엘피스는 건강식품 전문점이며, 닥터스샵은 한의사 전용식품 전문몰이다.

셋째, 잡화전용 쇼핑몰도 많다. 미용사몰, 시크릿몰, 유아짱, 디씨엔세일, 바비슈, 굿데이몰, 마탱샵, 헬로운 오피스, 보하스, 싸다클로스 등이 있다. 이들은 의류와 식품을 제외한 거의 모든 종류의 잡화들을 취급하고 있다.

이와 같은 인터넷 마케팅 업체들은 특정의 전문용품들을 판매하는 곳들이다. 의류,

식품, 잡화로 특정한 제품들을 취급하는 전문쇼핑몰들이다. 그러나 우리나라에는 이와 같은 전문 인터넷 마케팅 업체들과 달리 거의 모든 제품들을 취급하는 종합인터넷 업체들도 있다. 오프라인의 강자인 대형 백화점과 할인점 체인들이 오픈한 쇼핑몰들은 오프라인에서 판매하던 거의 모든 제품들을 온라인으로 가져와서 판매하고 있다. 예를 들어서, 롯데닷컴은 롯데백화점의 온라인 쇼핑몰이고, 현대H몰은 현대백화점의 전용 쇼핑몰이고, 신세계몰은 신세계백화점의 인터넷 마케팅 업체이고, 이마트 인터넷 쇼핑몰은 할인점 일등인 이마트의 인터넷 쇼핑몰이고, 홈플러스 인터넷 쇼핑몰은 영국의 테스코가 운영하는 홈플러스의 인터넷 쇼핑몰이다. 이 종합쇼핑몰들은 자기들끼리도 경쟁하고 또한 전문쇼핑몰들과도 경쟁을 하고 있다.

(4) 마케팅의 직접성과 간접성에 따른 종류들

인터넷 마케팅을 직접적으로 수행해서 제품이나 서비스를 판매하는 업체들(앞에서 언급한 거의 모든 업체들이 해당함)과는 다르게, 직접판매의 목적이 아니라 기존의 오프라인 판매망에 대한 광고제공이나 혹은 소비자불만 접수와 같은 간접적인 인터넷 마케팅을 하는 업체들도 있다.

판매행위를 하는 거의 모든 제조업체들의 홈페이지는 자사가 생산하거나 취급하는 제품들의 광고를 하고 있다. 소비자들이 자사 홈피를 방문하면 저절로 정보를 획득할 수 있게 해둔 것이다. 또한 소비자불만 접수도 인터넷으로 하여 기존불만을 해소하는데 노력하고 있다. 이와 같은 행위들은 간접적으로 판매를 지원하는 행위라고 볼 수 있다.

중간사례 좋은 제품 · 착한 유통 '대표 쇼핑 사이트'

㈜이베이코리아가 운영하는 옥션(www.auction.co.kr)은 1998년 국내 최초의 인터넷 경매 사이트로 출발한 이후 현재 약 2,100만 명의 회원을 보유하고 있는 한국의 대표적인 쇼핑 사이트다. 2002년 4월 누구나 온라인상에서 자유롭게 물건을 사고팔 수 있는 '온라인 마켓 플레이스'라는 비즈니스 모델을 선보이며 꾸준히 성장하고 있는 옥션은 소비자에게는 좋은 제품을 저렴하게 공급하고, 우수한 영세상인들과 중소업체들에게는 상품을 판매할 수 있는 장을 마련해준다는 목표로 뛰고 있다.

옥션은 판매자와 공동으로 상품을 기획해 저렴한 가격으로 단독 유통하는 '단독상품 브랜드 마케팅'을 전개했으며 우수한 중소기업과 판매업체를 발굴하는 데 많은 성과를 올렸다. 반값상품 브랜드인 '올킬'의 상표출원을 신청한 것과 디지털 가전상품 브랜드 '에이뷰', 식품 · 생활용품 브랜드 '스마일푸드, 스마일라이프' 등을 선보인 것이 그 대표적 사례로 꼽힌다. 또한 해외 시장에도 눈을 돌려 국내 상품의 온라인 수출을 지원하고 있다. 특히 최근 오픈해 전세계 이베이 고객에게 가수 싸이 관련 상품을 선보인 YG엔터테인먼트의 '이베이 스토어'는 큰 관심의 대상이 되기도 했다.

옥션은 온라인 쇼핑몰 구매자들의 다양한 수요에 부응하기 위해 품질 좋은 브랜드 제품과 마트에서 취급하는 제품, 서비스 상품군을 강화했다. 우선 롯데닷컴과 함께 '롯데백화점관'을 운영하고 있으며, 1,000여 개 패션 브랜드와 패션 유통업체들을 모은 '브랜드온' 코너도 선보이고 있다. 생필품이나 식품을 저렴하게 구입할 수 있는 '마트온' 서비스는 기존 오픈마켓 판매자별로 개별 주문하는 것이 아니라 고객이 쇼핑카트에 여러 오픈마켓의 상품을 담아 통합주문할 수 있는 서비스로 보다 편하고 빠르게 이용 가능하다.

옥션은 사회공헌활동에도 많은 관심을 기울이고 있다. '나눔쇼핑'이라는 콘셉트를 도입해, 판매 금액의 일부를 기부금으로 적립하는 식으로 판매 회원과 구매 회원 모두가 쉽게 기부에 참여할 수 있도록 시스템을 만들어놓았다. 고객이 참여해 나눔을 실천할 수 있는 봉사활동모임 '옥션나눔패밀리'도 지난 11월에 출범시켰다. 생필품 브랜드 5개 업체와 옥션이 손잡고 지난 8월에 만든 '바이굿스토어' 코너에서도 구매를 통한 나눔 활동을 할 수 있다. 고객들은 바이굿스토어에서 생활용품 재고상품을 최대 70%까지 저렴하게 구입할 수 있는데, 구매할 때마다 50원씩 기부금이 적립된다.

출처: 조선일보(2012년 12월 12일).

3. 인터넷 마케팅의 수행 형태

1) 인터넷 마케팅의 준비단계

인터넷 마케팅을 수행하기 위해서는 인터넷 쇼핑몰을 구축하는 것이 첫 번째 과제이다. 또한 쇼핑몰을 운영하기 위한 각종 인프라스트럭처를 구비하는 것이 필요하다.

인터넷 서비스 공급업체(Internet Service Provider)를 통해서 인터넷 마케팅에 필요한 도구들을 이용하면 된다.

인터넷 쇼핑몰 운영에 필요한 인프라스트럭처로는 다음과 같은 것들이 있다.

- 쇼핑몰의 구축과 커뮤니케이션을 위한 인프라스트럭처(쇼핑몰과 주문접수시스템)
- 공급업체와의 수발주업무를 위한 인프라스트럭처(이메일과 EDI)
- 각종 자료분석을 위한 인프라스트럭처(데이터베이스와 물류)
- 기본적인 네트워크 인프라스트럭처

첫째, 쇼핑몰의 구축과 주문접수시스템은 가장 기본적인 것이다. 타 쇼핑몰들과는 차별화되는 자사만의 독특한 쇼핑몰을 구축하는 것이 필요하다. 또한 기본적으로 고객으로부터 주문을 받고 신용카드 인증을 받을 수 있는 시스템도 필요하다.

둘째, 공급업체들에게 발주를 하기 위한 시스템도 필요하다. 중소형 업체들은 주로 이메일로 하고, 대형업체들은 EDI로 한다. EDI는 사람이 개입이 없이 공급업체와 인터넷 업체 간에 상호연결시스템인데 구축비용이 많이 들어서 우리나라 거의 90%의 중소형 쇼핑몰들은 비용부담 때문에 하지 못하고 있다.

셋째, 고객의 주문을 접수해서 나오는 데이터를 분석해서 고객관계관리(Customer Relationship Management: CRM)가 가능할 수 있다. 또한 이 자료를 분석해서 고객에게 판매하기 위한 물품의 구매를 할 때도 활용할 수 있다(신규제품의 선정과 기존제품의 탈락을 위한 의사결정).

넷째, 인터넷 마케팅은 온라인상에서 이루어지므로 기본적인 통신을 위한 거의 모든 시스템들(유무선통신, 인터넷, VAN, LAN, 인트라넷)이 필요하다. 대형 기업체의 경우에는 인트라넷을 활용할 수 있으나, 중소형 업체인 경우에는 그냥 내부적으로 이메일로 의사소통이 가능하다.

2) 인터넷 마케팅의 수행단계

인터넷 마케팅의 준비가 완료되면 쇼핑몰에 자사가 취급하는 제품과 서비스에 대한 리스트 업을 하는 것이 필요하다. "우리가 무엇을 어떤 가격에 팔고 있다."고 하는 판매메시지를 기업고객이든 혹은 최종소비자이든 간에 알려야 한다. 자사가 가장 경쟁력 있게 내세우는 제품과 서비스를 첫 페이지에 올려서 소비자들이 바로 볼 수 있게 하는 것이 필요하다.

오프라인 마케팅에서는 점포 내부로 들어오는 고객들에게 종업원들이 환대하면서 인적 마케팅에 나선다. 이것이 상당히 효과가 있다. 보통 전세계적으로 오프라인 점포 내부에 들어오기 전에 제품에 대한 구매계획을 완료하고 들어오는 경우가 약 절반 정도이고 나머지 절반 정도는 아무런 생각없이 그냥 점포에 들어와서 상황을 보고서 구매를 하는 충동성구매이다. 오프라인에서는 종업원들이 설득을 하고 강력하게 권유를 하면 소비자들이 할 수 없이 구매하는 경우도 꽤 된다.

그런데 인터넷 마케팅에서는 소비자와 판매자가 직접 면대면 접촉을 하지 않으므로 강권을 할 방법이 별로 없다. 이메일로 문의가 들어오면 제품에 대한 보다 더 상세한 정보를 제공하는 것뿐이다. 얼굴을 맞대고 있을 때는 세 번 강권하면 한 번 정도는 구매하는 것이 보통이라고 알려져 있으나, 얼굴을 맞대지 않은 경우에는 100번을 강권해도 한 번 살까말까하다고 한다.

따라서 인터넷 마케팅에서는 많은 쇼핑몰들이 동시에 판매하고 있는 제품의 경우에는 오로지 저가격만이 강력한 경쟁요소가 된다. 다른 쇼핑몰들은 취급하지 못하는데 우리만이 가지고 있는 제품의 경우에는 이 자체로서도 경쟁력이 있다. 그러나 중소형 쇼핑몰들이 자체주문하여 생산하고 판매하는 경우는 거의 없으므로 이 방법을 선택할 수가 없다. 또한 대형 쇼핑몰들의 경우에도 인터넷전용 제품을 주문발주해서 판매하는 경우는 현재로서는 별로 없다고 볼 수 있다. 따라서 제품은 오로지 싸야만 나간다.

서비스의 경우에는 직접적인 경쟁이 잘 되지 않는다. 서비스란 제품과 달리 형체가 없어서 온라인 자체로만 판매하기는 쉽지 않다. 서비스 인터넷 업체들은 강력한 오프라인 브랜드를 가지고 있어야 한다. 그렇지 않고서는 온라인만의 서비스는 잘 안되고, 간혹 성공하는 경우는 중독성이 강한 게임과 포르노 정도이다. 사행성 게임에는 규제가 들어가고, 포르노는 전부가 규제대상이 되고 있어서 남과 다른 독특한 서비스를 확보하는 것은 쉽지 않다.

3) 인터넷 마케팅의 지원단계

인터넷 마케팅 업체들의 90% 이상은 창업한 지 몇 년 이내에 도산한다. 이유는 온라인 마케팅의 기본적인 특징인 '일등독식현상(Winner takes all.)' 때문이다. 인터넷은 국경과 시간제약 없이 얼마든지 수행할 수가 있다. 따라서 경쟁력이 있고 강력한 마케팅 브랜드 업체들이 강한 마케팅을 하면 대부분의 경쟁력이 약한 업체들은 자연스럽게 도산한다.

우리나라에도 구축된 의류전용쇼핑몰 만 개 중에서 살아남은 것이 몇 십 개라는 말들이 비일비재하게 떠돌아다니고 있다.

이와 같은 험난한 과정을 거쳐서 성공한 업체들은 장기적인 발전전략을 구축해야 한다. 가장 중요한 것이 경쟁력 있는 제품들을 안정적으로 공급받을 수 있는 시스템을 구축하는 것이다. 또한 지속적으로 자기혁신을 해서 경쟁업체들과 다르다는 것을 끊임없이 보여주어야 장기발전이 가능하다.

4. 인터넷 마케팅의 마케팅 믹스

1) 마케팅 믹스의 의의

마케팅 믹스(Marketing Mix)란 마케팅활동을 수행하기 위한 도구들을 의미한다. 미국의 유명한 마케팅 교수인 McCarthy가 1960년대 마케팅 믹스에는 크게 4P가 있다고 제창하면서 학문적으로 개념화되었다. 여기에서 4P란 마케팅활동을 수행하는 것으로 P로 시작하는 네 가지를 의미한다.

- 제품(Product)
- 가격(Price)
- 유통(Place)
- 촉진(Promotion)

이와 같은 것들은 마케팅 담당자가 직접 통제하면서 마케팅활동을 수행하기 위해서는 절대적으로 필요한 것들이다.

인터넷 마케팅에서도 위의 4P는 대체로 적용이 된다. 단 유통의 경우에는 보통 오프라인의 점포를 의미하는데(McCarthy 교수가 4P를 제안할 때는 지금처럼 온라인이 없었음) 현재의 인터넷 마케팅에서는 오프라인 점포가 없이 온라인으로만 하는 것을 의미하는 것이 큰 차이라고 볼 수 있다. 인터넷 마케팅 믹스를 하나씩 설명하면 다음과 같다.

2) 인터넷 마케팅의 제품

인터넷 마케팅의 제품이 일반적인 마케팅의 제품과 큰 차이가 현재는 없다. 인터넷이 상업화된 지가 20년 정도 되므로 현재는 역사가 짧아서 오프라인에서 성공한 제품들을 인터넷 마케팅에서 그대로 판매하는 실정이다. 그러나 상당한 기간이 흘러서 인터넷 마케팅 자체로서 많은 매출을 올릴 수 있다면 인터넷 마케팅에서만 판매되는 특별한 제품들(당연히 오프라인에서 팔리지 않고)이 출시될 것이다. 현재 TV홈쇼핑에서 취급되는 대부분의 제품들이 중소기업 제품들로 홈쇼핑으로 처음 출시되는데 홈쇼핑에서 인기를 끌면 바로 대형마트에서 입점을 시키는 형태가 나타나고 있다. 중소기업체 입장에서는 온라인이건 오프라인이건 간에 많이만 팔면 되므로 판매력이 상당한 대형마트가 제품을 달라는데 안 줄 이유가 없다.

그러나 장기적으로는 독자의 유통경로를 가지고 있어야 수십 년 이상의 지속적인 성장이 가능하다. 따라서 언젠가는 대형 온라인 쇼핑몰들이 자체 개발해서 공급업체들에게 주문제작을 하고 그것을 자사의 인터넷 마케팅 경로로만 파는 형태가 나올 것이다. 이것은 현재 오프라인 마케팅에서 대형 점포들(백화점이나 할인점)이 자체 개발한 PB상품(Private Brand: 특정의 유통업체에서만 판매되는 제품들)처럼 인터넷 마케팅 전용의 PB상품이 나타날 것이다.

3) 인터넷 마케팅의 가격

인터넷은 출현하면서부터 공짜다, 저렴하다라는 생각들이 소비자들에게 많이 알려져 있다. 온라인에서는 거의 모든 홍보나 정보들이 공짜로 입수가 가능하고(오프라인 신문은 돈을 내고 사는데, 온라인에 나오는 신문기사는 공짜) 또한 인터넷으로 사면 오프라인보다 항상 싸다는 개념이 많은 사람들에게 광범위하게 퍼져 있다.

따라서 일반적으로 인터넷에서 마케팅할 때는 오프라인 마케팅에서 판매하는 것과 동일한 제품의 경우에는 상당히 싼 가격으로 판매되고 있다. 인터넷 마케팅은 오프라인에 비해서 점포개설 비용이 줄어들고 또한 마케팅 인건비도 줄어 드므로 어느 정도의 가격할인은 가능하다. 그러나 인터넷 마케팅에서는 인터넷 점포들 간의 경쟁이 치열해지면서 한푼이라도 더 싸게 하려고 인터넷 출혈경쟁이 자주 일어나는 것이다.

가격경쟁에서 이기기 위해서 무조건 가격할인을 하는 것은 자기파멸의 결과를 초래한다. 소비자들은 오프라인에 비해서 싸야 인터넷으로 구매하는 맛이 난다고 하는데 오프라인보다 비싸면 안 된다. 이러한 고민거리를 해결하려면 인터넷 마케팅 점포들이 제품들의 가격정책을 다변화하는 것이 필요하다. 한 개씩 파는 것이 아니라, 묶어서 판매하는 것이다. 일곱 개에 48,200원 하면 소비자들이 한 개에 얼마인지를 계산하기가 쉽지 않다. 그래도 계산하는 소비자들이 염려된다면 여기에다가 관련된 2,100원짜리 제품을 한 개를 끼워준다고 하면 한 개의 가격을 오프라인의 점포들과 직접 비교하는 것이 그렇게 용이하지 않다.

4) 인터넷 마케팅의 유통

인터넷 마케팅에서는 오프라인 마케팅과는 완전히 다르게 유형의 점포가 없다. 그냥 인터넷 공간상에 쇼핑몰을 구축하면 된다. 그러나 점포가 없을 뿐이지 오프라인 마케팅에서 하는 것과 거의 비슷한 유통의 기능들은 다 수행하게 된다. 예를 들어서, 판매할 제품을 공급받아야 하는데 이것은 오프라인이나 온라인이나 마찬가지이다. 또한 오프라인에서는 소비자들이 대부분의 경우에 그들이 구매한 제품들을 스스로 들고 가는 데 비해서, 온라인에서는 소비자들에게 배송을 해주어야 한다.

5) 인터넷 마케팅의 촉진

인터넷 마케팅에서는 오프라인 마케팅과 비슷한 촉진활동을 수행하게 된다. 그러나 각각의 촉진의 수단들에 대해서는 온라인과 오프라인의 비중이 다르다. 보통 촉진이라고 하면 소비자에게 제품을 판매하기 위해서 알리거나 구매권유를 하는 것을 말한다. 촉진을 수행하는 방법들에는 광고, 인적판매, 판매촉진, 홍보가 있다. 광고란 대규모로 마케팅 업체가 비용을 들여서 소개하는 것이고, 인적판매란 세일즈를 하는 사람들이 판매시도를 하는 것이며, 판매촉진이란 소비자의 구매를 유도하기 위한 사은품이나 적립금을 제공하는 행위를 말하고, 홍보란 기업체가 돈을 들이지 않아도 외부의 신문이나 방송이 기업체가 판매하는 제품을 취급해 주는 것을 말한다.

오프라인 마케팅에서는 인적판매가 상당히 활발한데, 온라인 마케팅에서는 인적판매는 그렇게 쉽지가 않다. 오프라인 마케팅에서는 보험, 자동차, 정수기를 판매하는 분들이 소비자들을 찾아서 방문하는 경우가 많으나, 온라인 마케팅에서는 기본적으로 판매자와 소비자가 만날 필요가 없으므로 인적판매가 잘 나타나지 않는다. 인터넷 마케팅에서는 홈페이지에 방문해서 고객정보를 남긴 분들에게 전화를 걸어서 권유하는 텔레마케팅이 일반화되어 있는 정도이다. 그러나 얼굴을 맞대고 하는 것에 비해서 전화로 하는 것은 훨씬 더 구매설득력이 떨어진다. 잠재소비자가 관심이 없으면 일방적으로 전화를 끊어도 어떻게 할 수가 없기 때문이다.

인터넷 마케팅에서 가장 많이 쓰이는 촉진수단은 광고이다. 방문자 숫자가 많은 포털에 광고를 하는 것이나 혹은 각종 사이트들에 조각광고를 하는 것이 많이 쓰이는 방식이다. 또한 인터넷 마케팅에서도 판매촉진을 하는 경우가 많은데 소비자들에게 적립금을 주겠다고 유혹을 하는 것이다. 홍보는 신문사나 방송국이 스스로 알아서 해주어야 효과가 있다.

5. 인터넷 마케팅 사이트의 구축과 활용

1) 사이트의 구축

안터넷 마케팅 사이트를 구축할 때의 핵심적인 고려요소들이 있다. 이것들을 전부 감안해서 사이트의 구축방향을 결정해야 한다. 그리고 나서 구체적으로 사이트를 구축해야 한다. 각각을 하나씩 설명하면 다음과 같다.

(1) 사이트 구축의 핵심 고려요소

① 고객점유율을 높일 수 있도록 매스 커스터마이제이션을 활용한다.

고객점유율(Customer Share)이란 고객의 마음속에 인터넷 마케터가 구축한 사이트가 얼마나 많이 활용되고 있는가를 비율로 표시한 것이다. 예를 들어서, 인터넷 마케터가 책의 사이트를 구축했는데 고객들이 일 년에 10권의 책을 살 때 평균적으로 특정의 인터넷 마케팅 사이트에서 3권을 주문하게 되면 30%의 고객점유율을 차지하게 된다. 고객점유율은 고객의 구매상황에 비례해서 얼마만큼 특정 사이트를 이용하는가를 표시하는 중요한 지표이다. 고객점유율을 높이기 위해서는 고객별로 맞춤형 진행을 하는 것이 필요하다. 이것을 매스 커스터마이제이션(Mass Customization)이라고 부른다. 대중을 상대로 하지만 특정한 고객별로 세분화해서 욕구를 충족시켜 주는 것이다. 이것은 e-CRM을 통한 인터넷 마케팅에서 얼마든지 가능하다.

② 정보차별화와 고객차별화를 수행한다.

매스 커스터마이제이션과 연결해서 인터넷 마케팅 사이트는 정보차별화와 고객차별화를 시도할 필요가 있다. 정보차별화란 고객이 필요로 하는 정보의 양과 질을 다르게 제공하는 것이다. 고객이 다양한 정보에 관심이 많을 때에는 많은 정보를 제공하나, 반대로 고객이 특정의 단순한 정보(즉 특정 제품의 가격)만을 원할 때는 단순한 정보를 제공하는 것이 필요하다. 정보차별화를 통해서 고객별로 정보에 대한 인지가 쉽도록 유도하는 것이 바람직하다.

또한 정보차별화 이외에 고객차별화를 진행한다. 초보자에게는 단순검색을 유도하고, 관심자에게는 연관검색을 유도하며, 그리고 전문가에게는 상세검색을 실행할 수 있게 한다. 인터넷 마케팅 사이트들이 고객별로 세 가지의 다른 차원의 정보를 제공하는 것은 고객이 사이트 방문욕구를 높이면서 방문체류시간을 향상시키는 데 도움이 된다.

③ 연관성을 높인다.

인터넷 마케팅 사이트에서 연관검색어가 많이 나오도록 배치한다. 예를 들어서, 의류쇼핑몰에서 고객이 정장을 구매하게 되면 정장과 함께 각종 액세서리와 소품들을 쉽게 검색할 수 있도록 연관배치를 하는 것이 필요하다. 연관성이 높은 것을 함께 배치하면서 고객들로 하여금 특정한 카테고리에 깊숙하게 몰입할 수 있도록 유도하는 것이다.

연관배치가 활발하게 되면 고객들은 신규발견과 확신강화를 쉽게 할 수 있다. 자신이 아주 관심이 많은 제품카테고리에서 새로운 것을 마음껏 서치하도록 장시간을 할

애할 가능성이 높아진다. 또한 이러한 과정을 통해서 자신이 구매하려고 의도를 가진 것을 스스로 강화하도록 유도할 수가 있다.

(2) 사이트 구축의 진행절차

매월 만 번 이상의 페이지 뷰가 되면 중소기업의 인터넷 쇼핑몰로서는 성장할 가능성이 있다. 물론 월 백만 이상의 페이지 뷰가 되는 대형 사이트들도 있으나 대규모의 오프라인 광고가 수반되지 않고서는 사이트를 개설한 이후 일정 기간에 그 정도로 페이지 뷰를 높이는 것은 쉽지 않다. 인기가 있는 사이트를 구축하는 기본적인 절차는 다음과 같다.

① 사업 아이템을 선정하고 사이트를 개설한다.

인터넷 사이트로서 가장 많은 것이 의류쇼핑몰이고 그 다음이 인터넷으로 구매가 쉬운 컴퓨터 부속품이거나 도서류와 같이 규격화된 것이다. 식품류의 사이트는 상당히 드물다. 인터넷 마케팅을 수행하려고 하는 마케터가 자신이 강점을 가질 수 있는 사업아이템을 선정하는 것이 필요하다. 제품사이트는 상당히 많은 편이므로, 서비스 사이트를 개설하는 것을 강구해 볼 수도 있다.

사업아이템을 선정하고 나면 도메인 등록과 사이트 개설을 해야 한다. 처음에는 인지도가 없는 것이 보통이다. 사이트 브랜드 자산을 확고하게 하려면 모든 노력을 다해서 브랜드 인지도를 향상시켜야 한다. 그리고 어느 정도의 브랜드 인지도가 구축되면 그 다음에는 브랜드 이미지를 호의적으로 유지할 필요가 있다. 사이트 브랜드 자산은 브랜드 인지도와 브랜드 이미지로 구성된다.

② 사업자등록, 통신판매업신고 그리고 상품과 서비스를 판매한다.

사이트를 구성하고 나서 대금 결제가 가능하도록 사업자등록을 하고 통신판매업 신고 후 지불대행도 수행한다. 사이트를 유지할 수 있는 작은 공간만 있어도 이론적으로는 인터넷 마케팅이 가능하다. 서비스 판매의 경우에는 별도의 공간이 별로 필요 없으나, 상품판매의 경우에는 재고와 발송업무를 담당할 벤더가 별도로 있으면 장소점유가 적어도 된다. 그러나 화장품이나 의류를 직접 발송해야 하는 경우에는 창고가 확보되어 있어야 한다.

2) 사이트의 활용

(1) 바이러스 마케팅을 수행한다

인터넷 사이트가 성공하기 위해서는 한 번 이상 구매한 고객들의 입소문이 자주 나게 해야 한다. 그들이 스스로 판촉사원의 역할을 할 수 있게 구매고객에게 최대한도로 정성을 기울일 필요가 있다. 그들이 소비자로서 표현하고 싶은 가치들을 인터넷 사이트를 통해서 구현할 수 있게 도와주는 것이 필요하다. 최저가에 최고의 품질을 제공하는 것은 이론적으로 불가능하나, 어느 정도의 저렴한 가격에 80% 이상의 품질기대수준을 충족시켜 줄 수 있는 인터넷 마케팅을 진행하는 것이 필요하다.

(2) 모바일 접속이 가능하게 한다

최근에 스마트폰의 열풍으로 전국민의 대다수가 스마트폰으로 인터넷 접속이 실시간 된다는 것을 활용해서 학생들이나 직장인들이 출퇴근시에 버스나 지하철에서 순간구매를 할 수 있게 유도하는 것도 바람직하다. 혹은 공부, 업무, 가사노동에 종사하다가 쉬는 시간에 모바일로 인터넷 접속을 할 수 있게 하는 것이 바람직할 것으로 보인다.

6. 인터넷 마케팅의 성공전략

인터넷 마케팅이 진입비용이 적다고 해서 많은 업체들이 쉽게 진입한다. 1990년대에 대한민국의 거의 모든 업체들이 인터넷 마케팅에 뛰어들었고(설탕을 파는 업체는 인터넷 마케팅이 불가능한데도 뛰어들었고) 또한 수백만 명에 달하는 개인들이 인터넷 쇼핑몰을 우후죽순 열었으나(수천 개에 달하던 명품 쇼핑몰들 중 대부분이 연기 속으로 사라졌고) 지금은 어느 정도 재편기에 돌입했다고 볼 수 있다.

약 10~20년 정도의 인터넷 마케팅의 직접 경험이 있는 우리나라에서 장기적으로 성공할 수 있는 전략들을 기술하면 다음과 같다.

1) 고객관계 구축과 고객지식 활용전략

고객관계관리의 개념들을 대폭적으로 도입하는 것이 바람직하다. 고객관계관리(Customer Relationship Management)란 고객정보를 수집하고 분류하고 파악해서 고객과의 장기적인 관계를 유지하려는 것이다. 고객과의 관계를 강화하는 것이 약한 관계를 유지하는 것보다 훨씬 더 효율적이다. 고객의 평생가치를 분석해서 고객가치가 높은 사람에게 좀더 많은 혜택을 제공하는 마케팅을 수행하는 것이다.

고객들의 감정을 세밀하게 파악해서 그들이 인터넷 마케팅을 통해서 받을 수 있는 효익이 그들이 인터넷 마케팅에 투입하는 비용을 상쇄할 수 있도록 유도하는 것이 필요하다. 고객경험을 증대시킬 수 있도록 재미있는 경험들을 스스로 창의적으로 진행할 수 있게 하는 것이다.

2) 온오프 제품차별화전략

인터넷 마케팅이 성공하겠다고 오프라인에서 판매되지 않는 제품만을 취급하는 것은 불가능하다. 최초로 만든 제품을 인터넷을 통해서 판매를 했더니 대박이 나면, 그 다음 수순은 그것을 오프라인에서도 팔려고 한다. 현재는 우리나라에서 인터넷 마케팅 매출은 전체 매출의 10~20% 정도가 안 되고, 대부분이 오프라인 마케팅의 매출이다. 따라서 인터넷에서 성공하면 더 많은 매출의 기회를 잡으려고 오프라인으로 진출하게 된다.

현재는 오프라인에서 성공한 것들을 인터넷에서 오프라인에 비해서 싸게 파는 것이 대세이다. 오프라인에서 잘 안 팔리던 것을 인터넷으로 판매하려고 하면 아예 알릴 수가 없어서 거의 못 팔게 된다.

인터넷과 오프라인 중 어느 쪽 광고가 더 힘든가?

일반적으로는 인터넷이 더 쉽다고 하는데 실제로는 오프라인이 더 쉽다. 오프라인에서는 일단 매장을 열고 간판을 걸고 점포를 운영하면 그 근처 100m 이내의 사람들은 거의 매일 보게 된다. 따라서 그냥 눈에 익게 된다. 그러나 인터넷 마케팅은 PC의 화면에서 잡히지 않으면 소비자에게 노출이 될 수가 없다.

오프라인에서 성공한 제품을 온라인에서 10~20% 저렴하게 팔게 되는데 실제 그렇게 하려면 공급받는 가격을 10~20%를 저렴하게 매입하면 된다. 그런데 매입량이 얼마 안 되는 대부분의 중소형 인터넷 점포들이 오프라인 점포들에 비해서 10~20%의 매입가격 할인의 혜택을 받을 수가 없게 된다. 대부분은 오프라인과 비슷한 가격에 매입해서 마진율을 낮춰서 팔게 되는 것이다. 그러다가 경쟁이 심해지면 점점 더 깎아서 장기적으로는 팔면서 손해를 보는 경우가 대부분이다.

따라서 온라인 마케팅이 오프라인 마케팅에 비해서 가격경쟁력을 확보하지 않으면 절대로 성공할 수가 없다. 어떻게 해야 인터넷 마케팅에서 오프라인 마케팅에 대비한 가격경쟁력을 확보할 수 있는가?

몇 가지 방안들이 가능하다.

첫째, 대형 오프라인 업체들이 취급하는 제품은 되도록 취급하지 않는 것이 필요하다. 삼성전자의 노트북은 삼성전자 대리점들과 대형 할인점들이 거의 다 취급한다. 따라서 이것을 온라인 마케팅에서 판매하겠다고 하면 싸게 구입해야 하는데 삼성전자 측에서 그렇게 공급하지 않을 것이다. 따라서 대형 오프라인 업체들이 취급하지 않는 제품군을 찾아나서는 것이 필요하다.

오프라인에서 발품을 팔아도 살 수 없는 제품들이 있는 인터넷 마케팅 쇼핑몰은 그 자체로 손님을 끌 수가 있다. 그런데 대형 오프라인 매장들이 취급하는 것을 전부 제외시키면 손님들에게 제공할 수 있는 구색이 떨어질 수가 있다. 이러할 때에는 대형 오프라인 업체들이 취급하는 것은 소량의 품목만을 가지고(그것도 한정 개수로서 주문이 들어오면 재고가 없다고 하거나 혹은 미리 예약주문을 하면 팔겠다고 하고), 그리고 대부분의 경우에는 대형 오프라인 점포들이 취급하지 않는 제품의 특이한 품목으로 구색을 갖추는 것이 필요하다. 다시 말해서, 중소형 인터넷 마케팅 업체가 대형 오프라인 업체들과 직접적인 가격경쟁을 하지 말라는 것이다.

둘째, 전국의 오프라인 업체들과 연계를 맺어서 그들이 팔고 있는 것들 중에서 아직 온라인에 올라오지 않은 것들이 있으면 이것을 빨리 선정해서 판매하는 전략이 필요하다. 우리나라에 수십만 개가 넘는 오프라인 점포들이 제품이 비교적 양질인데도 불구하고 손님이 없어서 못 파는 경우가 꽤 많다. 이러한 업체들의 제품을 취급하는 것이다.

아니 전국적으로 흩어져 있는 그 많은 오프라인 업체들이 무슨 제품을 취급하는지를 어떻게 알 수가 있는가? 아는 방법이 있다. 전화번호부를 보고서 무조건 전화로 상담을 하는 것이다. 상당한 물량을 사줄 터이니 다양한 구색이 있는지를 물어보는 것이다. 특히 도매의 형태를 갖추고 있는 업체들에게 전화를 해서 물어보면 조금씩 찾아낼 수가 있다.

셋째, 제품구색을 좁힐 수 있는 데까지 좁혀서 그 구색 안에서만 제품을 판매하는 것도 가능하다. 의류쇼핑몰이라고 모든 여성용품을 팔아서는 제품경쟁력을 확보할 수가 없다. 이럴 때는 딱 한 가지의 여성용품, 예를 들어서, 양말만을 취급하는 것이다. 양말은 단가가 비교적 싸고, 그리고 매일 신는 것이다. 따라서 양말을 열 켤레 정도를 묶어서 파는 것으로 포인트를 잡고는 전국의 거의 모든 양말취급업체들이 판매하는 것을 다 취급하는 것이다. 온라인 양말 1인자가 되면 전국의 거의 모든 소비자들을 비교적 소액으로도 유혹할 수가 있다. 대형 인터넷 업체들이 양말전문쇼핑몰과 경쟁하려고 하지 않을 것이다. 그들에게는 매출이 얼마 되지 않기 때문이다.

3) 지각된 위험의 최소화

지각된 위험(Perceived Risk)이란 소비자가 구매를 하기 전에 구매와 관련해서 가지는 주관적인 위험도를 의미한다. 소비자들은 자신이 돈을 내고 사는 제품이 나중에 신체적인 해를 입을까 봐서 꺼릴 수 있고(물리적 위험), 반품이 안 되어 손해를 볼 수 있다거나(금전적 위험), 혹은 자신의 위신을 깎아내리는 제품이라고 생각할 수도 있다(심리적 위험).

이와 같은 위험들은 소비자가 주관적으로 느끼는 것들이다. 오프라인 마케팅에서도 소비자의 구매와 관련해서 지각된 위험의 인지가 자주 나타난다. 중고자동차가 도로변에서 갑자기 설 위험도 있고, 지하철 행상에게서 손톱깎이를 샀는데 한 번 쓰고 나니 고장이 났지만 어떻게 그 행상을 찾을 수도 없고, 또한 명품이라고 해서 샀는데 나중에 알고 보니 짝퉁이었다고 하면 기분이 상당히 나빠지는 것이다. 그러나 대부분의 경우에 오프라인 점포가 있으면 어느 정도의 발생된 위험에 대한 사후보상이 가능하다.

그러나 인터넷 마케팅의 경우에는 기본적으로 제품을 직접 만져 보지 못하고 구매하기 때문에 지각된 위험의 정도가 상당히 높아진다. 특히 의류나 보석류의 경우에는 PC나 TV에서 볼 때에는 화려하고 나한테 잘 맞을 것 같아서 구매했는데 실제로 입어 보니까 잘 맞지 않아 반품을 요청하는 비율이 급증한다. 보통 인터넷 마케팅에서 의류품의 반품률이 20~60% 정도 된다고 알려져 있고, 보석류는 60~90%가 되는 경우도 있다고 한다.

반품요청이 들어오면 인터넷 마케팅업체 입장에서는 두 가지 비용부담이 생긴다. 고객에게서 대금결제를 받고 나서 배달을 해주는데 비용이 들어갔고(포장비, 배달비, 인건비), 반품을 수거해 오는 데 비용이 들거나 반품을 처리하는 데 또한 인건비가 드는 것이다.

따라서 인터넷 마케팅에서는 지각된 위험을 줄이기 위해서 소비자가 잘 알고 있는 제품을 판매하려는 경향이 높다. 유명한 제조업체의 브랜드 제품이 길거리 무표제품이나 시장표 브랜드보다는 소비자들에게 신뢰도를 훨씬 더 많이 줄 수 있기 때문이다.

4) IT기술의 선도적인 유입

인터넷 마케팅은 정보기술의 발전과 같이 움직여야 경쟁력이 생긴다. 매일 새로워지는 인터넷 관련 기술을 진취적으로 흡수하는 인터넷 마케팅 업체들이 시장지배를 할 수 있다. 특이한 형태의 팝업광고는 물론이고, 그냥 서치하다가 우연히 클릭한 네티즌의 개인 블로그로 접속할 수 있는 정도의 실력이 필요하다.

최근에는 페이스북과 같은 SNS가 활발하게 발전하고 있고, 또한 우리나라의 경우에는 스마트폰을 3,000만 명 이상이 소유하고 있다고 한다. 따라서 평범한 수준의 인터넷 마케팅이 아니라, 페이스북을 활용하고 또한 모바일로 구매가 쉽게 될 수 있는 각종 새로운 인프라스트럭처의 도입이 필요하다.

인터넷 마케팅은 정보기술의 도움을 받아서 경쟁력 있는 사이트를 구축하고 이를 전략적으로 활용하면서 성공하는 전략을 개별적으로 취할 수도 있다. 그러나 2000년대 넘어서 다양한 통신기술의 발전과 인간컴퓨터 인터페이스의 증진으로 인해서 인터넷 마케팅과 결합해서 활용할 수 있는 새로운 길들이 열리고 있다.

TV홈쇼핑과 인터넷 마케팅의 결합은 상당히 효율적이다. 주부들을 포함한 많은 대중들이 아직도 TV를 오락적인 매체로서 다양하게 활용하고 있다. 특히 이들은 인터넷에서는 젊은 층이나 청소년들에 비해서 뒤지는 것이 사실이다. 또한 인터넷상에서 인터넷 마케터가 제시하고 싶은 것에 일방적으로 설득 당해야 하는 것보다는 TV를 통해서 쇼호스트가 마치 방송처럼 진행하는 온라인 판매는 상당히 강한 고객호소력이 있다. 따라서 TV홈쇼핑과 순수한 인터넷 마케팅을 결합해서 전자상거래를 하면 상당히 강한 매출력을 보일 수 있을 것이다. TV홈쇼핑에서 다음 날이나 다음 주에 방송될 것을 미리 공지하고 이것에 대한 상세한 정보를 인터넷 사이트에서 확인하고 마음에 들면 선주문을 하고(선주문을 하면 일정 할인율을 제공하고) 그리고 고객에게 방송기대감을 높이는 것도 사용가능한 전략이다.

또한 최근에 SNS의 확산으로 전국민이 페이스북에 접속을 하루에도 여러 번씩 하는 것을 감안해서 페이스북과 인터넷 마케팅을 연결하는 창의적인 방법들을 강구하는 것도 필요할 것이다. 페이스북에 광고를 올리고 그것을 클릭하면 바로 인터넷 사이트로 접속될 수 있도록 페이스북과 자사 사이트를 연계하는 광고를 제안하는 것도 가능할 것으로 보인다.

7. 인터넷 마케팅의 윤리적 이슈

1) 윤리적 이슈의 중요성

인터넷 마케팅에서는 윤리적 이슈들(Ethical Issues)이 상당히 중요하다. 판매자와 구매자가 직접 만나지 않기 때문에 법률적 위반이나 혹은 도덕적 상처를 주는 경우가 나타나기가 쉽다. 또한 인터넷상에서는 거의 모든 것이 비밀스럽게 수행이 가능해짐으로써 사회적으로 바람직하지 않는 것과 관련된 판매행위들이 나타날 수가 있다. 우리나라도 인터넷의 비윤리적 문제의 심각성을 인식하고는 정부차원에서 각종 규제를 실시하고 있다.

2) 윤리적 문제들

인터넷 마케팅에서 나타나는 가장 큰 윤리적 이슈들은 다음과 같다. 첫째, 구매를 하려고 대금지불을 완료했는데 해당 사이트가 폐쇄되는 경우이다. 명절 때 상품권을 많이 구매하는데, 인터넷상에서 유명백화점의 상품권들을 30% 정도 싸게 판다고 해놓고는 돈을 다 받은 후에 상품권을 보내지 않고 사이트가 없어지는 경우이다. 사이트를 개설할 때 사업자등록을 낸 업자에게는 형사 처벌을 가할 수가 있으나, 많은 경우에 이러한 사기 사이트들은 대포사업자를 내세우는 것이 보통이다. 노숙자에게 몇 십만 원을 주고 주민등록증과 은행통장을 넘겨받고는 노숙자 명의로 사업자를 개설한다. 그리고 상품권 사기를 한 후에 다시 다른 노숙자의 이름으로 다른 사이트를 개설한다.

둘째, 오프라인에서는 판매가 잘 안 되는 마약류나 포르노 관련 제품들을 인터넷상에서 비밀리에 팔고 사는 행위도 비윤리적인 문제들에 해당한다. 마약 관련 규제가 상당히 강한 우리나라에서 인터넷상으로 몰래 마약을 사고파는 경우가 비일비재하다고 한다. 특히 포르노 제품의 경우도 심각하다.

셋째, 도박사이트 개설을 통해서 도박중독 증세를 보이는 사람들에게 돈을 갈취하는 행위도 비윤리적이다. 해외에 서버를 두고 국내의 많은 도박중독증 네티즌들이 접속하게 해서 그들에게 도박용 회비를 받는 것도 사회적인 문제이다.

앞으로 인터넷 마케팅이 점점 더 발전하게 되면 정부의 강력한 규제가 나타날 것이고 또한 소비자 스스로도 자정의 목소리가 증대하면서 비윤리적인 행위들을 인터넷상에서 줄이는 것이 필요할 것이다. 그러나 기본적으로는 인터넷의 무기명성으로 인해서 완전히 줄이는 것은 힘들 것으로 보인다.

마무리사례 마켓 4.0시대 마케팅 성공사례 스토리로 '참여' 이끌어내니 대박

◆ 마켓 4.0 시대 ◆

'하얀 국물 라면'이라는 새로운 표준을 제시한 꼬꼬면

마케팅 성공공식이 통하지 않는 시대에도 히트상품은 존재한다. 매경이코노미는 새로운 마케팅 트렌드에 부합하는 히트상품을 집중 분석했다. 히트상품은 소비자에게 실속과 새로움을 주는 동시에 체험기와 이야깃거리가 SNS와 블로그에 급속히 퍼져나간다는 특징이 있었다.

■ 마케팅 시사점

'하얀 국물 라면'이라는 새로운 표준 제시, SNS 활용 소비자 참여 극대화

꼬꼬면은 '하얀 국물'이란 새로운 표준(New Normal)을 제시했다는 점에서 성공사례로 꼽힌다. 꼬꼬면은 제품 탄생 과정부터 여타 라면과 달랐다. TV 프로그램을 통해 소개된 개그맨 이경규 씨의 레시피가 담긴 라면이 제품화된다는 소식이 알려지며 소비자들에게 재미(fun)를 주고 호기심(curiosity)을 자극했다.

영리한(smart)한 소비자들은 가만 있지 않았다. 한국야쿠르트가 발 빠르게 개그맨 이경규 씨와 4월에 계약을 체결, 5월에 제품 출시계획을 발표하자 소비자들은 SNS를 통해 '진짜 나올 줄 몰랐다' '어서 맛보고 싶다'며 자발적으로 입소문을 퍼뜨렸다.

실제로 8월에 제품이 출시되자 직접 먹어보고 SNS를 통해 맛을 평가하는 등 능동적으로 받아들였다. 특히 소비자들의 흥미를 불러일으킨 것은 '라면에 노른자를 빼고 흰자만 풀어 넣어야 한다'는 독특한 조리법. 흰자만 넣어야 하는 이유가 궁금했던 소비자들은 노른자를 풀어보기도 하며 스스로 꼬꼬면의 '최적의 맛'을 찾기 위한 실험을 했다. 각종 인터넷 커뮤니티에는 '계란 흰자가 잡맛을 잡아주더라' '계란을 넣고 바로 저으면 국물 맛이 떨어

지더라' 하는 식의 조리법을 공유하는 글들이 올라왔다. 라면이라는 간단한 음식이 처음으로 '공부가 필요한 요리'가 됨으로써 소비자들에게 맛 외에도 재미있고 신선한 경험을 제공했다.

제조업체는 이런 소비자들의 반응에 맞춰 라면 스프 비율을 조절하는 등 적극적으로 의견을 받아들이면서 단숨에 시장점유율을 늘려나갔다. 꼬꼬면의 인기는 매출 급성장으로 이어졌다. 11월 10일 현재 꼬꼬면의 누적 판매량은 4,500만여 개에 달한다. 한 달에 1,000만개 이상 팔리는 라면 브랜드가 5개에 불과한 점을 감안하면 출시 3개월여 만에 베스트셀러권에 진입한 것이다. 생산이 수요를 따라가지 못해 공급이 달릴 정도다.

이경규 씨와 한국야쿠르트는 연예인과 라면 제조업체로 각각 분야가 다르지만 협업(collaboration)을 통해 '빨간 국물에 얼큰한 맛'의 기존 라면시장에 새로운 표준을 제시한 사례로 기록됐다. 류재욱 네모파트너즈 총괄사장은 "제품 개발자의 역발상과 마케터의 추진력, 그리고 소비자들의 참여가 3박자를 이루면서 꼬꼬면은 지금 라면시장을 완전히 뒤흔드는 킬러콘텐츠가 되고 있다."라고 평가했다.

■ 마케팅 시사점

커피전문점의 원두커피를 가정에서도 즐기고 싶은 소비자 니즈 파악

스타벅스 '비아'와 동서식품 '카누'는 원두커피믹스라는 새로운 제품군으로 소비자들의 관심을 모았다. 뜨거운 물만 부으면 바로 커피전문점의 원두커피 맛을 즐길 수 있는 '인스턴트 원두커피' 시장을 개척한 것. 소비자도 미처 몰랐던 소비자의 니즈를 이끌어낸 것이 바로 인스턴트 원두커피의 성공비결이다.

첫 제품 출시는 스타벅스 비아가 조금 빨랐다. 지난 9월 16일에 출시된 이후 2주 만에 하루 6,000팩 이상 팔리며 11월 9일 현재 매출 12억 원을 기록 중이다. 동서식품 카누도 지난 10월 19일 출시하고 보름 만에 누적 판매량 150만 개, 매출 25억 원을 돌파하는 기염을 토했다.

두 제품의 성공비결은 '소비자 편의'와 '실속'으로 요약된다. 커피 애호가들이 원두커피의 맛과 향을 즐기려면 커피전문점에 가거나 집에서 커피머신을 구입해 직접 제조해야 했다. 하지만 인스턴트 원두커피는 원두 분말을 봉지에 담아 가정이나 사무실에서 손쉽게 원두커피를 즐길 수 있도록 했다. 비아와 카누의 가격은 개당 각각 1,067원, 350원. 기존 인스턴트 커피보다는 비싼 편이지만 커피전문점에 비해서는 훨씬 저렴하다.

맛뿐 아니라 건강을 생각하는 소비자에게도 비아와 카누는 좋은 평가를 받는다. 이동진 인천문예전문학교 바리스타과 교수는 "인스턴트 원두커피는 기존 인스턴트 커피보다 맛

과 향을 더 강조했으며 프림을 타지 않고도 커피를 맛있게 먹을 수 있는 방법을 제시했다. 프림이 몸에 좋지 않다는 사실 때문에 커피믹스를 꺼리던 이들에게는 정서적으로도 더 안정적인 기쁨(sinless pleasure)을 주는 것이 인기 요인 중 하나"라고 분석했다.

■ 마케팅 시사점

블로그에 새로운 요리법 수시로 업데이트해 소비자 참여 높여

휴롬은 고객과의 끊임없는 대화를 유도해 성공한 대표적인 사례로 꼽힌다.

휴롬은 일반 믹서기와는 달리 식재료를 갈지 않고 짜서 뽑아내는 원액기로 제품을 차별화했다. 과일, 채소를 갈아 주스를 만들다 보면 맛과 영양이 훼손될 수 있어 이를 피하는 선에서 채택한 기술이다.

문제는 이를 어떻게 효과적으로 고객들에게 알리느냐였다. 휴롬 마케팅팀은 주부들이 정보를 주고받는 카페와 블로그를 집중 공략하기로 했다.

수시로 휴롬을 활용한 요리법을 카페와 블로그에 올렸다. 주부들은 그 내용을 학습(study)한 후 자기만의 레시피를 다시 만들어 올리는 등의 방식으로 반응했다. 그러면 회사는 또다시 새로운 레시피를 선보이는 식으로 반응했다. 이렇게 살아 있는 정보가 계속 만들어졌다. 이런 활동 끝에 매출액은 지난해 600억 원대에서 올해 1,000억 원대를 노릴 정도로 훌쩍 성장했다.

■ 마케팅 시사점

합리적 가격에 고객이 가장 원하는 기능성 충족

국내 토종 SPA(패스트패션) 브랜드 르샵과 CMT는 기능성과 단순화를 통해 성공한 사례로 평가된다. 이들은 타깃 고객을 각각 20~30대와 40~50대 여성으로 설정하고 합리적 가격과 고객이 가장 원하는 기능에 초점을 맞춰 성공했다.

20대 중후반 여성이 타깃 고객인 르샵은 패션에 관심이 많은 만큼 이들을 위해 '다양성'에 초점을 맞췄다. 매주 새로운 디자인을 선보이기 위해 본사 직원의 3분의 1 이상을 디자이너로 구성했다. 직원 80명 중 30명(37.5%)이 디자이너다. 그 결과 서울 롯데백화점 본점에 위치한 르샵 매장은 매주 45종의 신제품을 선보이며 500여 종류의 다양한 상품을 내놓는다. 다른 브랜드가 동일 규모의 매장에 내놓는 옷의 종류보다 두 배가량 많다. 소비자들의 선택권을 두 배로 늘려준 셈이다.

CMT는 40~50대 여성들이 '나잇살을 감추고 싶어 한다'는 점에 주목, 목과 팔, 배, 엉덩이 등 나잇살이 붙는 부위의 사이즈를 조금씩 넉넉히 제작하는 식으로 기능성을 높였다. 김경희 디자인실장은 "목선과 소매통을 적당히 넉넉한 사이즈로 만들었다. 그 결과 패션성과

활동성 모두를 만족시킬 수 있었다."고 설명한다.

또 하나의 기본요건은 바로 저렴한 가격. 르샵은 원단을 싸게 공급하는 중국 업체를 찾아내 대량으로 구매함으로써 '규모의 경제'를 달성, 원가를 대폭 낮출 수 있었다. 타 브랜드에서는 10만 원이 훌쩍 넘는 인조가죽 라이더 재킷이나 트렌치코트가 각각 6만9,000원, 7만9,000원에 불과하다. 전체 상품 중 80% 이상이 10만 원 미만이다. CMT는 외주 생산과 비수기 생산을 통해 원가를 낮췄다. 중국, 베트남, 미얀마, 캄보디아, 인도네시아 등 가격경쟁력이 있는 곳이면 어디든지 가서 외주 생산을 했다. 또 정확한 스케줄 관리를 통해 소재를 가장 싸게 구입할 수 있는 비수기에 생산을 했다. 이를 통해 CMT는 백화점 브랜드와 비교해 질적으로 떨어지지 않으면서도 4분의 1 가격에 상품을 내놓을 수 있었다.

이처럼 각 세대가 원하는 기능성과 합리적 가격까지 갖춘 르샵과 CMT에 소비자들은 지갑을 열었다. 르샵은 2006년 280억 원이던 매출이 지난해엔 1,200억 원을 기록할 만큼 급성장했다.

백화점 '영 패션' 부문 매출 1위도 차지했다. 출시한 지 2년 된 CMT도 현재 매출 500억원을 바라보고 있다. 전국에 약 110개의 매장(아웃렛 포함)을 확장하며 지속적인 성장세를 이어가고 있다.

출처: 매경이코노미(2011년 11월 23일).

CHAPTER

09

공급사슬관리

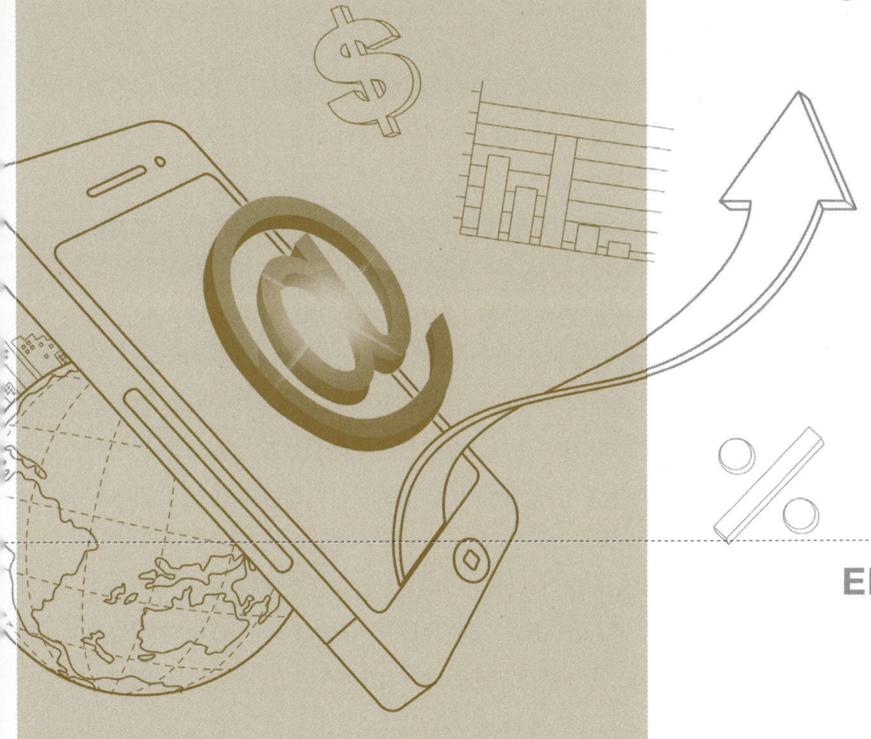

ELECTRONIC COMMERCE

1. 공급사슬관리의 기본개념

2. 공급사슬관리의 기본구조

3. 전자상거래 공급사슬관리의 설계 및 운영

4. 전자상거래 공급사슬관리의 핵심구조

5. 공급사슬관리와 정보기술

도 입 사 례

패스트 패션 경쟁력, 효율적 공급사슬관리

추리닝→스키니 진→레깅스→플레어 스커트…. 패션 유행은 광속(光速)으로 지나간다. 그래서 최근엔 '옷에도 유통기한이 있다'는 말이 나온다. 이처럼 변덕스런 유행을 좇아가야 하면서도 지갑 사정은 빡빡한 요즘 젊은이들을 공략하기 위해 나온 것이 바로 '패스트 패션(fast fashion)'이다.

마치 패스트푸드의 햄버거를 굽듯, 유행하는 옷을 시장에 바로바로 내놓으면 소비자들은 얼마 입다가 유행이 지나고 쓸모없어지면 미련 없이 버린다는 의미에서 나온 말이다. 물론 한 철 입고 버려도 아깝지 않을 만큼 가격도 저렴하다.

현재 전세계 패스트 패션을 장악하고 있는 3대 업체엔 자라(스페인), H&M(스웨덴), 포에버21(미국) 등이 꼽힌다. 특히 자라는 잘 알려진 바와 같이 패스트 패션의 전형적인 브랜드다. 일반 패션 상품의 경우 상품 기획에서 디자인, 제조, 유통, 매장 출시까지 약 6개월이 걸린다. 이는 시즌이 시작되기 6개월 전 시즌에 판매될 모든 상품이 기획되고 디자인됨을 의미한다.

매장에서 고객을 맞는 상품은 6개월 전에 디자인된 제품인 셈이다. 그러나 시시각각 유행이 바뀌는 요즘 시대에 6개월 전 유행을 예측한다는 것은 상당한 모험이 따른다. 그래서 스페인의 자라는 모험이 따르는 전통적인 패션 기획 운영 방식에서 탈피해 혁신적인 운영방식을 만들어 냈다.

패스트 패션은 고객이 원하는 음식을 신속하게 만들어 저렴한 가격으로 제공하는 패스트푸드처럼 현재 유행을 바로 파악해 신속히 제품을 만들어 저렴하게 공급하는 새로운 형태의 패션 전략이다. 통상 일반 패션 브랜드의 경우 한 시즌 당 약 2,000~4,000개의 신상품을 내놓는다. 반면 자라는 이에 몇 배에 달하는 1만1,000개의 상품을 선보인다. 유행에 대응하며 신속히 제공하니 제품의 종류가 다양해지는 것이다.

이러한 자라의 패스트 패션 전략을 완성시켜 주는 것은 다름 아닌 최적화된 물류시스템, 바로 주문단계에서부터 생산 및 매장에 이르기까지 효율적이고 체계화된 공급사슬관리(Supply Chain Management)가 그 원동력이라 할 수 있다.

자라의 공급사슬관리는 크게 6가지로 구분되며 다음과 같은 특성을 가지고 있다.

첫째, 주문처리 시스템으로 고객 요구를 2주 만에 제품으로 탄생

둘째, 생산과정에서 낭비를 없애는 Just-in-Time으로 최소 시간 소비

셋째, 판매와 생산계획을 효율적으로 연계하는 Sales &Operation Planning 구현

넷째, 재고상태를 주기적 간격으로 조사(item당 25,000개의 재고품 만 비축)

다섯째, Third Party Logistics(운송을 특정 물류전문업체에게 위탁) 실시

여섯째, 기업 프로세스와 협력업체(12,000개 이상)와의 완벽한 협업체계

이 처럼 자라의 Business Process는 세계화에 바탕을 둔 차별화된 Zara식 공급사슬관리(유연성과 수평적 생산 및 유통구조)를 경쟁력 삼아 지속적으로 성장하고 있는 만큼 이제 국내 기업들도 최적화된 공급사슬관리의 중요성과 업무에 접목이 필요한 시점이다.

출처: 세계일보(2012년 10월 15일).

CHAPTER 09

공급사슬관리

1. 공급사슬관리의 기본개념

1) 공급사슬관리의 정의

공급사슬관리(Supply Chain Management: SCM)란 기업의 제조－판매－배송까지의 전체 과정을 하나의 통일된 흐름체로서 보는 경영기법들 중 하나이다. 1982년에 두 명의 외국인 컨설턴트들이 제안한 간단한 개념에서부터 발전해서 현재까지 현격한 발전을 이룩한 중요한 기법이다.

다양한 원재료들을 구입하고 이를 원재료 공급업체들이 제조업체의 생산시설이 있는 데까지 공급하며 그리고 이와 같이 다양한 원재료들을 활용해서 제조업체가 새로운 제품을 만든다. 그리고 이 제품을 도매상들을 통해서 소매상들에게 공급하거나 혹은 제조업체가 직접 소매상들에게 제공하는 것이다. 또한 최종소비자들이 제품을 구매해서 직접 가지고 가거나 혹은 전자상거래를 통해서 구매하게 되면 소매업체가 소비자가 있는 곳까지 유형의 제품을 공급하는 것을 포함한다. 그리고 나서 소비자들이 그 제품을 쓰고 버리게 되면 버린 제품들을 수거해서 재활용하게 되면 다시 원재료 공급업체들로 이전되는 전체의 흐름을 합해서 공급사슬관리라고 표현한다.

관리란 말은 원래 기업체가 통제할 수 있는 내부적인 경영기법이다. 경영학과의 중요한 과목들인 인사관리, 운영관리, 마케팅관리, 재무관리 등이 전부 기업 내부의 통제하에서 수행되는 활동들을 의미한다. 그런데 공급사슬관리는 기업 내부에서 일어나는 것들도 일부 포함하지만 상당수의 업무들은 기업 외부에서 발생한다. 따라서 공급사슬관리라는 표현은 적절하지 않고, 공급사슬통합(Supply Chain Integration)이 더 적절하다는 지적도 있다. 그런데 거의 모든 경영의 기법들의 명칭이 그러하듯이 1982년에 올리버와 웨버라는 두 명의 컨설턴트가 공급사슬관리라고 이름을 붙이고 나서 수많은 책들이 그렇게 언급하고 있으므로 현재는 그냥 공급사슬관리가 대표적인 명칭으로 간주되고 있다.

2) 전자상거래에서 공급사슬관리의 중요성

전자상거래(Electronic Commerce)란 전자적인 인프라스트럭처를 활용해서 상적행위를 하는 것을 의미한다. 상적행위란 물건을 제조해서 판매하는 것을 의미한다. 전자상거래는 인터넷 마케팅과 비슷하기도 하지만 좀더 폭 넓은 개념으로 쓰일 때도 있다. 거의 모든 전자적인 시스템상에서 발생하는 행위들(구매, 판매, 지불, 신용관리)을 전부 포괄적으로 정의하고 있다.

전자상거래가 수행이 되려면 물건의 원재료를 공급받아서 직접 제조활동을 해야 한다. 또한 생산한 제품들을 도매상과 소매상과 같은 유통 인프라스트럭처에 공급을 해야 하고 그리고 소매업체를 지원해서 소비자에게 판매가 가능해야 한다. 물론 이 과정에서 고객으로부터 신용카드 결제나 온라인 무통장입금 같은 방식으로 대금을 받아야 한다. 이러한 거의 모든 전자상거래의 활동들은 실제로 공급사슬관리와 직결되고 있다. 전자상거래는 공급사슬관리를 활용해서 수행하는 상적행위라고 볼 수 있다.

전세계에서 가장 중요한 경영기법으로 간주되는 것이 두 가지가 있는데, 하나는 공급사슬관리(Supply Chain Management)이고 다른 하나가 고객관계관리(Customer Relationship Management)이다. 공급사슬관리는 설명했고, 고객관계관리란 대용량 데이터를 데이터웨어하우스로 처리하면서 데이터마이닝을 통해서 고객들의 구매이력을 파악해서 고객들을 장기적인 자사고객으로 유도하려는 경영기법이다. 점포에 가서 구매를 하게 되면 고객카드를 작성하라고 하고 재구매를 하면 일정의 포인트를 적립해 주는 것이 고객관계관리의 실제 현상이다.

공급사슬관리와 고객관계관리가 둘 다 전자상거래에서 활용되고 있다. 공급사슬관리를 통해서는 제품을 공급받고 제공하는 행위들이 일사분란하게 저비용체제로 운영되게 하고 그리고 고객관계관리를 통해서 소비자가 주문한 제품을 적시에 적절한 장소에 공급하는 시스템이 갖추어지도록 하고 있다. 공급사슬관리와 고객관계관리가 없다고 전자상거래를 못하는 것은 아니지만, 없으면 효율성이 훨씬 떨어지게 될 것이다.

3) 공급사슬관리의 최종목표

공급사슬관리의 최종목표는 고객가치향상(Customer Value Enhancement)이다. 고객가치향상이란 전자상거래로 제품을 구매하는 최종소비자들이 가장 원하는 것을 가장 잘 충족시켜 주는 것을 통해서 고객의 기대를 충족시키고 고객에게 보다 더 좋은 결과를 가져다 주는 것을 말한다.

고객가치란 고객이 기업체에게 원하는 것에 대한 고객기대가치와 기업체가 지속적으로 고객에게 제공하는 고객지속가치 두 가지로 분류한다.

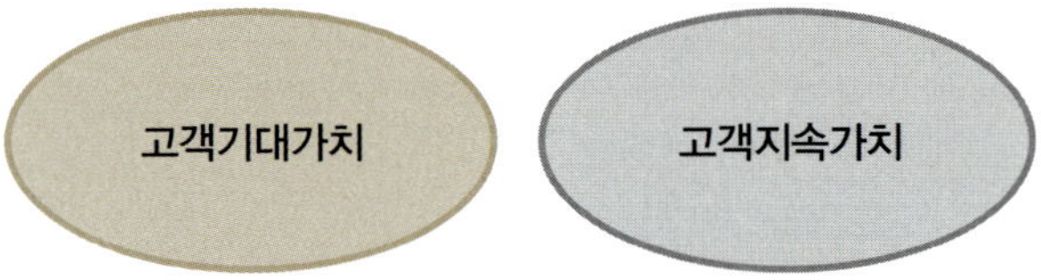

[그림 9-1] 고객가치

고객기대가치는 고객이 기업체에게 바라는 것이다. "나는 빨간 스웨터를 싸게 사고 싶다."라는 기대를 가진 고객에게 특정의 전자상거래 업체가 가장 상큼하고 매력적인 빨간색의 스웨터를 가장 저렴한 가격에 제공한다면 고객은 자신의 기대가 충족된 것에 만족하게 된다. 고객만족(Customer Satisfaction)이란 고객기대에 대한 기업체의 제품이 비슷해지면 만족도가 높아지고, 이와 반대로 고객기대에 대해서 기업체의 제품이 상당히 부족하게 되면 만족도가 낮아지는 것이다.

다시 말해서, 고객만족이란 기업체가 제공하는 제품과 서비스의 절대적인 평가가 영향을 미치는 것이 아니라, 주관적으로 고객이 가지는 기대수준에 얼마만큼 적절하게 대응했느냐에 따라서 결정이 된다. 고객만족이 높다는 것은 고객기대가치를 잘 충족시켰다는 것이다.

또 다른 고객가치에는 고객지속가치가 있는데 이것은 고객이 고객카드를 만들고 기업체의 제품을 지속적으로 구매하면 매번 구매할 때마다 기업체가 고객에게 적립금을 주어서 고객으로 하여금 장기적으로 그 전자상거래 업체를 활용하게 하는 것이다.

우리나라의 거의 모든 전자상거래 업체들이 활용하는 고객멤버십 제도는 구매할 적마다 일정액의 포인트를 주어 어느 정도 적립이 되면 그 포인트로 상당한 금액의 제품을 무료로 살 수 있다는 것이다. 이것은 고객을 장기적인 자사의 고객으로 유지시키기 위한 것이다.

전자상거래 공급사슬관리 업체의 최종목표는 고객의 기대가치와 고객의 지속가치를 높여서 고객들이 전반적으로 가치있는 쇼핑을 했다는 느낌을 주게 하는 것이다.

4) 공급사슬관리와 경영학의 세부 전공들과의 관계

공급사슬관리는 하나의 새로운 경영기법이다. 경영학은 1800년대부터 학문적으로 연구가 되면서 발전해 왔다. 2000년대를 넘어서면서는 주로 주류경영학은 크게 일곱 가지 하위부문으로 나누어서 연구가 되고 있다. 인적자원관리, 운영관리, 마케팅관리, 재무관리, 회계학, 국제경영학과 경영정보시스템이 그것이다.

공급사슬관리는 이와 같은 하위부문들 중에서 크게 네 가지와는 아주 밀접한 관련이 있다. 운영관리는 제품의 생산을 담당하고 그리고 마케팅관리는 제품의 판매를 담당하고 있다. 생산과 판매가 공급사슬관리의 핵심 개념이다. 그리고 최신식의 공급사슬관리는 거의 대부분이 정보통신기술의 도움을 받아서 실시간의 정보전달과 정보활용을 하고 있다. 이러한 면에서는 경영정보시스템과 밀접한 관련이 있다. 또한 최근에 전자상거래를 해외의 고객이 주문하면 배송해 주는 경우가 많아서(우리나라 국내에 있는 전자상거래 업체에 전세계에 흩어져 있는 한국동포들이 해외 각지에서 주문을 하면 배송해 주어야 함) 국제경영학도 밀접하게 관련되고 있다.

경영학의 중요한 4개 하위전공들이 공급사슬관리의 중요한 축을 이루면서 전자상거래를 지원하고 있다. 본서는 이러한 4개 하위전공들 중에서 전자상거래를 보다 깊게 이해하는 데 도움이 되는 모든 개념들을 자세하게 설명할 것이다.

2. 공급사슬관리의 기본구조

1) 공급사슬관리의 기본구조의 이해

공급사슬관리의 기본구조는 크게 다음과 같이 구성되어 있다.

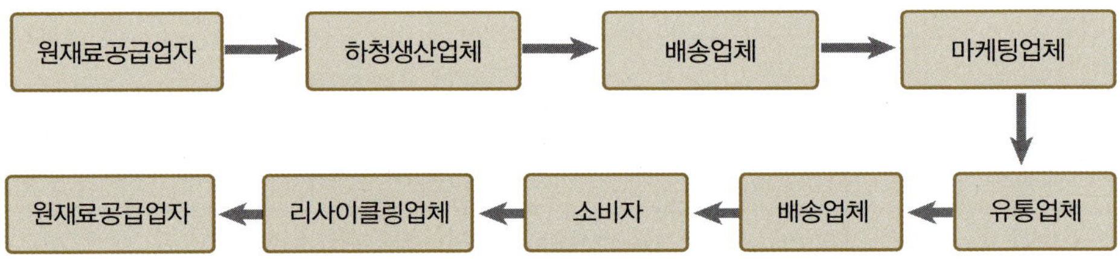

[그림 9-2] 공급사슬관리의 기본구조

전자상거래의 형태에서 공급사슬관리가 어떻게 나타나는지를 단계별로 설명하면 다음과 같다. 설명의 편의성을 위해서 개인용 선풍기를 전자상거래로 판매하는 업체의 경우를 기술하겠다.

첫째, 고철상 업자들이 버려진 고철들을 전부 수집한다. 어떤 때는 중고로 버려진 가전제품들도 수집하고 혹은 아파트촌을 돌아다니면서 중고가전 제품을 싸게 구입한다. 이렇게 고철들을 전부 수집해서 철강업체로 넘긴다. 철강업체는 고철상들이 수집한 각종 철이 들어간 제품들에서 철을 분리해 낸다.

둘째, 선풍기 생산업체는 미리 제작한 선풍기 금형에다가 녹인 철물을 부어 선풍기를 생산한다. 선풍기를 직접 판매할 수도 있으나 브랜드가 없을 경우에는 유명한 선풍기 업체들(예: 한일선풍기)에게 제품을 공급한다. 한일선풍기의 경우에는 자체적으로 생산하는 경우도 있고 혹은 하청을 준 선풍기 생산업체에서 한일이라는 브랜드까지 부착된 상태로 납품을 받는다.

셋째, 한일선풍기 업체의 하청생산업체는 자사가 직접 배송하는 경우도 있고 혹은 외부의 배송업체에게 연락을 자사의 창고에 입고가 된 선풍기를 한일선풍기로 배송을 완료한다.

넷째, 한일선풍기가 마케팅업체가 된다. 그들은 장기간 광고와 품질로서 유지해 온 선풍기의 이미지를 관리하면서 판매를 시도하게 된다. 한일선풍기는 제조업체이기 때문에 자사가 직접 판매를 하지는 않는다. 간혹 제조업체가 직접 마케팅에 나서는 경우가 있으나(현대자동차 회사가 현대자동차 대리점을 직접 운영한 경우, 삼성전자 회사가 삼성전자 대리점을 직접 관리하는 경우) 대부분의 제품들의 경우에는 제조업체는 제조만 하고 판매는 유통업체가 맡아서 한다. 따라서 한일선풍기는 자사의 제품을 팔아줄 유통업체들(인터넷 쇼핑몰, TV홈쇼핑)을 접촉해서 결정이 나면 한일선풍기를 제공하겠다는 계약을 맺는다.

다섯째, 인터넷 쇼핑몰 업체들은 공급받기로 한 한일선풍기의 이미지 사진을 찍어서 쇼핑몰에 올린다. 물론 사전에 가격협상도 해서 공급받는 가격에 적절한 마진을 부쳐서 판매가격을 정하여 쇼핑몰에 올린다. TV홈쇼핑 업체의 경우에는 몇 개의 샘플을 받아서 케이블 방송을 통해서 쇼호스트가 시연을 하면서 판매한다.

여섯째, 인터넷 쇼핑몰에서 고객이 한일선풍기를 구매하고 신용카드 결제나 온라인 무통장입금으로 결제를 마치면 인터넷 업체는 배송업체에게 연락을 한다. 배송업체는 의뢰받은 제품을 인터넷 쇼핑몰 업체에게서 받아서 최종소비자가 있는 곳까지 배송한다.

일곱째, 소비자는 자신이 주문하고 결제해서 배송받은 제품이 원래 주문한 것과 동일한 규격의 제품인지를 확인한다. 그리고 몇 년 동안 사용하게 된다.

여덟째, 소비자가 한일선풍기의 평균제품 수명한도 내에서 사용하다가 제품을 사용하기가 힘들어지면 버리게 된다. 혹은 새로운 선풍기 모델의 구매의욕이 생기면 중고 한일선풍기를 구입한 가격의 10% 정도에서 리사이클링 업자에게 판다. 리사이클링 업자들은 전국 곳곳에서 “중고삽니다.” 하고는 트럭을 타고 돌아다니거나 혹은 아파트촌에서 중고제품을 판매할 사람들을 기다린다.

아홉째, 리사이클링 업체는 이렇게 수거한 중고제품들을 모두 원재료공급업자들에게 재판매한다. 원재료공급업자들은 중고제품들의 철 성분을 뽑아낼 수 있는 정도를 보고서 매입가격을 정해서는 리사이클링 업체에게 지불한다.

이와 같은 것이 보통 전자상거래 공급사슬관리의 핵심과정이 된다. 이 과정들을 크게 두 가지로 분류한다. 마케팅업체를 중심으로 해서 그 앞의 과정을 구매구조라고 부르고, 마케팅업체를 중심으로 해서 그 뒤의 과정을 판매구조라고 부른다.

구매구조는 보통 경영학에서 말하는 생산조달 및 제품생산의 과정이라고 볼 수 있고, 판매구조는 보통 경영학에서 말하는 제품판매 및 고객관리의 과정이라고 볼 수 있다.

2) 공급사슬관리의 구매구조의 내용

구매구조란 기본적으로는 제품원재료의 조달과 이를 바탕으로 한 생산과정을 의미한다. 공급사슬관리가 제대로 작동하기 위해서는 일단 각종 자재들을 구매한 후에 이것들을 활용해서 새로운 가치를 창출하는 제품을 만드는 것이다.

전자상거래에서는 현재 구매구조란 제품이 완성되고 난 후에 좋은 제품을 전자상거래 업체가 주문계약을 하는 형태를 의미한다. 전자상거래 업체들은 대부분의 경우에 제품보관을 위한 별도의 물류창고를 가지고 있지 않고(혹은 보유하고 있는 경우에도 비교적 소규모인 경우가 대부분) 업체와 계약을 통해서 자신들이 필요로 할 때 받으면 되는 것이다. 그러나 구매계약을 제대로 결정하지 않으면 고객에게 선주문을 받고 난 후에 제품을 공급하지 못하여 판매기회 손실이 생길 수가 있다. 이는 전자상거래 업체가 단기적으로는 고객에게 대금을 반환해 주어야 하고, 장기적으로는 고객신뢰의 문제가 생길 수 있다. 따라서 전자상거래 업체들은 구매구조를 확실하게 만들려고 많은 노력을 기울인다. 구매업체들을 직접 방문해서 대면접촉을 가지거나 혹은 구매업체가 요구하는 수량만큼을 지속적으로 구매를 하면서 장기간의 신뢰관계를 구축해야 한다.

3) 공급사슬관리의 판매구조의 내용

공급사슬관리의 판매구조란 전자상거래로 고객에게 판매하고 나서 대금을 받은 후에 배송을 해주는 것이다. 전자상거래 업체는 일단 고객으로부터 대금을 먼저 받기 때문에 대금손실의 경우는 거의 없다. 전자상거래에서 외상거래를 하는 경우는 전세계적으로 거의 알려지지 않고 있는 것으로 보아서는, 전세계의 거의 모든 전자상거래가 선결제 후배송이라는 시스템을 활용하는 것으로 보인다.

고객에게 대금을 받고난 후에 가지고 있는 재고 중에서 배송을 시키거나 혹은 재고부족인 경우에는 구매업체에게 연락해서 제품을 공급받은 후에 배송하면 된다. 고객이 기입한 배송지로 정확하게 배송하면 되는데 대부분 택배나 혹은 3자 물류를 활용함으로써 문제가 생기지 않는다. 배송문제가 생기면 택배회사나 3자 물류업체가 책임을 지므로 큰 문제가 안 된다.

3자 물류란 외부업체에게 물적유통을 의뢰하는 것이다. 물적유통이란 배송, 하역, 운반, 포장과 같은 것들을 의미한다. 1자 물류란 기업이 직접 배송하는 것을 의미하고, 2자 물류란 기업의 자회사가 독립해서 기업체의 물류를 하는 것을 말하고, 3자 물류란 기업 외부의 물류전문 업체를 활용해서 위탁배송을 의뢰하는 것이다. 전가상거래업체들은 대부분의 경우에 3자 물류를 활용하고 있다.

3. 전자상거래 공급사슬관리의 설계 및 운영

1982년에 공급사슬관리의 개념이 처음 세상에 선을 보인 이후에 수없이 많은 책들과 논문들이 나왔다. 그런데 대부분의 책들과 논문들이 핵심으로 다루는 주제들은 크게 설계, 운영과 평가이다. 2000년대까지만 해도 공급사슬관리라고 하면 주로 오프라인 위주에서 진행이 되어 왔다. 그러다가 온라인이 발달하면서(특히 델 컴퓨터와 같은 초대형 컴퓨터 유통업체가 인터넷 마케팅으로 세계 1위가 되면서) 온라인에서 공급사슬관리의 설계도 중요시되고 있다. 그러나 아직까지도 오프라인의 공급사슬관리의 노하우에 비해서 온라인의 공급사슬관리의 노하우는 상당히 비약하기 그지없다. 하나씩 설명하면 다음과 같다.

1) 전자상거래 공급사슬관리의 설계

전자상거래에서 공급사슬관리의 설계(Design)란 공급망을 효율적으로 시스템화시키는 것이다. 설계란 구매구조와 판매구조를 하나의 통일된 개념하에서 연결시켜 제품원재료 구매과정부터 최종소비자에게까지의 판매과정을 일관적인 체계화로 구축하는 것을 의미한다.

설계의 핵심은 전략적 구매(Strategic Sourcing)를 통해서 최소의 비용(Lowest Cost)으로 팔릴 수 있는 제품을 확보하는 라인의 구축과 또한 이렇게 확보된 라인을 통해서 조달받은 제품을 고객데이터베이스 분석을 통해서 나온 고객의 욕구에 최적으로 맞추어가는 라인을 구축하는 것에 있다.

설계의 핵심은 제조업체와 판매업체 간 양자 간의 결합과정의 강도와 직결되고 있다. 오프라인 공급사슬관리의 가장 유명한 설계의 사례로 언급되는 것이 미국의 유명한 소비재 제조업체인 P&G와 미국의 유명한 소비재 판매업체인 Wal-Mart의 사례이다. P&G는 창립한 지 170년이 넘는 유명한 미국업체로서 우리들에게도 잘 알려진 브랜드들인 팬틴, 비달사순, 위스퍼, 프링글스와 같은 생활필수품을 판매하는 업체이다. Wal-Mart는 창립한 지 50년이 넘은 미국의 할인점인데 2000년대 넘어서는 세계 최고의 유통업체로 각광을 받고 있고, 미국에만 3천 개가 넘는 할인점을 보유하고 있다.

P&G와 Wal-Mart는 제조와 판매(다시 말해서, 제조와 유통)가 굳건하게 협력해야만 서로 이득을 볼 수 있는 상호이득구조(Win-Win Structure)를 만들 수 있다는 공통인식을 하게 되었다. 제조업체가 유통업체를 파트너로 생각하지 않고 제품을 비싸게 팔려고 하면 단기간으로는 제조업체에게 이득일지 모르지만, 유통업체가 장기적으로는 다른 제조업체를 선택하게 되면 제조업체로서도 손해라는 인식을 한 것이다. 이와 비슷하게, 유통업체 입장에서도 가능한 한 싸게만 구입하려고 하면 단기적으로는 가능하나 장기

적으로는 제조업체가 품질이 떨어지는 제품을 공급할 수 있거나 혹은 공급중단을 할지도 모른다는 위험을 인식한 것이다.

'살길은 같이 가는 것이다.'
그러면 양 회사는 어떻게 했는가?

공급사슬관리의 가장 중요한 핵심개념들은 투명성과 신뢰이다. 투명성이란 서로 자사의 비밀을 상대방에게 제공해서 상대방의 입장에서 완전한 정보를 가지고 의사결정을 할 수 있게 만드는 것을 말한다. 공급사슬관리의 미국 전문가들이 공통적으로 말하는 것이 자료와 정보의 투명한 제공이 없이는 빼어난 공급사슬관리의 설계는 불가능하다는 것이다. 그런데 그동안 우리나라의 많은 제조업체와 유통업체의 공급사슬관리가 실패했던 이유 중에는 무자료거래와 같은 불투명한 요인들이 많았다. 우리나라에서는 거래를 하면서 자료가 없이 그냥 제품과 대금이 별도로 지불되는 형태가 있다. 우리나라 전체 제조유통거래 중에서 수십 퍼센트에 달할 것으로 추산되는 무자료거래는 우리나라 오프라인의 공급사슬관리의 구축에 장애요인으로 작용해 왔다. 그러나 온라인상에서의 거래에서는 무자료거래가 거의 불가능하다. 온라인으로 주문하고 온라인으로 대금이 지불되면 거의 모든 자료가 남기 때문이다.

투명성과 더불어 또 중요한 요인은 신뢰이다. 제조업체가 유통업체를 믿을 수 있어야 하고, 반대로 유통업체가 제조회사를 믿을 수 있어야 하는 것이다. 서로 믿지 못하는 관계에서 양사가 협력적 관계를 구축하는 공급사슬관리를 만들겠다는 것은 불가능하다.

P&G와 Wal-Mart는 양사의 컴퓨터시스템을 연결시켰다. Wal-Mart에서 P&G의 제품이 한 개가 팔리면 바로 실시간으로 P&G의 생산시스템에 정보가 전달된다. 일정 수량 이상이 팔리면 자동적으로 P&G는 그 제품의 생산에 돌입하는 것이다. 이와 관련된 것들은 사전에 양사가 합의해서 결정하면 되는 것이다.

또한 P&G의 직원이 Wal-Mart에 파견되고, 반대로 Wal-Mart의 직원이 P&G의 회사에 파견되는 것이다. 제조업체의 직원이 유통업체에서 자사제품이 판매되는 방식을 관찰하고 분석하고, 이와 반대로 유통업체의 직원이 제조업체에서 자사가 취급하는 제품이 어떻게 만들어지는지를 분석하는 것이다.

이 두 회사의 오프라인상의 공급사슬관리의 설계구조는 세계 최고급 수준으로 알려져 있다.

우리나라의 전자상거래 업체들 중에서 이와 같은 수준으로 공급사슬관리를 구축한 곳은 없는 것으로 알려지고 있다. 이와 같이 높은 수준이 아니더라도 제조업체와 판매업체가 서로 상당한 수준의 신뢰관계를 구축해야 장기적인 효과를 볼 수 있을 것이다.

2) 전자상거래 공급사슬관리의 운영

전자상거래 공급사슬관리의 설계가 되고나면 이를 운영해야 한다. 구매구조를 확립하고 난 이후에 판매구조와도 연결시키면서 동시에 업무를 진행해야 한다. 보통 설계 후에 다음의 다섯 가지 업무들이 전자상거래에서 공급사슬관리의 운영에 해당한다고 볼 수 있다.

(1) 수요예측

수요예측이란 소비자의 수요를 예측하는 것이다. 공급사슬관리가 구축이 되어 있다면 전자상거래 업체가 일 년 단위로 판매가 가능한 수요를 어느 정도 예측하게 된다. 수요예측은 제품의 형태나 가격 그리고 경쟁상황 등에 따라서 변화가 심할 수가 있다. 그래서 정확한 수요예측은 쉽지가 않다. 그러나 수요예측이 없이 생산계획을 잡을 수는 없는 것이다.

우리나라 현실에서는 보통 기존제품의 경우에는 전년도에 판매한 실적에 기인하여 약간의 매출업을 희망해서 한 10% 정도를 올려서 예측하는 것이 보통이다. 전년도에 10억을 팔았다면 올해는 11억 정도를 팔 수 있을 것이라고 예측을 하는 것이다.

신제품의 경우에는 기존의 판매데이터가 없기 때문에 경쟁업체의 기존제품과 비교해서 수요예측을 하는 것이 보통이다. 혹시 경쟁제품도 없는 시장에 완전히 새로운 제품의 경우에는 주관적인 수요예측을 하는 것이 보통이다. 이때에는 하나의 수치로 수요예측을 하는 것이 아니라, 최소판매예측량과 최대판매예측량을 각각 추산해서 그 안에 실제 수요가 포함될 수 있도록 구간추정을 하는 것이 보통이다. 정규분포의 신뢰구간의 추정방식을 활용하면 비록 완전한 시장 신제품의 경우라도 어느 정도는 믿을 수 있는 수요예측이 된다.

(2) 생산계획

전자상거래 업체가 수요예측을 완전히 객관적으로 하거나 혹은 일부의 주관적으로 수행하고 난 후에 제조업체에게 알려주면 제조업체는 이에 따라서 생산계획을 수립하는 것이 보통이다. 이것이 공급사슬관리의 핵심내용이다.

판매업체가 이 정도 팔 수 있다고 예측한 것을 제조업체가 받아들여서 그 정도 생산하는 것이 공급사슬관리의 제조와 유통의 통합이 된다. 그렇지 않고, 판매업체가 예측한 수요데이터를 무시하고 제조업체가 별도의 생산에 들어간다면 그것은 공급사슬관리의 통합 형태라고 볼 수 없다.

제조업체는 생산계획을 수립하는 것이지, 실제로 생산에 돌입하는 것은 아니다. 미리 생산을 하게 된다면 시장상황이 여의치 않아서 판매가 불가능해지면 모든 재고부담은 제조업체에게 돌아오게 된다. 앞의 P&G와 Wal-Mart의 실시간 정보공유는 한 개 팔리면 한 개를 바로 생산할 수도 있다는 개념이다. 제조업체가 유통업체의 실시간 판매상황을 알 수 있으니까, 제조업체가 유통업체를 믿고 생산에 들어간다는 것이다.

그러나 아직까지는 우리나라에서 전자상거래 공급사슬관리에서 미국처럼 제조와 유통시스템이 통합된 것은 없는 것 같으나, 앞으로는 서로 연계해야 한다는 지적이다.

(3) 창고확보

생산계획이 잡히면 언젠가는 생산을 해야 하고 그리고 이를 보관할 창고가 필요하게 된다. 창고 없는 생산현장은 사실상 불가능하다. 일본에서 JIT(Just-In-Time)라는 개념은 자동차회사가 땅값이 비싼 일본에서 무재고로 바로바로 가져와 준다는 것에서 생겼다. 우리나라에서 이와 같이 JIT식으로 전자상거래 업체에 맞추어 줄 수 있는 제조업체는 아마도 없을 것 같다. 이유는 JIT식으로 할 수는 있는데 그렇게 되면 보관비용은 거의 안드나, 생산을 수없이 해야 하므로 생산초기스타트업을 시키는 비용들이 많이 들고 또한 생산한 제조업체에서 전자상거래 업체까지 배송하는 비용이 많이 들게 된다. 일본 자동차의 경우는 품질 1위의 세계적으로 유명한 업체에서 제품의 단가가 엄청나게 비싸므로 가능했을 수도 있다. 그러나 전자상거래로 팔리는 대부분의 소비재들은 판매가격이 몇 만 원에서 기껏해야 몇 십만 원이므로 생산과 배송이 너무 과다하게 되면 비용이 거꾸로 올라갈 가능성이 높아진다.

제조업체가 생산가동을 할 때 일정 수량 이상을 생산하지 않고 찔끔찔끔하게 되면 생산비가 너무 올라간다. 그래서 제조업체들이 보통 예측된 수요치를 받아 보고서 많이 생산을 하는 것이다. 그리고 남은 재고는 창고에 보관하다가 전자상거래 업체가 주문을 해오면 창고에 있던 것을 보내는 것이 보통이다.

(4) 배송관리

창고에 확보된 물건을 전자상거래 업체에서 연락이 오면 바로바로 배송하는 것이 보통이다. 우리나라의 소비자들의 절반 정도가 서울과 수도권에 밀집되어 있고, 서울은 특히 교통량이 복잡하다. 따라서 주문이 들어올 때마다 즉각즉각 배송을 하게 되면 물류비가 엄청나게 나간다. 그래서 제조업체들이 판매업체에게 자체적으로 작은 창고를 준비하라고 요청하는 경우가 꽤 많다. 판매업체가 작은 창고를 확보하고 운영하는 쇼핑몰에서 상당히 잘 나가는 제품들은 어느 정도 기본적인 수량을 확보해 두는 것이다. 이렇게 되면 제조업체도 한 번에 대략적으로 많은 물량을 배송하게 되고 단위당 배송비용을 줄일 수가 있다.

(5) 재고관리

전자상거래의 공급사슬관리에서 가장 중요한 의사결정이 필요한 것이 재고관리이다. 제품을 생산하고 나서 아무리 많이 팔아도 재고가 남게 되면 그 자체로 기업체에게는 상당한 마이너스가 된다. 표로서 설명하면 다음과 같다.

〈표 9-1〉 재고관리의 중요성

시나리오 1		시나리오 2		시나리오 3	
판매가격	10,000	판매가격	10,000	판매가격	10,000
매입원가	7,000	매입원가	7,000	매입원가	7,000
개당이익	3,000	개당이익	3,000	개당이익	3,000
판매수량	100	판매수량	90	판매수량	70
판매이익	300,000	판매이익	270,000	판매이익	210,000
재고	0	재고	10	재고	30
재고손실	0	재고손실	70,000	재고손실	700,000
총이익	300,000	총이익	200,000	총이익	0

판매되지 않고 남은 재고는 기업체에 엄청난 부담을 준다는 것을 보여주기 위해서 개발된 표이다.

원가가 7,000원짜리 제품을 전자상거래로 10,000원에 팔면 개당 3,000원의 이익이 생긴다. 100개를 구매해서 전부다 동일한 가격으로 판매하면 이 전자상거래 업체는 300,000원이 총이익이 된다. 재고가 전혀 없이 생산한 모든 제품들은 완판했을 때의 상황이 시나리오 1에 나와 있다.

시나리오 2는 100개 중에서 90개를 팔았을 때의 상황이다. 100개를 매입해서 90개를 팔았을 때의 상황은 상당히 양호한 것이다. 판매하지 못한 제품은 계산의 편의상 판매가 불가능하다고 하자. 그러면 개당 3,000원짜리를 90개 팔아서 270,000원이 생기고 7,000원짜리 10개를 팔지 못해서 생긴 손해의 총이익은 200,000원이 된다. 시나리오 1에서는 100개를 다 팔았고, 시나리오 2에서는 오로지 10개를 못 팔았는데 총이익은 3분의 2로 줄어들었다. 재고가 그만큼 총이익에 마이너스 영향을 많이 미친다는 것이다.

시나리오 3은 매입한 100개 중에서 70개를 팔고 30개를 팔지 못했을 때의 상황이다. 현실에서는 100개를 사서 70개 정도 판 것은 비일비재하게 일어난다. 절반을 파는 경우도 많다. 일단 70개를 팔고, 30개를 못 팔면 총이익이 0원이 된다. 시나리오 1에 비해서 총이익이 300,000원이 줄게 된다.

재고는 이 만큼 중요한 것이다. 전자상거래 업체의 공급사슬관리에서 가장 관심을 기울여야 하는 것이 재고관리라는 것을 보여 주는 사례이다.

3) 전자상거래 공급사슬관리의 평가

전자상거래 업체가 공급사슬관리의 설계를 하고 운영하고 나면 그 결과를 평가해 보아야 한다. 공급사슬관리를 오프라인에서 평가하는 것은 상당히 많은 방식이 있다. 계량적인 방법도 있고, 그냥 정성적인 방법도 있다.

그러나 우리나라의 전자상거래 업체의 공급사슬관리의 운영정도를 평가하는 방식은 아주 간단한 두 가지가 있다. 개념적으로 명백하고 그리고 현실적으로도 쉽게 적용할 수 있다. 물론 미국에서 개발된 복잡하고 정교한 평가방식에 비하면 정확도는 좀 떨어진다고 볼 수 있으나, 실용적인 면에서는 더 좋을 수도 있다.

미국은 신용시스템이 잘 발달했고 그리고 투명한 의사결정의 필요성을 제조업체와 판매업체들이 잘 인식하고 있어서 미국식 평가가 적합할 수 있다. 그러나 우리나라는 신용시스템이 아직도 미비하고 그리고 많은 의사결정들이 투명하지 않다.

우리나라의 전자상거래 업체가 쉽게 활용할 수 있는 평가기준은 다음의 두 가지다.

첫째는 구매과정에서는 최소의 비용 원칙이다. 구매를 최소로 했는가 하는 것이다. 만약 구매를 다른 방식으로 하는 것이 더 저렴할 수가 있다면 구태여 이번에 사용한 방법을 하지 않는 것이 더 좋았을 것이다. 더 저렴한 방법이 있다면 다음번에는 그 방법을 사용하는 것이 필요하다. 기업경쟁력의 한 가지 핵심은 저렴한 구매이다. 따라서 이에 맞추어서 최소의 비용으로 우리가 필요로 한 것을 구매했느냐의 여부이다.

매번 구매를 할 때마다 최소로 하겠다고 하면 제조업체가 공급거절을 할 수도 있다. 그래서 현실에서는 보통 연간계획을 한다. 이것은 일년 동안 제조업체와 판매업체가 얼마만큼의 물량을 공급하고 구매하겠다는 사전약정이다. 그리고 이러한 연간계획이 최소의 비용으로 체결되면 되는 것이다.

둘째는 판매과정이 소비자 욕구를 충족시켰느냐는 원칙이다. 구매를 최소비용으로 한 것은 좋은데, 소비자들에게 별로 필요로 하지 않는 제품을 공급했다면 그것은 문제가 될 수 있다. 판매는 기본적으로 소비자가 원하는 물건을 원하는 조건으로 제공해야 하는 것이다.

중간사례 "세븐일레븐, 물류에 IT 접목… 아마존 상품 배달 사업 성공"

"아마존과 손잡은 세븐일레븐을 비롯해 정보기술(IT) 기업들이 잇따라 물류시장에 진입하고 있습니다. 기업들은 이런 변화에 발 빠르게 적응해야 합니다."

공급망관리(SCM) 분야의 세계적 권위자인 하우 리 스탠퍼드대 경영대학원 교수는 지난달 30일 서울 역삼동 삼성SDS 본사에서 기자와 만나 "전통적인 물류 기업들은 IT를 접목한 새로운 환경을 받아들여야 한다."며 이같이 말했다. SCM은 제품의 개발 · 재료 구매 · 제조 · 물류를 비롯한 공급사슬 전체를 관리해 경쟁력을 높이는 경영 혁신 기법이다.

리 교수는 삼성SDS가 개최한 '삼성 SCM 리더스 포럼'에 초청 강연을 하기 위해 한국에 왔다. 삼성SDS는 글로벌 물류 플랫폼인 '첼로'를 구축 중에 있고, 최근 포스코 신규 물류 시스템에 자사 솔루션을 도입하는 등 물류IT 사업을 확대하고 있다.

리 교수는 "전통적 편의점 회사인 세븐일레븐은 인터넷 쇼핑업체 아마존의 IT기반 물류 사업을 받아들여 편의점에서 아마존의 배달 상품을 대신 받아주는 사업을 시작해 성공을 거뒀다."며 "여러 협력업체들과 파트너십을 맺고 공조하는 생태계가 중요해지고 있다."고 강조했다.

그는 "SCM을 효율적으로 관리하기 위해 '투명성'을 확보하는 것이 중요하다."며 "현지 협력업체나 비정부단체(NGO), 심지어 경쟁사와도 공조해 투명성을 높일 정보의 '조합'을 만들 필요가 있다."고 말했다.

IBM과 애플 등 글로벌 기업의 자문을 맡아온 그는 삼성전자와 애플의 서로 다른 SCM 전략에 대해서도 언급했다. 리 교수는 "애플은 수요를 정확하게 예측해 한 번 SCM 전략을 세우면 수정하지 않는 방식으로 운영해 왔다."며 "하지만 최근 SCM 체계를 유연한 방식으로 바꾸고 있다."고 말했다. 그는 "애플이 최근 전원 장치와 이어폰 등 액세서리 분야부터 SCM 전략을 수정해 공장 단위로 정보를 얻고 있다."며 "애플이 혁신의 불확실성으로 전략을 수정하고 있는 것"이라고 설명했다.

출처: 한국경제(2012년 12월 2일).

4. 전자상거래 공급사슬관리의 핵심구조

전자상거래 공급사슬관리의 핵심구조는 크게 구매구조와 판매구조이다. 각각을 설명하면 다음과 같다.

1) 전자상거래 공급사슬관리의 구매구조

(1) 구매프로세스의 구축

구매구조는 전체 생산비의 대략 40~60% 정도에 해당하는 구매원가를 최소화하는 것이 목표이다. 구매원가를 줄이지 않으면 전자상거래 전체의 경쟁력이 떨어지게 된다. 구매하려는 자재는 크게 두 가지가 있다. 하나는 소모성의 자재이고, 다른 하나는 핵심자재이다. 소모성자재 MRO 구매는 전체 구매의 30~50% 정도를 차지한다. 각종 비품과 사무용품이 소모성자재이다. 이것은 전자상거래로 통합해서 구매하는 프로세스를 만들어야 한다. 소모성자재는 보통 직접구매를 한다.

그리고 핵심자재는 공급업자를 제대로 선택해서 구매해야 한다. 핵심자재는 공급자를 어떻게 선정하느냐에 따라서 구매원가가 올라갈 수도 있고, 떨어질 수도 있다. 공급자가 취급하는 자재의 유형과 가격을 보고서 공급자를 전략적으로 선택해야 한다. 필요하다면 핵심자재는 아웃소싱을 통해서 구매할 수도 있다.

구매비용을 낮추기 위해서 전자조달(e-Procurement)을 적극 활용해야 한다. 전자상거래 시스템을 구축하게 되면, 구매할 때도 전자상거래를 활용할 수가 있는데 이것이 전자조달이다. 자재공급자와 구매자가 EDI를 통해서 서로 저비용으로 지속적인 구매프로세스를 유지해야 한다. 핵심자재의 원가절감을 위해서는 경쟁입찰제도를 도입해서 활용할 수도 있다.

(2) 구매프로세스의 유지를 위한 공급사관계관리

보통 전자상거래의 초기구매는 시장거래로 시작한다. 시장거래란 시장에서 정보를 구해서 공급사에게 연락해서 최저의 가격으로 주문을 받는 것이다. 그러나 지속해서 공급을 받다 보면 제휴관계로 발전할 수가 있다. 제휴관계가 되면 공급사와 구매사는 서로 정보를 주고받으면서 장기적인 관계를 유지하려고 한다.

공급사와 구매사가 공급중단을 어느 한쪽이 시행하면 양쪽의 피해가 커지게 된다. 따라서 관계단절보다는 장기적인 관계유지가 필요하다. 평범한 거래는 일상적인 구매프로세스를 거치게 되나, 핵심자재는 전향적인 구매로 공급사와 구매사가 서로 최소의 마찰로서 장기적인 상호 간의 이득을 유지할 수 있도록 진행해야 한다.

2) 전자상거래 공급사슬관리의 판매구조

전자상거래로 구매한 제품을 인터넷 사이트를 통해서 판매할 때에도 소비자들의 욕구를 지속적으로 충족시키려고 노력해야 한다. 소비자욕구는 항상 변하기 때문에 과거에 성공했던 방식으로 지속한다고 해서 경쟁력이 강화되는 것은 아니다.

소비자들이 원할 것 같은 것들을 공급사에서 지속적으로 공급을 받아서 판매를 해야 한다. 전자상거래 공급사슬구조에서는 소비자들이 구매한 제품이 팔리게 되면 바로 공급사가 이러한 제품을 공급해 주어야 한다. 이것을 Computer-Assisted Ordering이라고 한다. 공급사슬관리의 판매구조의 초보적인 단계로서 한 개가 팔리면, 한 개가 바로 공급이 되는 것이다. 다시 말해서, 인터넷 사이트에서 책 한 권이 팔리면 공급하는 출판사에서는 그 책 한 권을 바로 배송해 주는 것이다.

Computer-Assisted Ordering은 초기단계이고, 이것이 어느 정도 성공하게 되면 CPFR(Collaborative Planning, Forecasting, and Replenishment)로 넘어가게 된다. 이것은 전자상거래 공급사슬관리의 판매구조의 가장 발달한 단계이다. 인터넷 사이트를 운영하는 회사와 이 회사에 제품을 공급해 주는 회사가 상호 간에 신뢰관계를 형성하고서 소비자들에게 필요로 할 것 같은 제품을 같이 개발해서 같이 판매하는 형태이다. 과거에는 아동서적이 많이 팔렸는데, 요새는 주부상대의 소설책이 잘 나간다고 파악이 되면 출판사와 책 사이트 운영회사가 같이 기획하여 주부상대의 책을 만들어 판매하는 것이다. 2000년대에 들어서 미국에서는 어느 정도 발전하고 있으나, 전세계적으로는 현재 초기단계라고 할 수 있다.

5. 공급사슬관리와 정보기술

1) 정보기술이 공급사슬관리의 경쟁력 강화요인

전자상거래의 공급사슬관리에서 정보기술의 도움이 없이는 경쟁력 있는 업무실행이 불가능해진다. 공급사슬관리가 1990년대와 2000년대에 급속하게 발전할 수 있었던 이유는 그 당시에 미국 주도하의 정보기술(Information Technology)의 놀라운 발전에 기인한다고 볼 수 있다. 수많은 새로운 정보기술들이 등장하면서 제조와 판매의 통합이 가능해지게 되었다. 또한 인터넷의 상업화로 실시간 통신이 가능하게 되었고, 심지어는 인공위성을 활용한 배차시스템의 관리까지도 가능하게 되었다.

정보기술은 대용량 데이터의 처리를 가능하게 해주었고, 원거리 통신도 가능하게 만들어 주었으며, 세밀한 관리도 가능하게 해주면서 공급사슬관리 발전의 견인차가 되었다. 경쟁기업체들보다 더 빠른 성장을 원하는 전자상거래 업체들은 지속적으로 현재 발전되는 정보기술의 동향에 민감하게 반응해야 한다. 최고경영층의 정보기술의 중요성을 인식하고 중간경영층과 하위경영층들이 정보기술의 다양한 개념과 기법들을 터득해서 전략적으로 활용하는 자세가 필요하다. 이와 같은 관점에서 현재까지 개발된 공급사슬관리의 정보기술 기법들 중에서 중요한 것들을 하나씩 설명하면 다음과 같다.

2) 공급사슬관리에서 주요한 정보기술 기법들

(1) ECR

ECR(Efficient Consumer Response)은 식품 위주의 공급사슬관리 기법이다. 1992년에 미국의 식품공급업체들과 식품유통업체들이 공동으로 소비자가치를 증대하기 위하여 식품의 공급사슬관리를 최대로 효율적으로 관리하려는 움직임에서 시작되었다. 식품공급업체와 식품유통업체가 원거리 통신이 직결되어 있으면 팔리게 되는 식품제품의 종류와 수량을 실시간으로 파악할 수 있으므로 효율적인 재고관리와 바람직한 생산계획이 가능하게 되었다. 그후 유럽에서 18개의 기업체들이 협력해서 추진했고 우리나라에서도 1999년에 정부주도로 ECR의 도입이 추진되었다.

그러나 미국과 유럽은 거의가 식품취급업체에 POS가 완비되어 있다. POS(Point-Of-sale System)란 편의점이나 슈퍼마켓에서 흔히 볼 수 있는데 계산을 할 때 붉은 빛이 나는 POS reader기와 관련된 전체 기기들을 의미한다. 슈퍼마켓에서 고객이 세 개의 식품들을 구매한 후에 캐시어에게 주면 캐시어가 일일이 식품포장에 붙은 바코드를 읽게 된다. 바코드의 정보들이 POS reader기로 읽히게 되면 계산대에 총가액이 얼마라고 뜨게 된다. 이것이 있어야 유통업체의 식품판매현황에 대한 정보들이 바로바로 집적이 가능하다. 그런데 우리나라에는 백화점, 할인점, 편의점과 대형 회사형 슈퍼마켓 이외의 거의 대부분의 중소형 식품판매업체들(동네 슈퍼, 구멍가게, 재래시장의 점포들)은 POS가 안 되어 있다.

POS가 없으면 식품유통업체가 자신들이 하루에 몇 개를 얼마에 팔았는지에 대한 정확한 정보를 알 수가 없다. 그냥 주먹구구식으로 하루에 몇 개를 대충 팔았고, 오늘 얼마를 받았다는 것만 알 수 있다. 많은 중소형 식품유통업체들이 가끔 많이 팔고도 망하는 경우가 있는데 정확한 손익계산을 하지 않아서 생기는 문제이다. 현재 우리나라의 식품유통업체들 중 절반 이하는 POS가 완비되어 있지 않아서 미국식이나 유럽식의 ECR은 현재로서는 불가능하다.

(2) QR

QR(Quick Response)이란 의류 위주의 공급사슬관리 기법이다. 식품의 공급사슬관리인 ECR과 거의 동시에 미국에서 발전된 것이다. 내용은 거의 비슷하고, 단지 QR은 의류공급업체와 의류유통업체의 거래관계라는 점에서 다르다. 의류는 식품에 비해서는 표준화가 덜 되어 있고(식품은 대량생산 기법을 통해서 생산이 가능, 그러나 의류는 대량생산보다는 소규모 생산이나 수작업생산 혹은 주문생산이 많음) 제품의 특징들이 다양해서 공급사슬관리가 그렇게 쉽지 않다.

미국의 리바이스 청바지의 경우에는 공급사슬관리가 잘 되어 있는 사례이다. 미국의 소비자가 리바이스 청바지 회사의 홈페이지에 자신이 구매하고 싶은 청바지와 비슷한 것을 고르거나 80% 정도는 리바이스가 이미 만들어 놓은 것을 고르고 나머지 20% 정도는 자신의 취향대로 여러 가지로 주문선택을 할 수가 있다. 그리고 주문하고 결제하면 리바이스 청바지 회사에서 바로 의류공급업체의 컴퓨터로 전송이 된 다음 생산이 되고, 그후에 다시 리바이스 청바지 회사의 의류유통업체로 배송되어 최종적으로 구매한 소비자에게 전달이 된다.

(3) RFID

RFID(Radio Frequency Identification Device)는 라디오 주파수를 이용해서 접속이 가능한 거의 모든 터미널에서 바로바로 정보를 전달받아 업무가 가능하도록 한 시스템이다. 우리나라에는 아직 도입이 별로 안 되어 있으나 앞으로는 활발하게 활용될 것으로 예측된다.

기본적으로는 IC칩과 무선통신을 이용해서 제품에 부착이 되면 기존의 바코드보다 훨씬 더 많은 정보들을 RFID가 내장하고 활용가능하게 해준다. 제품공급업체가 RFID 칩을 내장한 제품을 생산해서 트럭수송하는 순간부터 그후의 모든 과정들을 공급사슬관리상에서 통제를 원하는 사람들은 모두 알 수가 있다.

예를 들어서, 전자상거래 업체가 노트북 공급업체에게 RFID를 내장한 상태로 공급해달라고 하면 생산된 이후에 트럭으로 전자상거래 업체에까지 오는 모든 과정이 추적이 가능해진다. 그리고 전자상거래 업체가 고객의 주문을 받아서 고객에게 배송을 하는 과정도 모두 추적이 가능하다.

(4) EDI

EDI(Electronic Data Interchange)는 공급사슬관리의 공급업체와 유통업체가 사전에 거래행위에 대해서 표준화를 시도하고 그리고 이 표준화에 따라서 컴퓨터로 정보를 주고받는 행위를 말한다. 주문과 관련된 서류들, 납품과 관련된 서류들, 대금청구와 관련된 서류들이 모두 사전에 양자 간에 약정한 대로 표준화가 되어 사람의 개입이 없이 자동적으로 컴퓨터로 이동이 되는 것이다.

EDI는 주로 세 가지로 구성되는데 그것들은 표준, 사용자시스템과 통신네트워크이다.

EDI는 미국의 유명한 Fortune 500 대기업체들은 다 사용하고 있으나, 미국의 중소형 업체들은 잘 사용하지 않고 있다. 우리나라도 EDI를 사용하는 기업체들은 별로 없는 것으로 알려지고 있다.

EDI는 사전에 약정한 대로 진행이 되므로 공급사슬관리상에서 일어나는 공급과 관련된 연락비용이나 판매와 관련된 관련 비용들이 모두 절감될 수 있다는 막대한 장점이 있다. 그런데도 왜 미국의 중소형 기업체들이 잘 쓰지 않는 것일까? 또한 우리나라에서도 많이 사용되지 않는 이유는 무엇일까?

이유는 비용 때문이다. 효과적이고 장기적으로는 도움이 된다는 것을 인식하고 있으나 단기적으로 막대한 초기투자비가 들기 때문에 많은 중소형 업체들이 꺼려하고 있는 것이다. 앞에서 보았던 POS를 우리나라의 대형 유통업체들은 거의 다 완비하고 있는데, 중소형 유통업체들은 초기비용이 많이 들어서 하지 않는 것과 비슷하다. 또한 POS가 되어 모든 자료가 투명해지면 세금을 정상적으로 내야 한다는 것도 부담이 될 수 있다.

(5) e-Procurement

e-Procurement란 e-Catalogue를 사용해서 인터넷을 조달하는 과정을 말한다. 우리나라의 경우에는 아직까지도 제품공급업체들이 제품유통업체에게 편지, 배달 혹은 전화로 카탈로그를 전달하는 경우가 대부분이다. 간혹 발전이 된 전자상거래 업체들은 공급업체로부터 전자카탈로그를 받아서 이것을 가지고서 자신들이 필요로 하는 제품에 대한 주문을 하는 것이다.

인터넷 기반의 전자상거래의 기본적인 목적이 시간을 줄이고 쓸데없는 비용낭비를 막는다는 측면에서는 전자카탈로그로 주문하는 시스템이 조기에 확립되어야 할 것이다.

마무리사례 *부품 공급사슬 탄탄하게 만들자*

요즘 소비자는 현명하다. 소비자들은 제품구매에 앞서 다양한 채널을 통해 정보를 접하고 물건을 구매한다. 이런 소비자들의 구매 행태를 보면 최근 최첨단 기술을 적용한 복잡한 제품보다 단순하면서도 안전한 제품을 선호하는 경향도 나타난다. 생활수준이 높아질수록 안전성이 확보된 제품을 찾는 소비자의 욕구는 점점 강해질 것이다.

실제 글로벌 경쟁시장에서 안전과 관련한 품질 사고는 대형 리콜사태로 이어져 기업의 이미지 손상은 물론 매출감소 등 경영의 위협요소로 작용하고 있다. 특히 인터넷이 발달하고 소비자 불만을 대변하는 단체들이 많은 현대사회에서 품질결함이나 제품안전 사고는 전세계에 급속도로 확산될 수 있기 때문에 기업경영에 치명적인 영향을 끼치게 된다. 국내외적으로 발생하는 일련의 안전사고를 보면 아무리 글로벌 첨단 기업이라 하더라도 품질결함을 완벽하게 막는 것은 쉬운 일이 아니다.

더구나 최근 들어 기업의 경영환경이 시대의 조류에 따라 급속히 변하고 있다는 점도 염두에 둬야 한다. 세계경기 둔화 우려와 고유가의 어려운 현실 속에서 신성장 동력의 패러다임 변화에 부합하는 새로운 품질전략으로 기업경쟁력을 강화하고 세계 경제의 변화에 선도적으로 대응하기 위한 경영 전략이 시급하다.

얼마 전 발생한 일본 도호쿠 대지진으로 주요 부품소재 공급처 역할을 하던 일본 기업으로부터 부품 공급이 줄어 공급사슬이 무너지는 돌발 상황이 발생했다. 반도체 제조용 장비, 광학기기 등 대일(對日) 부품 소재 의존도가 높은 국내 기업도 생산차질 가능성이 제기된 바 있다. 또 최근 국내 한 자동차 부품 제조업체에서 조업중단 사태가 벌어져 자동차 산업 전체에 엄청난 영향을 미친 것을 보며 부품공급선 다변화에 대한 목소리도 높아지고 있다.

하지만 부품 공급처를 바꾸는 것이 말처럼 쉬운 일이 아니다. 당장 다른 부품공급선을 찾는 것도 쉽지 않거니와 설령 찾았다 해도 완제품의 성능을 담보할 수 있는 부품을 조달받는 것은 더욱 어렵기 때문이다. 특히 요즘과 같이 수많은 부품 조립을 필요로 하는 제조업 특성상 일부 핵심 부품의 공급 결여는 치명적 결과를 초래한다.

경영상의 금전적 손실뿐만 아니라 오랜 시간 공들여 쌓아올린 브랜드 이미지, 국내 소비자 및 해외 딜러와의 신뢰관계가 일순간에 무너질 수 있다. 지난해 글로벌 생산체제의 품질문제로 곤혹을 치른 도요타 사태와 뜻하지 않은 자연재해로 부품 공급망에 문제가 생겨 어려움을 겪고 있는 글로벌 기업의 사례를 반면교사로 삼아야 할 것이다. 장기적으로는 글로벌 부품조달 시스템 구축과 대기업 및 협력사 간 신뢰를 바탕으로 한 상생 정신이 절실하다.

제품의 품질은 완성품 제조기업의 품질 개선만으로는 근본적인 해결이 어렵다. 대기업과 1 · 2 · 3차 협력사로 이어지는 부품공급 사슬, 즉 전 생산라인에서 품질관리 고리가 확고하게 유지될 때 완제품의 품질향상이 가능하다. 글로벌 아웃소싱도 지나친 원가절감 위주의 품질관리 활동에 치중한 나머지 자칫 소비자의 안전이 간과돼서는 안될 것이다.

그런 점에서 완제품 제조 기업과 협력기업 간 상생품질을 위해 26일 열리는 '2011 코리아 CQO(Chief Quality Officer) 서밋'이 주목된다. 이번 포럼이 대기업과 협력사의 품질책임자들이 모여 상생품질 문화를 앞당기고 우리 산업계의 부품공급 사슬을 견고하게 하는 자리가 되기를 바란다. 기존 기업 간 경쟁에서 공급체인에 관련된 협력기업군 간의 경쟁으로 변화하고 있는 지금, 부품 공급망 관리를 위한 대기업의 노력과 협력기업의 적극적인 참여가 필요하다. 이들이 머리를 맞댈 때 대기업과 협력사가 함께 세계적 경쟁력을 갖춘 상생품질을 만들어 낼 수 있다.

출처: 한국경제(2011년 5월 25일).

CHAPTER 10

전자상거래 관련 법률, 윤리, 사이버 범죄

ELECTRONIC COMMERCE

1. 전자상거래 법규

2. 사이버 윤리

3. 사이버 범죄

도 입 사 례

전자상거래법 개정 앞둔 온라인몰, 표정은?

개정된 전자상거래법 시행이 한 달 앞으로 다가오면서 온라인 유통업계가 분주하다. 이번 개정안에서 소비자 피해 관련 정책이 대폭 강화되면서 소비자는 물론 온라인 유통업계도 꼼꼼히 살펴봐야 할 부분들이 많아졌기 때문이다.

공정거래위원회는 지난 2월 공포된 전자상거래 소비자보호법 시행령 및 시행규칙 개정안을 내달 18일부터 시행한다. 가장 크게 달라지는 것은 그 동안 무방비 상태에 놓여있던 소비자 피해구제 조항을 강화한 것이다. 오픈마켓 등 중개 판매자에게도 연대책임을 지도록 했다.

■ 전자상거래법 개정안, 소비자 파워업

개정안은 판매자 신원 정보자료 제출과 통신판매업 신고시 구매안전서비스 가입 증빙서류 제출을 의무화해 안전한 결제 환경을 조성하도록 하고 소비자 피해에 대해 연대책임을 지우도록 한 것이 핵심이다. 소비자가 적극적인 환급을 받을 수 있는 것은 물론 교환명령 조치도 가능해졌다.

때문에 온라인 유통업체들은 소비자 피해예방 및 구제에 적극 나서야 한다. 개정안 제25조 2항과 제33조 2항에 따라 통신판매중개자가 자사 사이트 이용 중에 발생하는 소비자 불만이나 분쟁을 해결하기 위한 인력, 설비를 마련해 '피해구제 시스템'을 갖춰야 한다. 사전에 불만이나 분쟁해결 처리기준을 준비해 고지하고 처리시한을 명확하게 규정하는 등 적극적으로 해결해야 할 책임이 있다.

만일 소비자들이 피해상황이 발생하더라도 온라인 유통업체들이 마련한 구제 시스템을 통해 손쉽게 문제를 해결할 수 있게 됐다. 환급 거절 및 지연이 될 경우에는 지연 배상금을 지급받을 수도 있다.

개정안 9조에는 사업자와 결제업자가 재화내용과 가격을 고지하고 소비자 확인 동의 절차를 받도록 했다. 소비자가 확인했더라도 동의를 받도록 하는 것은 물론 관련 정보를 통지할 때 거래내역과 이용요금 외 주요 개인정보 등 연락처도 함께 표시해 줘야 한다.

이 밖에도 공정위는 소비자 권익보호를 위해 사업자들의 위법행위에 대한 정보를 제공하도록 하고 컴퓨터 프로그램 설치 시에도 용량, 기능, 기존 프로그램에 미치는 영향 등 중요사항을 설치 전 고지하도록 했다.

공정위는 이번 개정안을 통해 "사업자 의무사항을 구체적으로 규정해 줌으로써 전자상거래

시장의 신뢰도를 끌어 올릴 수 있는 계기가 될 것"이라고 기대하고 있다.

■ 온라인 유통업계 시행 앞둔 표정은?

주요 온라인 유통업체들은 비교적 안정적으로 법 시행을 준비 중이다. 특히 전자상거래 초기부터 발생해 왔던 소비자 피해와 관련된 문제점들이 있었기 때문에 대책을 마련해 왔기 때문이다. 개정안 시행으로 개인 온라인 쇼핑몰이나 호스팅 업체들이 겪는 변화가 클 것으로 보인다.

이베이코리아 옥션 홍보팀 홍윤희 부장은 "개정안은 이미 대형 오픈마켓들이 반영하고 있는 내용들도 많다."면서 "개정 이전부터 꾸준히 거론되어 왔던 부분들도 많기 때문에 오픈마켓들이 시행착오를 겪어오면서 이미 내부 시스템을 마련해 둔 곳들이 많다."고 밝혔다.

그러나 업계가 법 시행에 대해 부담을 느끼는 것도 사실이다. 업계 한 관계자는 "그 동안에도 소비자들 피해를 최소화하기 위해 노력해왔지만 실제로 전자상거래법 개정안이 시행되면 새롭게 강화되는 조항들도 있어 대책마련에 나선 것은 사실이다."면서 "하지만 연대책임에 대한 부분이 대폭 강화돼 수많은 셀러들을 관리해야 한다는 점은 업계에서도 부담되는 부분도 있다."고 밝혔다.

개인 온라인 쇼핑몰을 운영하고 있는 김은경(36) 씨는 "일단 소비자 보호를 해야 한다는 점은 판매자의 당연한 의무라고 생각하지만 법률적인 부분을 잘 알지 못하는 개인 사업자들이 많기 때문에 전문가의 도움을 받지 않고 준비하기는 어려울 것 같다."고 말했다.

카페 24를 운영하고 있는 심플렉스 인터넷 관계자는 "현재 개정안과 관련해 구체적인 가이드라인이 나오지 않은 부분에 대해서는 내부적으로 방향성을 검토 중"이라고 밝혔다.

출처: ZDNet(2012년 7월 26일).

CHAPTER 10

전자상거래 관련 법률, 윤리, 사이버 범죄

모든 상거래는 여러 가지 법적, 그리고 윤리적 문제를 안고 있다. 최근에 주목받고 있는 개인정보보호법부터 시작하여 지적재산권, 특허권, 상표권과 같은 다양한 법적 문제와 사생활 침해, 유해정보, 악성댓글과 같은 윤리적인 문제에 둘러싸여 있다. 본 장에서는 이러한 법적 · 윤리적인 문제에 대해 생각해 보는 시간을 갖고자 한다.

1. 전자상거래 법규

1) 개인정보보호법

정보기술의 발달로 이를 이용한 개인정보의 이동과 유통이 활발해지면서, 개인정보의 수집과 보관 및 활용에 따른 개인정보의 유출, 남용 및 개인정보를 이용한 불법행위들이 늘어나고 있으며, 이로 인하여 사생활이 침해되는 사례가 빈번하게 발생하여 사회적 문제가 되고 있다.

우리나라에서 일어난 개인정보 관련 집단소송의 시초는, 지금은 잘 알려져 있지 않지만 2001년에 있었던 삼성생명의 개인정보 무단제공 사건으로서, 1인당 위자료 200만 원이라는 꽤 큰 금액의 손해배상액을 법원이 인정한 사례였다. 그러다가 2005년 엔씨소프트 리니지 게임 개인정보유출 사건을 기점으로, 개인정보의 '대량유출'이라는 새로운 형태의 개인정보 사고유형이 우후죽순처럼 발생하기 시작하였고 이는 개인정보의 기술적 · 관리적 보호조치 기준의 내용을 매년 업그레이드시키는 계기로 작용하였으며, 개인정보보호법이라는 기본법의 제정까지 이끌어 내었다.

개인정보보호는 오늘날 국제사회의 공통적 가치와 관심사가 되고 있다. 이미 국제연합(UN), 경제협력개발기구(OECD), 아시아 · 태평양경제협의체(APEC), 국제노동기구(ILO) 등이 개인정보의 적절한 보호와 합리적 이용을 보장하기 위한 원칙들을 제시하였다. 이들 국제규범은 강제력은 없지만 개인정보의 보호 및 이용에 관한 현대사회의 보편적 기준이 되고 있다. 특히 이들 국제규범은 개인정보의 보호뿐만 아니라 합리적 이용권도 보장되어야 함을 강조하고 있다. 이에 따라 국제적인 흐름에 맞추어 개인정보의 보호와 활용을 조화롭게 이끌어 갈 수 있는 종합적인 개인정보보호법을 제정해야 한다.

2011년 3월 29일 공포되고 9월 30일 시행된 우리나라의 개인정보보호법은 개인정보의 수집 · 유출 · 오용 · 남용으로부터 사생활의 비밀 등을 보호함으로써 국민의 권리와 이익을 증진하고, 나아가 개인의 존엄과 가치를 구현하기 위하여 개인정보 처리에 관한 사항을 규정하기 위한 법이다(인터넷을 통해 회원으로 가입 시 주민등록번호를 대체할 수 있는 방법 제공 의무는 2012년 3월 30일부터 시행되었음).

개인정보란 생존하는 개인에 관한 정보로서, 특정 개인을 식별하거나 식별할 수 있는 일체의 정보를 말한다. 생존하는 개인정보에 관한 것이기에 이미 사망하였거나 실종신고 등 관계법령에 의하여 사망한 것으로 간주되는 자에 관한 정보는 개인정보로 볼 수 없다. 다만, 사자(死者)에 관한 정보가 생존하는 유족 등 후손과 관련이 있는 경우에는 유족 등 후손의 개인정보로서 적용대상이 될 수 있다.

개인정보에 해당되는 것은 개인에 대한 사실, 판단, 평가 등 특정 개인과 관련된 일체의 정보가 모두 포함된다. 따라서 개인과 관련된 사실적인 정보(예: 이름, 주소, 주민등록번호, 직업 등)뿐만 아니라 해당 개인에 대한 타인의 의견, 평가, 견해 등과 같은 주관적인 정보(예: 신용평가정보, 사회적 지위)도 개인정보에 해당된다. 즉 그 정보만으로는 특정 개인을 알아볼 수 없더라도, 다른 정보와 쉽게 결합하여 개인을 알아볼 수 있다면 개인정보에 포함된다.

이처럼 개인정보는 성명 · 주민등록번호 등 인적사항에서부터 사회 · 경제적 지위와 상태, 교육, 건강 · 의료, 재산, 문화활동 및 정치적 성향과 같은 내면의 비밀까지 매우 다양하고 폭넓다. 또한 개인정보에는 이용자가 직접 회원가입이나 서비스 등록을 위해 사업자에게 제공하는 정보뿐만 아니라, 사업자가 서비스를 제공하는 과정에서 생성되는 이용자에 관한 정보도 포함된다.

개인정보를 특성별로 분류하면 아래와 같다. 아래의 분류 외에도, 신용정보, 고용정보, 습관 및 취미정보, 기타 수익정보 등 개인과 관련된 다양한 정보가 개인정보에 해당된다.

〈표 10-1〉 개인정보의 유형

유형	예
일반정보	성명, 주민등록번호, 주소, 연락처, 출생지, 본적지, 성별, 국적 등
가족정보	가족구성원들의 이름, 출생지, 생년월일, 주민등록번호, 직업, 전화번호 등
교육 및 훈련정보	학교출석사항, 최종학력, 학교성적, 기술자격증 및 전문 면허증, 이수한 훈련 프로그램, 동아리 활동, 상벌사항 등
병역정보	군번 및 계급, 제대유형, 주특기, 근무부대 등
부동산정보	소유주택, 토지, 자동차, 기타 소유차량, 상점 및 건물 등
경제정보	소득, 재산상황, 신용, 부채 등
사회정보	학력, 성적, 병역, 직업, 자격 등
통신정보	전자우편, 전화통화 내용, 인터넷 접속 IP, 로그 파일(log file) 등
민감정보	사상, 신념, 노동조합 · 정당의 가입탈퇴, 정치적 견해, 건강, 성생활 정도 등
법적정보	전과기록, 자동차 교통 위반기록, 파산 및 담보기록, 이혼기록, 납세기록 등
의료정보	가족병력기록, 과거의 의료기록, 정신질환기록, 신체장애, 혈액형, IQ 등
조직정보	노조가입, 종교단체가입, 정당가입, 클럽회원 등
위치정보	GPS(Global Positioning System)나 휴대폰에 의한 개인의 위치정보 등
신체정보	지문, 홍채, DNA, 신장, 가슴둘레 등

출처: 행정안전부.

개인정보보호의 본질적 목적은 이용자의 개인정보 자기결정권을 보장하는 것이다. 개인정보자기결정권이란 자신에 관한 정보가 언제, 어떻게, 그리고 어느 범위까지 타인에게 전달되고 이용될 수 있는지를 해당 개인정보 주체가 스스로 결정할 수 있는 권리를 의미한다. 즉, 이용자는 누가 어떤 목적으로 자신의 어떤 개인정보를 수집하고 이용하는지를 개인정보 제공 이전에 명확하게 인지하고, 언제든지 자신의 개인정보를 열람 · 정정할 수 있으며, 자신의 개인정보가 이용되는 것을 원하지 않을 경우에는 이용에 대한 동의를 철회하거나 파기를 요청할 수 있는 권리를 보장받아야 한다는 것이다.

개인정보자기결정권은 헌법상에 명시되어 있지는 않으나 2005년 헌법재판소에서 헌법 제17조 사생활의 비밀과 자유, 제10조 인간의 존엄과 가치 및 행복추구권에 근거를 둔 일반적 인격권으로서 '자신에 관한 정보가 언제 누구에게 어느 범위까지 알려지고 또 이용되도록 할 것인지를 그 정보주체가 스스로 결정할 수 있는 권리, 즉 정보주체가 개인정보의 공개와 이용에 관하여 스스로 결정할 권리'로 판시한 바 있으며, 대법원 및 하급법원 판례들에서도 지속적으로 언급되고 있다. 따라서 정보통신서비스 사업자는 이용자의 개인정보를 수집하고 이용할 때에 항상 그 사실을 알리고 동의를 받아야 한다. 즉 업무수행을 위해 개인정보를 수집할 때는 원칙적으로 개인정보 수집 · 이용 목적, 수집하려는 항목, 개인정보의 보유 · 이용기간, 동의를 거부할 권리가 있다는 사실 등의 4가지 사항을 정보주체에게 반드시 알리고 사전 동의를 얻어야 한다. 예를 들어, KT는 2010년 6 · 2 지방선거에 특정 후보자가 의뢰한 선거용 문자를 해당 선거구에 거주하는 KT 고객에게 발송하는 서비스인 'KT 스마트샷' 서비스를 실시하였다. 당시 KT는 고객 230여 명에게 376만 4,357건의 선거용 문자를 발송했다. 문제는 고객의 동의를 받지 않고 문자를 발송했다는 점이다. 이에 방송통신위원회의 상임위원회는 '정보통신망 이용촉진 및 정보보호 등에 관한 법률'을 위반한 KT에 과징금 10억 원과 시정조치 명령을 내렸다.

이처럼 사업자가 수집한 이용자의 개인정보는 사업자의 것이 아니며, 엄연히 해당 정보주체의 것으로, 사업자는 편리한 서비스를 제공하기 위해 정보주체의 개인정보를 잠시 빌려 쓰는 것이라 할 수 있다. 따라서 타인의 소유물을 빌리려면 그 주인에게 허락을 받고 빌린 목적이 달성되면 즉시 반납해야 하듯이, 개인정보를 수집 · 이용할 때에도 해당 정보 주체에게 반드시 동의를 얻어야 하며 동의를 얻은 기간이 만료되었거나 목적이 달성되었으면 해당 정보를 파기해야 한다.

우리나라에서 개인정보보호를 위해 시행 중인 관계법령은 개인정보보호법 이외에도 정보통신망 이용촉진 및 정보보호 등에 관한 법률, 위치정보의 보호 및 이용 등에 관한 법률이 있다. 정보통신망 이용촉진 및 정보보호 등에 관한 법률의 목적은 정보통신망의 이용을 촉진하고 정보통신서비스를 이용하는 자의 개인정보를 보호함과 아울러 정보통신망을 건전하고 안전하게 이용할 수 있는 환경을 조성하는 것이다. 위치정보의 보호 및 이용 등에 관한 법률은 위치정보의 유출 · 오용 및 남용으로부터 사생활의 비밀 등을 보호하고 위치정보의 안전한 이용환경을 조성하여 위치정보의 이용을 활성화하는 것을 목적으로 한다. 자세한 법률에 대한 조문과 부칙은 국가법령정보센터(http://law.go.kr)에서 확인할 수 있다.

2) 지식재산권

지식재산(Intellectual Property)이란 인간의 창조적 활동 또는 경험 등에 의하여 창출되거나 발견된 지식 · 정보 · 기술, 사상이나 감정의 표현, 영업이나 물건의 표시, 생물의 품종이나 유전자원(遺傳資源), 그 밖에 무형적인 것으로서 재산적 가치가 실현될 수 있는 것을 말한다(지식재산 기본법, 법률 제10629호). 지식재산권(Intellectual Property Right)은 법령 또는 조약 등에 따라 인정되거나 보호되는 지식재산에 관한 권리를 말한다.

과거에는 지식재산권이란 용어 대신 지적재산권이란 용어를 사용하였는데, 현재는 지식재산권이라는 용어를 사용하고 있다. 지식재산권과 관련된 기구로 우리나라는 특허청이 있으며, 국제기구로는 세계지식재산권기구(World Intellectual Property Organization: WIPO), 세계무역기구(World Trade Organization: WTO), 국제산업재산권보호협회(AIPPI), 국제상업회의소(International Chamber of Commerce: ICC) 및 위조 상품 정보국(Counterfeiting Intelligence Bureau: CIB), 국제상품위조방지협회, 국제재산권연맹, 국제라이선싱협회 등 많은 단체가 있다.

전자상거래와 관련된 지식재산권의 유형은 저작권, 상표권, 특허권 등이 있다.

(1) 저작권

인터넷이 확산되고 컴퓨터 기술이 급속도로 발전함에 따라 인터넷상에서 일어나는 또 하나의 풀기 어려운 사안으로 저작권 침해 문제를 들 수 있다. 인터넷 기술의 발달로 인해 누구나 쉽게 인터넷을 통한 조작과 변경이 가능하게 됨으로써 많은 시간과 투자를 거친 창작물들이 대량으로 복제, 유통되어 개인 창작의 의지를 좌절시키고, 결과적으로는 정보산업의 퇴보로 이어질 수 있다. 인터넷 저작물은 네트워크를 통해 일반 대중에게 직접 전달되는 특성이 있으며, 쌍방향으로 정보가 선택, 가공, 배열, 편집, 수정될 수 있다. 인터넷 저작물은 복제가 용이하고 신속한 전달이 가능하여 저작권 침해가 순식간에 또 광범위하게 이루어짐으로써 저작권 침해 포착의 어려움과 법적 구제의 어려움이 있다.

저작권(copyright)이란 저작자의 권리와 이에 인접하는 권리를 보호하고 저작물의 공정한 이용을 도모하기 위한 법률을 말한다. 저작물은 인간의 사상 또는 감정을 표현한 창작물을 말한다(저작권법, 법률 제11903호). 저작물에는 여러 가지가 있는데 음악 작품, 소리 녹음, 드라마 작품, 영화 방송 등이 해당되며 인터넷상에서는 이미지(images), 사진, 로고, 텍스트, HTML 코드와 같은 컴퓨터 프로그램 등이 본 법에 의해 보호받을 수 있다.

〈표 10-2〉 저작권법에 의해 보호되는 저작물

소설 · 시 · 논문 · 강연 · 연설 · 각본 그 밖의 어문저작물
음악저작물
연극 및 무용 · 무언극 그 밖의 연극저작물
회화 · 서예 · 조각 · 판화 · 공예 · 응용미술저작물 그 밖의 미술저작물
건축물 · 건축을 위한 모형 및 설계도서 그 밖의 건축저작물
사진저작물(이와 유사한 방법으로 제작된 것을 포함한다)
영상저작물
지도 · 도표 · 설계도 · 약도 · 모형 그 밖의 도형저작물
컴퓨터 프로그램 저작물

출처: 저작권법.

저작자는 저작권법에 의해 자신의 저작물을 복제하거나 복제물을 전시, 배포할 권리를 가지며, 공연할 수도 있고, 인터넷이나 공중파로 송신할 수도 있다. 또한 영리를 목적으로 자신의 저작물을 판매용 음반이나 판매용 프로그램으로 대여할 수도 있다. 하지만 원저작물을 번역 · 편곡 · 변형 · 각색 · 영상제작, 그 밖의 방법으로 작성한 창작물인 '2차적 저작물'은 독자적인 저작물로서 보호되기 때문에 원저작물의 저작자의 권리에 해당되지 않는다. 또한 '편집저작물'도 독자적인 저작물로서 보호된다.

오프라인상에서도 법적인 문제가 끊이지 않는 것처럼 인터넷상에서도 법적인 문제는 항상 존재해 왔다. 예를 들어 한국소프트웨어 저작권협회에서 발표한 소프트웨어 저작권 침해 현황을 보면 2012년 1월 1일부터 12월 31일까지 저작권 침해 건수는 967건이었고, 침해 금액은 495억 원에 달한다. 소프트웨어 불법 복제 건수도 37,053에 달하며, 피해 금액도 495억 원에 달한다.

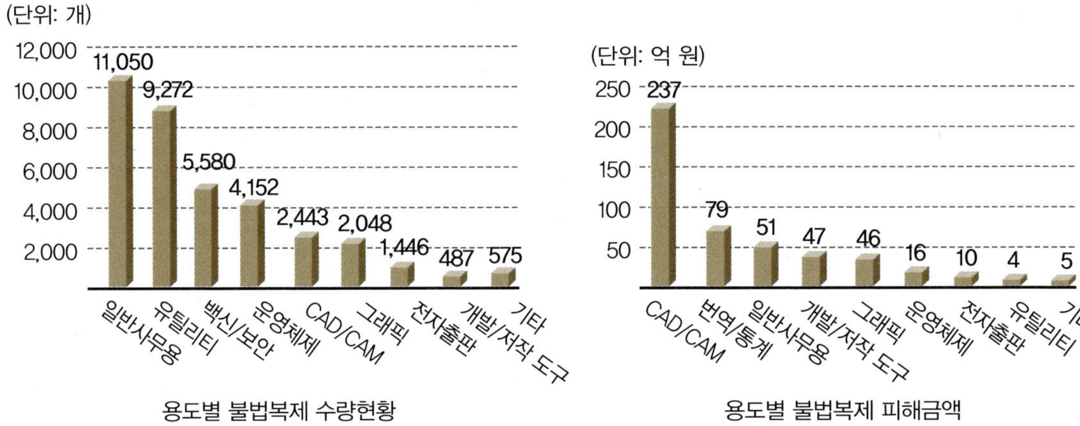

[그림 10-1] 불법복제 피해 현황

저작권법과 관련되어 2005년 스카이프를 이베이에 매각하면서 억만장자가 된 니클라스 젠스트롬(Niklas Zennstrom)과 야누스 프리이스(Janus Friis)가 2009년 9월 16일에 미국 북부 캘리포니아 지방법원에 스카이프에 대해 저작권 소송을 제기한 사례를 살펴보자. 이들은 이베이가 무료 인터넷 전화 서비스의 배후에 있는 P2P(peer-to-peer) 소스 코드를 변경하고 공유함으로써 저작권을 침해했다고 주장하였다. 스카이프 창립자들은 2005년에 이베이에 스카이프를 매각한 후에 소스 코드에 대한 소유권을 유지하였고 이베이에 라이선스를 부여했다. 이들은 법원에 금지 명령과 법적 손해배상을 요구했다.

2013년 5월 한국 정부가 불법 저작물 온라인 공유 온상인 토렌트 사이트에 철퇴를 내린 사건도 있었다. 토렌트 사이트 운영자 12명과 토렌트 이용에 쓰이는 시드파일 1천 건 이상 업로드한 행위자 41명을 저작권법 위반으로 불구속 입건했다. 수사 결과 10개의 토렌트 사이트에는 총 378만 명이 회원으로 가입됐으며 238만 건의 불법 공유

정보파일이 업로드, 약 7억1천500만 회의 다운로드가 발생했다. 이에 따른 저작권 침해 규모는 8천667억 원에 이르는 것으로 한국저작권위원회는 추산했다.

미국의 Apple iTunes의 경우처럼 저작권법을 기회로 전환시킨 스마트한 기업들도 있다. 다날(www.danal.co.kr)은 저작권 문제를 해결할 수 있는 비즈니스 모델을 제시한 기업이다. 2009년 7월, 개정 저작권법 시행으로 불법 음원에 대한 규제가 강화, 합법적인 형태의 음악 서비스에 대한 쇼핑몰 운영자들의 요구가 높은 상황에서 다날은 코리아센터닷컴과 제휴를 통해 전자상거래 통합 솔루션 메이크샵을 이용하는 온라인 쇼핑몰들을 대상으로 배경음악 서비스를 제공하기 시작하였다. 쇼핑몰 배경음악(Shop BGM)은 개인 홈페이지나 블로그, 카페 등에서 운영자가 설정한 음악을 들을 수 있는 것처럼 온라인 쇼핑몰 이용자들이 음악을 들으며 쇼핑을 즐길 수 있도록 쇼핑몰 운영자가 직접 선곡한 음악을 제공하는 서비스다. 본 서비스를 통해 쇼핑몰 제작 및 호스팅 전문 서비스 메이크샵을 이용하는 쇼핑몰 운영자들은 저렴한 비용으로 다날이 제공하는 국내가요, 힙합, 재즈, 클래식 등 다양한 장르의 30만여 곡을 이용하여 자신의 쇼핑몰 콘셉트에 맞게 배경음악을 제공할 수 있게 되었다. 다날은 이러한 서비스를 제공하기 위해 각 음원 유통사, 저작권협회, 실연자협회 등과 충분한 사전 협의를 거쳐 서비스를 준비해 왔다.

저작권이 영구히 지속되는 것은 아니다. 저작자가 사망한 후 일정 기간이 지나면(미국과 영국은 50년) 해당 저작물은 공공의 몫으로 전환된다. 저작권법에 대한 자세한 조문은 법률지식정보시스템(http://likms.assembly.go.kr/)에서 확인할 수 있다.

저작권법과 반대되는 개념도 있다. 이를 copyleft라 하는데 이는 저작권에 기반을 둔 사용 제한이 아니라 저작권을 기반으로 한 정보의 공유를 위한 조치이다. 이 용어는 GNU 프로젝트의 창시자인 자유 소프트웨어 재단의 리처드 스톨만(Richard Matthew Stallman)에 의해 알려졌다. copyleft를 주장하는 사람들은 지식과 정보는 소수에게 독점되어서는 안 되며, 모든 사람에게 열려 있어야 한다고 주장한다. copyleft는 정보를 사용할 권리를 2차 저작물의 저작자에게 전달하며, 또 이러한 권리의 전달을 막지 않을 것을 주요 요건으로 삼고 있다. 즉 어느 누구도 저작물에 대한 저작권을 주장하거나 독점할 수 있다는 것이다.

(2) 상표권

상표(trademark)란 상품을 생산 · 가공 또는 판매하는 것을 업으로 영위하는 자가 자기의 업무에 관련된 상품을 타인의 상품과 식별되도록 하기 위하여 사용하는 기호 · 문자 · 도형, 입체적 형상 또는 이들을 결합하거나 이들에 색채를 결합한 것, 다른 것과 결합하지 아니한 색채 또는 색채의 조합, 홀로그램, 동작 또는 그 밖에 시각적으로 인식할 수 있는 것, 소리 · 냄새 등 시각적으로 인식할 수 없는 것 중 기호 · 문자 · 도형 또는 그 밖의 시각적인 방법으로 사실적으로 표현한 것을 말한다(상표법, 법률 제11747호). 또한 상표가 등록을 받은 경우 등록상표라 한다. 등록상표는 한 번 등록하고 주기적으로 등록수수료를 낸다면 그 권리가 지속된다. 등록상표의 소유자는 상표가 등록된 상품 및 서비스에 대한 배타적인 권리를 소유할 수 있으며, 상표가 등록된 동일 혹은 유사한 상품 및 서비스에 대해 동의 없이 등록상표를 어느 누구도 사용하지 못하게 법적 조치를 취할 수 있다. 상표법에 대한 자세한 조문은 국가법령정보센터(www.law.go.kr)에서 확인할 수 있다.

〈표 10-3〉 저작권과 상표권 비교

	보호대상	보호되는 행위	권리의 성질
상표권	자신의 정당한 표지	상품이나 서비스에 사용할 수 있는 행위	독점적인 권리
저작권	자신이 독자적으로 창작한 표현물	복제, 배포, 공중송신, 전시 등을 할 수 있는 행위	독점적인 권리

출처: 인터넷법클리닉.

상표권 침해로 인정되기 위해서는 일반인들이 후속상표를 보고 원 상표의 생산자의 표지로 혼동할 만큼 비슷해야 한다. 이와 관련된 흥미로운 사건을 살펴보자. 닮은꼴 로고 여부를 둘러싸고 세계 최대 커피 체인점인 스타벅스와 국내 토종업체 간 상표분쟁에서 국내 업체가 승소한 사건이 있었다. 스타벅스는 엘프레야가 사용하는 '스타프레야'라는 상표와 로고가 '스타벅스'와 비슷해 상표권을 침해했다며 소송을 제기했다. 이에 법원은 "두 상표 모두 두 개의 크고 작은 동심원 구조를 하고 원과 원 사이에 문자 및 별을 배치하는 한편, 내부에 여신의 형상을 표시한 점 등에서 다소 유사한 면이 있다."면서 "상표에 배치된 문자 STARPREYA COFFEE는 STARBUCKS COFFEE와 서로 다르고 로고도 스타벅스는 '인어공주', 엘프레야는 '여신'이기 때문에 형상도 달라 유사상표로 볼 수 없다."며 원고 패소 판결을 내렸다.

〈스타벅스의 로고〉 〈엘프레야의 로고〉

[그림 10-2] 스타벅스와 엘프레야의 로고

또 다른 예를 살펴보자. 만약 오픈마켓에서 일명 '짝퉁' 제품이 팔린다면 해당 오픈마켓 운영자는 책임이 있을까? 우리나라 법원은 '아니다'에 손을 들어 줬다. 최근 인터넷을 통해 판매자와 구매자의 거래를 중개하는 사이트인 오픈마켓에서 짝퉁 상품이 판매되더라도 오픈마켓 운영자에게 곧바로 상표권침해에 대한 책임을 물을 수 없다는 대법원의 결정이 나왔다. 세계적 스포츠용품 제조 · 판매업체인 아디다스는 2009년 이베이코리아가 운영하는 인터넷 사이트인 Gmarket에서 아디다스의 상표권을 침해한 위조품이 판매되고 있음에도 이베이코리아가 이를 차단하기 위한 적극적 조치를 하지 않았다며 법원에 상표권침해금지 가처분 신청을 냈다. 이에 대해 1심은 "대량의 상품을 일일이 확인해 위조품 여부를 검증하는 것은 현실적으로 불가능에 가깝다고 할 수 있어 상표권 보호를 위한 오픈마켓 운영자의 일반적인 관리의무의 범위를 넘는 것으로 보인다."며 가처분 신청을 기각했다. 2심 역시 "오픈마켓에서 상표권을 침해하거나 침해할 개연성이 있는 상품이 판매되고 있다는 사정만으로 이베이 측이 고의 또는 과실로 사후방지 의무를 게을리 했다고 보기 어렵다."며 1심 결정을 유지했다. 대법원도 원고 신청을 기각했다. 결국 법원은 가품 판매는 전적으로 판매자의 잘못이지 판매 공간만 제공해 준 오픈마켓의 잘못은 없다고 판단한 것이다.

(3) 특허권

특허(patents)란 발명을 보호 · 장려하기 위한 법적 조치로 존속기간 동안 발명에 대한 독점적 권리를 부여하는 것을 말한다(특허법, 법률 제11654호). 특허의 존속기간은 우리나라와 영국은 20년, 미국은 17년이다. 특허법에 대한 자세한 사항은 국가법령정보센터(www.law.go.kr/)에서 확인할 수 있다.

2012년 특허청에 등록된 특허 출원 건수는 총 188,915건이었다. 유형별로 보면 컴퓨터 관련 특허가 19,812건으로 가장 많았으며, 정보매체 관련 등록 건수도 4,944건에 달하였다. 2000년~2011년 동안 다출원 상위 10위 기술 분야를 살펴보면, 전 · 후반기 모두 반도체가 1위를 차지했으며, 성장률 면에서는 전반기에는 광학 기술 분야가 24.65%로 가장 높았고 전자상거래가 -14.24%로 가장 낮은 성장률을 보였으며, 후반기에는 운송 기술 분야가 7.87%로 가장 높았고, 오디오/영상기술이 -7%로 가장 낮은 성장률을 보였다. 다출원 상위 10위 기술 분야가 전체 출원 건에서 차지하는 비율은 전반기 57%에서 후반기 51%로 낮아졌으며, 다출원 상위 10위 기술 분야 대부분이 전반기에 비해 점유율이 낮아진 반면 디지털통신(0.06%), 전자상거래(0.1%), 운송(0.06%)은 소폭의 점유율 증가를 보였다.

전자상거래 분야에서 오랫동안 갑론을박되고 있는 특허 관련 문제는 비즈니스 모델(Business Model) 특허이다. 비즈니스 모델 특허란 정보시스템을 사용하여 실현된 새로운 비즈니스 방법이나 제도에 대하여 인정되는 특허를 말한다. 즉, 비즈니스 모델 특허는 인터넷 비즈니스에서 새로운 서비스, 마케팅 기법, 재고관리 기법 등 기존에 없었던 아이디어가 포함되어 있고, 이 아이디어를 포함하는 비즈니스 방법이 정보시스템을 통해 구현되는 경우에 인정되는 특허를 말한다. 비즈니스 모델 특허와 관련된 국내외 사례를 살펴보자.

1999년 10월 21일 세계 최대의 인터넷 가상 서점인 Amazon.com사는 세계 최대의 오프라인 서점인 Barnes & Noble사가 인터넷 매장에서 자사가 이미 특허를 획득한 방법인 '원클릭 온라인 쇼핑 방법'을 모방하였다는 이유로 시애틀 연방지방법원에 소송을 제기하였으며, 미국 시애틀 연방지방법원은 1999년 12월 1일 Barnes & Noble사로 하여금 경쟁관계에 있는 Amazon.com사의 특허기술인 원클릭(1click) 기술을 사용하지 못하도록 하는 예비적 금지명령(preliminary injunction)을 내렸다. 이 판결은 크리스마스 직전에 내려졌기 때문에, Amazon.com사는 매출이 급증한 반면 Barnes & Noble사는 결정적인 타격을 입게 되었다. 그러나 워싱턴 DC의 연방고등법원은 2001년 2월 13일 "Amazon.com 특허의 합법성에 대해 Barnes & Noble이 본질적으로 타당한 법적 이견을 제시했다."며 지방법원의 판결을 뒤집었으며, 본 사건은 2002년 11월 7일 Amazon.com사가 소송을 전격 취하함으로써 해결되었지만, 아직 취하 조건은 밝혀지지 않고 있다. 반면 애플은 아마존의 원클릭 기술을 최초로 라이선스받았으며, 이 기술은 애플 스토어에서 사용되고 있다.

진보네트워크는 2000년 3월 4일, 삼성전자가 1999년에 특허를 취득한 「인터넷상에서의 원격교육방법 및 그 장치」에 대해 특허무효심판을 청구하였다. 진보네트워크는 "삼성전자의 원격교육 특허가 출원 전에 이미 알려진 기술이어서 특허요건인 신규성과 진보성을 결여하고 있다."고 주장하였다. 이에 대하여 특허심판원은 2001년 1월 13일, 심판청구를 기각하였다. 이에 진보네트워크는 2001년 2월 10일, 특허법원에 항소를 제기하였다. 특허법원은 2002년 12월 18일, "이 발명이 속하는 기술 분야에서 통상

〈표 10-4〉 다출원 상위 10위 기술 분야 동향

기간	전반기(2000년~2005년)		후반기(2006년~2011년)		전체(2000년~2011년)	
순위	기술 분야	건수	기술 분야	건수	기술 분야	건수
1	반도체	68,474	반도체	88,176	반도체	165,570
2	오디오/영상기술	54,330	전기기계/에너지	78,977	전기기계/에너지	139,045
3	원거리통신	52,262	컴퓨터기술	68,537	오디오/영상기술	121,858
4	전기기계/에너지	50,198	오디오/영상기술	62,058	컴퓨터기술	120,648
5	컴퓨터기술	43,885	원거리통신	59,728	원거리통신	117,473
6	광학	41,983	광학	54,000	광학	101,339
7	운송	35,403	디지털통신	52,140	운송	92,955
8	디지털통신	33,381	토목공학	51,810	디지털통신	91,321
9	전자상거래	32,732	운송	50,542	토목공학	79,899
10	토목공학	22,967	전자상거래	32,827	전자상거래	69,729

출처: 한국의 특허 동향.

의 지식을 가진 자가 공지기술로부터 용이하게 발명할 수 있는 것이므로, 등록된 특허는 무효되어야 한다."고 판시하고 삼성전자의 원격교육 특허에 대해서 특허 무효를 선고하였다.

이처럼 비즈니스 모델에 대한 특허가 국내뿐만 아니라 미국에서 인정받고 있으나 유럽에서는 아직까지 비즈니스 모델이나 컴퓨터 프로세스에 대해서 특허를 얻는 것이 거의 불가능하다.

이외에도 본서에서는 언급되지 않았지만 전자상거래와 관련된 여러 가지 법률이 존재한다. 이를 〈표 10-5〉에 요약해 놓았다.

〈표 10-5〉 전자상거래 관련 법률 요약

제정기관	법률 명
공정거래위원회	전자상거래 등에서의 소비자보호에 관한 법률 전자상거래 등에서의 소비자보호에 관한 법률 시행령 전자상거래 등에서의 소비자보호에 관한 법률 시행규칙 구매안전서비스에 대한 통신판매업자의 표시광고 또는 고지의 방법에 관한 고시 전자상거래 등에서의 소비자보호지침 전자상거래(인터넷사이버몰) 표준약관
	독점규제 및 공정거래에 관한 법률 독점규제 및 공정거래에 관한 법률 시행령 사업자단체활동지침 대규모 소매업점에 있어서의 특정불공정행위의 유형 및 기준 지정고시 병행수입에 있어서의 불공정행위의 유형 고시 경품류 제공에 관한 불공정거래행위의 유형 및 기준 지정고시
	하도급거래 공정화에 관한법률 하도급거래 공정화에 관한 법률 시행령
	약관의 규제에 관한 법률 약관의 규제에 관한 법률 시행령
	표시광고의 공정화에 관한 법률 표시광고의 공정화에 관한 법률 시행령 부당한 표시광고행위의 유형 및 기준 지정고시 중요한 표시광고사항 고시 통신판매 표시광고에 관한 심사지침 표시광고에 대한 통합 공고
	소비자기본법 소비자기본법 시행령 소비자 분쟁해결기준
	제조물책임법

금융위원회	여신전문금융업법 여신전문금융업법 시행령 여신전문금융업법 시행규칙
	전자금융거래법 전자금융거래법 시행령 전자금융감독규정 전자금융감독규정 시행세칙
방송통신위원회	전기통신사업법 전기통신사업법시행령
	정보통신망 이용촉진 및 정보보호 등에 관한 법률 정보통신망 이용촉진 및 정보보호 등에 관한 법률시행령 정보통신망 이용촉진 및 정보보호 등에 관한 법률시행규칙 개인정보의 기술적 · 관리적 보호조치 기준
	방송법 방송법 시행령 방송광고심의에 관한 규정 상품소개 및 판매방송 심의에 관한 규정 방송법 시행에 관한 방송통신위원회 규칙
보건복지부	건강기능식품에 관한 법률 건강기능식품에 관한 법률 시행령 건강기능식품에 관한 법률 시행규칙 건강기능식품 관련 영업자 등에 대한 위생교육지침
	식품위생법 식품위생법 시행령 식품위생법 시행규칙 식품 등의 표시기준
지식경제부	우편법 우편법 시행령 우편법 시행규칙
	유통산업발전법 유통산업발전법 시행령 유통산업발전법 시행규칙 유통산업발전법령 시행세칙
	전자거래기본법 전자거래기본법 시행령 전자거래기본법 시행규칙
행정안전부	전자서명법 전자서명법 시행령 전자서명법 시행규칙

출처: 한국온라인쇼핑협회.

2. 사이버 윤리

윤리(ethic)란 사회적 인간관계에서 사람이 지켜야 할 도리, 즉 실제의 도덕규범이 되는 원리를 말한다. 윤리학(ethics)은 사람의 어떤 행동이 도덕적으로 허용될 수 있는가 또는 없는가 하는 문제를 탐구하는 철학의 한 분야이다. 즉 선과 악 사이에서 어떤 행동이 이성적인 선택이며, 어떤 행동이 도덕적으로 정당화될 수 있는가의 여부를 탐구하는 일, 더 나아가 도덕적으로는 정당화될 수 있는 여러 행위 중에서 어느 것이 더 도덕적인지를 구분하는 기준을 제시해 준다.

사이버 윤리는 기존의 윤리적 규범체계에서 연구하던 연구방법론을 적용한 새로운 윤리학의 분야로서 '인터넷과 관련된 문제들에 대한 윤리적 탐구를 목표로 하는 응용규범 윤리학의 한 분야'이다. 다시 말해서 인터넷이라는 통신망의 구축으로 탄생된 사이버 공간이라는 가상의 공간에서 일어날 수 있는 인간생활에 관한 규범 또는 공동의 도덕적 책무라고 정의할 수 있다.

법은 윤리와 매우 다른 특성을 가지고 있는데, 사법관할권 안에서 시민들의 행동을 통치하는 강제규칙이다. 따라서 법에 어긋나는 행동을 하게 되면 법적 처벌을 받아야 한다. 하지만 윤리는 인간 행동의 옳고 그름을 판단하는 원칙일 뿐 강제 규칙도 그리고 비윤리적이기에 비합법적인 것도 아니다. 또한 비윤리적인 행동을 한다고 해서 반드시 법적 처벌이 뒤따르는 것도 아니다. 비록 처벌이 따르지 않는다고 해서 다양한 사람들과 직접 대면을 하는 오프라인 상황에서 비윤리적인 행위를 하는 것은 쉽지 않을 것이다. 하지만 사이버 공간은 면대면 상황이 아니기에 더욱더 대담하고 다양한 문제가 발생할 수 있는 잠재적인 공간이다. 그래서 더 많은 비윤리적인 행위들이 발생하고 있다.

1) 프라이버시 침해

프라이버시(privacy)라는 용어는 사무엘 워런(Samuel D. Warren)과 루이스 브렌다이스(Louis D. Brendeis)에 의해 만들어진 조어로 1890년에 이들이 〈Harvard Law Review〉라는 저널에 발표한 논문 '프라이버시권(The Right to Privacy)'에서 처음으로 소개되었다. 두 학자는 논문에서 당시 미국의 황색언론(yellow journalism)이 유명인사의 사생활을 폭로하는 기사를 자주 게재하고 있어도 법적 구제가 곤란한 경우가 많아 프라이버시권을 인정할 필요가 있다고 주장하였다. 논문은 당시의 선정주의적 신문에 의한 개인의 사생활 침해를 지적하고 프라이버시 권리에 대한 법적 승인의 필요성을 주장하였다. 또한 기존의 보통법(common law)에서 보호하고 있는 권리들은 단지 물질적인 것에 한정된 것이기에, 정신상에 대한 권리도 법적으로 보호되어야 한다고 주장하였다. 이들의 주장은 20세기 미국의 각 주에서 판례 또는 입법으로 프라이버시권을 인정하면서 받아들여졌다.

1960년대 말부터 1970년대 초에 이르러서는 정보시스템의 등장으로 정보화가 진전됨에 따라 프라이버시의 개념이 '개인사생활의 보호'라는 소극적인 측면에서 '개인정보의 통제'라는 적극적인 측면으로 확장되었다. 이후 웹의 발달로 정보 프라이버시(information privacy) 혹은 온라인 프라이버시(online privacy)라는 용어가 등장하였다.

한국인터넷진흥원(KISA)이 발간한 2012년 개인정보보호 상담사례집에 따르면 2012년도 개인정보침해신고센터에 접수된 침해신고 및 상담이 총 166,801건이며, 이는 2011년에 비해 36.48% 증가한 수치라고 밝혔다. 이처럼 개인정보 침해신고 및 상담 건수는 매년 증가하는 추세이며, 특히 최근 몇 년간은 대량 개인정보 유출사건이 빈발하면서 접수 건수가 큰 폭으로 증가하고 있다. 2012년도에 가장 많이 접수된 유형은 주민등록번호 등 타인정보의 훼손 · 침해 · 도용 사례로 총 139,724건이 접수되었다. 침해 유형도 건설사 및 부동산 중개업소 간의 개인정보 제3자 제공, 인터넷 공동구매 관련 명단 노출, 병원 진료실 CCTV 설치 등 이전보다 훨씬 다양한 방법으로 개인정보가 침해되고 있는 것으로 나타났다.

〈표 10-6〉 연도별 개인정보 침해신고 및 상담 접수 건수

구분	2007년	2008년	2009년	2010년	2011년	2012년
신고	847	988	2,139	1,788	2,556	2,058
상담	25,118	38,823	33,028	53,044	119,659	164,743
계	25,965	39,811	35,167	54,832	122,215	166,801

출처: 인터넷진흥원. 2012년도 개인정보보호 상담사례집.

〈표 10-7〉 유형별 개인정보 침해신고 및 상담 건수

접수유형	2007년	2008년	2009년	2010년	2011년	2012년
개인정보 수집 요건	1,166	1,129	1,075	1,267	1,623	3,507
개인정보 수집 시 고지명시의무	7	6	15	75	53	396
과도한 개인정보 수집	51	87	115	146	379	847
목적 외 이용 또는 제3자 제공	1,001	1,037	1,171	1,202	1,499	2,196
개인정보취급자에 의한 훼손 · 침해	123	125	158	158	278	941
개인정보 처리 위탁	2	6	6	25	36	125
영업 양도 · 양수	14	9	6	22	64	44
개인정보 보호책임자	10	26	10	21	38	48

출처: 인터넷진흥원. 2012년도 개인정보보호 상담사례집.

불법적인 개인정보침해 외에도 합법적으로 개인정보가 침해되는 경우도 있다. 예를 들어 미국에서는 2011년 9월부터 미국 10여 개 주의 경찰에게 휴대용 얼굴인식기를 보급하겠다고 밝혔다. 스마트폰에 부착하는 이 기기는 1.5m 내의 거리에서 얼굴 사진을 찍을 경우 눈, 코, 입 등이 떨어져 있는 비율 등을 측정해 신원을 파악하게 해준다. 또한 사진을 찍는 동시에 해당 사진은 바로 범죄자 데이터베이스에 등록된 정보와 대조에 들어간다. 약 20cm 거리에서 눈을 촬영하면 홍채 인식도 가능하며, 지문 스캔을 위한 장치도 부착돼 있어 현장에서 바로 지문인식도 가능하다. 작동 원리는 얼굴 사진을 찍어 보내면 비슷한 연예인을 찾아주는 앱과 비슷하다. 문제는 이 기기가 민간인 검문에 쓰일 경우 사생활 침해 논란을 피할 수 없다는 점이다. 본인이 범죄자가 아님에도 불구하고 이 기기를 사용하여 본인의 얼굴이 찍혀야 한다는 점이다. 비견한 예

로 구글은 2011년 당시 최근 얼굴 사진을 찍어 올리면 인터넷상에서 비슷한 사람의 사진을 검색해 주는 서비스를 제공하려다가 사생활 침해 논란을 우려해 계획을 취소하였다.

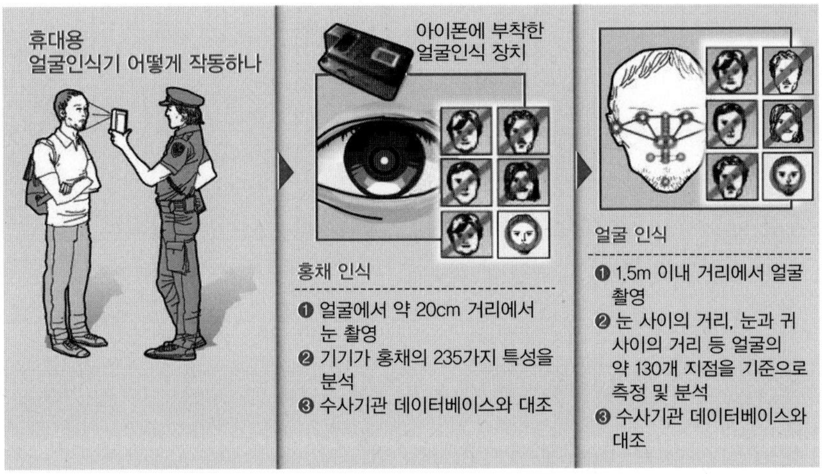

[그림 10-3] 미국 경찰의 얼굴 인식 장치

출처: 조선닷컴(2011년 7월 15일).

이렇듯 다양한 프라이버시 침해 문제가 대두되고 있는 상황에서 프라이버시를 보호하기 위한 방법을 살펴보고자 한다.

- **정보수집 공지**: 개인정보처리자는 개인정보보호법에 따라 회원가입 등의 방법으로 개인정보를 수집하고자 할 경우, 개인정보 처리 목적, 처리 및 보유기간, 제3자 제공에 관한 사항, 정보주체의 권리 · 의무 및 행사방법, 위탁 업무의 내용 등 개인정보 취급 관련 내용을 포함하는 정보 프라이버시 정책(information privacy policy)을 고객에게 공지해야 한다. 따라서 고객은 회원가입을 하거나 개인정보를 제공할 경우 사업자의 개인정보 처리 목적 등을 자세히 검토한 후 가입/제공하여야 한다.
- **선택 구문**: 고객이 개인정보 사용 가능성에 대해서 선택할 수 있는 조항이 있다.

이를 선택적 동의(opt-in)와 선택적 제거(opt-out)라고 한다. 선택적 동의는 사업자가 고객에게 제공되는 정보 혹은 사용될 정보를 선택할 수 있도록 선택권을 주는 것을 말한다. 반대로 선택적 제거는 고객이 자신의 정보제공 혹은 정보의 수신(예: 일반전화, 이메일, 팩스 등)에 대해 직접적으로 거부할 경우 정보의 제공 및 수신 행위가 이루어지지 않는 것으로 고객에게 거부권을 주는 것을 말한다. 이 경우 고객이 아무런 행동을 하지 않을 경우 암묵적 동의로 본다.

- **정보 접근 및 보안:** 사업자는 고객들이 자신의 개인정보에 접근할 수 있는 권한을 부여해야 한다. 또한 고객들의 개인정보가 손실되거나, 불법적으로 접근되거나, 파괴되거나 사기로부터 보호되고 있다는 것을 확신시킬 수 있어야 한다. 뿐만 아니라 고객이 자신의 개인정보를 삭제하기를 요청할 경우 법에서 정한 범위를 제외하고 나머지 정보는 남김없이 완벽하게 삭제할 것을 약속해야 한다.

2) 비윤리적 이윤추구행위

법적으로는 문제가 없다. 하지만 윤리적으로 논란을 일으키는 문제들이 있다. 이들은 모두 상대방의 금전적 지출을 통해 자신의 이익을 추구하는 행위를 한다. 물론 전자상거래상에는 이와 같은 사례가 비일비재하다. 예를 들어 블랙박스에 촬영된 동영상을 공유하는 도독코리아(www.dodok.co.kr)는 타인의 사고 장면을 찍은 블랙박스 영상을 판매하는 공간을 제공해 주는 업체로 본 사고 영상의 거래에서 발생하는 수수료를 받는 것을 비즈니스 모델로 하는 기업이자 영상거래 서비스 제공방법에 대한 특허를 출원한 기업이다. 본 비즈니스 모델은 법적으로 전혀 문제가 되지 않으나 윤리적으로 비판의 목소리가 있는 것은 타인의 불행을 통해 이윤을 추구한다는 점이다. 물론 찬성론도 있다. 교통사고에서 누가 가해자이고 누가 피해자인지를 판단하기 어려울 경우, 특히 목격자도 없는 경우 블랙박스 영상은 결정적인 증거 역할을 하여 누군가의 억울함을 해결해 주는 해결사 역할을 할 수도 있다. 그렇기에 해당 영상이 얼마이든지 구매자는 판매자가 제시한 가격을 지불하고 해당 영상을 구매하게 된다. 물론 소수의 의견으로 이들의 비즈니스 모델이 윤리적이다 혹은 비윤리적이다 단정 지을 수는 없다. 문제는 윤리적 갑론을박이 존재한다는 것이다.

또 다른 예로 파워블로거(power blogger)가 있다. 일반적으로 파워블로거란 블로거 중에서도 방문자 수 또는 스크랩 수 등이 많아 인기가 높은 블로거를 말한다. 처음 선의로 인터넷에 정보를 올리던 블로거들이 상업적으로 변질된 것은 인터넷 포털업체들이 파워블로거를 선정하면서 본격화됐다는 평가다. 네이버를 운영하는 NHN은 2008년 파워블로거를 선정하기 시작했다. NHN은 매년 글 게재 건수와 방문자 수 등을 고려해 파워블로거 수백 명을 선정 · 발표한다. 파워블로거로 선정되면 블로그 화면에 금메달 모양의 표시가 붙고, 광고를 붙여 수익도 거둘 수 있다. 이들은 '1인 미디어 기업'이라고 지칭될 만큼 기업이나 네티즌 사이에서 막강한 영향력을 행사하고 있다. 따라서 기업들도 이들의 영향력을 무시할 수 없으며, 포용하는 전략을 구사하고 있다. 예를 들어 최근 기아자동차는 홈페이지 이벤트 페이지를 통해 총 30명의 '더 뉴 스포티지R 블로그 마스터 시승단'을 모집하였다. 모집 대상은 자동차뿐만 아니라 사진, 패션, 육아, 여행 등에 관심을 가지고 개인 블로그를 운영하는 '파워블로거'들이다. 기아자동차는 선정된 파워블로거들 중에 각 차수별 우수자를 선정해 50만 원 상당의 호텔 패키지 이용권을 제공하였다. 기아자동차가 파워블로거를 대상으로 이벤트를 운영하는 이유는 역시 인터넷상에서 미치는 영향력이다. 이들의 글과 이들이 올린 이미지는 다수의 이들에게 직접적이지는 않지만 생생한 간접경험을 제공하기 때문에 믿게 된다. 심지어 오프라인 미디어 광고를 믿지 않는 소비자들도 이들의 인터넷 후기를 믿기도 한다. 그렇기에 파워블로거에게는 자연스레 인터넷 권력이 부여되기도 한다. 이로 인해 일부 화장품 업체들은 파워블로거들에게 자사의 제품을 무료로 제공하기도 한다. 일부는 파워블로거들을 최고급 호텔에 모아 놓고 고가의 음식을 제공하기도 하고, 일부는 숙박 · 관광요금을 전액 업체가 지불하면서까지 해외여행을 보내는 경우도 있다.

그러나 일부 파워블로거는 유명세를 내세우며 특정 업체에 제품소개 등에 따른 수수료를 요구하고 수억 원의 돈을 받아 챙긴 것으로 드러나 논란이 되고 있다. 2011년 한 파워블로거는 8억 8,000만 원의 수수료를 받고 17개 기업의 제품에 대해 공동구매를 대행하고도 소비자들에게 이를 공지하지 않은 사실이 드러났다. 이로 인해 공정거래위원회로부터 500만 원의 과태료 처분을 받았으나 해당 블로거는 블로그 활동을 접은 지 35일 만에 다시 활동을 재개해 또 다른 논란을 유발하였다.

돈을 받고 인터넷에 글을 쓰는 시장도 생겼다. 영어 학습기, 여행용품, 아동용 완구 같은 소비재에 대한 글을 자기 블로그에 올리면 10만 원 정도를 받을 수 있다. 반면 IT 제품처럼 전문적인 지식이 있어야 하는 경우에는 글 하나에 100만 원을 받을 수도 있다. 즉 자신의 글이 돈이 될 수 있게 된 것이다. 문제는 이들이 실제 사용후기가 아니라 기업에서 직접 작성한 글이나 기업의 입맛에 맞는 글을 써준다는 데 문제가 있다. 글로 작성된 모든 사실이 진실이라면 문제가 되지 않으나 실제 써보지도 않은 제품에 대한 글을 써주면서 대가를 받는 행위를 하는 일부 파워블로거의 행위가 지속적으로 논란의 대상이 되고 있다.

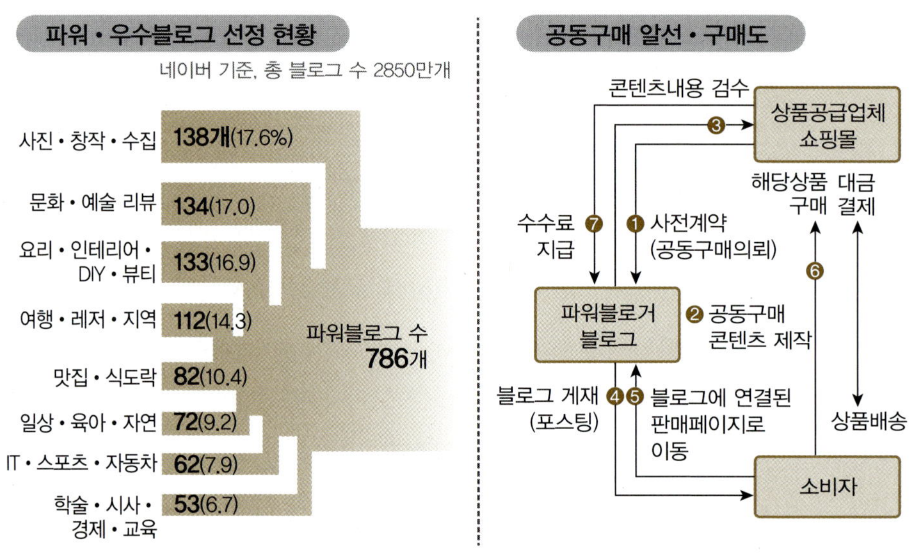

[그림 10-4] 파워블로거의 명과 암

출처: 인터넷 조선(2011년 11월 15일).

3) 인종차별

인터넷상에서 인종차별도 벌어지고 있다. 2011년 미국의 유명 인터넷 쇼핑몰 Amazon.com에서 같은 인형의 집 장난감을 다른 가격에 판매해 해외 네티즌들의 이목을 집중시켰다. 가격 기준은 인형의 피부색이다. 흑인 가족 인형이면 훨씬 싸고 백인 가족이면 비쌌던 것이다. 백인 가족 인형의 집을 사려면 흑인 인형의 집보다 50%를 더 내야 했다. 이에 대한 논란은 이렇다. 흑인 인형을 싸구려로 책정한 것은 명백한 흑인 차별이라는 주장이다. 반면 쇼핑몰이 백인 소비자를 더 착취하는 셈이니 오히려 백인에 대한 역차별이라는 반론도 있다.

[그림 10-5] 같은 장난감, 다른 가격

출처: 팝뉴스(2011년 11월 25일).

2009년 Microsoft도 인종차별 문제에 휩싸인 적이 있다. Microsoft 본사 홈페이지와 Microsoft 폴란드 지사 홈페이지의 사진이 그 논란의 대상이 되었는데, 미국 웹사이트 온라인 광고 사진의 중앙에는 흑인 남성이 있었으나 폴란드 지사 웹사이트에 올린 사진에는 흑인 남성의 얼굴을 삭제하고 그 위에 백인 남성의 얼굴을 합성한 것이 한 블로거에 의해 발견되고 인터넷상에 확산되면서 인종차별 논란이 확대되었다. Microsoft는 이후 공식사과에 나섰으며, 폴란드 사이트의 사진을 삭제하겠다고 밝혔다.

Microsoft 본사 사이트 사진

Microsoft 폴란드 지사 사이트 사진

[그림 10-6] Microsoft의 인종차별 논란 사진

출처: zdnet(2009년 8월 26일).

4) 네티켓

네티켓(netiquette)이라는 말은 네트워크(Network)와 에티켓(Etiquette)으로 이루어진 합성어로, 네트워크상에서의 예절을 나타낸다. 즉, 네티즌이 지켜야 할 비공식적인 규약이다. 사이버 공간에서도 이제 예절이 필요한 시기가 됐다. 이제 사이버 공간도 현실과 마찬가지로 사람과 사람이 만나는 장소이기 때문에 사이버 공간에서 자신의 모습이 드러나지 않는다고 해서 아무렇게나 행동을 해서는 안 된다.

그간 정부나 기업에서는 컴퓨터 보급 확산과 이용자 확대에만 급급하였지 컴퓨터의 올바른 사용법을 가르치는 데는 너무나 인색하였다. 이에 따라 교육부는 2002년 3월부터 초 · 중 · 고교에서 '사이버 에티켓' 교육을 시작하였다. 초등학교의 경우 주당 한 시간, 중 · 고교에서는 주당 4시간으로 되어 있는 재량활동시간에 인터넷 공간에서 벌어지고 있는 성희롱이나 스토킹, 비어 · 욕설 등의 확산과 음란물 · 폭력물 접속을 방지하기 위해 네티켓(인터넷 에티켓) 시간을 두기로 했다. 본 교육에서는 국적 불명의 비어 · 은어로 된 언어 순화, 욕설에 의한 사이버 폭력 예방, 음란물 · 폭력물 접속 · 유통의 문제점과 처벌에 대해 교육한다.

하지만 이러한 범정부적인 노력에도 불구하고 여전히 네티켓은 자리 잡아가지 못하고 있다. 악성댓글, 마녀사냥, 진위 여부와 상관없이 글 퍼 나르기 등 이전부터 여전히 문제가 되어 사회적 문제로 좋지 않은 관심을 받고 있는 일들이 많다. 타블로의 스탠퍼드 졸업에 대한 학력 위조 논란으로 불거진 타진요사건(타블로에게 진실을 요구합니다.) 진위 여부와 상관없이 하루아침에 각종 매스컴을 장식했던 채선당 임신부 폭행 사건, 지하철 막말녀, 택시 막말녀 등 '신상털기'라는 신조어까지 창조했던 마녀사냥 사건, 특히 유명 연예인들을 대상으로 하는 악성댓글들 등 여러 네티켓에 벗어나는 행동들은 여전히 인터넷상의 주요 문제가 되고 있다.

물론 네티즌만 문제가 되는 것은 아니다. 오히려 창업자 혹은 유명인이 문제를 만들기도 한다. 예를 들어 2012년 백지영, 유리가 운영하는 아이엠유리(www.iamyuri.com)는 가짜 후기 작성으로, 황혜영이 운영하는 아마이(www.amai.co.kr)는 사용 후기 34개 미공개로 공정거래위원회에 과태료를 내야 했다.

중요한 것은 이미 언급하였듯이 인터넷이라는 공간이 보이지 않는 거대한 권력을 줄 수 있는 공간이기에 더 조심해야 한다는 점이다. 보이지 않는다고 해서 자신의 잘못된 행동이 피해를 주지 않는 것은 아니다. 오히려 공문서처럼 자신의 글과 사이버 행동들은 그대로 남아 순식간에 누군가에게 알려지고, 결국 해당 당사자에게 직접적인 피해를 줄 수 있다. 즉, 인터넷은 더 이상 나만의 비밀의 공간이 아니다.

중간사례 "더는 못참아" 프랑스 · 스페인, '개인정보 침해' 구글에 법적대응

◆ 유럽의회에 정보보호 위반 시 매출 2% 벌금 상향 법안 제출

구글이 '사생활 보호' 관련 정책과 관련해 유럽에서 사면초가에 놓였다. 먼저 프랑스와 스페인이 구글에 '사생활 보호' 전쟁에 나섰다.

유럽연합(EU)의 사생활 보호규정 수정 요구를 수용하지 않는 구글을 상대로 스페인과 프랑스 정부가 본격적인 법적 대응에 나섰다고 AP통신이 20일 보도했다.

스페인 정보보호국(AEPD)은 이날 구글이 사생활 보호 관련 자국법 6개 조항을 위반한 것으로 확인됐다며 최고 30만 유로(약 4억5,000만 원)의 벌금을 부과하기 위한 제재 절차에 착수했다고 밝혔다.

프랑스 국가정보위원회(CNIL)도 구글에 3개월의 시한을 주고 사생활 보호 규정을 개선하지 않으면 최고 30만 유로의 벌금을 부과하겠다고 경고했다.

영국과 독일, 이탈리아, 네덜란드 등도 구글에 대한 대응을 검토 중인 것으로 확인됐다.

이는 지난 4월 프랑스 주도로 이들 6개국 정보보호 기관들이 구글의 사생활 침해 행위를 저지하기 위한 태스크포스를 꾸린 후 나온 첫 법적 대응이다.

이사벨 팔크-피에로탕 CNIL 위원장은 "7월 말이면 이번 태스크포스에 동참한 당국 모두가 구글을 상대로 강력한 대응을 취할 것"이라고 말했다. 이 경우 구글이 내야 할 벌금 액수는 최대 수백만 유로에 이를 수 있는 것으로 전해졌다.

미국에 본사를 둔 세계 최대 검색엔진 구글은 지난해 유튜브와 G메일, 구글+ 등 자사 60개 서비스의 정보정책을 하나로 통합했다. 개인의 인터넷 서핑 기록 등 일부 이용자 개인정보를 수집 과정을 단순화해 광고에 활용하고자 한 이 조치는 사생활 침해 우려가 있다는 비판에 직면했다.

이후 EU 회원국 정보보호 기구를 대표해 구글의 개인정보 보호 실태를 조사해 온 CNIL은 작년 말 구글에 올해 2월까지 사생활 보호 규정을 EU 규정에 맞게 수정하라고 요구했지만 구글 측은 아직까지 대책을 내놓지 않고 있다.

유럽의회는 개인정보보호법 위반 행위에 대한 벌금 상한선을 현행 60만 유로에서 기업의 글로벌 매출 2%로 수정하는 법안을 검토하고 있다. 이 법안이 통과되면 기업이 내야 할 벌금이 천문학적으로 늘어날 수도 있다.

출처: 매일경제(2013년 6월 21일).

3. 사이버 범죄

1) 사이버 범죄의 개념

사이버 범죄(cyber crime) 또는 컴퓨터 범죄(computer crime)란 컴퓨터, 통신, 인터넷 등을 악용하여 사이버 공간에서 행하는 범죄를 말한다. 경찰청 사이버테러대응센터에 따르면 사이버 범죄의 발생 건수는 2003년 68,665건에서 지속적으로 증가하여 2009년 정점인 164,536건에 달했으며, 이후 점점 감소하여 2012년에는 총 108,223건이 발생하였다. 하지만 여전히 매년 10만 건 이상의 사이버 범죄가 경찰청에 접수되고 있으며 이는 간과할 만한 수치가 아니다. 2012년 기준으로 사건 유형별로 살펴보면 전체 범죄 중 가장 많은 발생 비율을 차지하는 것이 인터넷 사기였으며(33,093건), 다음으로 사이버 폭력(15,111건), 불법복제판매(9,055건), 해킹/바이러스(6,371건), 불법 사이트 운영(3,551) 건이 뒤를 이었다.

일반범죄와 다른 사이버 범죄의 독특한 특징을 살펴보면 정보통신망으로 연결되는 컴퓨터 시스템이나 사이버 공간을 이용해 다른 사람에게 피해를 주고 건전한 사이버 문화에 해를 끼칠 수 있으며, 빠른 시간 안에 불특정 다수에게 많은 악영향을 미치며, 사이버 공간 특성상 정보 발신자의 특정이 어렵고, 전자 정보의 증거 인멸 및 수정이 간단하다는 점이다.

2) 해커와 크래커

일반적으로 우리가 일컫는 해커는 부정적인 이미지를 내포하고 있다. 실제 언론상에서도 시스템을 파괴하거나 공격하는 모든 사람들을 해커라 지칭하고 있다. 하지만 용어상의 정의로 살펴보면 모든 시스템 파괴자가 해커에 해당되는 것은 아니다. 또한 해커도 다양한 유형이 존재한다. 우리가 알고 있는 해커(hacker)는 네트워크 전문가로서 자신의 지식을 이용하여 컴퓨터와 네트워크에 침입하는 사람들을 말한다. 침입이라는 용어를 사용하는 이유는 접속 권한이 없는 상태에서 접속 권한을 조정하여 시스템에 접근하기 때문이다. 하지만 해커사회에서도 범죄의 의도를 가진 해커를 해커가 아니라 크래커(cracker)라고 칭한다. 따라서 해커는 범죄 의도가 있는 부류가 있는 반면 범죄 의도가 없는 부류도 있다. 즉 시스템을 파괴하는 모든 범죄자의 해커인 것만은 아니다.

해커는 다음의 다섯 가지 형태로 구분해 볼 수 있다.

첫째, 화이트 해커(white-hat hacker 혹은 white-hats)는 조직 내 보안상의 문제점을 파악하고 고치는 역할을 하는 네트워크 전문가들을 말한다.

둘째, 블랙 해커(black-hat hacker 혹은 black-hats)는 특정 조직으로부터 보수를 받는 것은 아니나 타인의 컴퓨터에 피해를 가할 목적으로 네트워크에서 활동하는 사람들을 말한다.

셋째, 그레이 해커(gray-hat hacker 혹은 gray-hats)는 웹사이트를 파괴하려 하지는 않으나 시스템상의 문제점이나 약점을 찾아내어 이를 외부로 공개하는 사람들로 주로 자신을 알리기 위해 이러한 활동을 한다.

넷째, 크래커(cracker)는 범죄 의도를 가지고 타인의 시스템에 불법적으로 접속하는 사람들을 말한다.

다섯째, 사이버 테러리스트(cyber terrorists)는 정부나 시민을 위협하려는 목적으로 사이버 툴(tool)을 이용해 에너지, 수송, 공공시설 등의 주요 국가 기반시설을 중지시키려고 하는 행위자를 말한다. 이들은 소프트웨어와 네트워크를 이용하여 사이버 공간상에서 테러행위를 한다. 예를 들어 2013년 6월 25일 청와대 등 69개 기관의 서버를 마비시킨 '6 · 25 사이버 공격'이 사이버 테러에 해당된다. 사이버 테러는 테러리즘의 한 양태로 보았을 경우, 종적인 측면의 국제형사법에서 언급되는 국제범죄에 해당할 수 있지만(그래서 인도주의 아니면 기소주의의 원칙 또는 보편주의가 논의될 수 있다), 사이버 범죄는 국내범죄 또는 월경적 국제범죄(횡적인 측면의 국제형사법상의 범죄)로 인식되기 때문에 이를 달리 보아야 한다.

〈표 10-8〉 해커의 유형

유형	설명
화이트 해커 (white-hat hacker)	시스템 소유자의 요청에 의해 시스템의 취약점을 탐색하는 사람
그레이 해커 (gray-hat hacker)	시스템 보안상의 문제점을 찾아내어 외부로 공개
블랙 해커 (black-hat hacker)	타인의 컴퓨터에 침투하여 정보를 열람하거나, 훔치거나, 파괴하는 사람
크래커 (cracker)	범죄 의도를 가지고 있는 해커
사이버 테러리스트 (cyber terrorists)	사람들에게 피해를 입히거나 중요 시스템과 정보를 파괴할 시도를 하며 인터넷을 대량 파괴의 무기로 사용하는 사람

추가적으로 사이버 반달리즘(Cyber-vandalism)이란 용어가 있다. 사이버 반달리즘은 금전적인 이득을 얻기 위한 것보다는 단순히 사이트를 망치는 행위, 익명성을 악용해 특정인의 명예를 훼손하고 거짓 정보를 올리는 행위, 서버나 클라이언트 등 컴퓨터 내에 수록돼 있는 각종 정보를 훼손하거나 변경하는 행위 등 비금전적 목적으로 사이버상의 질서를 파괴하는 행위를 사이버 반달리즘이라 한다.

3) 사이버 범죄의 유형

사이버 범죄는 범행 목적에 따라 사이버 테러형과 일반 범죄형으로 분류된다. 해킹, 바이러스 유포와 같이 고도의 기술적인 요소가 포함되어 정보통신망 자체에 대한 공격행위를 통해 이루어지는 범죄를 사이버 테러형 범죄라 하고, 전자상거래 사기, 프로그램 불법복제, 불법 사이트 운영, 개인정보침해 등과 같이 사이버 공간이 범죄의 수단으로 사용되는 범죄유형을 일반 범죄형이라고 구분한다.

〈표 10-9〉 사이버 범죄의 분류

사이버 테러형	일반 범죄형
– 해킹(단순침입, 사용자 도용, 파일 삭제변경, 자료유출, 폭탄메일, DoS 공격) – 악성 프로그램	– 사기(통신, 게임) – 불법복제(음란물, 프로그램) – 불법/유해사이트(음란, 도박, 폭발물, 자살) – 명예훼손 – 개인정보침해 – 사이버스토킹 – 사이버성폭력 – 협박/공갈

출처: 경찰청 사이버테러대응센터.

(1) 사이버 테러형

① 해킹(hacking)

컴퓨터 통신망을 통하여 사용이 허락되지 않은 다른 컴퓨터에 불법으로 접근하여 저장되어 있는 파일을 빼내거나 정보를 마음대로 바꾸어 놓기도 하고, 심지어는 컴퓨터 운영 체제를 손상시키는 등의 전자적 침해행위를 말한다. 혹시 자신의 컴퓨터에 파일이나 프로그램이 삭제된 경우, 혹은 모르는 파일이 생성되거나 프로그램이 실행되는 경우 해킹이 의심되는 일반적인 경우이다.

해킹을 예방하기 위해서는 컴퓨터의 보안 업데이트가 자동으로 실행될 수 있도록 설정하여야 하며, 백신 프로그램 또는 개인 방화벽 등 보안 프로그램을 설치해 두어야 한다. 또한 컴퓨터의 로그인 패스워드를 최소 8자리 이상의 영문, 숫자, 특수문자를 혼합하여 만드는 것이 좋다.

- **핵티비즘**(Hacktivism): 해킹(hacking)과 행동주의(activism)의 합성어이다. 핵티비즘은 공격 대상자의 시스템에 침입하여 정치적 · 사회적 목적으로 해킹이나 시스템을 파괴하는 행위를 말한다. 즉, 정치 · 사회적 목표 달성을 위한 디지털 도구의 합법적 또는 불법적 사용으로 정의된다. 핵티비즘은 1950년대 MIT 인공지능 연구소 내의 '테크모델철도클럽(TMRCL Tech Model Railroad Club)'을 중심으로 형성된 제1세대 해커들이 '해커 윤리강령'을 만들고, 이를 토대로 해커 운동을 만들어 나가면서 시작되었고, 2008년 익명의 해커 집단이 사이언톨로지 웹사이트를 공격하면서 대중들의 관심을 받기 시작하였다. 이후 익명의 정치 운동가들은 디지털 수단을 활용해 정치 · 사회적 주장을 펼쳐왔다.

〈표 10-10〉 핵티비즘의 특성

구분	핵티비즘	시민불복종	온라인 행동주의	사이버 테러리즘	해킹
목적	정치적 (political)	–	–	–	정치적으로 무관 (apolitical)
영역	온라인	오프라인	–	–	–
적법성	위법 가능성 존재 (transgressive)	–	적법적 절차에 따름 (conventional)	폭력성 (violent)	–

출처: 한국인터넷진흥원.

② 악성 프로그램(malware)

악성 프로그램은 malicious software의 합성어로 정보시스템의 정상적인 작동을 방해하기 위하여 고의로 제작·유포되는 모든 실행 가능한 컴퓨터 프로그램을 말한다. 악성 프로그램에 감염된 컴퓨터는 처리속도가 현저하게 감소하거나 평소에 나타나지 않았던 오류메시지가 표시되면서 비정상적으로 작동하기도 하고 지정된 일시에 특정한 작동을 할 수 있다. 악성 프로그램은 리소스의 감염 여부, 전파력 및 기능적 특징에 따라 바이러스, 웜, 스파이웨어 등으로 구분된다.

- **모바일 악성 프로그램**(Mobile Malware): 2012년에는 2005년에서 2011년까지 7년 동안보다 스마트폰 악성 프로그램이 폭발적으로 증가했다. 악성 프로그램의 90% 이상이 안드로이드 운영체제(OS)에 집중되는 현상은 계속될 것으로 보인다. 문자 메시지를 통해 악성 프로그램을 퍼뜨리는 '대량 메일 발송 웜'이 최초로 나타날 가능성도 상당히 높다. iOS 플랫폼을 구동하는 애플 제품에도 악성 프로그램이 상륙할 가능성이 있다.
- **랜섬 악성 프로그램**(Ransom Malware): 이름 그대로 몸값(ransom)을 요구하는 악성 프로그램이란 뜻이다. 범인이 타인의 데이터를 가로채고 돈을 요구하는 것이다. 보안 소프트웨어업체인 '소포스'에 따르면 공개 키 암호(public key cryptography)와 교묘한 운영, 제어 메커니즘 때문에 피해를 복구하는 게 불가능한 것까지는 아니지만 굉장히 힘들다. 그래서 데이터를 돌려받으려면 개인인 경우에는 100~200달러, 법인인 경우에는 더 많은 돈을 울며 겨자 먹기로 줄 수밖에 없다. 데이터는 스마트폰이나 컴퓨터에 저장한 연락처, 메모, 사진 등이다.
- **스파이웨어**(Spyware): 컴퓨터 이용자 모르게 또는 동의 없이 설치되어 컴퓨터 사용에 불편을 끼치거나 정보를 가로채가는 악성 프로그램을 말한다. 공개프로그램, 셰어웨어, 평가판 등 무료 프로그램에 탑재되어 정보를 유출시키는 경우도 있다. 스파이웨어에 감염되면, 웹 브라우저의 홈페이지 설정이나 즐겨찾기 등이 자신도 모르게 변경되거나, 원하지 않는 광고창이 뜨거나 성인 사이트로 접속되기도 하고, 이용자가 프로그램을 삭제하거나 종료할 수 없는 경우가 발생하기도 한다.
- **애드웨어**(Adware): 애드웨어는 제한 없이 무료로 사용되는 프리웨어(freeware), 일정한 금액으로 제품을 사야 하는 셰어웨어(shareware)같이 광고를 보면 사용할

수 있는 프로그램을 뜻하지만 광고를 보여주는 프로그램도 해당된다. 하지만 보통 후자의 의미로 사용된다. 애드웨어는 흔히 사용자 정보를 빼가는 스파이웨어(Spyware)와 혼돈되지만 애드웨어는 사용자 동의하에 설치되며 직접 사용자 정보를 훔쳐가는 행동은 하지 않고 대부분의 백신에서 악성 코드로 분류하지 않아 진단하지 않는다. 만약 애드웨어가 사용자 정보를 빼갈 경우 트로이목마로 분류되어 백신에서 진단/치료(삭제)된다.

- **스팸**(Spam Mail): 전자우편, 게시판, 문자 메시지, 전화, 인터넷 포털 사이트의 쪽지 등을 불특정 다수의 사람들에게 보내는 광고성 편지 또는 메시지를 말한다. 요즘 사람들은 먹는 스팸 대신 '스팸메일(Spam mail)' 때문에 골머리를 앓고 있다. 아침에 출근하면 쌓여 있는 온갖 쓰레기 같은 광고성 메일을 골라 지우는 일은 짜증스럽기도 하고 생산성 저하의 요인이 되기도 한다. 그야말로 '사이버 세계의 공해'다. 광고메일을 스팸메일이라 부르게 된 계기는 먹는 스팸을 개발한 호멜푸드사가 극성스럽게 광고를 해서 사람들을 싫증나게 만들었다고 한다. 그로부터 짜증나는 광고를 스팸메일이라 부르게 됐다는 것이다.
- **트로이목마**(Trojan Horse): 프로그램에 미리 입력된 기능을 능동적으로 수행하여 시스템 외부의 해커에게 정보를 유출하거나 원격제어 기능을 수행한다. 트로이목마는 유용한 기능을 가진 프로그램처럼 보이나 보안 위험을 줄 수 있는 기능을 숨기고 있기 때문에 미연에 알아채기 어렵다. 트로이아 신화에서 나오는 트로이 전쟁의 장치인 트로이목마에서 유래한 것으로 겉보기에는 평범한 목마 안에 사람이 숨어 있었다는 것에 비유한 것이다. 대표적인 트로이목마 프로그램으로는 넷버스(Netbus: 가장 사용하기 쉽고 퍼지기 쉬운 트로이 중의 하나), 백오리피스(Back Orifice: 가장 유명하여 제거 툴이 가장 많은 트로이), 스쿨버스(Schoolbus) 등이 있다.
- **웜**(Worm): 웜은 독자적으로 실행될 수 있고 자신을 유지하기 위해 내부에서 호스트의 자원들을 삼키게 되며, 다른 기계로 자신을 완전하게 작동 가능한 형태로 전파되는 프로그램을 말한다. 따라서 웜은 어떠한 중재 작업이 없이도 스스로를 복제하는 기능이 있어서 네트워크를 사용하여 자신의 복사본을 전송할 수 있다. 이 과정에서 웜은 네트워크를 손상시키고 대역폭을 잠식한다. 웜은 이메일의 첨부파일 등을 통해 인터넷을 이용하여 확산되기도 한다. 확산 시 정상적인 파일이 이

메일에 첨부되기도 하기 때문에 개인정보 유출의 위험도 내포하고 있다.

- **바이러스**(Virus): 바이러스는 컴퓨터의 파일을 감염시키거나 손상시킨다. 바이러스는 보통 네트워크에 영향을 주지 않으며 대상 컴퓨터에 대해서만 활동한다.

  웜과 바이러스의 차이는 웜은 시스템들 사이에서 전파되나 바이러스는 지역적으로 전파된다는 점과 웜은 독자적으로 실행되며 다른 실행 프로그램이 필요하지 않은 데 반해 바이러스는 다른 실행 프로그램에 기생하여 실행된다는 점이다.

  특수한 형태의 바이러스도 있다. 매크로 바이러스(Macro Virus)는 Microsoft사의 워드나 엑셀 및 이를 통합한 오피스 프로그램 등의 데이터에 감염되는 바이러스이다. 매크로 바이러스는 실행 프로그램 파일이 아니라 작성된 자료 파일에 감염되므로 일반적인 컴퓨터 이용자도 피해를 당할 가능성이 높은 것이 특징이다. 스크립트 바이러스(Script Virus)는 Visual Basic Script와 JavaScript와 같은 스크립트 프로그램 언어들로 작성되며, 확장자가 .vbs나 .js 파일들을 오픈함과 동시에 감염된다. 파일 전염 바이러스(file-infecting virus)는 확장자가 .com, .exe, .drv, .dll과 같은 실행 파일들을 전염시키며, 감염된 파일들이 실행이 됨과 동시에 바이러스가 다른 실행 파일로 옮겨지면서 지속적으로 전염이 된다.

- **서비스 거부**(Denial of Service: DoS): 시스템을 악의적으로 공격해 해당 시스템의 자원을 부족하게 하여 원래 의도된 용도로 사용하지 못하게 하는 공격이다. 특정 서버에게 수많은 데이터 패킷(data packet)을 보내는 방식으로 끊임없이 접속을 시도해서 다른 이용자가 정상적으로 서비스 이용을 하지 못하게 하거나 해당 서버를 다운시켜버리는 방식으로 공격한다. 수단, 동기, 표적은 다양할 수 있지만, 보통 인터넷 사이트 또는 서비스의 기능을 일시적 또는 무기한으로 방해 또는 중단시킨다.

- **분산서비스 거부**(Distributed Denial of Service: DDoS): 네트워크상에서 다수의 시스템이 특정 타깃으로 일제히 패킷을 전송해 다량의 트래픽을 발생시켜 해당 시스템을 마비, 또는 서비스 불능 상태를 야기하는 공격이다. 악성코드나 바이러스 등의 악의적인 프로그램들을 통해서 수많은 일반 사용자의 PC를 감염시켜 좀비 PC(Zombies)로 만든 다음 좀비 PC에게 명령을 내려 목표 대상 서버를 끊임없이 접속하도록 하여 해당 서버를 다운시켜 서비스가 불가하도록 만든다. 좀비 PC가

되면 컴퓨터가 과부화되어 소프트웨어뿐만 아니라 하드웨어가 손상되어 복구가 어렵거나 불가능하다. 이처럼 DDoS 공격의 기본 구조는 ① C&C(Command and Control, 명령제어 서버, 좀비 PC에게 DDoS 공격을 개시하거나 중단할 것을 명령하는 서버) 서버, ② DDoS 공격용 프로그램 유포서버, ③ 좀비 PC 세 가지로 구성된다.

분산서비스 거부의 시초는 에스토니아 정보가 공원에 전시되어 있는 2차 세계대전의 소련군 동상을 철거하기로 결정하면서이다. 본 결정에 반발한 러시아 이민자들은 길거리 반대시위를 했으나 이들의 의견이 받아들여지지 않자, 2007년 4월 26일 이에 대한 항의로 러시아에서 사이버 전쟁을 벌인 것이다. 본 공격으로 인해 한동안 에스토니아의 은행들은 웹사이트 마비와 함께 일정 기간 외국에서의 은행 접속이 차단되었다. 이메일, 구매, 지불 기능은 모두 마비되었고, 정부기관들도 일시적 장애로 느려지거나 차단되었다.

우리나라의 경우 2009년 7월 7일(7월 7일 공격당하였다고 해서 77DDoS 사건이라 부른다.) 18:00경부터 국내 정부기관, 정당, 포털 사이트, 언론, 인터넷 쇼핑몰, 금융기관, 백신업체 및 미국 정부에서 운영하는 홈페이지 등 35개 웹사이트가 동시다발적으로 DDoS 공격을 당하였다. 공격은 7월 7일, 8일, 9일 세 차례에 걸쳐 감행되었고, 10일 자정을 기해 DDoS 공격에 악용되었던 좀비 PC가 파괴되면서 공격은 중단되었다. 본 사건은 기존 DDoS 사건과는 동일한 구조이지만 기존 방식과는 차원이 다르게 정교하게 구성되었고 다수의 서버가 동원된 점이 특징이다.

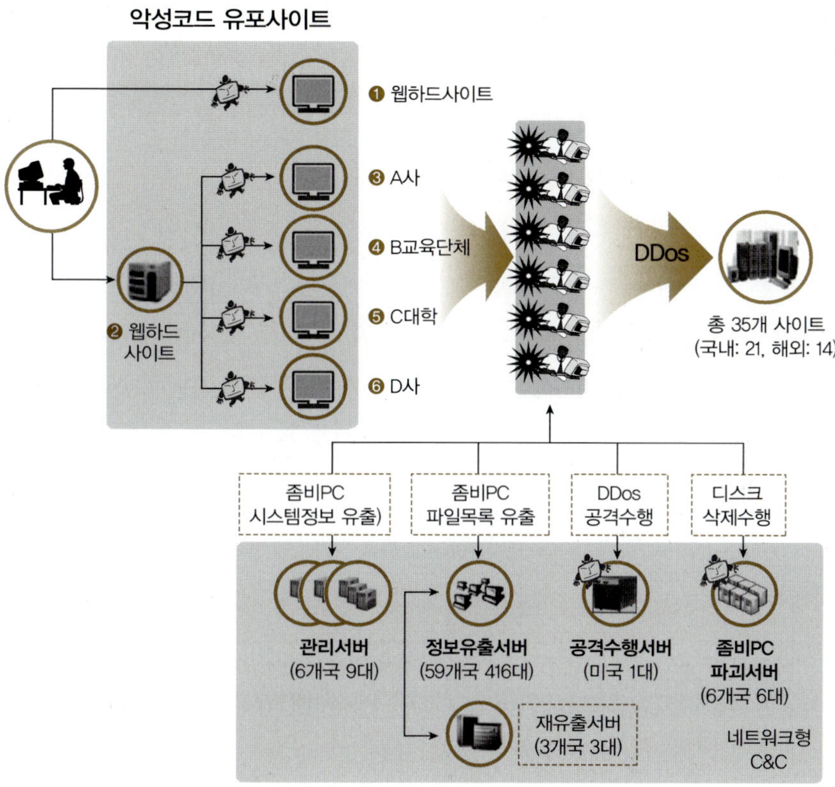

[그림 10-7] 77DDoS 사건의 공격 구조

출처: 한국형사정책연구원.

(2) 일반범죄형

일반범죄는 여러 가지 형태가 있다. 사기, 불법복제, 불법 사이트, 명예훼손, 개인정보침해, 사이버스토킹, 사이버성폭력, 협박/공갈 등이 일반범죄에 해당된다. 이중 전자상거래와 가장 밀접하게 관련되어 있는 사기 수법들에 대해서 알아야 할 필요가 있다.

사기(fraud)는 인터넷을 통하여 물건을 사고파는 과정에서 발생하는 것으로 인터넷의 보급이 확대됨에 따라 그 규모는 날로 팽창하고 있다. 또한 사기를 위해 사용되는 기술도 날로 진화하고 있다. 다음은 인터넷 사기에 사용되는 수법이다.

- **클릭사기**(click fraud): 광고 링크의 관심 여부에 관계없이 클릭 수를 늘릴 목적으

로 사람이나 자동화된 스크립트, 컴퓨터 프로그램이 웹 브라우저의 적법한 사용자가 광고를 클릭하는 것처럼 모방시킴에 따른 인터넷 범죄의 일종으로, 클릭당 지불 온라인 광고에서 발생한다.

- **피싱**(phishing): 개인정보(Private Data)와 낚시(Fishing)의 합성어로 유명업체의 위장 홈페이지를 만든 뒤, 불특정 다수 이메일 사용자에게 메일을 발송해 위장된 홈페이지로 접속하도록 현혹하여 개인정보를 빼내는 행위를 말한다. 직접적으로는 예금인출이나 결제대납 등의 피해가 발생할 수 있으며, 그밖에 간접적인 피해로는 광고성 전화 및 스팸메일 수신, 명의 도용 등이 있다. 특히, 한번 유출된 개인정보는 쉽게 없어지지 않기 때문에 예방이 더욱 중요하다. 국외에서는 유명기관을 사칭하여 메일을 발송하고, 메일 본문의 인터넷 주소로 접속해 개인정보를 입력하도록 하는 방법이 주로 이용되고 있다. 국내에서는 경품이벤트나 신용대출, 게임아이템 충전 등을 미끼로 대형 포털 게시판에 광고 글을 게시하거나 쪽지를 보내는 방법이 주로 이용되고 있으며, 대형 포털사이트를 사칭하여 개인정보를 수집/판매하기도 하였다. 주로 사용되는 사칭 대상은 은행, 신용카드사, 전자지불업체, 쇼핑몰, 온라인 경매, 온라인 게임, 취업알선, 성금모금 등 다양하다. 피싱에는 사회공학 기법(Social Engineering)이 사용된다. 사회공학 기법은 IT 기술을 이용해 공격 대상인 사람의 심리를 파고드는 공격 기법으로, 중요 정보를 탈취하거나 악성코드를 감염시키는 것이 목적이다. 피싱 외에도 스팸, 보이스 피싱 등에서 주로 이용한다.

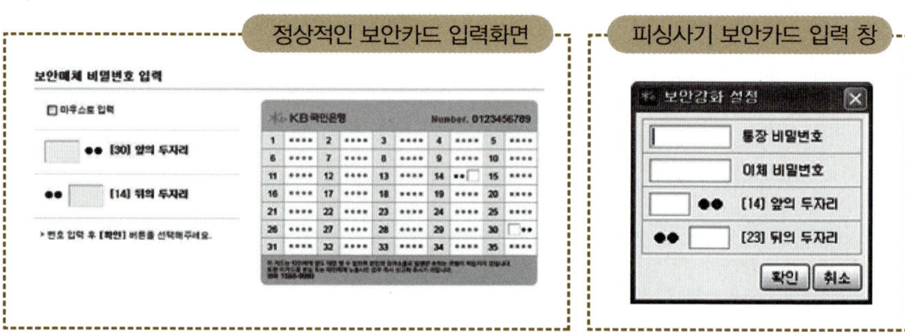

[그림 10-8] 피싱 사례

출처: 국민은행.

• **스미싱**(smishing): 문자메시지(Short Message Service: SMS)와 피싱의 합성어로 스마트폰 소액결제 서비스를 악용한 신종 사기수법을 말한다. 피싱과 다른 스미싱의 특징은 스마트폰을 기반으로 사기행위가 이루어진다는 점, 소액결제로 피해자에게 대금이 청구된다는 점이다. 그리고 '상품권', '쿠폰', '무료', '조회', '공짜' 등의 스팸문구를 사용하여 피해자를 끌어들인다. 이처럼 스마트폰은 피처폰과 달리 OS를 기반으로 하고 있기 때문에 범죄에 악용될 가능성이 높다. 예를 들어 최근 발견된 음성통화 및 문자 내역을 탈취하는 악성앱은 6만 원이 소액 결제됐다는 거짓내용의 스미싱 문자(SMS)를 사용자에게 보내, 문자에 포함된 단축 URL을 사용자가 클릭하게 해 유포되는 스미싱 공격 방법을 사용하고 있다. 악성앱이 설치되면 사용자 스마트폰에서 음성통화 내용을 녹음하고 수신된 문자 정보를 수집해 공격자에게 전달하는 기능을 수행하게 된다. 특히 이러한 악성앱은 그동안 진화를 거쳐 자동 업데이트 기능과 문자(SMS)를 통한 명령 전달 기능을 포함하고 있어 제거하지 않으면 지속적으로 스스로 업데이트를 하면서 사용자의 스마트폰을 해커의 의도대로 조정할 수 있다.

[그림 10-9] 스미싱 사례

출처: 경찰청 사이버테러대응센터.

[그림 10-10] 스미싱 피해 단계

출처: 경찰청 사이버테러대응센터.

- **파밍**(pharming): 피싱과 farming의 합성어로, 합법적인 사용자의 도메인을 탈취하거나 도메인 네임 시스템(DNS) 또는 프록시 서버의 주소를 변조함으로써 사용자들로 하여금 진짜 사이트와 오인하여 접속하도록 유도한 뒤 개인정보를 탈취하는 공격 기법이다. 즉 사용자가 자신의 웹 브라우저에서 정확한 웹 페이지 주소를 입력해도 가짜 웹 페이지에 접속하게 하여 개인정보를 훔치는 것을 말한다. 파밍 범죄자가 웹 브라우징의 속도를 향상시키기 위해 인터넷 서비스 제공자가 지정한 인터넷 주소정보에 접근할 수 있는 권한이 있거나 ISP(Internet Service Providers) 회사의 서버에 결점이 있는 소프트웨어가 존재하여 범죄자가 해킹으로 이 인터넷 주소를 변경시킬 수 있다면 가능하다. 최근에는 파밍과 달리 보안카드 번호 전체 입력 없이도 예금을 무단 인출하는 새로운 유형의 금융사기가 발생하고 있다.
- **스푸핑**(spoofing): 바로 자기 자신의 식별 정보를 속여 다른 대상 시스템을 공격하는 기법이다. 여기서 자기 자신이란 네트워크상에서 해당 사용자(혹은 해당 호스트)를 식별하는데 사용되는 IP 주소, DNS 이름, Mac 주소, 이메일 주소 등을 말한다. 자신의 식별 정보를 숨기는 이유는 공격자에 대한 역추적을 어렵게 만들기 위해서이다. 스푸핑은 유형에 따라 IP(Internet Protocol) 스푸핑, DNS(Domain Name System) 스푸핑, ARP(Address Resolution Protocol) 스푸핑, 이메일 스푸핑 등으로 구분된다.
- **스니핑**(Sniffing): 사전적인 의미의 스니핑(Sniffing)이란 '코를 킁킁거리다', '냄새를 맡다' 등의 뜻이 있다. 사전적인 의미와 같이 해킹 기법으로서 스니핑은 네트워크상에서 자신이 아닌 다른 상대방들의 패킷 교환을 엿듣는 것을 의미한다. 전화로 말하면 도청장치에 해당된다. 따라서 웹서버와 이용자 간에 전송되는 개인정보

에 대한 패킷이 제3자에 의해 유출될 수 있다. 이를 근본적으로 차단하기 위해서는 웹서버와 이용자 간에 전송되는 모든 패킷을 암호화해야 한다. 패킷이 암호화된 상태에서는 패킷을 중간에서 가로채더라도 암호해독이 불가능하여 개인정보를 근본적으로 보호할 수 있다.

마무리사례 '6 · 25 해킹' 3無로 드러난 인터넷 강국의 '굴욕'

컨트롤타워 부재로 초기 대응 실패…… 예방 시스템 문제점도 노출

'인터넷 강국의 굴욕'이 되풀이되고 있다. 25일 오전 청와대를 비롯해 국회정당, 언론사 사이트가 동시 다발적으로 사이버 공격을 받는 '6 · 25 해킹'이 발생하면서 허술한 사이버 보안 체계가 또 다시 도마에 올랐다. 3 · 20 전산망 대란에 이어 컨트롤타워 부재의 문제점이 다시 한 번 노출된 것이다. 공격 주체 파악이 오리무중인 가운데 예방 시스템도 미비하다는 비판이 이어지고 있다.

• 컨트롤타워 無 = 25일 오전 동시다발적인 사이버 공격이 이뤄졌지만 컨트롤타워 부재로 초기 대응에 미숙함을 드러냈다. 이날 오전 9시 30분경부터 청와대를 포함해 정부기관, 정당, 언론사 사이트가 25일 무차별적으로 사이버 공격을 당하는데 속수무책이었다. 오전 9시 30분경 청와대와 국무총리실 홈페이지가 해킹을 당하고 1시간 15분이 지나서야 사이버 위기 '관심' 경보를 발령하며 대응에 나섰다. 통일부, 국방부, 국정원 사이트도 일시 불통되거나 속도가 느려지는 피해를 입었다.

이 같은 혼란의 원인은 사이버 공격에 대응할 컨트롤타워가 없다는 점이다. 현재 민간은 한국인터넷진흥원(KISA)이, 중앙행정기관은 안전행정부가, 군부는 국방부로 담당 영역이 뿔뿔이 나눠져 있다. 사이버안전관리 규정에 따르면 위기경보수준이 '주의'로 격상이 되면 사이버 안전관리 규정에 따라 정부 합동팀이 설치된다. 총괄자인 국가정보원의 지휘 아래 민관군 3개 영역에서 각각 KISA, 안전부, 국방부가 각각 돌아가는 구조다.

IT업계 한 관계자는 "민관군 3개 영역에서 각자 위치에서 움직이는 구조라 전시상황이 발생했을 때 피해 신고가 어디로 이뤄져야 할지 난감한 상황"이라며 "장기 TF팀이 구성이 되서야 컨트롤타워 조직이 만들어지는 식이어서 상시적 대비나 정보 공유가 안 된다."고 꼬집었다.

민관군 영역에서 각자 모니터링을 하고 있기 때문에 '경계'나 '위기' 등 사이버 경보 단계

수준이 높은 상황에서 대응이 체계적이지 않다는 지적도 일고 있다. 국가 차원에서 네트워크나 정보시스템 사용이 불가능한 상황에서 침해사고가 전국적으로 발생했을 경우나 피해 범위가 대규모일 때 대처할 수 있는 방안이 사실상 부재하다는 것이다.

- 예방 시스템 無 = 컨트롤타워 부재로 방어 기술 확보가 어려운 것도 문제다. 특히 이번 사태는 특정 웹사이트에 악성스크립트를 설치하고 사용자들이 방문하면 공격 트래픽을 발생시키는 전술 방식을 사용했다. 해킹이 사전에 기획된 만큼 사전 대응이 가능했다는 비판이 제기되는 이유다.

  안랩은 "사용자가 악성스크립트가 설치된 해당 웹사이트에 정상 접속하자 공격자가 타깃으로 정한 청와대, 국정원과 새누리당 웹사이트로 트래픽이 발생하는 것을 확인했다."고 설명했다. 해커 전문가는 "모든 사이버 공격은 사전 징후가 있게 마련"이라며 "이런 징후를 모니터링하고, 정보를 공유하는 시스템이 구축돼 있다면 공격이 발생했을 때 초기 대응이 효과적으로 이뤄질 것"이라고 말했다.

- 공격 주체 파악 無 = 정부는 합동조사팀을 꾸려 원인 조사에 착수했지만 아직까지 공격 주체를 확인하지 못했다. 국제 해킹 단체인 어나니머스 혹은 제3자로 공격 주체에 관한 공방이 지속되고 있다. 일각에서는 지난 3.20 전산망 대란 때처럼 사이버 공격을 총괄했던 북한을 지목하고 있다. 6 · 25 발발일에 대대적인 해킹 공격이 나타났다는 정황도 이 같은 관측에 힘을 실어준다.

하지만 해킹의 특성상 최초 공격자를 확신하기는 대단히 어렵다. 일각에서 '북한 소행'으로 추정하는 것도 정확한 원인 파악과 예방책 마련에 도움이 되지 않는다는 지적이다. 잉카인터넷 관계자는 "정황을 바탕으로 한 추측이 난무하고 있지만 누가 해킹 공격을 했다고 판단할 기술적 근거가 전혀 없는 상태"라며 "북한 소행으로 쉽게 결론짓기보다는 실체 파악에 신중을 기해야 할 것"이라고 말했다.

출처: 아시아경제(2013년 6월 26일).

CHAPTER 11

글로벌 환경과 전자무역

ELECTRONIC COMMERCE

1. (FTA시대의) 전자무역
2. 국내 전자무역 서비스 시스템
3. 전자무역과 국제 거래 규범

도 입 사 례

전자무역시스템이란 … 수출입 全단계 업무 온라인化
경쟁력 제고 위해 2007년 출범

유트레이드허브(UtradeHub)는 전자무역을 실현하는 국가 차원의 전자무역 시스템으로 지난 2007년 5월 출범했다.

수출입 요건 확인, 외환, 통관, 물류 및 대금결제를 비롯한 수출입 전 단계의 업무를 종이서류 없이 온라인으로 일괄 처리할 수 있게 됨으로써 단절 없는 무역 프로세스의 실현을 통해 고비용구조 개선과 수출경쟁력 강화에 기여했다는 평가를 받아 왔다.

정부는 전자무역을 체계적으로 추진하기 위해 1991년 관련 법률을 제정하고 전자무역 전문기업인 KTNET을 출범시켰다.

2001년 '전자무역 종합육성시책'을 마련, 웹 기반의 전자무역을 본격 추진했고 2003년에는 전자무역추진위원회를 설치 · 운영하는 등 전자무역을 정부의 핵심 과제이자 차세대 중점 사업으로 추진해 현재 대다수 기업들이 이용하는 범국가적인 인프라로 자리 잡았다. 이번 구매확인서의 온라인 발급도 전자무역 강화의 일환으로 외국환은행 창구 발급과 온라인 발급으로 이원화돼 있던 구매확인서 발급을 지난 1일부터 온라인으로 단일화했다.

무역협회는 서류 작업과 제출 등에 필요한 시간, 비용 부담은 물론 국세청의 자료 취합 등 세무행정의 어려움도 해소될 것으로 기대하고 있다. 이 제도가 정착되면 무역업체는 구매확인서를 은행 방문 없이 온라인으로 신청 · 발급받을 수 있으며, 부가세 영세율 신고 시 사본 제출 의무도 없어진다. KTNET이 발급내역을 국세청에 일괄 제출하기 때문에 발급명세서만 정리해 제출하면 된다.

출처: 문화일보(2011년 7월 14일).

글로벌 환경과 전자무역

1. (FTA시대의) 전자무역

무역에서도 전자상거래는 국내 기업들이 세계시장으로 뻗어나갈 수 있는 교두보가 되고 있다. 전자무역(e-trade)은 아이템 선정과 해외시장 조사, 해외 홍보, 마케팅, 거래처 발굴, 신용 조사, 거래 상담은 물론 계약 체결 이후의 구매 · 조달 · 생산 · 운송 등 무역 업무 전반을 정보통신망을 활용해 이뤄지고 있다. 전자무역에서 소액 거래는 신용장의 발행, 수출입 신청과 승인, 보험증권의 발행 등 무역 절차가 간소화될 뿐만 아니라 사이버 뱅킹을 통해 대금 결제가 이뤄져 경제적이고 효율적으로 수행할 수 있다. 이러한 전자무역의 출현배경은 [그림 11-1]과 같다.

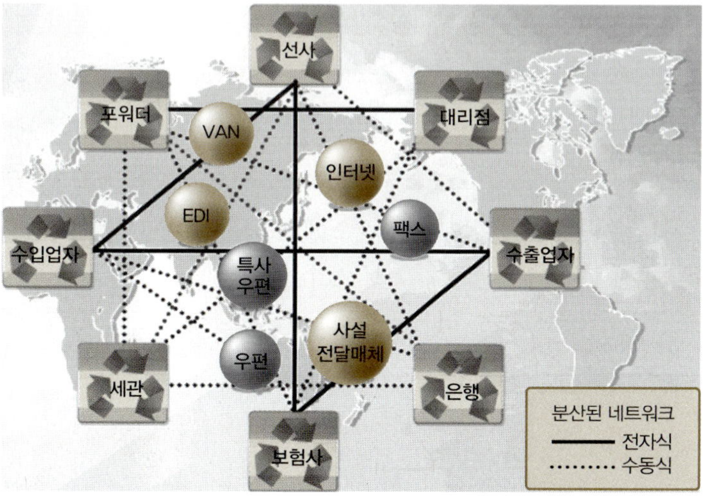

출처: 중소기업수출 지원센터(www.exportcenter.go.kr/supporter/cyber_edu/trade/T/T14/T005.html).

[그림 11-1] 전자무역 출현배경

[그림 11-1]처럼 전자무역은 통신기술의 발달로 기존의 문서 거래를 대체할 수 있는 온라인 시스템 구축이 가능해짐에 따라 출현하였다. 기존의 오프라인 무역활동의 다양한 주체들에는 큰 변화가 없지만, 각 기관 간에 오고가는 문서 양식과 전달 방식이 대부분 전자화한 형태를 나타낸다.

1) 전자무역거래의 개요

전자무역은 온라인 환경을 이용해 오프라인 무역활동을 대체하는 과정을 말한다. 온라인, 즉 인터넷을 이용해 해외시장을 조사하고 구매자 정보를 얻으며, 판매활동을 벌이는 과정이다. 재화를 판매한다는 점에서는 오프라인 무역과 본질적으로 같다. 그러나 무역활동 과정에서 차이를 드러낸다. 최근에는 정부 지원에 따라 국제 무역 내의 다양한 활동, 예컨대, 결제, 운송, 통관 절차에 필요한 서류들을 전자문서통합(electronic data integration) 방식으로 취급한다. 전자무역은 이렇게 무역에 필요한 모든 서류 처리를 전자문서로 처리한다. 한편으로 무역업무의 처리과정은 오프라인과 유사한 절차를 밟는다.

우선 온라인의 다양한 사이트를 이용해 기업이 제공할 수 있는 제품의 해외시장 현황을 살펴본다. 해외시장 관련 정보를 제공하는 사이트는 주로 정부가 운영하는 사이트가 있다. 우리나라에서는 대한무역투자진흥공사(KOTRA)에서 많은 정보를 제공하고 있다. 이러한 사이트를 거쳐 해외시장 조사결과를 받아보면, 필요한 고객을 파악할 수 있다. 이는 반대의 경우에도 같다. 즉, 수입업자 입장에서 적절한 제품을 제공하는 해외 기업을 조사하는 데 이용할 수 있다. 이렇게 고객을 파악한 후에는 제품을 홍보하는 단계에 접어든다. 전자우편, 팩스, 오프라인 우편물 등을 이용해 취급 제품의 장점과 필요성을 홍보한다. 다음으로 구매자 측에서 긍정적인 답변이 오면 구체적인 거래 조건을 제시하는 단계로 접어든다.

이후 과정은 전자무역 절차를 따라 진행한다. 상호 간에 수출 관련 주문(offer)이 오고가며, 구체적인 수량과 납품일자 그리고 결제 조건 등의 협의가 뒤따른다. 다음에 남은 절차는 제품의 통관과 대금회수다. 통관과 필요한 절차 역시 모두 전자문서(EDI)를 이용해 처리하며, 전자결제시스템으로 결제 대금을 받는다. 수입상은 이와 같은 절차를 반대로 밟아간다. 이렇게 거래를 완료한 후 발생할 수 있는 문제는 클레임 처리 절차다. 전자무역에서는 클레임 처리 절차 역시 온라인을 이용한다.

이처럼 전자무역을 이용하면 넓은 글로벌 시장에서 원하는 고객을 비교적 쉽게 찾을 수 있으며, 거래 과정 역시 전자문서를 이용하므로 비용절감 효과가 있다. 다시 말해 무역업체는 전자무역 시스템을 이용해서 거래선 발굴, 마케팅, 계약, 통관 그리고 결제에 이르기까지 한 번에(one-stop) 처리할 수 있다. 이러한 전자무역은 대기업과 비교해서 자원이 부족한 중소기업이나 신생기업의 해외시장 진출에 좋은 교두보 역할을 한다. 많은 해외시장조사 비용을 들이지 않고 거래 기업을 발굴하고, 또한 무역 업무에 들어가는 비용을 절감할 수 있기 때문이다.

2) 전자무역의 절차

전자무역 절차는 온라인을 이용하는 점 이외에 기존 오프라인 무역 과정과 기본적인 측면에서 같다. 이를 도식화하면 [그림 11-2]와 같다.

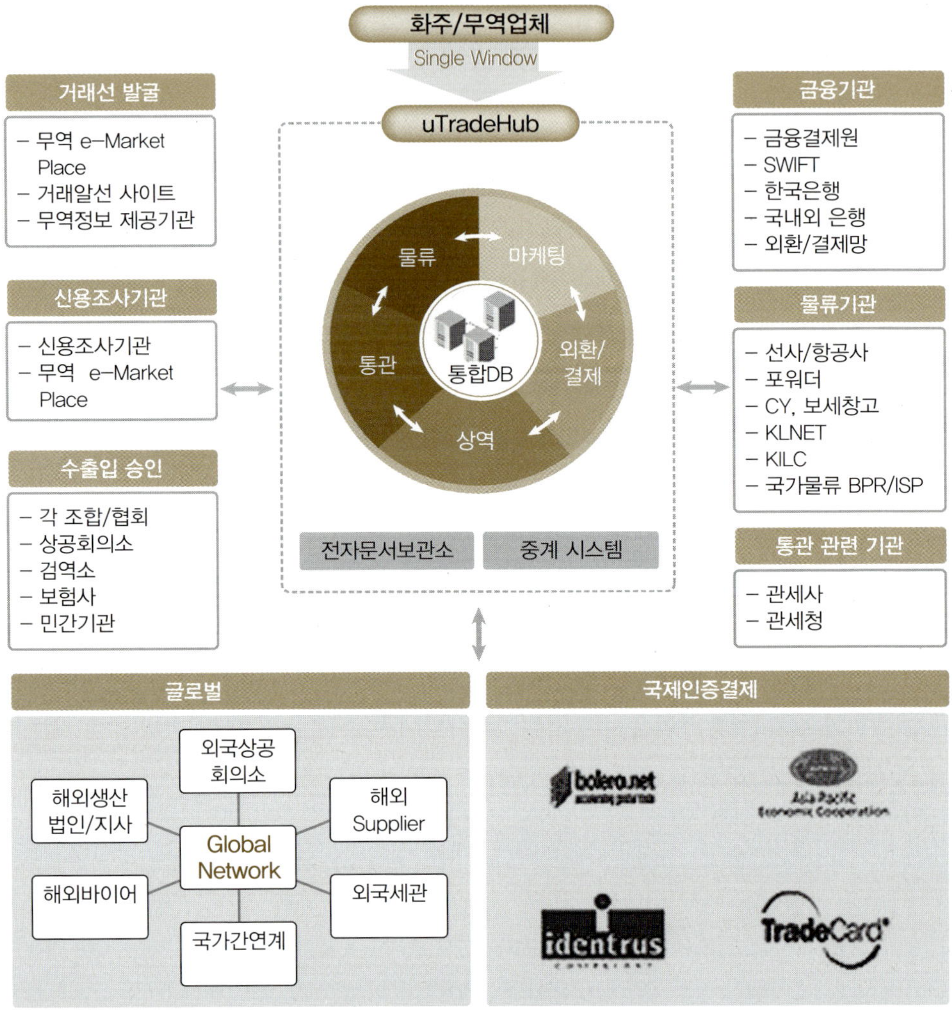

출처: 한국무역정보통신(www.utradehub.or.kr).

[그림 11–2] 전자무역 절차

[그림 11–2]에서 보듯이 전자무역의 핵심 과정은 가운데 원에 표시한 바처럼 마케팅, 물류, 통관, 상역, 외환/결제 과정이다. 또한 이를 중심으로 사전에 거래선 발굴과 신용조사 기관 등을 이용한 거래 업체의 상태 조사와 수출입 승인 조건의 충족이 있다.

거래선 발굴은 거래알선 사이트(e-Market Place), 무역정보 제공기관 등이 있다. 발굴한 고객 기업과의 거래에 앞서 해당 기업의 신용도나 과거 거래의 문제점 등을 파악해야 한다. 사전에 충분한 조사를 하지 못하고 불성실한 기업이나, 대금 지급에 어려움이 있는 기업과 거래를 한다면 어려움에 처할 수 있기 때문이다. 그리고 수출입 업무에 필요한 행정적 절차를 완료하는 것도 중요하다. 여기서는 수출입 제한 품목의 확인, 국가 간 거래 규정에 따른 수출입 쿼터, 제품 수출입에 따른 추가 요구 사항 등의 점검이 있다. 그리고 필요한 사전 승인을 자국 정부와 해당국 정부로부터 얻도록 한다.

다음으로 무역 수출입 절차로 해당 제품을 운송하는 물류, 도착한 제품의 현지 반입에 필요한 통관 업무, 수출입 요건 확인, 전략물자 수출 제한과 원산지 증명 업무를 중심으로 하는 상역서비스 그리고 외환, 결제서비스가 있다. 이러한 기본 과정은 금융기관, 물류기관, 통관 관련 기관과의 협조하에 이루어진다. 금융기관은 외환과 대금 결제에 필요한 보증과 지급 업무를 담당한다. 물류기관은 재화의 이동을 담당하며, 선사/항공사 포워딩 기업 등이 있다. 통관 관련 업무에서는 각국 정부의 세관이 참여하고 있다.

이상의 과정을 요약하면 다음과 같다. 첫째, 시장조사단계에서는 외국 정부기관 사이트나 무역거래중개사이트(e-Market Place) 등을 이용해 해외시장을 조사할 수 있다. 둘째, 전자우편과 온라인 게시판 그리고 소비자가 개설한 전자입찰 시스템을 이용해 계약 과정을 진행한다. 셋째, 거래를 성사한 재화를 물리적으로 이동한다. 물류운송 과정에 필요한 각종 보험 서류의 처리 역시 전자문서를 활용한다. 또한 화물위치추적(cargo tracking) 서비스를 이용해 실시간으로 상품의 이동 경로를 확인할 수 있다. 넷째, 대금결제 단계로 이전의 전통적인 송금 방식과 달리 무역카드(trade card), 신용카드(credit card), 전자자금이체(electronic fund transfer) 등의 방법을 이용한다.

3) 전자무역의 특징

전자무역은 오프라인 거래와 비교해서 문서의 전자화라는 일차적 차이를 가지고 있다. 또한 전자무역은 글로벌 시장을 판매 공간으로 하며, 거래 시간의 제약이 없다. 즉, 시간과 공간이 자유롭다는 점에서 기존 무역 방식과 차이가 있다. 그러면서 거래에 따르는 부대활동, 예컨대, 제품 홍보, 온라인 상품 진열, 온라인 마케팅 채널 활용(SNS,

유투브 등)도 가능하다. 이러한 전자무역의 특징은 다음과 같다.

첫째, 무역 활동에 따르는 거래비용(transaction cost)을 절감하는 특징이 있다. 시장에서 거래는 다양한 재화의 최종 이동까지 그 과정에 소요되는 부가적 비용들이 있다. 전통 무역에서 이런 비용은 계약 정보, 결제 정보, 물류 정보 등을 주고받는 과정에 발생한다. 그러나 전자무역을 이용하면 이러한 과정이 모두 전자화하므로 부가적 비용을 절감할 수 있다.

둘째, 전자무역의 거래형태는 전통무역보다 다양하다. 전통무역에서는 판매자, 유통 기업, 소비자 형태의 거래구조만을 나타냈다면 전자무역에서는 그렇지 않다. 여기서는 경매 사이트, 공동구매, 해외구매 대행, 고객 맞춤형 제품 제시 등 다양한 형태의 거래가 있다. 이러한 거래는 최근 스마트폰의 발달로 이제 인터넷에서 모바일로 이동하는 중이다.

셋째, 전자무역은 판매 재화의 가격을 낮추는 특징을 가진다. 앞서 언급했듯이 전자무역을 하면 각종 거래비용을 절감할 수 있다. 또한 홍보비용이나 제품 진열 비용 등도 줄일 수 있으므로 가격을 낮추는 역할을 한다.

넷째, 전자무역에서는 정보 비대칭성이 줄어든다는 특징이 있다. 정보 비대칭성이란 판매자와 구매자가 가진 제품 정보의 양이 서로 다름을 말한다. 과거 오프라인 거래에서는 생산자 위주의 공급방식이었으므로 소비자는 판매자보다 제품정보가 많지 않았다. 이는 곧 제품 판매자의 의도에 따르는 거래결과를 양산할 가능성이 높음을 말한다. 그러나 인터넷의 발달로 이제 구매자들은 제품 정보를 충분히 파악할 수 있다. 소비자는 다양한 소셜네트워킹 서비스를 이용해 제품 정보를 공유하고 평가한다. 이 결과 판매자와 소비자 간의 정보 격차는 갈수록 줄어들고 있다.

이러한 전자무역 분야에서 새롭게 발달한 비즈니스 모델이 있다. 주로 무역 관련 업무의 전산화 서비스를 제공하는 사이트나 보험, 결제, 신용장 등을 대체하려는 목적으로 발달한 비즈니스 모델이다.

4) 전자무역 서비스 모델

전통무역의 신용장 거래를 대체하려는 목적으로 등장한 비즈니스 모델은 트레이드카드(tradecard)가 있다. 트레이드카드란 무역거래 업무의 신용장을 대체하려 일종의 신용카드 모델을 제시하였다. 그러면서 무역에 필요한 결제, 금융 관련 서류를 전자화하고 이를 다시 구체적 상품의 이동과 연결한 시스템을 제공한다. 이로써 기업은 재화의 이동 단계에 따라 결제 정도를 정할 수 있는 서비스를 제공받는다. 이처럼 트레이드카드는 일종의 금융공급망(Financial Supply Chain) 서비스로 절차는 다음과 같다.

첫째, 수입 기업은 트레이드카드를 취급하는 국내 금융기관과 신용공여한도를 설정한다.

둘째, 수입 기업의 신청 내용을 검토한 트레이드카드는 해당 기업의 신용평가 등에 따라 결제 한도액을 정한다.

셋째, 수입 기업은 이렇게 확정한 한도액을 가지고 수출 기업과 계약을 체결한다.

넷째, 수입 기업은 트레이드카드에 자신들의 구매 내용을 담은 주문서를 전달한다.

다섯째, 이렇게 전달한 구매 관련 주문서는 다시 트레이드카드를 거쳐 수출 기업에 전해진다.

여섯째, 트레이드카드사의 결제정보와 서류에 문제가 없다면 수출 기업은 제품을 선적하고 트레이드카드사에 수출 대금 결제를 청구한다.

현재 트레이드카드는 한진해운, 덴마크 머스크, 스위스 MSC, 프랑스 CMA-CGM 등 상위 10개 참여해서 2001년 설립한 해운 포털 지티넥서스(GT-Nexus, www.gtnexus.com)와 2013년 4월 합병하였다. 이로써 전자무역의 주요 업무인 결제와 물류에 필요한 서비스를 제공하는 거대 기업이 탄생하였다. [그림 11-3]은 이를 보여준다.

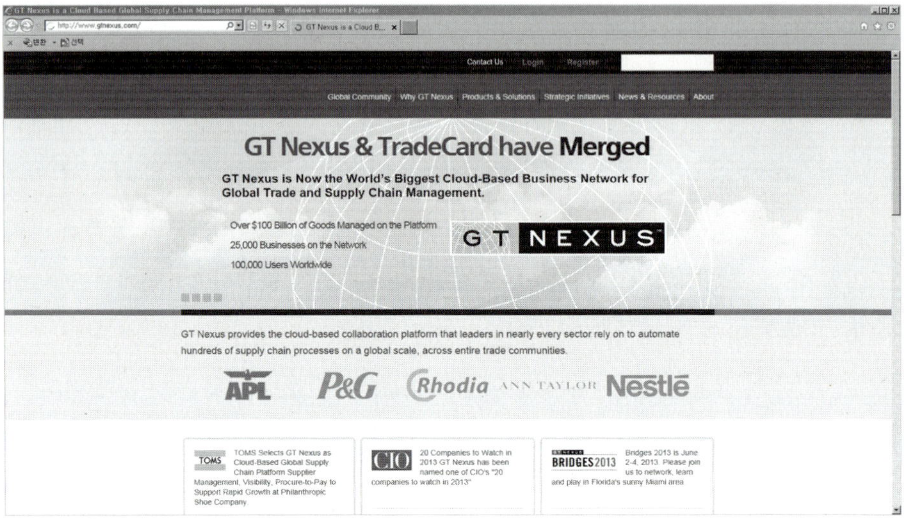

출처: 지티넥서스 사이트(www.gtnexus.com).

[그림 11-3] 지티넥서스와 트레이드카드의 서비스 사이트

트레이드카드 이외에도 선화증권과 운송거래의 시간 차이에 따른 문제를 해결하려 구축한 볼레로(Bolero, Bill of Lading Electronic Registry Organization) 모델이 있다. 전통무역에서 선화증권이란 물건이 정해진 장소에 제때 도달하는 것을 보증하는 보험이다. 즉, 취급 재화가 중간에 이동 경로를 이탈하거나 사고로 배송되지 못하는 경우를 대비한 증권이다. 그러므로 선화증권은 판매 제품보다 먼저 수입 기업에 전달되어야 한다. 이로써 수입 기업은 구매 재화가 정해진 시간과 장소에 도달하지 않을 시 보상을 청구할 수 있기 때문이다. 그러나 운송기술의 발달이 가속화한 20세기 중엽부터는 선화증권보다 재화가 먼저 목적지에 도착하는 현상이 발생하였다.

이런 문제를 해결하는 방식으로 등장한 것이 전자선화증권이다. 해당 시스템에서는 공개키/개인키 방식의 전자 서명을 이용해서 전자선화증권의 보안과 안정성 문제를 해결하였다. 즉, 기술적으로 시스템 이용자는 자신이 볼레로 시스템에 공개한 키와 보안용 개인 키 한 쌍을 맞추어 보안 정보를 확인할 수 있다.

볼레로 시스템은 이러한 목적에 따라 1994년 6월 영국, 홍콩, 네덜란드, 스웨덴, 미국 등의 해상운송 기업, 금융기관, 통신 기업 등의 합작으로 서비스를 시작하였다. 더불어 선화증권 이외에도 모든 무역 관련 서류를 전자화해서 처리하는 서비스를 제공

한다. 이처럼 볼레로는 인터넷에 기반을 두었으며, 국제 전자문서(EDI) 표준 규격을 준수한다. 최근에는 전자문서 XML 표준 규격을 적용한 서비스를 제공하고 있다. 그리고 전자선화증권의 권리와 의무의 이전과 양도 과정에 안정성을 보장하므로 전자무역 발달에 기여하고 있다. [그림 11-4]는 이러한 볼레로 시스템의 서비스 사이트이다.

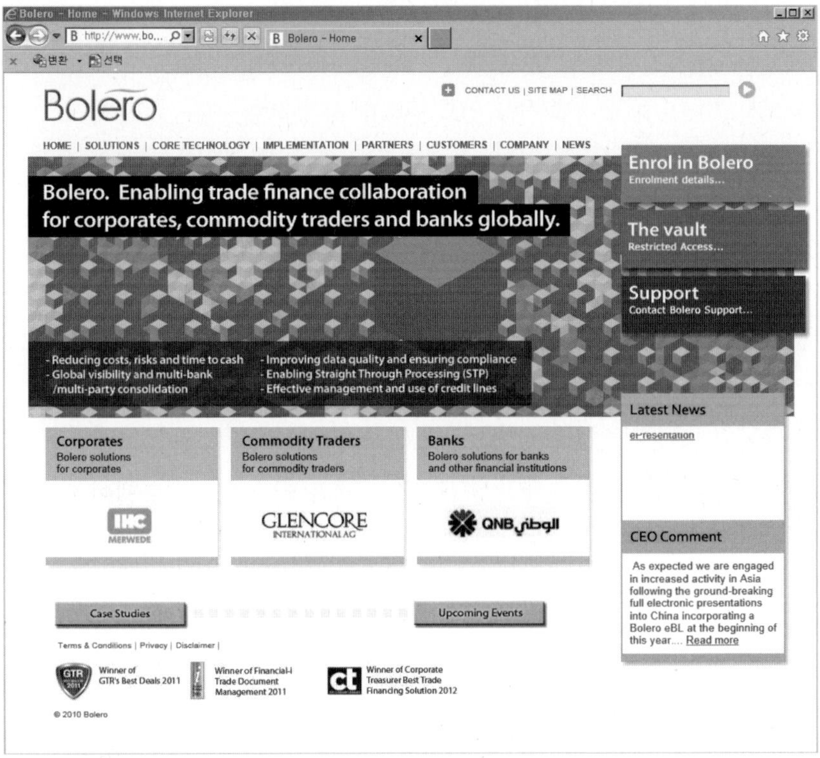

출처: 볼레로 사이트(www.bolero.net).

[그림 11-4] 볼레로 서비스 사이트

중간사례 하나은행, 선적서류 전자제시 업무 협약 〈세계파이낸스〉
수출입 업체의 업무 효율성 증대를 위한 업무 협약

하나은행(은행장 김종준)은 8일 영국의 전자금융서비스 업체인 Bolero International Ltd.와 수입 선적서류에 대한 전자 서류 방식의 무역 업무 협약을 체결한다고 밝혔다.

이번 업무 협약 체결로 하나은행을 통해 거래하는 국내 수입 업체들은 기존의 종이 선적서류 대신에 전자 선적서류를 온라인(Bolero System)으로 선사에 제시함으로써 편리하고 빠르게 선적 화물을 인도받을 수 있게 됐다. 지난 2002년 4월 발효된 eUCP(전자신용장통일규칙)하에서, 볼레로 시스템 등 온라인을 통하여 선화증권을 비롯한 제반 선적서류의 제시가 가능해진 덕이다.

볼레로 시스템이란 수출업체, 은행, 보험사, 선박회사 등 무역 관련 당사자들이 선적서류를 인터넷으로 교환하는 국제무역 시스템을 말한다. 종전 종이 형태로 유통되고 있는 선화증권을 전자적 형태로 유통시키는 시스템이다

하나은행 관계자는 "이번 업무 협약을 통하여 하나은행을 거래하는 수출입 업체들이 선적서류의 분실과 선적서류 운송에 필요한 시간 단축으로 업무의 효율성을 높이게 됐다."며 "앞으로도 하나은행과 거래하는 수출입 업체들의 지원을 위하여 노력하겠다."고 말했다.

출처: 세계일보(2013년 2월 28일).

2. 국내 전자무역 서비스 시스템

우리나라는 무역의존도가 높으므로 일찍부터 국제무역 분야에 관심을 가져왔다. 인터넷이 일상에서 일반화하던 1990년대 중반 이미 전자무역을 추진하려는 계획이 등장했다. 이후 정부 주도로 2004년부터 시스템 구축 작업을 시작해서 2007년 5월 9일 유트레이드허브(http://www.utradehub.go.kr)라는 이름으로 서비스를 시작하였다. 이는 현재 대한민국을 대표하는 전자무역 시스템으로 무역 관련한 일체의 과정을 전자문서로 처리하는 시스템을 제공한다. 해당 시스템의 개괄적 전자무역 서비스 모형은 [그림

11-5]와 같다.

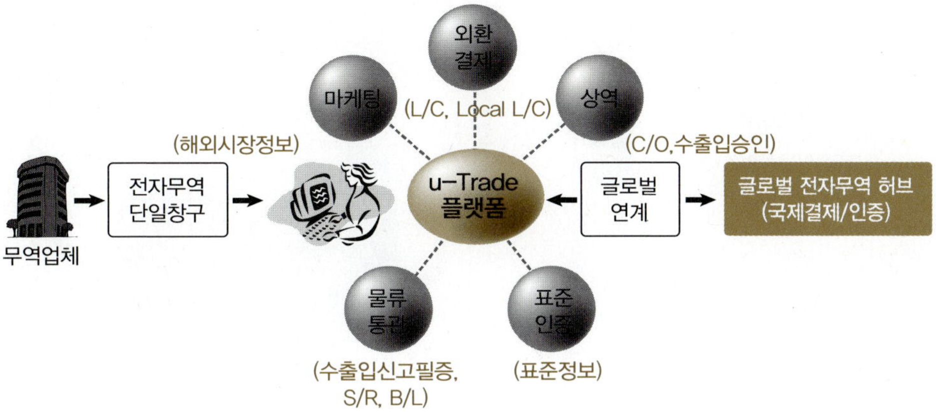

출처: 중소기업수출지원센터.
(www.exportcenter.go.kr/supporter/cyber_edu/trade/T/T14/T008.html)

[그림 11-5] u-Trade Hub의 서비스 개념도

1) 전자무역 서비스 시스템 개요

국내 전자무역 서비스 시스템은 한국무역정보통신이 운영하며, 무역협회, 관련 정부 부처 그리고 외부 금융기관과 물류기업이 같이 참여하고 있다. 해당 서비스는 기술적으로 통합로그인(SSO) 서비스를 제공한다. 이로써 전자무역에서 제공하는 하위 서비스인 무역, 물류, 은행, 마케팅, 통관 등의 서비스를 동시에 이용할 수 있다. 전자무역 시스템의 서비스 개념은 [그림 11-6]과 같다.

출처: 유트레이드허브(www.utradehub.or.kr).

[그림 11-6] 전자무역 서비스 시스템 개요

[그림 11-6]처럼 전자무역 서비스 시스템에서는 무역 업무에 필요한 과정을 5개로 구분하고 있으며, 각각을 개별적 전자무역 시스템으로 운영하고 있다. 무역업체, 물류기업, 은행, 마케팅업체 그리고 통관업체 등은 전자무역 관문(portal)서비스를 이용해 하위 서비스에 접근하며, 관문 서비스에서는 하위 서비스의 내용을 포함하는 통합 검색 서비스를 제공한다. 실제로 무역 업무를 처리하는 과정은 하위의 무역, 물류 등의 시스템에 있지만, 무역 관련 기업과 기관들이 서비스를 이용하려면 해당 허브 사이트를 거쳐야 한다.

2) 마케팅 업무 시스템

마케팅 업무 시스템은 무역 관련 기업에 수출입 판로와 관련한 정보를 제공하는 것을 기본으로 한다. 여기에는 민간부문을 포함해서 정부가 구축한 해외시장 정보를 일차로 제공한다. 다음으로 마케팅 관련 정보나 해외시장 경험 또는 지식을 보유한 기업들과 연계할 수 있는 서비스를 제공한다. 이러한 정보는 관심을 가지고 접근한 기업체의 편의를 돕는 데 초점을 두고 있다. 해당 정보를 제공하는 국내 기관은 〈표 11-1〉과 같다.

〈표 11-1〉 마케팅 정보제공 연계기관

	KITA(한국무역협회)	KOTRA
공공단체	www.kita.net	www.kotra.or.kr www.buykorea.org www.exportal.or.kr www.globalwindow.org
민간업체	EC21	ECPlaza
	www.ec21.com kr.ec21.com	www.ecplaza.net kr.ecplaza.net

출처: 유트레이드허브(www.utradehub.or.kr).

마케팅정보 시스템에서는 위에 나온 다양한 기관의 정보를 한 곳에 모아 데이터베이스로 저장하고 검색 기능을 제공한다. 일종의 무역 관련 포털이라고 생각하면 쉽다. 이러한 마케팅 정보 제공서비스는 위의 〈표 11-1〉에 나오는 다양한 기관에서 진행하고 있으며, 공통적인 제공 정보는 다음과 같다.

첫째, 해외시장 정보를 제공한다. 여기에는 국내 기업이 주력으로 생산하는 제품을 중심으로 해서 무역협회 등 관련 기관이 보유한 특정 제품별 시장정보를 제공한다. 다음으로 국가정보가 있다. 여기서는 전세계 국가의 통상환경, 시장환경 등의 정보를 얻을 수 있다. 또한 통상정보를 특화해서 제공하는데 이는 각 국가별 통상정책 등이 다를 수 있기 때문이다. 더불어 국제적 경제동향 정보를 제공한다. 이에 환율과 유가 등 기업 경쟁력에 영향을 미칠 수 있는 경제 정보를 얻을 수 있다.

둘째, 거래 기업 관련 정보를 제공한다. 여기서는 단순한 거래 기업의 일반적 정보뿐 아니라 구체적인 구매 사항도 검색할 수 있다. 제공하는 정보로 우선 바이어 관련 내용이 있다. 해외 주요 바이어의 구매 선호 제품과 연락처 등의 기본 정보를 얻을 수 있다. 이후 상품정보를 얻을 수 있는데, 수입업체들이 구매하려는 제품을 취급하는 기업의 상품정보를 제공한다. 또한 구체적 거래 주문 내역으로 구매오퍼와 판매오퍼가 있다. 각각 수출기업과 수입기업에 필요한 구매 정보를 포함한다. 이외에도 중요한 정보로 제휴정보 제공서비스가 있다. 이는 무역 관련 마케팅 정보를 제공하는 기관 회원과 이 정보를 열람했던 기업의 정보를 제공하는 서비스이다.

셋째, 전시회 정보가 있다. 크게 해외전시회와 국내전시회로 나누어 제공하는데, 전시회 일정과 제품 종류 그리고 규모 등의 정보를 제공한다. 전시회 정보는 특히 해외시장에 진출하려는 기업에 초기 관문으로 좋은 역할을 한다. 취급 제품을 적은 비용에 광범위하게 홍보할 수 있는 장소를 알려 주기 때문이다.

넷째, 무역 업무에 필요한 실무 정보를 제공해 준다. 무역 업무에 수반하는 각종 서류와 관련한 서식 정보 등을 제공하는 것이 여기에 해당한다. 또한 무역용어나 무역 업무 진행 절차에 필요한 지식을 알려준다. 이외에도 수출지원과 관련한 정부기관의 정책과 구체적 지원정보를 알려준다. 이러한 정보는 무역 기업의 실무자에 현실적으로 중요한 정보이며, 활용 가능성이 높은 자료이다.

3) 무역 업무 시스템

전자무역 업무는 크게 수출업무와 수입업무로 나뉘며, 그 처리과정은 기존의 전통무역과 크게 차이가 없다. 이는 수출, 계약, 매입, 물류, 보험, 통관, 결제 업무를 중심으로 한다. 전자무역은 여기에 필요한 관련 문서와 전자정보를 온라인에서 제공하는 서비스이다. 이러한 서비스에서는 정부, 관세 관련 기업이나 개인, 은행, 물류기업 그리고 해외 거래 기업에 제공할 다양한 문서를 자동화할 수 있다. 전자무역 시스템에서 무역업무의 흐름과 연관 조직의 관계는 [그림 11-7]과 같다.

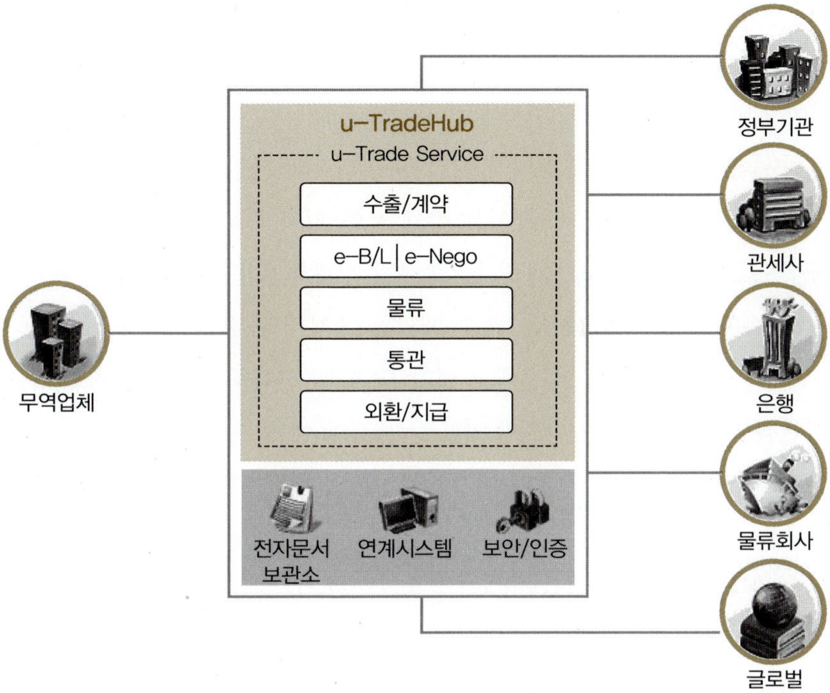

출처: 유트레이드허브(www.utradehub.or.kr).

[그림 11-7] 전자무역 시스템의 무역업무

전자무역의 업무 흐름에서 전통무역과 차이를 드러내는 주요한 세 가지는 전자신용장(e-L/C), 수출환어음 매입신청(e-Nego) 그리고 전자선화증권(e-B/L) 업무이다. 첫째, 전자신용장은 전통무역에서 오프라인 서류로 처리하던 신용장을 전자문서로 전환한 것을 말한다. 무역업체는 전자신용장을 이용해, 관련 내용을 알리고, 신용장 원본을 실시간으로 확인할 수 있으며, 전자문서 보관 시스템에 특정 무역 업무와 관련한 전자신용장을 저장하고 유통할 수 있다. 이로써 전자신용장의 내도통지, 양도와 매입 신청 관리 그리고 전자신용장이 어디에서 와서 어디로 가는지를 실시간으로 기록하는 형상관리가 가능하다. 전자신용은 또한, 은행 시스템과 연계해서 해당 신용장의 한계, 매입, 통계 관리 등이 가능하다.

전자신용장을 사용하면 수출입기업 입장에서는 종이 서류의 번거로움에서 벗어나는 장점이 있다. 이는 동시에 관리비용의 절감을 가져온다. 또한 종이문서와 달리 전자문서의 특성상 분실 위험이 적다는 장점도 있다. 그리고 거래 당사자 이외의 거래 관련 제3자에 신용장 전달이 쉽다. 보안성 측면에서도 인증서를 사용하므로 안전하다는 특징이 있다.

둘째, 수출환어음 매입신청에서는 매입 관련 서류의 자동화 서비스를 제공한다. 여기에는 상업송장, 포장명세서, 환어음 정보 등이 있다. 즉, 수출환어음 매입신청 업무를 중심으로 무역 업무에 들어가는 실제적 서류들을 대부분 온라인에서 전자화해서 처리할 수 있는 서비스이다. 또한 매입업무 처리 과정에 필요한 소유권관리 서비스도 제공한다. 매입신청 과정에 발생할 수 있는 선화증권의 양도처리 불가 상황이나 매입실행 후 선화증권의 사용제한 등의 업무에 필요한 문서를 모두 온라인에서 처리할 수 있다. 그리고 은행과 연계해서 매입신청 처리 요청에 따른 은행의 매입처리 업무를 조회할 수 있으며, 매입처리 내용을 문서 보관소에 저장하여 관리할 수 있다.

수출환어음 매입신청을 전산화하면 해당 기업에는 시간절감의 장점이 크게 나타난다. 과거에는 필요 업무를 처리하려 관련 서류를 출력해서 관련 기관을 오가던 번거로움이 있었기 때문이다. 더불어 제품의 선적 당일 매입신청이 가능해지며, 이에 따라 거래 기업 간에 발생할 수 있는 불필요한 제품 도달 지연에 따른 이자 부담 효과가 있다. 은행 역시 관련 서류의 위조를 방지하고, 관련 서류를 보관, 검색, 활용하기 쉽다는 장점이 있다.

셋째, 선화증권(e-B/L) 업무로는 우선 상업송장(Commercial Invoice) 작성 업무가 있다. 상업송장 작성으로써 포장명세서 명기를 포함한 선적 업무를 시작한다. 다음으로 선적요청(Shipping Instruction)을 온라인에서 진행할 수 있다. 이는 수출 기업이 상업송장, 포장명세서, 수출신고필증정보, 컨테이너 정보 등 제품 이동에 필요한 정보를 운송사에 보내는 작업이다. 이후 선화증권 조회(B/L Inquiry), e-B/L 재발행 요청(Correction)을 할 수 있다. 후자는 이미 발행한 선화증권의 오류나 권리 사항 수정 시에 이용한다. 이외에 선화증권의 양도(Transfer) 신청 업무도 가능하다. 이는 한 무역업체 소유의 선화증권을 다른 기업에 이전하는 처리를 말한다. 선화증권 권리(Title)등록 조회서비스도 전자무역 시스템에서 가능하다. 이는 선화증권의 이동 과정 확인 업무에 해당한다.

이렇게 선화증권 업무를 온라인에서 자동화하면 앞의 다른 주요 기능처럼 관련 업무 처리에 필요한 시간과 비용의 절감 효과를 기대할 수 있다. 또한 전산선화증권 발급으로 제품의 매입기간이 감축하는 효과를 볼 수 있다. 이로써 곧 수출환어음 매입업무와 연계해서 수출대금을 빨리 수령할 수 있다.

4) 전자무역 물류업무 시스템

물류업무는 무역 거래 과정에서 발생하는 재화의 이동을 담당하는 서비스다. 국제무역이 활성화한 초창기부터 물류업무는 무역업체에 중요한 관심사였다. 운송기술이 불완전하던 시절에는 운송 도중 재화의 분실, 파손 등이 많았으며, 때로는 지정한 장소에 제품이 도착하지 않는 일도 있었다. 컨테이너의 개발과 운송기술의 발달로 오늘날에는 대량의 제품이 화물로써 해상과 항공 그리고 철도 등을 이용해 국가의 경계를 뛰어넘고 있다. 이렇게 화물로 운반하는 재화의 목록을 적하목록이라고 하는데 물류관리 시스템은 이러한 적하목록을 중심으로 필요한 서류를 전자화하는 서비스이다. 그리고 필요한 서류를 관련 기관에 전자문서로 실시간 제출할 수 있는 시스템을 제공한다. 물류 관련 시스템의 개념은 [그림 11-8]과 같다.

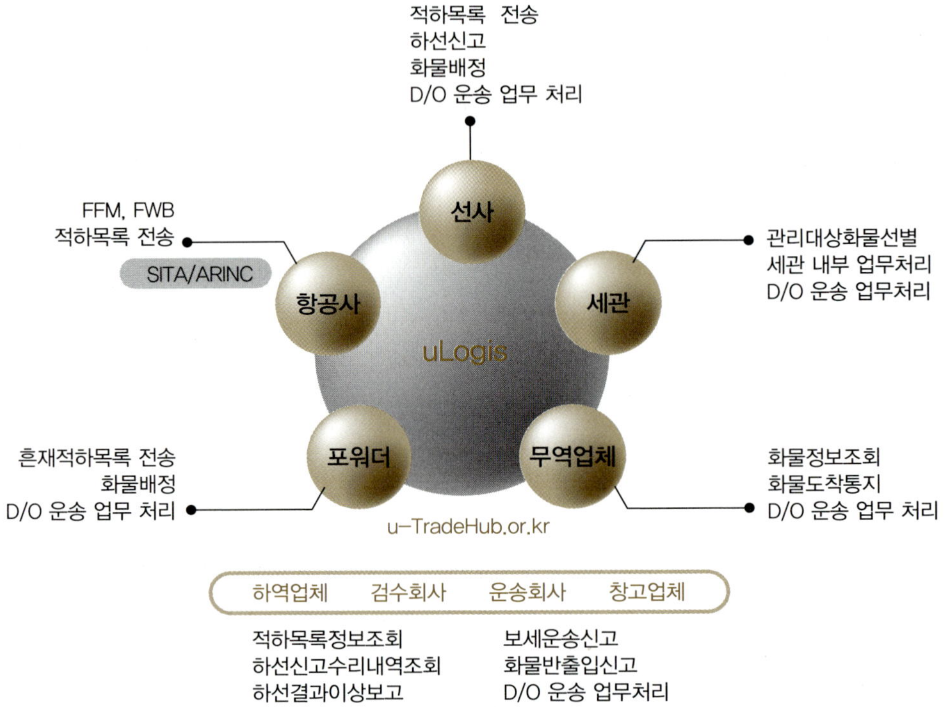

출처: 유트레이드허브(www.utradehub.or.kr).

[그림 11-8] 전자무역 시스템의 물류업무

물류업무 처리에서는 하역, 검수, 운송, 창고 서비스 등이 있다. 이 모든 과정은 유기적으로 연결되어 있으며, 이동하는 물동량의 정확한 기록을 필요로 한다. 물류 운송에 따른 여러 전자문서 처리가 있지만 이중 적하목록취합시스템(Manifest Consolidated System: MFCS)에서 제공하는 자료가 중요하다. 여기서는 수출입 기업이 취급하는 모든 제품의 목록 취합을 전산으로 자동화 한다. 이는 다시 포워더가 관리하는 창고의 적하목록에 취합한 후 세관에 제출하는 과정을 거친다.

이렇게 적하목록취합시스템을 이용하면 항공사, 해운사, 포워더 기업이 개별적으로 관리하던 운송화물 목록을 통합적으로 관리하는 장점이 있다. 또한 규모가 작은 중소기업의 경우 해당 작업의 대행 서비스를 제공받을 수 있으므로, 국제 규격을 준수하는데 들어가는 비용을 절감할 수 있다. 이러한 적하목록취합시스템으로 물류 기업 간 정보공유가 쉬어지며, 적하목록의 작성에서 세관 제출까지 과정을 실시간으로 확인할 수 있다. 정보 전달 측면에서도 편리성과 개선점이 있는데, 물류시스템을 이용하면 수입 기업에 제품이 도착하기 전에, 즉 입항 전에 미리 전자우편 등으로 그 목록을 확인할 수 있다. 또한 항공사나 은행 업무에도 시간과 비용을 줄여준다. 특히 은행은 적하목록취합시스템으로 선적 물량 확인이 가능하여 수출입 기업과 선화증권 없이도 수출환어음 매입신청(Nego)을 할 수 있다.

이러한 서비스는 중소 수출입 기업에 의미가 있다. 소규모 기업은 자체적인 물류 추적 시스템을 구축하기 어렵다. 그러나 전자무역 시스템을 이용하면, 화물 운송 과정에 필요한 서류를 자동화해서 관련 기관 제출까지 모두 온라인으로 처리할 수 있다. 현재 국내 전자무역 포털 시스템에서 제공하는 서비스는 적하목록제출, 혼재화물적하목록제출, 입출항보고, 반입/반출 신고, 정정, 보세운송신고, 보세운송승인신청 등이다.

이외에도 특정 국가의 수출입 규정을 준수하는 물류시스템 서비스가 이루어진다. 예컨대, 해상 자동적화목록보고서(Advanced Manifest Service: AMS)는 미국에 수출하는 기업에 필요한 시스템이다. 미국은 자국에 제품을 운송하는 선사나 포워더에 24시간 전에 제품 목록을 제출하도록 하고 있기 때문이다.

운송수단에 따른 특정 업무를 반영한 서비스도 있다. 첫째, 해상운송에서 사용하는 전자해상화물 인도지시서(e-D/O, Deliver Order) 서비스가 있다. 이는 전통무역에서 해상을 이용한 수입화물의 운송에 필요한 화물인도지시서(D/O), 보세운송요청동의서, 자가운송신청서, 배차요청서, 화물인도동의서 등을 모두 전자문서로 제공하는 서비스다. 이렇게 전자무역 시스템의 온라인 서비스를 이용하면 실시간 무서류 업무 처리가 용이하다. 둘째, 항공 관련 적하목록과 출국 항공기의 입출국 관련 신고 역시 전자무역 시스템을 이용해서 실시간으로 관세청 등의 관련 기관에 신고할 수 있다.

5) 전자무역 결제업무 시스템

무역 업무에서 가장 중요한 부분은 실질적인 대금 결제이다. 수출입 기업 모두 최종적으로 해당 국가의 관련 은행을 거쳐 대금 결제를 진행한다. 국가 간의 경계를 넘어서 무역활동에서 대금 결제는 국가 신용도와 직결할 수 있는 민감한 부분이다. 따라서 대금 결제 부분은 수출입 기업과 관련 은행에 필요한 서비스를 원활하고 정확하게 제공해야 한다. 대금 결제 서비스에서는 전자신용장(e-L/C), 수출환어음 매입신청(e-Nego) 등에 필요한 전자문서 서비스를 제공한다. 이에 대한 기본적 개념은 [그림 11-9]와 같다.

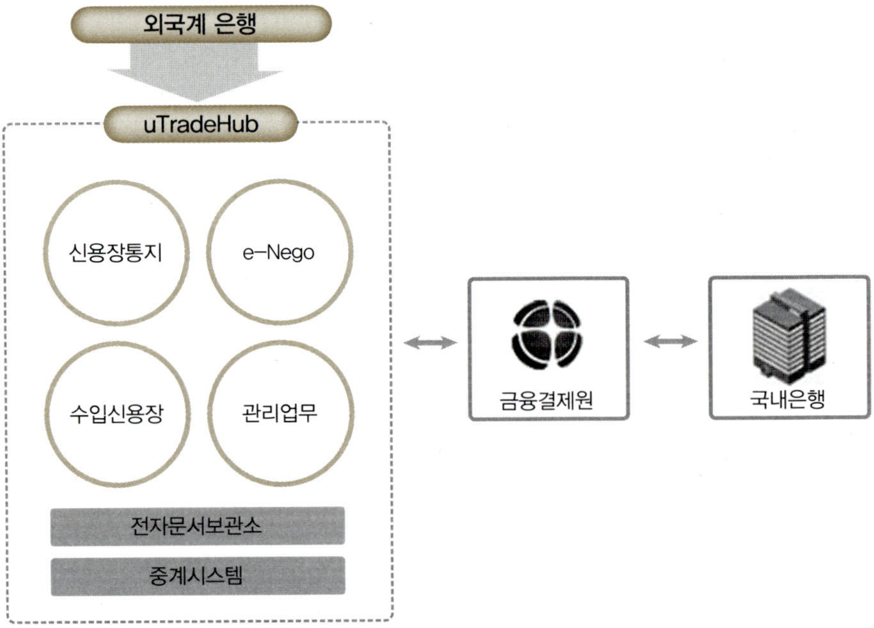

출처: 유트레이드허브(http://www.utradhub.or.kr).

[그림 11-9] 전자무역의 대금 결제 시스템

전자무역의 결제 시스템은 전자신용장 유통과 수출환어음 매입신청에 필요한 데이터를 전자문서로 제공하는 서비스다. 해당 시스템을 이용해 결제 은행은 국제은행 간 통신협회(Society for Worldwide Interbank Financial Telecommunication: SWIFT)[1] 규격을 준수한 전자문서를 이용할 수 있다. 또한 수출환어음 매입신청이 전자무역 시스템을 통

1) 국제은행 간 통신협정. 1973년 5월 유럽 및 북미의 주요 은행이 가맹해 발족된 비영리조직. 본부는 브뤼셀에 있다. 각국의 주요 은행을 묶어 컴퓨터 네트워크를 구성하고 은행 상호 간의 지급 · 송금업무 등을 위한 데이터 통신의 교환을 목표로 하고 있다. 1977년 5월 유럽 일부에서 시스템 가동이 개시됐다(매일경제).

해 제공되므로 매입신청에 필요한 서류의 원본 확인 역시 온라인을 이용해 실시간으로 가능하다. 이러한 시스템은 결제 은행 입장에서 거래 수출입 기업의 신용장 한도액을 실시간으로 확인할 수 있다는 장점이 있다. 즉, 신용장 발급 등의 업무에 필요한 기업의 재정적 정보를 실시간으로 확인하므로 시간과 비용을 절감할 수 있다.

또한 전자무역 시스템에서 핵심적인 역할을 하고 있는 결제 서비스 부분은 국제 표준 규격 유지가 중요하다. 이는 국제 전자무역 표준 기반의 개방성과 상호 호환성을 필요로 한다. 대표적인 표준 전자 문서 양식으로 확장 마크업 언어인 XML(Extensible Markup Language)를 사용한다.

대표적인 전자무역 결제시스템으로는 앞에서 살펴본 볼레로 이외에도 다음과 같은 서비스가 있는데, 첫째, 스위프트넷(SWIFTNet)과 이페이먼트플러스(epaymentPlus)가 있다. 이는 온라인의 개방성과 저비용 통신 기술에 바탕으로 두고 전세계 은행 간의 폐쇄형 통신망을 이용해 대금을 결제하는 네트워크 시스템이다.

둘째, 엘레노어페이먼트(Eleanor Payment) 시스템이 있다. 이는 아이덴트러스(Identrus)라는 국제 전자인증 연합체가 제공하는 서비스로 세계 주요은행 간의 결제 시스템을 연결해서 전자결제를 제공한다. 해당 시스템은 앞의 시위프트와 달리 국제 표준에 구애 받지 않고 해당 은행 간의 온라인 거래에 기반을 둔다는 점에서 거래 은행의 특수성을 반영할 수 있는 장점이 있다.

셋째, 국내에서 외환은행과 한국무역통신(KTNET)이 개발한 결제 서비스가 있다. 해당 서비스는 국내 기술로 구축한 시스템으로 세계 표준을 두고 앞서 언급한 다양한 전자무역 결제 시스템과 경쟁하고 있다. 해당 시스템의 주요 개념은 [그림 11-10]과 같다.

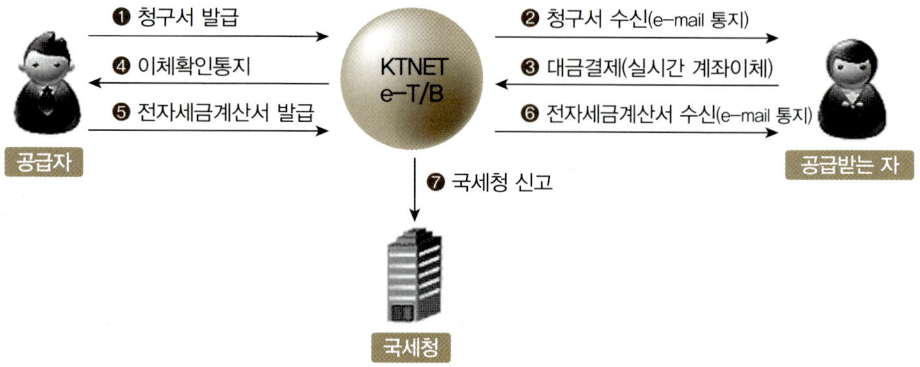

출처: ctradeworld(www.ctradeworld.com/ctw/help/ctw_guide_etb.jsp)

[그림 11-10] ctradeworld 전자무역 결제 시스템 흐름도

6) 전자무역 통관 업무 시스템

통관 업무는 수출입 재화가 국내외로 반/출입 하는 과정에 필요한 절차를 전자문서를 이용해 처리하도록 돕는 시스템이다. 해당 업무에는 관세청, 포워더 기업, 보세운송사, 보세창고, 항공사, 선사, 검역기관, 은행 그리고 여러 협회나 조합이 관여하고 있다. 수출입 통관 업무 서비스의 개념도는 [그림 11-11]과 같다.

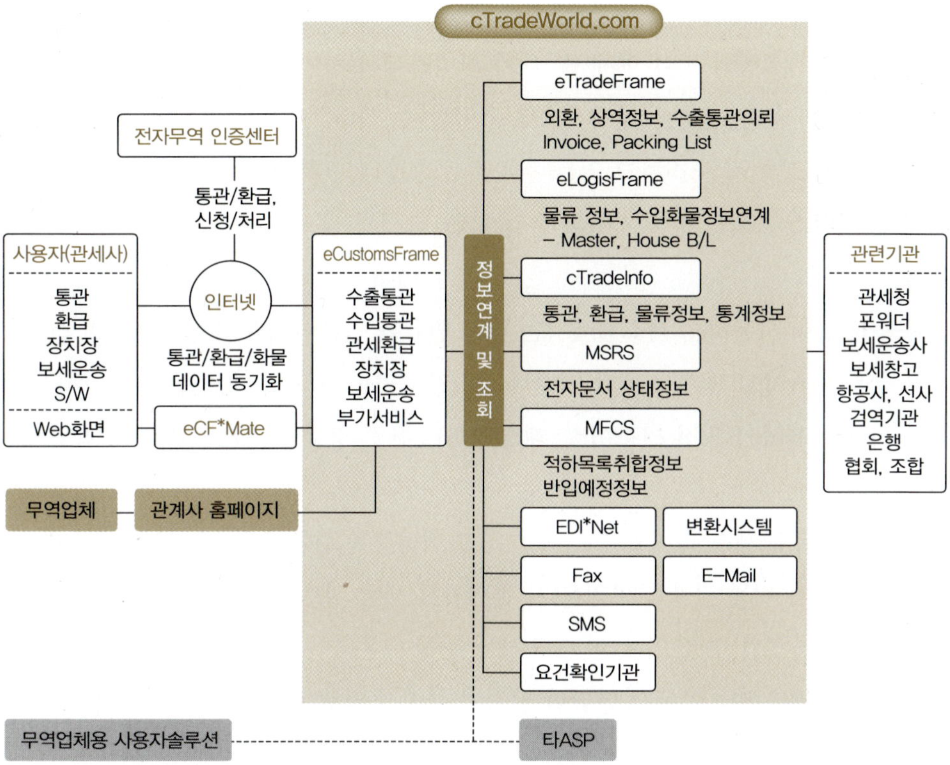

출처: 유트레이드허브(www.utradhub.or.kr).

[그림 11-11] 전자무역의 통관 서비스 시스템

통관 시스템은 기본적으로 적하 화물의 명세 신고와 조회, 출력 확인 서비스를 제공한다. 이는 수출입통관의 핵심 업무이며, 관련 내용을 기반으로 관세 책정, 환급금 정산 등을 진행한다. 또한 통관 업무에 밀접한 관련이 있는 관세사 역시 동일 시스템에 접속해서 통관 업무를 진행할 수 있다.

전체적인 전자무역 통관 시스템을 보면 사용자, 즉 관세사는 온라인을 이용해 통관, 환급 관련 업무를 처리한다. 해당 시스템은 또한 수출입신고서를 포함해 통관 업무에 필요한 30여 종의 서류를 전자문서로 제공한다. 이러한 문서는 다양한 파일 포맷으로 변환 가능하며, 실시간으로 이용할 수 있다. 그리고 무역업체와 관계사 사이트를 이용해 수출입 통관, 관세 환급 서비스 등에 직접 접속하여 업무를 처리할 수 있다. 이러한 정보는 포워더 기업에도 제공되며 최근에는 문자메시지(SMS) 등을 이용하는 것도 가능하다.

전자무역 시스템의 정보 연계 및 조회 서비스에서는 인보이스(I/V), 패킹리스트(P/L) 그리고 적하목록 정보를 실시간으로 확인할 수 있다. 또한 물류 정보, 수입화물정보 연계 그리고 현재 처리하고 있는 전자문서의 상태도 확인할 수 있다. 이러한 실시간 통관 서비스 조회는 수출 기업과 수입 기업, 관세사, 포워더 기업 등에 나누어 제공된다.

수출 기업이 사용하는 시스템에서는 앞서 언급한 인보이스와 패킹리스트를 전자문서로 생성 보관하고 관세사 측과 연결해 실시간 수출통관 확인 서비스를 제공한다. 이렇게 하면 관세사가 직접 인보이스, 패킹리스트 관련 정보를 조회하고 빠른 업무처리가 가능해진다.

수입 기업은 관세사 측에 화주 등록을 하고 적하목록 취합시스템을 이용해 실시간으로 제품 목록과 이동 정보를 확인한다. 관세사를 해당 정보를 실시간으로 받아 수입통관 신고서를 작성할 수 있으며, 이 또한 해당 관청에 온라인을 이용해 신고할 수 있다.

관세사의 경우에는 앞에서 언급한 것처럼 실시간 알림 서비스를 통해 통관 관련 정보를 받아볼 수 있다. 그리고 포워더 기업도 수출 관련 신고 내역을 관세사와 연결해서 역시 실시간으로 전송받을 수 있다.

이러한 서비스는 요건확인 기관 서비스(ASPLine)와 연결되어 실시간 승인정보를 제공한다. 이는 관세청 등 통관 관련 주무 기관의 전산 시스템에 연결해서 무역업체 거래정보와 관세사가 정리한 통관 정보를 제공하고 승인을 얻는 방식이다. 이러한 업무는 수입 기업, 관세사, 관세청에 걸쳐 동시에 발생한다. 즉, 전자문서를 이용한다는 점에서 실시간으로 무역 관련 주체들이 동시에 확인할 수 있는 장점이 있다.[2)]

이외에도 적하목록취합시스템과 연계한 실시간 물류 정보 조회 서비스, 항만 출입선사의 정보, 입항, 선화증권(B/L) 등의 정보를 조회할 수 있다. 그리고 통관 관련 자료가 분실되었을 때 이를 복원하는 자료복원 서비스와 관련 데이터베이스를 보존할 수

2) 요건확인(ASPLINE)을 이용하는 기관: 화학물질관리협회, 반도체산업협회, 유가공협회, 대한방직협회, 산업기술시험원, 항공우주산업진흥협회, 사료협회, 단미사료협회, 농수산물유통공사, 농협중앙회, 전파연구원, 전기전자시험연구원 등 50여 개.
출처: 유트레이드허브(www.utradhub.or.kr).

있는 시스템도 있다.

7) 글로벌 전자무역 네트워크 연계 시스템

전자무역은 국가의 경계를 넘어선 활동이라는 점에서 해외 기업 또는 무역 관련 기관과의 연계가 중요하다. 대표적인 예로 범아시아 전자무역협의체(Pan Asia e-commerce Alliance: PAA)가 있다. PAA에는 한국(KTNET), 중국(CIECC), 홍콩(Tradelink), 대만(Trade-Van), 싱가폴(SNS), 일본, 중국, 타이, 말레이시아, 오스트레일리아, 필리핀, 인도네시아 등 12개국의 전자무역 시스템이 연결되어 있다. 이는 전자무역에서 필요한 모든 전자문서를 상호 교환할 수 있는 표준을 정하고 협조하는 체계다. 이러한 전자무역 네트워크는 협의체 구성 국가 간의 역내 교역에 따른 오프라인 무역을 온라인에서 일괄적으로 진행할 수 있도록 돕고 있다. 또 하나의 예로 아시아-유럽 전자무역 네트워크 구축연맹(ASea Europe Alliance for Paperless Trading)이 있다. 글로벌 전자무역 네트워크의 개념은 [그림 11-12]와 같다.

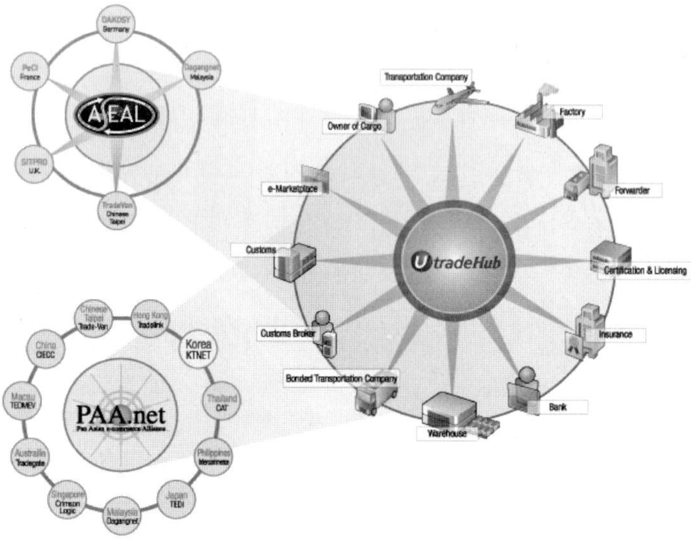

출처: 유트레이드허브(www.utradhub.or.kr).

[그림 11-12] 전자무역의 글로벌 네트워크 연계 시스템

[그림 11-12]처럼 글로벌 전자무역 네트워크는 회원국 간의 전자무역 시스템을 연동해서 운영한다. 여기서는 여러 무역주체들에 필요한 서비스를 제공한다. 첫째, 네트워크 시스템은 글로벌 포워더에 필요한 해외 지사와의 전자문서 교환 서비스를 제공한다. 이는 일종의 통합관리 시스템으로 선화증권(B/L), 항공화물운송장(AWB), 구매오더(P/O) 등의 문서를 온라인에서 통용할 수 있도록 한다.

둘째, 무역업체는 전자무역 글로벌 네트워크를 이용해서 해외 거래 기업과의 무역 관련 서식을 주고받을 수 있다. 예컨대, 특정 기업의 부품을 해외로부터 수입할 때 거래하는 상대 기업이 자국의 전자무역 시스템을 이용한다면, 글로벌 전자무역 네트워크를 매개로 연결할 수 있다. 이렇게 하면 거래 기업은 자국의 무역시스템을 그대로 이용하면서도 글로벌 무역 업무를 처리할 수 있다.

셋째, 인증서비스에 있어 공동 표준과 정책을 가져갈 수 있으며, 이로써 각국의 전자무역 시스템을 사용하는 거래 기업 간에 상호 인증이 가능하다. 그 결과 해외 거래 파트너 기업과의 업무에 신뢰성을 더할 수 있다.

8) FTA 원산지 관리 시스템

21세기 경영환경은 FTA 발효로 급격한 변화를 맞고 있다. FTA 대상국 간의 관세 인하를 목적으로 하는 자유무역협정은 생산국의 원산지 검증 문제를 중요하게 다룬다. 특정 제품에 들어가는 부품의 비율이나, 가공 지역 그리고 원재료 생산지 등의 기준을 놓고 협약 국가에서 생산한 제품인지를 정하기 때문이다. 이 점에서 원산지 검증은 최근 매우 중요한 무역 업무 분야로 자리 잡고 있다. 전자무역 시스템은 이를 FTA 원산지 관리 시스템과의 연계해서 해결하는 서비스를 제공한다. 해당 시스템의 주요 개념은 [그림 11-13]과 같다.

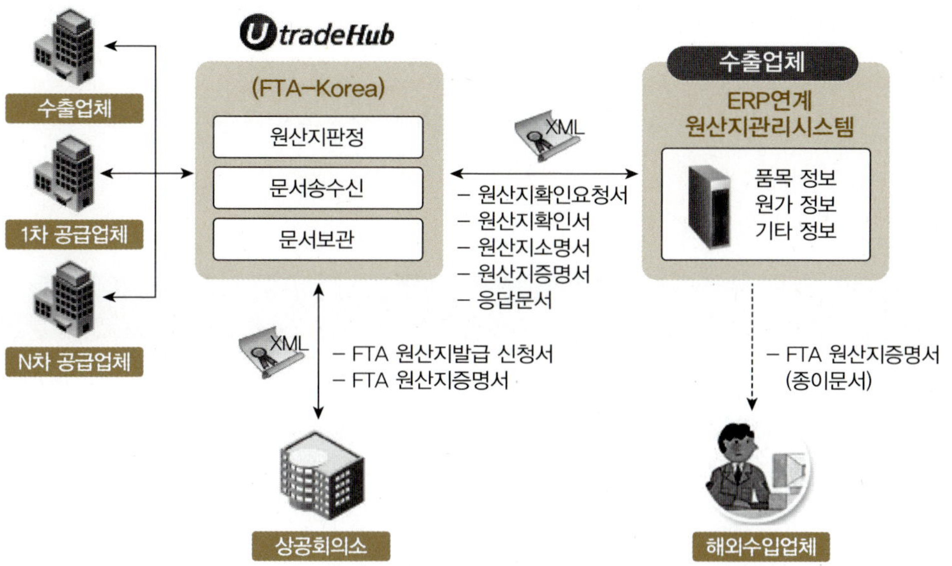

[그림 11-13] 전자무역의 FTA 원산지 관리 연계 시스템

구체적인 업무로는 원산지 검증 절차에 따라 FTA 정보 조회를 실시한다. 여기서는 협정 국가별 원산지 정보와 국제통일상품분류체계(Harmonized Commodity Description and Coding System: HSCODE)를 조회할 수 있다. 그리고 기준정보 관리에서 거래 품목별 원산지 결정 기준을 살펴볼 수 있다. 여기에는 거래 국가 간에 체결한 다양한 제품의 원산지 규정을 모두 데이터베이스로 제공한다. 이후 원산지 판정 관리 업무를 진행하는데, 이는 원재료 수불 여부, 제품별 원산지 판정, 매출별 원산지 판정 그리고 포괄적 원산지 확인서 발급 등의 업무를 포함한다. 이렇게 원산지를 확인한 제품은 전자문서 송수신을 이용해 판명 결과를 거래 업체와 관련 기관에 전달한다. 해당 시스템은 또한 원산지 검증의 사후관리 서비스로 원산지 발급 문서의 발생 기록을 데이터베이스로 저장한다.

이렇게 전자문서를 이용한 원산지 검증은 실제 거래 제품의 원산지를 판명하는데 들어가는 시간과 비용을 줄여준다. 그리고 원산지 증명 서류의 발급과 전달 기록의 실시간 관리를 가능하게 하며 분실 위험 또한 줄여준다. 더불어 글로벌 전자무역 네트워크와 연결해서 서로 다른 전자무역 시스템을 사용하는 거래 기업 간의 원산지 발급 업무를 지원한다. 이처럼 원산지 검증에서 전자무역 시스템을 이용하면 수출입 기업이 별도의 관리 시스템을 구축할 필요 없이 인터넷만으로 업무 처리가 가능하다. 그러므로 편의성과 비용절감 그리고 보안문제 등으로부터 오는 부담을 줄일 수 있다.

3. 전자무역과 국제 거래 규범

전자무역은 인터넷 비즈니스의 일환으로 법률적으로는 전자상거래법의 적용을 받는다. 동시에 해외 거래에 해당하므로 대외무역법에 영향을 받는다. 전자상거래 관련 법은 앞장에서 다루었으므로 여기서는 국제 규범을 중심으로 중요 내용을 살펴보도록 한다.

1) 전자무역 국제법규

전자무역 관련 국제 규범 중에서 가장 포괄적인 내용을 담고 있는 것은 첫째, 전자상거래 모델법(Electronic Commerce Model Law)이다. 이는 국제무역이라는 새로운 분야의 거래를 원활하게 하고 관련 국제 법규의 일치를 위해 1966년 만들어진 유엔 산하의 국제무역위원회(United Nations Commission on International Trade Law: UNCITRAL)가 주도하여 제정한 법이다.

전자무역의 가장 기본적인 법규인 전자상거래모델법은 전자무역에 참여하는 여러 국가가 참고할 수 있는 형태라는 특징이 있다. 즉, 이 법 자체로 구속력을 가지지는 않는다. 또한 해당 법은 전자무역뿐 아니라 국가 내 거래, 즉 일반적인 전자상거래까지도 염두하고 만들었다. 국가 법률과 국제거래 법률이 상이한 규범을 참고한다면 혼란이 올 수 있기 때문이다.

둘째, 전자자금거래법(Model Law on International Credit Transfer)이 있다. 이 역시 유엔 산하 국제무역위원회의 주도로 만들어졌으며, 국제 거래가 활성화하면서 증가한 전자식 자금이체의 문제를 다루고 있다. 주요하게는 전자자금 이체의 국제 표준을 정하고 해당 시스템을 개발하는 관련 기관에 이를 따르도록 하는 데 목적이 있다. 이는 지난 1992년에 제정되었으며, 현재 전자무역의 결제 시스템 운용에 많은 영향을 미치고 있다.

셋째, 전사서명모델법이 있다. 흔히 말하는 공인인증서, 전자서명 등을 다루는 관련 법으로 역시 유엔 산하 국제무역위원회가 주도해서 만들었다. 해당 법은 특히 대면거래가 아니라는 점에서 전자무역에서 중요한 영향을 준다. 상대방이 정확한 거래 주체인지 확인하려면 보안기술을 겸한 전자 인증 시스템을 이용해야 하기 때문이다.

넷째, 국내 법규로는 대외무역법이 있다. 대외무역법은 2000년 공표되었으며, 전자무역의 영역을 포함하고 있다. 해당 법률은 글로벌 무역환경의 변화와 전자무역 활성화에 필요한 법률적 제도를 마련하는 데 목적이 있다. 해당 법률에서는 전자무역을 '무역의 전부 또는 일부가 컴퓨터 등 정보처리 능력을 가진 장치와 정보통신망을 이용하여 이루어지는 거래'로 정의한다. 또한 전자무역의 범위를 유형 제품에서 무형 제품, 예컨대, 영상물, 음원 등으로까지 확대 규정하고 있다. 대외무역법에서는 소관부처장이 전자무역의 정책을 수립해야 한다고 규정하고 있다. 주요 내용은 전자무역 종합정책의 기본방향, 무역업무자동화의 촉진에 관한 사항, 전자무역과 관련된 국제협력에 관한 사항, 전자무역과 관련된 통계자료의 수집 · 분석 및 활용방안, 전자무역에 관한 거래자 간의 분쟁조정 등이 있다.

2) 전자무역 규범의 국제 동향

무역이 현대사회에서 차지하는 비중으로 고려하면 해당 업무를 시스템적으로 처리하는 전자무역의 중요성과 이를 대하는 개별 국가, 기업, 기관, 개인의 관심은 당연한 결과다. 인터넷 초기 기술표준을 주도하던 미국 정부는 일찍이 1990년대 말에 전자무역의 원칙, 권고, 조화라는 세 가지 기준으로 관세, 세금, 전자지급제도, 지적재산권 보호, 사생활 보호 등에 필요한 내용을 정했으며, 전자상거래를 위한 통일 상법을 제안하였다. 이후 전자무역 관련 기술은 비약적으로 발달했으며, 이에 따른 주요 국제기구의 동향은 다음과 같다.

첫째, 인터넷 분야 선진국이며, 전세계 무역에서 큰 비중을 차지하고 있는 미국은 1997년 이래 전자상거래, 전자무역에 대한 관심을 높였다. 미국은 민간 중심의 정부 간섭 배제라는 원칙을 가지고 접근했다. 현재 WTO를 통해 전자무역의 비관세를 주장하고 있다.

둘째, 경제협력개발기구(OECD)는 지난 1998년 '전자상거래의 조세골격 조건'을 승인했다. 경제협력개발기구는 비교적 경제발전 정도가 높은 국가들의 연합이다. 그런 점에서 전자무역의 국제 규범에 미치는 영향이 크다. 이런 경제협력개발기구의 조세골격 승인은 전자무역 거래에 부과하는 세금이 과도해지지 않도록 하는 데 목적이 있다. 또한 경제협력개발기구는 전자거래 환경에 맞추어 새롭게 나타날 법규들이 서로 다름에서 오는 불확실성을 줄이려 노력한다. 그리고 전자무역의 결제와 물류 부분에 꾸준한 관심을 두고 있으며, 전체적으로 전자무역 과정의 불필요한 규제를 줄이는 방향으로 나아가고 있다.

셋째, 세계무역기구(WTO)는 글로벌 경영환경의 중심축이자 국가 간 거래 활성화를 기본적 전제로 하고 있으므로 전자무역에서도 무관세 정책을 표명하고 있다. WTO는 지난 1998년 '전자상거래 제네바 각료선언'을 시작하면서 전자무역의 국제통상 관련 주제들을 다루기 시작하였다. 그러나 현재 다양한 회원국의 이견으로 통일된 전자무역 규범을 구속력 있게 만들지는 못하였다.

넷째, 아시아 · 태평양경제협력체(APEC)는 회원국들의 무역 활성화에 도움을 주려 전자무역 관련 규범을 시작하였다. 첫 시작은 1997년 밴쿠버 정상회담에서였으며, 이후 1998년 회원국의 전자무역 이익을 높일 수 있는 법적 제도를 구비한다는 내용에 합의하였다. 아시아 지역의 통합 초고속정보통신 기반을 바탕으로 APII(Asia-Pacific Information Infrastructure)를 진행하였다. 이로써 역내 무역의 관세, 비관세 장벽을 낮추고 궁극적으로 무역장벽을 없애는 데 목적을 두고 있다. 그러나 협의체 이상의 구속력이 없고, 상대적으로 다른 국제기구와 중첩되는 내용을 다룬다는 점에서 실질적 파급력에 한계가 있다.

마무리사례

FTA 활용성공사례 "시스템 바꿨더니 벤츠가 고객됐어요" FTA Korea 도입으로 원산지업무 즉시 해결

- 전략 -

자동차 부품 공급사 A사가 겪은 FTA 이야기 = A사는 자동차용 공기조절기용 열교환기와 공기조절기 및 냉각장치 부분품을 생산해 국내 주요 완성차 대기업에 납품하는 회사다. 승용차, 상용차는 물론 철도차량에도 제품을 공급한다.

수출비중은 국내 완성차 대기업에 대한 로컬 공급이 70%(금액기준)로 가장 많으며 기타업체로의 로컬 공급이 25%, 직수출은 5%다. 국내 완성차 업체들이 해외 사업장 건설을 늘리고 있는 데다가 해외 자동차업체들과의 거래에도 공을 들이고 있어 향후 직수출 비중이 계속 늘어날 것으로 보인다.

2,000억 원대 후반에 달하는 매출은 매년 꾸준히 늘고 있다. 한 · EU FTA, 한 · 미 FTA 발효의 가장 큰 수혜산업이 자동차 산업이 될 것이라는 전망에 따라 A사는 FTA 준비에 만반을 기했다.

특히 국내 완성차대기업 B사의 1차 협력사로 지정돼 있었기 때문에 이 회사와의 원만한 업무공조가 무엇보다 시급했다. 최대 고객사인 B사는 협력사들이 원산지 판정결과를 별도의 서류 작업을 거치지 않고 곧바로 취합할 수 있도록 자체 시스템인 FTA-Hub를 구축해 운영하고 있었는데, FTA-Hub와 A사의 내부 ERP 시스템 간 연계를 통해 문제를 해결하고자 했다.

이전까지 A사는 독일 회사가 만든 ERP시스템 내에 원산지관리시스템을 사용하면서 자체적으로 HS코드 분류, 정보의 업데이트를 진행해 왔는데, 이 시스템만으로는 납품 대기업인 B사와 업무가 원활히 이뤄지지 못했다.

더군다나 완성차 대기업 B사는 2, 3차 협력사에 대한 FTA 교육을 1차 협력사에 맡겼는데, A사가 교육을 마쳤다고 해도 해당 직원의 업무가 바뀌거나 퇴사 또는 이직이 발생할 경우 원산지관리에 허점이 생겼다. 이때 경험이 없는 직원이 원산지업무를 담당하다 보니 협력사에서 보내온 원산지 정보의 신뢰성도 떨어졌다.

FTA Korea를 도입하기로 결정 = 안팎으로 구멍이 생긴 탓에 회사와 협력사를 총괄해서 관리할 수 있는 원산지관리시스템의 필요성을 절감했다. 또한 원산지관리시스템은 인력난에 허덕이는 중소기업의 특성상 전담 인력이 없어도 자동으로 사용할 수 있어야 했다. 이런 시스템을 A사가 직접 개발한다는 것은 상당한 부담이 됐다.

따라서 정부나 유관기관이 제공하고 있는 원산지관리시스템을 사용해 보기로 하고 면밀히 검토한 끝에 지식경제부와 한국무역협회가 한국무역정보통신(KTNET)을 통해 보급하고 있는 'FTA Korea'를 도입하기로 결정했다.

FTA Korea는 웹기반으로 별도의 설치과정 없이 원산지 판정 입증서류관리를 할 수 있으며, 여러 수출회사와 거래관계가 있는 중견 · 중소기업의 원산지관리시스템으로서 사용이 적합하도록 개발됐다.

또한 ▷업종이나 업체 규모에 상관없이 범용 이용이 가능하며 ▷인터넷 기반 서비스라 별도 설치 작업이 없기 때문에 초기 구축비용 및 운영 유지 보수 비용 절감되고 ▷기존 ERP 보유 업체는 기준 정보 연계 모듈을 지원받을 수 있어 협력사의 원산지관리시스템으로 FTA Korea를 연계해 이용할 수 있다는 장점이 있다.

이와 함께 전자문서 유통 방식을 채택해 외부시스템과의 자료 교환이 용이하다. 즉 전자문서로 수신받은 원산지확인서 데이터를 판정자료 입력 시 재활용, 원산지증빙문서의 수취관리, 입증증빙의 보관을 쉽게 할 수 있다는 것이다.

밖에 상이한 시스템 간 원산지확인서 발급 및 유통지원이 가능하며, 업체 내부 ERP 시스템의 기준정보(원가, 생산, 거래처)를 FTA Korea와 연동하기 위한 다양한 인터페이스를 지원한다. 원산지 판정부터 사후관리까지 제공되는 핵심 서비스 내용은 △원산지 판정관리 △원산지증명서 발급 · 유통 · 보관 △사후검증대비용 자료 보관 등이다.

A사는 저비용으로 자사 상황을 고려한 시스템 설계를 원했는데, FTA Korea가 이러한 요구에 가장 부합한 시스템이라고 판단했다. 물론 시스템을 도입하려면 협력업체의 동의가 필요했는데, 오랜 설득 끝에 승인을 얻어냈다.

시스템 정보의 오류로 인해 발생한 기업의 피해에 대해서도 개발사인 KTNET이 법적인 책임을 보장해 주기로 했기 때문에 믿고 사용할 수 있었고, 민관 합동이 운영하는 FTA무역종합지원센터의 주력 시스템이자 국가 전자무역기관인 KTNET이 운영한다는 점에서 보안성에도 문제가 없을 것으로 판단했다.

곧바로 A사는 기존 ERP상의 원산지관리시스템을 FTA Korea로 전환하는 작업을 시작했으며 2012년 8월부터 본격적으로 활용에 들어갔다. 같은 시기에 22개 주요 협력사도 FTA 활용 컨설팅을 받은 뒤 FTA Korea를 업무에 사용했다.

FTA Korea 도입 후 석 달여밖에 지나지 않았으나 가시적인 효과가 나타나고 있다. 먼저 직수출 및 로컬 공급 시 즉각적인 원산지관리 업무가 가능해졌다. 이는 거래업체로 하여금 FTA 효과를 원활히 누리도록 함으로써 돈독한 거래관계 유지 및 장기적인 공급물량 확대의 기회를 가지게 됐다는 의미이다.

또한 FTA Korea에 의한 체계적인 관리 현황을 강조한 결과, 독일 최고의 자동차 업체인 벤츠와의 신규 거래계약을 체결하는 성과를 거뒀다.

FTA Korea 덕분에 전담 인력 추가 배치가 필요 없어져 인건비를 줄이면서도 업무능률이 높아졌으며, A사의 협력업체로부터 받은 원산지확인서에 대한 신뢰도 향상으로 주요 거래업체인 완성차 업체들의 주요 협력사로 지위가 격상됐다.

한편, A사는 2012년 7월 6일 무역협회와 KTNET 등의 지원을 받아 협력업체를 대상으로 FTA 설명회를 개최해 원산지 판정의 복잡성 및 원산지확인서의 역할과 작성 요령 등에 대해 설명했다.

출처: 주간무역(2013년 4월 10일).

CHAPTER 12

전자상거래의 현안 및 미래

ELECTRONIC COMMERCE

1. 전자상거래의 현재

2. 전자상거래의 미래

도입사례

인터넷으로 구입한 옷, 사이즈 안맞아 반품신청했더니…

인터넷 쇼핑몰 소비자 피해 '급증'
결제는 에스크로나 카드로 해야 피해 줄일 수 있어

#대학생 설모 씨(여, 20대)는 지난 5월 전자상거래 ○○인터넷 쇼핑몰 사업자에게 원피스를 주문하고 6만4,800원을 현금으로 결제했다. 며칠 뒤 제품을 받았지만 사이즈가 맞지 않아 제품 수령 당일 해당 인터넷 쇼핑몰 사업자에게 구입가 환급을 요구했다. 그러나 사업자는 제품교환 또는 적립금으로 전환만 가능하다고 답변하며 조치를 차일피일 미루고 있다.

#직장인 오모 씨(여, 30대)는 지난해 9월 전자상거래 ○○인터넷 쇼핑몰 사업자에게 셔츠를 주문하고 3만9,400원을 신용카드 일시불로 결제했다. 며칠 뒤 제품을 받아 확인한 결과, 봉제 불량으로 올이 풀린 하자가 있어 ○○인터넷 쇼핑몰 사업자에게 반품했다. 그러나 사업자는 소비자가 왕복택배비를 부담해야 전액 환급하겠다며 환급일을 미뤄, 오씨는 소비자원에 피해접수를 신청했다.

전자상거래 활성으로 인터넷 쇼핑몰을 통해 의류나 신발류 등을 구입하는 소비자가 점점 늘어나고 있다. 이와 동시에 인터넷 쇼핑몰을 통해 발생하는 소비자 피해도 증가하고 있다. 정당하게 제기된 청약철회 요구를 부당하게 거부하거나, 환급처리를 지연하는 등의 피해이다.

의류 · 신발류 등을 판매하는 인터넷 쇼핑몰의 청약철회 거부와 관련해 2010년 1월부터 2013년 5월까지 1372소비자상담센터(www.ccn.go.kr)에 접수된 소비자상담은 총 3만7616건으로, 이 중 총 2,568건이 한국소비자원에 피해구제 접수됐다.

■ 인터넷 쇼핑몰 피해 상담 대폭 증가해

소비자상담 접수 현황을 연도별로 보면, 2010년 5,533건이 접수된 이후 피해가 급증, 2011년에는 1만2126건(전년 대비 119.2%↑), 2012년 1만3,527건(전년 대비 11.6%↑)으로 매년 피해가 증가하고 있으며, 2013년 5월 말까지 6,430건으로 전년 동기 대비 100% 증가했다.

피해구제 접수 현황을 연도별로 보면 2010년 729건, 2011년 759건, 2012년 792건으로 소비자 피해가 매년 꾸준히 증가하고 있으며, 2013년 5월 말까지 288건이 접수되는 등 인터넷 쇼핑몰 사업자의 부당한 청약철회 거부로 인한 소비자피해가 여전히 심각한 것으로 나타났다.

피해구제 접수된 2,568건에 대한 소비자의 청약철회 요구 사유별 현황을 살펴보면, '전자상

CHAPTER 12

전자상거래의 현안 및 미래

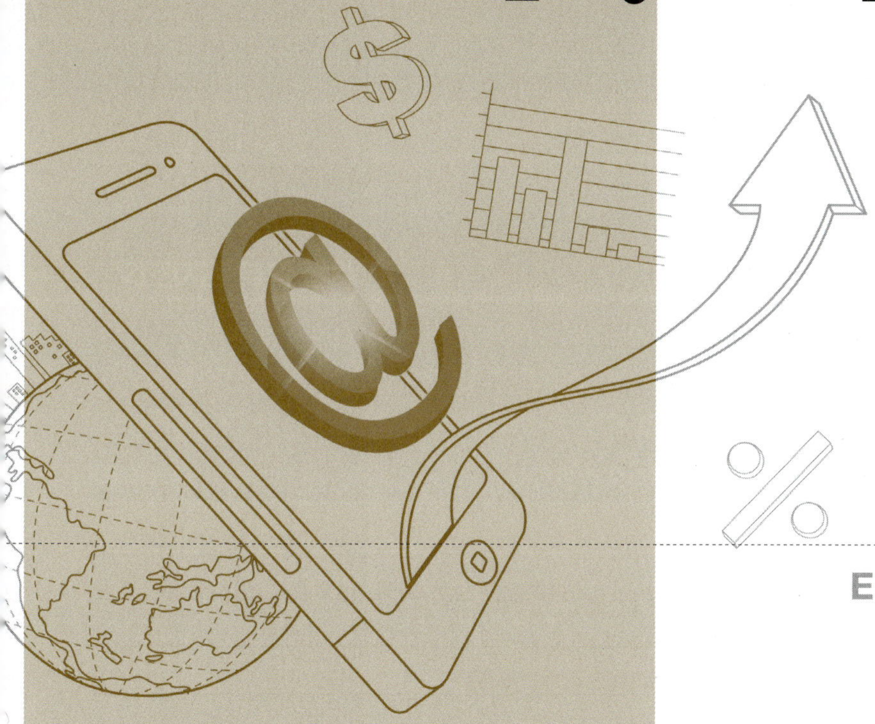

ELECTRONIC COMMERCE

도 입 사 례

인터넷으로 구입한 옷, 사이즈 안맞아 반품신청했더니…

인터넷 쇼핑몰 소비자 피해 '급증'
결제는 에스크로나 카드로 해야 피해 줄일 수 있어

#대학생 설모 씨(여, 20대)는 지난 5월 전자상거래 ○○인터넷 쇼핑몰 사업자에게 원피스를 주문하고 6만4,800원을 현금으로 결제했다. 며칠 뒤 제품을 받았지만 사이즈가 맞지 않아 제품 수령 당일 해당 인터넷 쇼핑몰 사업자에게 구입가 환급을 요구했다. 그러나 사업자는 제품교환 또는 적립금으로 전환만 가능하다고 답변하며 조치를 차일피일 미루고 있다.

#직장인 오모 씨(여, 30대)는 지난해 9월 전자상거래 ○○인터넷 쇼핑몰 사업자에게 셔츠를 주문하고 3만9,400원을 신용카드 일시불로 결제했다. 며칠 뒤 제품을 받아 확인한 결과, 봉제 불량으로 올이 풀린 하자가 있어 ○○인터넷 쇼핑몰 사업자에게 반품했다. 그러나 사업자는 소비자가 왕복택배비를 부담해야 전액 환급하겠다며 환급일을 미뤄, 오씨는 소비자원에 피해접수를 신청했다.

전자상거래 활성으로 인터넷 쇼핑몰을 통해 의류나 신발류 등을 구입하는 소비자가 점점 늘어나고 있다. 이와 동시에 인터넷 쇼핑몰을 통해 발생하는 소비자 피해도 증가하고 있다. 정당하게 제기된 청약철회 요구를 부당하게 거부하거나, 환급처리를 지연하는 등의 피해이다.

의류 · 신발류 등을 판매하는 인터넷 쇼핑몰의 청약철회 거부와 관련해 2010년 1월부터 2013년 5월까지 1372소비자상담센터(www.ccn.go.kr)에 접수된 소비자상담은 총 3만7616건으로, 이 중 총 2,568건이 한국소비자원에 피해구제 접수됐다.

■ 인터넷 쇼핑몰 피해 상담 대폭 증가해

소비자상담 접수 현황을 연도별로 보면, 2010년 5,533건이 접수된 이후 피해가 급증, 2011년에는 1만2126건(전년 대비 119.2%↑), 2012년 1만3,527건(전년 대비 11.6%↑)으로 매년 피해가 증가하고 있으며, 2013년 5월 말까지 6,430건으로 전년 동기 대비 100% 증가했다.

피해구제 접수 현황을 연도별로 보면 2010년 729건, 2011년 759건, 2012년 792건으로 소비자 피해가 매년 꾸준히 증가하고 있으며, 2013년 5월 말까지 288건이 접수되는 등 인터넷 쇼핑몰 사업자의 부당한 청약철회 거부로 인한 소비자피해가 여전히 심각한 것으로 나타났다.

피해구제 접수된 2,568건에 대한 소비자의 청약철회 요구 사유별 현황을 살펴보면, '전자상거래 등에서의 소비자보호에 관한 법률'에 의거 인터넷 쇼핑몰 사업자는 소비자로부터 대금을 받은 후 3영업일 이내에 재화 등의 배송을 위해 필요한 조치를 취해야 함에도 불구하고 '배송지연'으로 발생한 소비자피해가 765건(29.8%)으로 가장 많은 것으로 나타났다.

이외에도 배송된 제품의 '사이즈 불만족'이 561건(21.8%), 소비자가 제품을 주문 후 개인 사정으로 청약철회를 요구한 '단순변심'이 458건(17.8%), 배송된 제품의 '품질불량'이 445건(17.3%), 쇼핑몰 사이트에 게재된 광고 내용과 배송된 제품이 다른 '광고내용 상이'가 239건(9.3%), 주문한 제품과 다른 제품이 배송된 '오배송'이 92건(3.6%) 등으로 접수됐다.

인터넷 쇼핑몰 사업자의 청약철회 방해 사유별 현황을 보면, 소비자의 정당한 청약철회 요구를 '처리 지연'으로 소비자피해가 발생한 경우가 1,070건(41.7%)으로 가장 많았다.

소비자원 관계자는 "'전자상거래 등에서의 소비자보호에 관한 법률'에 따르면 사업자는 제품을 공급하기 어려운 경우에는 소비자의 대금 지급일로부터 3영업일 이내, 제품을 이미 배송하였으나 소비자가 정당한 이유로 청약철회를 요구한 경우에는 제품을 반환받은 날로부터 3영업일 이내에 재화의 금액을 환급해야 한다."고 설명했다.

또한 사업자가 아예 전화를 받지 않거나 폐업을 하는 등 '연락불가'로 인해 청약철회를 방해한 경우 512건(19.9%), '과도한 위약금이나 반품 배송비 요구' 등을 부당하게 요구하는 경우 245건(9.5%), 쇼핑몰 사이트에 교환 또는 환불불가 조항을 '사전고지'를 했다고 주장하며 청약철회를 방해하는 경우가 226건(8.8%)으로 나타났다.

소비자는 단순변심의 경우라도 상품이 훼손되었거나 상품가치가 현저히 감소하지 않았다면 제품 구입 후 7일 이내에 청약철회를 할 수 있으며, 사업자는 이를 이유로 위약금 또는 손해배상을 청구할 수 없다.

품질불량, 광고상이, 오배송 등과 같이 계약내용과 다르게 이행된 경우에도 제품을 수령한 날부터 3개월 이내, 혹은 그 사실을 안 날부터 30일 이내에 청약철회를 할 수 있으며, 이 때 제품 반환에 필요한 비용은 사업자가 부담해야 한다. 또한 사업자가 교환 또는 환불불가 조항을 사전에 고지했더라도 소비자에게 불리한 계약은 금지하고 있으므로 그 효력이 없다.

■ 소비자피해 접수 과다 업체는 신세계몰 · 피아솜통상

소비자피해 품목별 현황을 보면, '중의류'가 749건(29.2%)으로 가장 많았고, 그 다음으로 '신발' 710건(27.6%), '외의류' 583건(22.7%), '가방류' 180건(7.0%), '스포츠 의류 · 용품' 76건(3.0%), '정장류' 56건(2.2%), '아동 · 유아복류' 52건(2.0%) 순으로 나타났다.

〈표〉 의류 · 신발류 판매 인터넷 쇼핑몰별 피해구제 접수 현황

구분	도메인	피해건수	비고
(주)신세계신세계몰	http://mall.shinsegae.com	27건	복합 쇼핑몰
(주)롯데닷컴	http://www.lotte.com	12건	의류 및 섬유 신변용품 전문 쇼핑몰
(주)피아솜통상	www.nibbuns.co.kr	25건	
(주)패션플러스	www.fashionplus.co.kr	24건	
호박마차	www.pumpkin-coach.com	23건	
고걸스	www.gogirlz.co.kr	21건	
로즈코코	www.cocostyle.kr	18건	
비숍	www.vi-shop.kr	16건	
(주)엔피오나	www.annpiona.co.kr	16건	
아리미스타일	www.arimistyle.com	12건	
가십걸	www.ggossipgirl.co.kr	11건	
모나코걸즈	www.monacogirls.co.kr	10건	

※ 한국소비자원에 2010. 1. 1~2013. 5. 31에 접수된 피해구제 건수 기준임(2013년 5월 현재 정상 영업 중인 인터넷 쇼핑몰 업체 중 통신판매중개자는 제외).

※ 상기 통계는 시장점유율을 감안하지 않은 수치임.

출처: 한국소비자원.

한편 2010년 1월부터 2013년 5월까지 한국소비자원에 접수되어 피해구제 된 종합쇼핑몰의 경우 (주)신세계 신세계몰이 27건, 의류 및 섬유 신변용품 전문 쇼핑몰인 (주)피아솜통상이 25건으로 나타났다.

업체별로 보면 '반품 또는 환급 처리 지연'은 (주)신세계 신세계몰이 17건, '환불 대신 적립금만 가능'은 호박마차가 10건으로 가장 많았다. '사전에 반품이 안 된다고 고지했다'는 사유로 반품 또는 환불을 거부한 업체는 (주)앤피오나가 8건, '반송료를 과도하게 청구'한 것은 (주)피아솜통상이 6건이었다.

인터넷 쇼핑몰 이용 시 피해를 예방하기 위해서는 '에스크로' 또는 '소비자피해보상보험'이 가입된 인터넷 쇼핑몰 판매업체를 이용하거나 신용카드로 결제하는 것이 낫다.

소비자원 관계자는 "소비자가 결제금액 20만 원 이상을 신용카드로 3개월 할부 결제하면 인

터넷 쇼핑몰 사업자가 청약철회를 부당하게 거부하거나 계약내용대로 이행하지 않을 때 '할부거래에 관한 법률'에 의거, 잔여 할부대금의 지급을 거절할 수 있는 항변권을 행사할 수 있다."며 "'에스크로' 또는 '소비자피해보상보험'의 구매안전 서비스에 가입된 업체에서 현금 결제했을 경우에는 배송지연 등의 피해가 발생했을 때 대금 지급을 중지하거나 결제 대행업자에게 피해보상을 요구할 수 있다."고 설명했다.

출처: 매일경제(2013년 7월 16일).

CHAPTER 12 전자상거래의 현안 및 미래

통계청 조사결과에 따르면 2012년 한국의 전자상거래 규모는 1,114조 원을 기록하였다. 통계 작성을 시작힌 2001년 118조 원에 비해 10년간 무려 10배나 성장한 것이다. 특히 한국의 기업 · 정부 · 소비자는 전자상거래를 적극적으로 수용했고 기존 쇼핑 방법과 거래 관행을 발 빠르게 바꿔나갔다. 그 덕분에 한국은 첨단 전자상거래의 최전선에 위치하게 됐다. 사이버 마켓이란 가상 시장은 진입이 쉽기 때문에 대기업뿐만 아니라 중소기업과 개인도 쉽게 참여할 수 있었다. 그 과정에서 기존에 볼 수 없던 새로운 비즈니스가 생겨났고 전자상거래를 기반으로 큰 매출을 올리는 '100억 클럽' 디지털 거상도 나왔다. 인터넷은 이제 강력한 정보 교류, 의사소통뿐만 아니라 중요한 상거래 수단이 됐다. 이제 사이버 마켓이란 가상 시장에서 상품의 홍보 · 마케팅 · 전시 · 판매 · 결제 · 고객서비스까지 모든 상거래 활동이 벌어지고 있다. 하지만 국내 전자상거래 시장은 레드오션이라고 볼 수 있을 만큼 포화상태이다. 미래의 전자상거래는 어떻게 발전할까? 본 장에서는 본 물음에 대한 힌트를 얻고자 전자상거래의 현재와 미래에 대해 살펴보고자 한다.

1. 전자상거래의 현재

1996년 인터파크의 오픈으로 본격적으로 시작된 국내 전자상거래는 이제 매출액이 1,000조 원을 넘어설 정도로 성장하였다. 통계청 발표자료에 따르면 2011년 한국의 산업 전체 매출액 규모는 3,400조에서 3,500조 원이며, 이중 전자상거래가 차지하는 비중은 28~29%로 미국이나 일본 등 선진국이 20% 정도인 것에 비해 상당히 높은 비율을 차지하고 있는 것으로 조사되었다. 그만큼 전자상거래가 우리의 삶에 깊숙이 자리 잡았으며, 우리의 일상의 일부분이 되어버렸다.

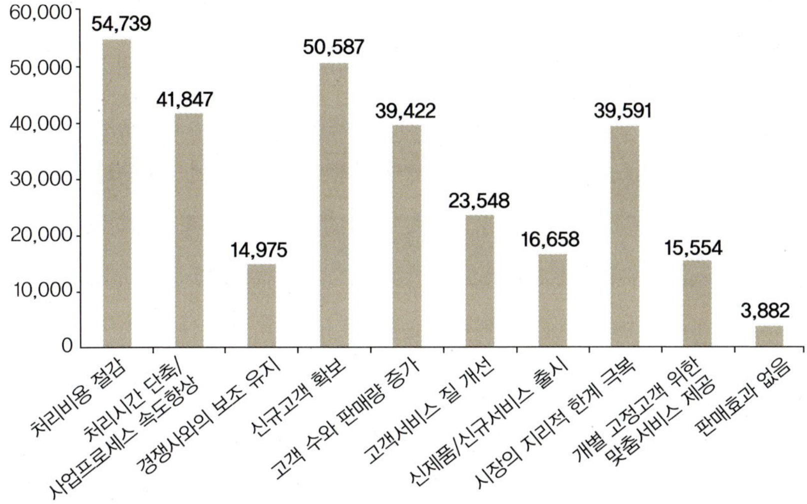

[그림 12-1] 전자상거래 실시에 따른 판매효과

출처: 미래창조과학부.

1) 전자상거래의 성장원인

전자상거래 시장이 이처럼 빠르게 성장한 원인은 무엇일까? 2009년 미래창조과학부의 조사에 따르면, 기업들이 전자상거래를 실시하는 이유로, 첫째, 거래처리비용의 절감, 둘째, 신규고객확보의 용이함, 셋째, 거래 처리 시간 단축 및 비즈니스 프로세스 속도 향상, 넷째, 시장의 지리적 한계 극복, 다섯째, 고객 수 및 제품/서비스 판매량의 증가 등을 제시하였다. 이처럼 전자상거래를 수행한 기업들은 비용절감, 매출 증가, 업무 생산성이 증가됨을 경험하고 있다. 물론 모든 기업이 이 모든 장점을 누리고 있는 것은 아니라 일부 기업은 전자상거래를 통한 효과가 없었다고 응답하였다. 즉 전자상거래를 수행한다고 해서 성공이나 기대하는 성과가 반드시 보장되는 것은 아니다. 뿐만 아니라 전자상거래를 성공적으로 운영하기 위해서는 다양한 기반시설이 뒷받침되어야 한다.

2) 전자상거래 확산의 장벽

2010년 4,405개의 중소기업을 대상으로 중소기업기술정보진흥원이 수행한 조사에 따르면 중소기업이 전자상거래를 도입하지 않은 이유로 첫째, 정보 유통체계 미흡, 둘째, 거래 상대자에 대한 신뢰 부족, 셋째, 제품/서비스 물류체계 미비, 넷째, 전자상거래 기반 취약 등을 제시하였다. 본 조사결과에 따르면 전자상거래를 위해 정보시스템과 물류시스템 등 기반시설을 확보하는 것이 쉽지 않기 때문에 많은 중소기업들이 전자상거래 도입을 망설이고 있다는 점을 알 수 있다. 미래창조과학부의 2010년 조사에서도 전자상거래 판매 미실시 이유 중 하나가 전자상거래를 위한 기반을 구축하는 것이 용이하지 않기 때문인 것으로 나타났다.

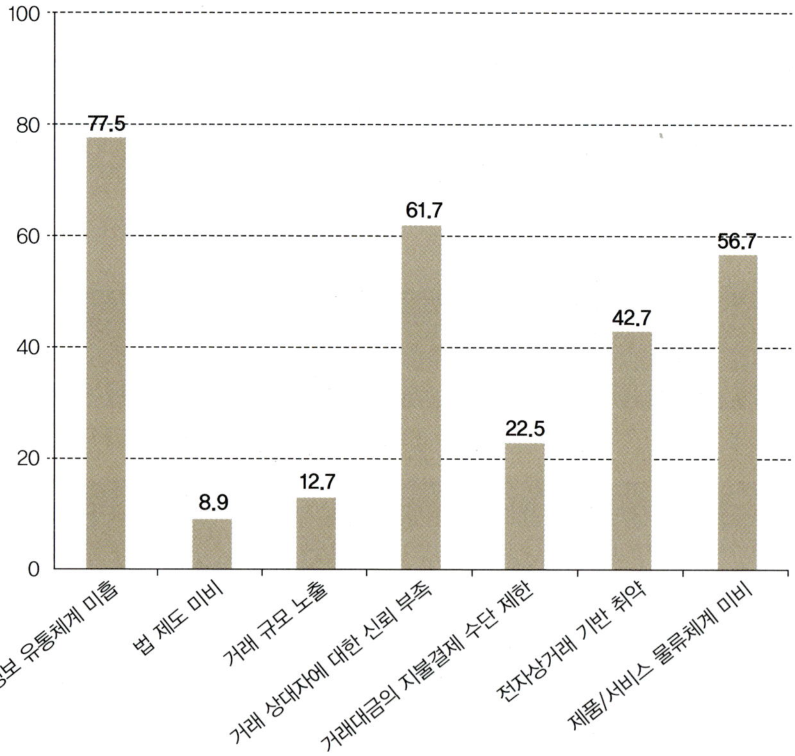

[그림 12-2] 전자상거래 도입/활용 시 애로 사항

출처: 중소기업기술정보진흥원.

이처럼 전자상거래가 활성화되기 위해서 해결되어야 하는 문제들이 있다. 가장 먼저 해결되어야 하는 문제는 비용이다. 비용은 전자상거래를 위한 제반 인프라를 구축하는 데 소비되는 초기 투자비용이 가장 크다. 물론 전자상거래를 어떠한 방식으로 운영할 것인가에 따라 초기 투자비용은 차이가 있다. 예를 들어 오픈마켓을 통해 단지 자사의 제품만을 판매할 목적이라면 제반 인프라를 구축하는 데 최소한의 비용만 지출될 것이다. 하지만 자사가 직접 전자상거래를 위한 웹사이트를 구축하고 운영할 것이라면 제반 비용이 오픈마켓에 진출하는 것보다 상대적으로 많이 지출될 것이다. 따라서 시장 진입의 유형에 따른 초기비용 확보가 중요하다.

비용문제와 밀접하게 관련된 또 다른 문제는 전자상거래 관련 인력 부족이다. 2012년 국내 매출 기준 상위 4개 소셜커머스 기업인 쿠팡 · 티켓몬스터 · 그루폰 · 위메이크프라이스 등은 매달 총 100억 원의 적자를 냈다. 소셜커머스를 통한 거래액은 2010년 500억 원 규모에서 2011년 1조 원을 돌파하는 등 급증하고 있는 반면 손실 폭은 매년 커지고 있는 상황이다. 가장 큰 원인은 소셜커머스 업체가 영업사원, 사진작가, 디자이너, 고객만족센터 직원 등 인력이 많이 필요한 노동집약적 산업이기에 매출액이 증가한 만큼 인건비도 폭증한 결과에서 비롯됐다. 사업이 확장되면서 전자상거래 시스템 관리직원, 웹사이트 유지 운영 및 다양한 역할을 수행할 전문인력들이 필요하다. 따라서 사업이 확장되고, 고객의 수가 증가함에 따라 상대적으로 필요인력이 늘어나게 되며, 인건비도 증가하게 된다.

다음으로 해결되어야 할 문제는 배송 관련 문제이다. 단지 온라인상에서 서비스를 제공하거나 온라인으로 콘텐츠를 판매하는 기업이라면 배송문제에서 다소 자유로울 수 있을 것이다. 하지만 물리적인 제품을 판매하는 기업이라면 배송과 관련된 문제들에 직면하게 된다. 예를 들어 직접 배송해야 하는지, 아니면 외부 업체에게 외주를 주어야 할지, 해당 기업을 믿을 수 있는지, 배송상에 발생하는 문제들(예: 제품 손상에 대한 배상, 반품 등)을 어떻게 해결할 수 있는지, 배송비용은 건당 얼마로 해야 하는지 등 다양한 문제들에 직면하게 되고, 이를 해결해야 한다.

〈표 12-1〉 개인정보 유출 사고 요약 (단위: 건)

발생 시기	피해업체	유출규모
2008년 2월	옥션	1,863만
2008년 4월	하나로텔레콤	600만
2008년 9월	GS칼텍스	1,125만
2010년 3월	신세계닷컴	319만
2010년 4월	현대캐피탈	175만
2010년 8월	네이트 · 싸이월드	3,500만
2010년 8월	엡손	35만
2010년 11월	넥슨	1,320만
2012년 4월	EBS	400만
2012년 7월	KT	870만

출처: etnews.

마지막으로 해결되어야 하는 것이 보안문제이다. 국내 산업의 경우 보안에 대해 민감하지 않은 것이 현실이다. 예를 들어, 2011년 하나SK카드는 내부 직원이 고객 이름, 연락처, 주민등록번호 등을 포함한 고객 정보 약 9만 7천여 건을 자신의 개인 이메일로 보내 외부로 유출하는 사고가 발생하였다. 삼성카드사에서 개인정보가 유출된 지 얼마 되지 않은 상황에서 모방 범죄가 벌어진 것이다. 이외에도 옥션, 하나로 텔레콤, 신세계 닷컴, 네이트 등 여러 웹사이트를 통해 개인정보는 유출되고 있다. 한 조사 결과에 따르면 우리나라의 개인정보가 1억 건 이상 유출되었다고 한다. 한국의 인구가 5천만 명인데 1억 건이라는 것은 국민 1인당 2회 이상 개인정보가 유출되었다는 것을 의미한다. 연예인뿐만 아니라 대통령의 개인정보도 인터넷을 떠돌고 있는 게 현실이다. 국내 기업들이 보유한 정보보안 관련 기술 격차도 선진국에 비해 낮은 수준이다. 중소기업중앙회의 조사에 따르면 한국 기업들의 정보보호 관련 기술이 미국에 1년, 일본에는 2.3년이나 뒤처져 있는 것으로 나타났다.

모든 보안사고를 미연에 방지하는 것은 쉽지 않다. 인터넷 사용자는 60억 명이다. 누가 공격할지 아무도 예측할 수 없다. 심지어는 자사의 내부인에 의해서도 공격이 이루어질 수 있다. 따라서 정보보안과 프라이버시의 중요성에 대한 지각이 필요하다. 또한 전자상거래 업체는 정보보안을 위해 필요한 조치를 취해야 하며, 지속적인 감시와 관리를 해야 한다.

중간사례 '해킹과 사기로부터의 방어법!' 전자상거래 사이트를 위한 15가지 조언

요즘은 하루가 멀다 하고 전자상거래 웹사이트상의 해킹 소식이나 신용카드 등 중요 정보 유출 소식이 들려온다. 그렇다면 어떻게 전자상거래 웹사이트 해킹을 예방하고, 중요 고객 정보 유출을 막을 수 있을까?

CIO닷컴에서는 10여 명의 전자상거래 및 보안 전문가들과의 질답을 통해 그 답을 찾았다. 다음은 전자상거래 웹사이트 해킹 및 침입 예방을 위해 이들이 내놓은 15가지 조언이다.

1. 안전한 전자상거래 플랫폼 선택이 첫 걸음이다. "객체 지향형 프로그래밍 언어를 사용하는 전자상거래 플랫폼을 찾아라"라고 VoIP 서플라이의 소프트웨어 개발 매니저 숀 헤스는 강조했다.

   그는 "과거 다양한 오픈 소스 전자상거래 플랫폼을 이용해 봤는데, 현재 사용 중인 플랫폼이 지금까지는 가장 안전해 보인다. 관리 패널(administration panel)은 우리 회사 내부 네트워크에서만 접근이 가능하며 공용 서버에서는 완전히 제거된 상태이기 때문에 해커가 절대 접근할 수 없다. 게다가, 회사 내부 윈도우 네트워크상의 사용자를 알아내는 2중 인증 방식을 사용한다."라고 말했다.

2. 온라인 결제에 안전한 커넥션을 사용하라. 그리고 PCI 컴플라이언트(PCI compliant) 인증을 받으라. "강력한 웹 SSL(Secure Sockets Layer) 인증과 데이터 보호 방식을 사용해야 한다."고 시만텍 전자상거래 신뢰 서비스 부서 기술 디렉터인 릭 앤드류스는 전했다.

   "지난 한 해 동안만 웹상 해커 공격이 30%나 증가한 상황에서, 소비자들이 무조건 전자상거래 안전성을 믿어주기를 바라는 것은 무리다. 따라서 SSL 인증서를 통해 '비즈니스 ID를 인증하고 전송되는 데이터를 암호화 해야만 한다. 이로써 회사나 고객의 중요한 재정 정보 해킹을 예방할 수 있다."고 앤드류스는 말했다.

   그는 이어 이보다 더 좋은 방법은 "더 강력한 EV SSL(Extended Validation Secure Sockets Layer), URL 녹색바(green bar)와 SSL 보안 씰을 함께 사용함으로써 고객에게 웹사이트의 안전성을 보장하는 것"이라고 덧붙였다.

헤스도 이에 동의했다. "전자상거래에서 SSL 인증서는 필수다. 신용 카드 거래를 승인하기 위해 거래 시점에 주소 확인 서비스를 제공하는 지불 결제 사업자를 사용하고 있다. 이렇게 하면 신용카드 업체의 주소와 온라인상에 입력한 주소를 비교할 수 있기 때문에 물품 구매와 관련된 사기 행각도 잡아낼 수 있다."고 그는 말했다.

3. 중요 정보를 오래 보관하지 말라. "고객 정보를 불필요하게 많이 보관할 필요는 전혀 없다. 특히 신용카드 번호나 유효기간, 카드 보안 식별 코드(CVV2) 등은 더욱 그러하다."고 트러스트웨이브의 디지털 포렌직 및 사고 대응 디렉터 크리스 포그는 말했다.
그는 이어 "사실 그런 정보를 보관하는 일은 PCI 기준에도 어긋나는 행위다."라고 지적했다. 따라서 데이터베이스에서 오래된 데이터를 지우고, 교환이나 환불 요청에 대비해 최소한의 데이터만 보관할 것이 낫다는 충고다. 그는 "개인 정보 유출의 위험을 감수하느니 결제 시 약간의 불편을 겪는 편이 더 나을 것이다. 애초에 해킹할 여지를 주지 않는 게 최선이다."라고 덧붙였다.

4. 주소 확인 시스템을 도입하라. "신용카드 결제 시 주소 확인 시스템을 가능케 하고 CVV를 의무화함으로써 온라인 사기 피해를 줄일 수 있다."고 언리시드 테크놀로지스(Unleashed Technologies)의 수석 개발자 콜린 오델은 전했다.

5. 강력한 비밀번호 설정을 의무화 하라. 고객 정보를 안전하게 보관하는 것은 일차적으로는 소매업자의 의무이지만, 비밀번호 최소 길이를 설정하거나 특수문자, 숫자 등을 의무적으로 비밀번호에 기입하도록 함으로써 고객들 스스로 안전을 도모하게 하는 것도 한 방법이다.
비밀번호가 길고 복잡할수록 해커의 공격도 더 어려워진다."고 맥아피의 웹 보안 부서 시니어 마케팅 매니저 새라 그레이슨은 말했다.

6. 수상한 움직임을 잡아낼 수 있는 시스템 알람을 설정하라. "같은 IP주소를 통한 여러 건의 수상한 거래 시도가 이루어질 경우 이를 알 수 있는 알람을 설정해 두라."라고 디지털 에이전시 볼트 랩스(Vault Labs)의 매니징 디렉터 데릭 로는 충고했다.
마찬가지로, "한 사람이 여러 개의 신용카드로 주문을 여러 개 넣거나, 누가 봐도 다른 지역의 전화번호를 여러 개 사용하거나, 신용카드 주인과 이름이 다른 사람이 주문을 넣을 경우 이를 알려줄 수 있는 알람 시스템도 있어야 한다."라고 그는 덧붙였다.

7. 여러 겹의 보안 장치를 마련하라. "사이버 범죄로부터 웹사이트를 안전하게 지키려면 여러 단계의 보안을 마련하는 것도 좋은 방법이다. 방화벽이 첫 단계다. 방화벽은 해커가 네트워크에 침범해 중요 정보에 접근하는 것을 막아 준다.
다음으로는 탐색 질의, 로그인 박스, 계약 서식과 같이 애플리케이션이나 웹사이트에 추가적인 보안대책을 세워 놓는다. 이런 방법을 통해 SQL(Structured Query Language) 주입 공격이나 교차 웹사이트 스크립팅(XSS) 같은 어플리케이션 레벨 공격으로부터 전자상거래 환경을 보호할 수 있다."고 그레이슨은 말했다.

8. 직원들에게 보안 관련 교육을 시키라. "직원들에게 중요한 데이터를 절대 이메일이나 문자로 보내서는 안 되며, 채팅 세션 역시 안전한 커뮤니케이션 수단이 아니기 때문에 절대 고객의 사적인 정보를 드러내지 말 것을 철저히 교육시켜야 한다."라고 테크놀로지 업체 NIC Inc.의 associate general counsel이자 최고 보안 책임자 제인 프리들랜드 홀란드는 말했다.

그는 이어 "직원들도 고객 정보와 관련된 법 조항, 정책 등에 대해 알고 있어야 하며 그런 정보를 지키기 위해 필요한 사항에 대해서도 교육을 받아야 한다. 마지막으로, 직원들이 필수 보안 규칙을 준수하도록 철저하게 문서화 된 프로토콜 및 정책을 사용해야 한다."라고 덧붙였다.

9. 모든 주문에 추적 번호를 사용하라. "환불 사기에 대응하려면, 들어오는 모든 주문 내역에 추적 번호를 사용해 보라. 이는 특히 생산자 직송으로 물건을 보내는 소매업자들에게 중요한 절차다."라고 소매업 대상 소셜커머스 플랫폼 애드쇼퍼(AddShoppers)의 CEO 존 웨스트는 충고했다.

10. 웹사이트를 주기적으로 모니터링하고, 누가 호스팅하고 있는지도 알아두라. "언제나 실시간 애널리틱스 툴을 준비해 둬야 한다. 이는 마치 가게에 감시 카메라를 설치해 두는 것과도 같다. 우프라(Woopra)나 클리키(Clicky) 같은 툴을 사용하면 웹사이트 접속자 들이 어떤 경로를 통해 웹사이트를 둘러보는지 실시간으로 알 수 있어 수상한 행동은 바로 알아챌 수 있다. 이런 툴을 통해 수상한 움직임이 보일 때면 전화로도 경고를 받을 수 있고 이를 통해 사전에 의심쩍은 행동을 예방할 수 있다."라고 온라인 보석샵 마이 트리오 링스(My Trio Rings)의 마케팅 디렉터 푸닛 샤는 말했다.

또, 전자상거래 웹사이트를 호스팅 하는 곳에서 "주기적으로 서버의 말웨어나 바이러스, 기타 유해 요소를 확인하는지 알아두어야 한다."고 웹사이트 디자인 업체 엠베스터 미디어(Mvestor Media)의 SEO이자 웹 개발자인 이안 로저는 말했다.

11. 주기적으로 PCI 스캔을 받으라. 웨스트는 "트러스트웨이브 같은 업체를 통해 분기별로 PCI스캔을 받고 전자상거래 플랫폼의 해킹 위험을 줄여야 한다. 마젠토(Magento)나 프레스타숍(PrestaShop)처럼 제3의 소프트웨어를 다운받아 사용하고 있다면, 업데이트를 통해 가장 최신 버전을 유지해야 한다. 이렇게 몇 시간을 투자하는 것만으로도 미래에 어마어마한 피해를 줄일 수 있다."라고 강조했다.

12. 시스템을 패치하라. "무엇이든 즉시 패치시키라. 글자 그대로 새 버전이 출시된 바로 그날 패치시켜야 한다. 여기에는 웹 서버 자체뿐 아니라 자바나 파이썬(Pychon), 펄(Perl), 워드프레스(WordPress) 및 줌라(Joomla) 같은 제3의 코드도 포함된다. 이들 모두 해커의 주요 타깃이다."라고 주니퍼 네트워크(Juniper Networks) 주노스 웹앱 보안 수석 소프트웨어 아키텍트 카일 아담스는 말했다.

13. 디도스(Ddos) 공격에 대비하고 차단 서비스를 갖추라. "디도스(Distributed Denial of Service: Ddos) 공격의 빈도가 잦아짐에 따라, 타깃의 복합도와 범위도 다양해지고 있다. 전자상거래 웹사이트들에서는 클라우드 기반 디도스 보호 서비스와 관리형 DNS 서비스를 통해 사전에 디도스 공격을 차단하고 장비, 인프라스트럭처, 전문 인력 등에 들어가는 투자 비용을 줄일 수 있다."고 베리사인(Verisign)의 테크놀로지 부대표 션 리치는 말했다.

    그는 이어 "클라우드를 통한 접근은 전자상거래 업체의 운영 비용을 간편하게 줄여줄 뿐 아니라 복잡하고 거대한 규모의 공격마저도 막아낼 수 있도록 방어를 철저히 할 수 있다. 게다가, 관리형 클라우드 기반 DNS호스팅 서비스는 100%의 DNS 레솔루션(resolution)을 자랑하며 온라인 결제와 커뮤니케이션을 지원하는 인터넷 기반 시스템의 가용성을 개선하기도 한다."라고 말했다.

14. 사기 범죄 관리 서비스도 고려 대상에 포함시키라. "실제로 사기 범죄는 일어난다. 상인의 입장에서 최선은 그런 일이 일어났을 때 그 피해를 고스란히 뒤집어쓰지 않는 것이다. 대부분 신용카드 업체들은 사기 범죄 관리 및 환불 관리 서비스를 제공한다. 대부분 보안 전문가들은 100% 안전한 방법은 세상에 없다고 지적한다. 그만큼, 이런 대비를 하는 것은 매우 실용적인 선택이다."라고 .NET 콘텐츠 관리 및 전자상거래 제품 업체 EPiServer의 제품 관리 부대표 밥 에그너는 말했다.

15. 호스팅하는 곳이나 데이터 백업에 대한 계획을 세워 두었는지, 그리고 재해 복구 계획이 있는지 확인한다. "최근 카보나이트(Carbonite)에서 진행한 연구에 따르면 많은 기업들이 데이터 백업 플랜에 허점을 보이고 있다. 이는 정전이나 하드 드라이브 문제, 바이러스 등으로 인해 중요한 정보를 소실할 수 있는 위험으로 이어진다."고 카보나이트 CEO 데이빗 프렌드는 지적했다. 따라서 웹사이트를 제대로 보호하기 위해서는 주기적으로 백업을 하거나, 웹사이트 호스팅서비스에서 제대로 백업을 하고 있는지 확인할 필요가 있다고 그는 설명했다.

출처: CIOKOREA(2013년 6월 24일).

2. 전자상거래의 미래

1996년 9월 인터파크가 처음 전자상거래 시장에 뛰어들었다. 이후 업체 수가 기하급수적으로 늘어나면서 현재 서울시 전자상거래 센터에서 확인된 업체만 2만 개가 넘는다. 이렇게 확장이 가능한 원인 중 하나는 스마트폰이나 스마트 TV와 같은 새로운 기기의 인터넷 접속기기의 등장이다. 또한 새로운 형태의 비즈니스 모델의 등장도 전자상거래 발전의 촉진제로 작용하고 있다. 따라서 본 장의 마지막은 앞으로 전자상거래를 이끌어 갈 하드웨어/소프트웨어 기반의 비즈니스 모델들에 대해 살펴보고자 한다.

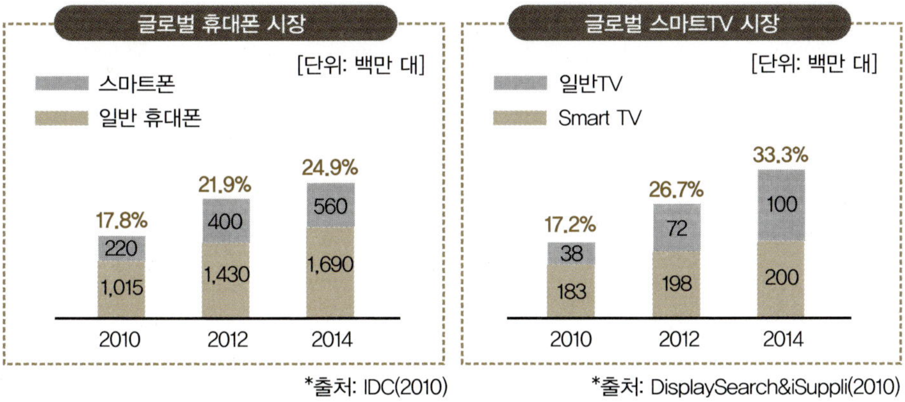

[그림 12-3] 글로벌 휴대폰 · 스마트TV 시장 현황

1) 모바일 상거래(Mobile Commerce, M-Commerce)

스마트폰 사용자가 급격히 늘어나면서 모바일 쇼핑 시장 또한 급팽창하고 있다. 한국온라인쇼핑협회에 따르면 2009년 100억에 불과하던 국내 모바일 상거래 시장은 스마트폰 대중화 바람이 불기 시작하면서 2010년 3,000억 원으로 확대되었고, 2011년에는 6,000억 원, 2012년에는 1조 7,000억 원으로 커졌다. 2013년에는 2012년보다 133.5% 증가된 3조 9,700억 원대에 이를 것으로 전망했다. 이와 같은 모바일 상거래 시장의 성

장 원인으로 첫째, PC에서 스마트폰으로 변화되는 매체 환경과 간편한 결제 방식으로 인해 많은 소비자들이 PC 쇼핑에서 모바일 쇼핑으로 옮겨가고 있다. 예를 들어 오픈마켓인 11번가(www.11st.co.kr)의 분석에 따르면 출퇴근 시간대에 매출이 저조하고, 오전 10시부터 낮 12시, 오후 2시부터 4시에 매출이 높은 것으로 나타났으나, 모바일의 경우 시간대별로 영향을 크게 받지 않고 꾸준히 거래가 발생하였다. 둘째, 모바일 쇼핑 업체가 제공하는 다양한 모바일 전략과 프로모션이 소비자들을 끌어 모으고 있다. 특히 모바일 쇼핑의 화두인 개인화(customization)와 맞춤화(personalization)가 강화되고 있다.

모바일 상거래(m-커머스)는 각종 무선 단말기와 이동통신 네트워크를 통해 이루어지는 상거래로, 디지털 콘텐츠 소액결제 분야와 실물거래 및 티켓 등의 모바일 쇼핑을 통한 전자상거래 분야, 모바일 상거래에 기반한 모바일 광고 분야와 전자화폐로 사용하는 모바일 결제 및 주식, 뱅킹서비스 등의 모바일 금융 분야로 구분할 수 있다.

국내에서는 2004년 IMT-2000 서비스의 본격적인 개시와 함께 모바일 쇼핑, 모바일 뱅킹, 모바일 결제 등 산업 전반에 모바일 상거래가 확대되기 시작했다.

모바일 상거래가 진화하기 위해 해결되어야 하는 과제가 있다. 현실적으로는 이동통신사 통화료 문제와 기술적으로는 큰 데이터 이미지를 모바일이 감당할 수 있어야 한다. 즉, 단말기 규격이 완화되고 요금 문제가 해결되어야 성장을 지속할 수 있다. 또한 결제 안정화를 위한 공인인증서 도입 등 제도적인 개선도 반드시 수반돼야 한다. 인지하지 못한 사이에 자신의 핸드폰이 외부로부터 해킹을 당할 수도 있을 만큼 여전히 모바일은 안전하지 못한 세상이기 때문이다.

2) TV 상거래(Television Commerce, T-Commerce)

최근 KT는 CJ E&M, CJ오쇼핑과 제휴해 올레TV를 시청하면서 방송 내용과 연관된 상품 정보를 확인하고 바로 주문할 수 있는 '연동형 TV전자상거래' 서비스를 출시하였다. 연동형 TV전자상거래는 기존의 홈쇼핑과 다르게 방송 내용과 관련된 상품 정보를 프로그램 시청 중에 제공해 구매할 수 있는 서비스다. 예를 들어 건강 프로그램 방송 중에 출연자가 홍초 음료를 마시는 장면에서 해당 음료에 대한 팝업이 우측 상단에 노출된다. 이 홍초 음료 구입을 원하는 시청자는 리모컨의 빨간 버튼을 눌러 제품의 자세한 정보를 확인 후 QR코드나 전화를 통해 해당 제품을 바로 구매할 수 있다. KT는 향후 리모컨만으로도 직접 결제까지 가능한 TV전자상거래 서비스를 선보이고, 모든 채널로 본 서비스를 확장할 계획이다.

T-커머스(Television Commerce)란 디지털 TV를 기반으로 리모컨 등을 활용하여 상품 정보 검색 · 구매 · 결제 등의 상거래를 할 수 있는 서비스를 말한다. 채널 독자성에 따라서 전용 데이터방송 및 보조 데이터방송 T커머스로 분류되는데, 전용 데이터방송 T커머스의 경우는 특정 채널을 임대하여 방송 프로그램을 서비스하지 않고, T커머스만 전용으로 제공한다. 반면에 보조 데이터 방송 T커머스는 방송프로그램과 연동하여 T커머스를 제공하는데 방송프로그램과 직접 관련이 없는 독립적 정보로 구성되는 '독립형'과 방송프로그램과 연계하여 제공되는 '연동형'으로 구분되며, 소비자가 최초에 접근하는 경로와 라이브 방송 동시 시청 여부가 주요 차이라고 볼 수 있다.

[그림 12-4] T-커머스 유형(좌: 독립형, 우: 연동형)

우리나라는 방송통신위원회에서 지난 2005년 3월 GS, CJ, 현대, 롯데, NS 등 홈쇼핑사 및 KTH, SK브로드밴드, TV벼룩시장 등 상품판매 전문PP 등 10개 사업자에 T커머스 사업 승인 허가를 내주었다.

T커머스의 특징은 양방향 서비스가 가능한 디지털TV를 통해 발생하는 상거래로 TV홈쇼핑과 인터넷 홈쇼핑의 중간적 특성을 가지고 있다. 소비자에게 친숙한 TV라는 매체를 통해 상품 정보를 제공한다는 점에서는 TV홈쇼핑과 유사하지만, 일방적으로 홈쇼핑사가 상품정보를 전달하는 TV홈쇼핑과는 달리 T커머스에서는 소비자가 관심

이 있는 상품 정보를 찾아 쇼핑을 할 수 있다는 점이 TV홈쇼핑보다는 인터넷쇼핑에 가까운 면모를 보여준다. 이에 따라 T커머스는 TV홈쇼핑이나 인터넷 쇼핑과는 다른 새로운 소매 유통채널로 부상할 전망이다.

3) 소셜 상거래(Social Commerce)

국내 경제인구 45%가 소셜커머스를 이용해 봤으며, 이용자 중 91%가 소셜커머스로 생활의 변화를 경험했다는 조사 결과가 나왔다. 티몬이 리서치 전문기관인 오픈서베이를 통해 실시한 설문조사에 따르면, 소셜커머스 이용자 중 25.2%가 매일 사이트를 방문하고 있으며 35%가 일주일에 3~6회 가량 방문하는 것으로 나타났다. 소셜커머스 이용자 중 약 60%가 2일에 1번 이상 소셜커머스에 접속하고 있는 것이다. 소셜커머스를 이용하는 이유는 '가격이 저렴해서'가 36.8%로 가장 높았으며, '다른 쇼핑몰에서 살 수 없는 음식점, 미용실 등 지역 서비스 상품들이 있어서'가 36.6%였다. 다른 쇼핑 채널과 비교해 소셜커머스의 차별점이 가격 혜택과 지역 상품임을 알 수 있다. 다음으로 '모바일 구매가 쉬워서'가 13.8%, '인기 있는 제품을 소개해 쇼핑 고민을 줄여주기 때문'이라는 답변이 12.8% 나왔다. 모바일 구매 편의성과 쇼핑 큐레이션(원하는 정보만 골라서 볼 수 있도록 하는 서비스) 기능이 소셜커머스 시장의 성장 동력임을 확인할 수 있다. 최근 쿠팡과 티몬은 하루 노출하는 상품 수를 2~3천 개로 조절하고 있다. 쿠팡은 소셜쇼핑 사이트 중 배송 상품을 가장 공격적으로 늘렸다. 그러다 상품 수를 하루 1,500~1,700개로 줄였다. 소비자에게 좋은 상품을 선별해 보여주기 위함이다. 쿠팡은 이를 위해 구매이력과 회원 정보를 바탕으로 '당신을 위한 추천'이라는 개인화 추천 서비스를 제공한다. 티몬도 상품 수를 조절하고 있다. 티몬은 많은 상품을 다 보여주기보다 큐레이션해 보여준다. 티몬은 소비자 성별과 연령 정보를 참고해 하루에 두세 차례 e메일 뉴스레터를 발송하고, 상품 상세 페이지에서 해당 상품을 산 소비자가 구매한 다른 상품을 보여준다.

소셜커머스(소셜 상거래)는 소셜 네트워크서비스(SNS)의 '소셜'과 상거래의 '커머스'가 합쳐진 말로 소셜미디어(SNS)를 활용하는 새로운 형태의 전자상거래 일종이다. 소셜커머스에서 소비자들은 자신에게 필요한 상품이나 서비스를 절반 가격가량 할인해서 구매할 수 있는 기회를 잡기 위해 소셜 네트워크서비스(SNS)를 이용해 주변에 사람들에게 자발적으로 해당 제품을 추천한다. 이를 통해 구매자는 할인혜택, 판매자는 대량판매와 홍보효과를 동시에 누릴 수 있다. 소셜커머스 업체는 판매된 금액의 10~20% 정도에 해당하는 수수료가 수익모델이다. 상품이나 서비스를 판매하는 입장에서는 수익이 낮아도 많은 양을 판매할 수 있다는 것과 구매한 사람들의 사정에 의해서 사용할 수 있는 기간이 만료되었을 때 발생하는 낙전이 수익이 된다.

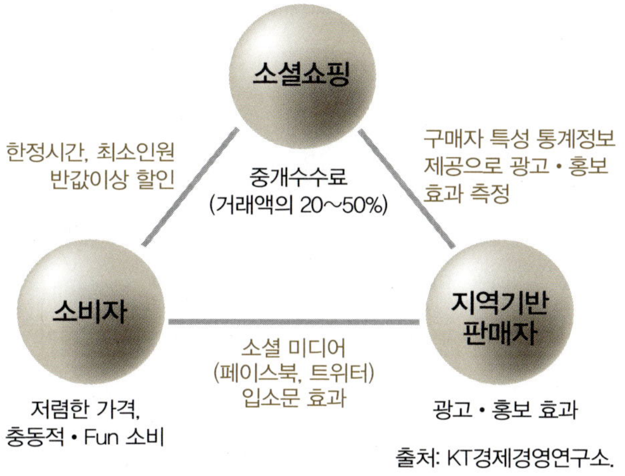

[그림 12-5] 쇼셜쇼핑의 특징

2008년에 설립된 그루폰은 좋은 판매 조건을 제시한 소규모 사업주들과 연계하여 다수의 공동 구매자들에게 큰 할인율을 제공해 왔다. 기획된 할인 상품과 할인조건들의 정보는 그루폰닷컴(Groupon.com)이나 모바일 그루폰 앱을 통해 3,600만 명이 넘는 활발한 그루폰 고객들에게 제공된다. 이런 거래에서 고객들은 할인권을 구입하고, 다음에 사업체를 방문할 때 사용하게 된다. 그루폰에서 판매하는 거래의 실제 비용은 보통 그루폰과 사업주가 반반씩 가져간다. 예를 들어 음식점에서 정가 50,000원인 메뉴를 고객들에게 25,000원에 판매한다고 할 때, 25,000원의 매출 중 12,500원은 그루폰이, 나머지 12,500원은 음식점에서 가져간다. 그루폰의 강점은 회사가 협력 업체의 가장 좋은 조건을 도출하고 고객과 판매 증가에 대처하기 위한 전략수립을 도와준다는 점이다. 약점은 그루폰이 고객을 대신하여 거래의 주체가 되기 때문에, 소매업자는 구매자의 정보와 차단되어 이메일 주소 등 마케팅에 도움이 될 자료는 얻을 수 없다는 점이다.

소셜커머스의 유형은 크게 네 가지로 구분해 볼 수 있다. 첫째, 소셜 링크형은 커머스 사이트에 트위터나 페이스북 같은 SNS로 이동할 수 있는 버튼 형식의 링크를 제공하는 방식을 말한다. 본 방식은 판매사이트의 웹링크(주소)를 SNS의 글쓰기에 자동으로 들어가서 다른 사용자들의 '링크'를 이끌어 내는 형태이다. 둘째, 소셜 웹형은 커머스를 소셜네트워크와 적극적으로 결합하는 것으로, 커머스 사이트 안에서도 소셜네트워크의 기능을 구현해 주는 방식을 말한다. 본 방식은 웹링크는 기본이고, 커머스 사이트에서 이뤄지는 소비자의 행동(구매, 평가, 리뷰 등)이 소비자의 SNS에 자동으로 반영되는 형태이다. 셋째, 공동구매형은 제품별로 정한 최소 구매 수량이 달성되면 엄청난 할인 혜택을 받을 수 있도록 하여, 소비자들로 하여금 적극적으로 소셜네트워크를 통해 친구들을 공동구매에 참여시키게 하는 형태를 말한다. 본 형태는 소비자가 자신이 싸게 구매한 상품 또는 그러한 경험을 페이스북, 트위터 등 실시간 정보력 전달이 빠른 소셜네트워크를 이용해서 홍보 또는 확산을 시킴으로써 보다 많은 고객과 소비자의 구매효과를 유도한다. 마지막으로 오프라인 연동형은 오프라인 공간을 SNS에 연결시키는 형태로 '포스퀘어(foursquare, 가상의 장소를 내 것으로 만드는 신개념 SNS)'나 '아임IN'과 같이 위치기반 서비스(LBS)를 활용하여 특정 위치(오프라인 점포)에 대한 경험치를 이용하는 형태이다. 본 유형은 사용자의 현재 위치를 지속적으로 갱신하면서 내용을 친구들과 공유할 수 있으며, 많이 방문하는 경우 그 위치에 대한 높은 레벨(등급)을 제공한다.

소셜커머스 시장이 지속적으로 성장하려면 해결되어야 할 과제가 있다. 가장 중요한 것은 소비자의 신뢰를 높이는 것이다. 한국소비자원에 따르면 소셜커머스 피해 상담 접수 건수는 매년 10% 이상 증가하고 있다. 피해 사례는 가품 판매, 허위 과장 광고 등이다. 이에 공정거래위원회는 2012년 주요 소셜커머스 업체들을 대상으로 소비자보호 가이드라인을 마련했다. 2013년 3월에는 소셜커머스 방식의 영업을 하는 4개 대형 종합쇼핑몰과 '소셜커머스 소비자보호 자율준수 가이드라인' 협약을 체결했다. 이 협약은 가이드라인 차원이기에 법적 구속력은 없다.

4) 플랫폼 산업 경쟁

최근 들어 ICT(Information & Communication Technologies) 시장 전반에 걸쳐 플랫폼 사업자들의 영향력이 한층 거세지고 있다. 단말기와 OS(Operating Systems)에 기반을 두고 콘텐츠 생태계를 조성하거나 온라인 서비스상에 수많은 소비자들과 3rd-Party 콘텐츠를 모아 생태계를 조성한 플랫폼 사업자들이 ICT 시장의 주도권을 쥐며 사업 영역의 확장에 나서고 있다. 단말기와 OS를 중심으로 하는 대표적인 플랫폼 사업자로는 Apple, Google, Microsoft, Amazon이 있으며, 온라인서비스를 제공하는 플랫폼 사업자로는 Facebook, Twitter 등이 있다. 이처럼 Apple에서 시작된 디지털 콘텐츠 유통 플랫폼(앱스토어)은 안드로이드(Google Play)의 가세와 Microsoft, Firefox, TIZEN 등 다양한 신규 OS 기반의 앱스토어 출현 및 기존 OS를 기반으로 하는 3rd-Party 플랫폼(Amazon 앱스토어, NHN 라인, 카카오톡, T스토어 등)까지 등장하면서 경쟁이 치열해지고 있다.

플랫폼 산업으로 Apple의 사례를 살펴보자. Apple은 아이패드 출시를 통해 다양한 단말기에서 콘텐츠의 자유로운 이동이 가능하도록 개인 모바일 단말기의 퍼스널 클라우드 환경을 조성하고 있다. 이미 애플은 제품 판매 증대를 위해 플랫폼(iOS와 앱스토어)을 만들고, 그 위에 애플만의 폐쇄적인 생태계를 조성하였다. 아이폰과 차별화된 UX(User Experience)를 제공하는 아이패드는 미디어 콘텐츠 중심으로 제품의 이용을 촉진하여, iMac-iPod-iPhone-iPad로 연결된 iTunes 플랫폼 중심의 N-Screen 서비스(다양한 단말기를 통해 동일한 콘텐츠를 이용할 수 있는 서비스)의 기반을 마련하고 있다. 그 이유는 고유의 플랫폼 없이 하드웨어만 제조하여 판매할 경우, 고객은 전환비용(switching cost)이 적기 때문에 타사 제품으로 이탈하기가 용이해지기 때문이다. 또한 애플은 개인정보 중심의 클라우드서비스인 'MobileMe'를 확장하여 모든 단말기의 콘텐츠를 동기화하는 기능을 개발 중이며, iTunes와 MobileMe가 결합되어 동영상, 게임, 금융, 교육 등 서비스를 다양한 단말에서 이용할 수 있는 N-Screen 환경을 구축하고 있다.

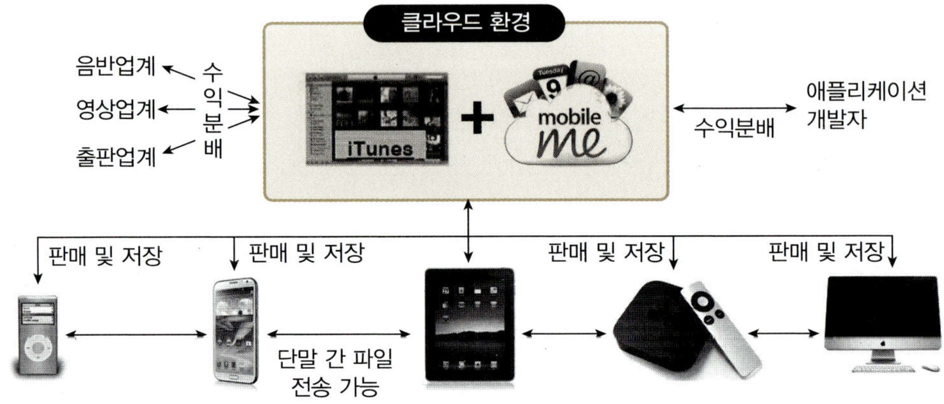

[그림 12-6] 애플의 모바일 기기를 통한 생태환경 조성

출처: KT경영경제연구소.

많은 기업들이 플랫폼 시장에 주목하는 이유는 다양한 디바이스에 다양한 디지털 콘텐츠를 공급 가능함과 동시에 이 과정에서 30%의 유통수수료 수익을 기대할 수 있기 때문이다.

플랫폼 사업자들이 생태계를 확장하며 사업 영역을 확대함에 따라 주요 사업자 간 접전 범위가 급속도로 넓어지고 있다. 그 동안 Apple, Google, Amazon은 각자 고유 사업 영역에 치중하면서 플랫폼 사업자로서 앱스토어, 모바일 OS 등 플랫폼 인프라 정도에서만 서로 경쟁해 왔다. 그러나 2013년에는 이 플랫폼 사업자들이 앱스토어, 모바일 OS뿐만 아니라 이를 기반으로 파생되는 단말기기, 동영상, 광고, 전자상거래, 클라우드 등 광범위한 서비스 영역에 걸쳐 경쟁하게 될 것으로 전망된다.

온라인서비스 플랫폼 기업인 페이스북의 사례도 살펴보자. 페이스북은 외부 생태계로의 개방을 통해 페이스북 자신을 플랫폼화하는 전략을 구사하고 있다. 페이스북의 전략 첫 번째는 API의 개발이다. 2007년 5월 페이스북은 SNS 업계 최초로 3rd-Party에게 API를 공개하여 다양한 앱 공급이 가능하게 되었으며, 신규 가입자 유치, 체류시간 증가, 재방문율 제고 등의 효과를 유발하였다. 두 번째 전략은 오픈 ID 전략이다. 2008년 말 페이스북은 자사와 제휴한 타 사이트에서도 페이스북의 계정으로 로그인할 수 있는 'Facebook Connect Service'를 실시하였다. 이를 통해 페이스북 서비스에 대한 접근성을 제고시키는 효과를 낳았다. 세 번째 전략은 오픈 소셜 그래프 전략이다.

〈표 12-2〉 Apple, Google, Amazon의 주요 사업 영역

구분	세부사업	Apple	Google	Amazon
단말	스마트폰	◎	●	●
	태블릿PC	◎	●	○
	PC	◎	×	×
	MP3 플레이어	◎	×	×
	e-book 단말	○	○	◎
	TV	●	×	×
	기타(웨어러블)	×	●	×
콘텐츠	음악	◎	○	◎
	동영상	○	●	◎
	e-book	○	○	◎
	앱스토어	◎	◎	○
서비스	PC OS	◎	○	×
	모바일 OS	◎	◎	○
	TV 플랫폼	●	◎	×
	포털	×	◎	◎
	검색	○	◎	●
	광고	○	◎	●
서비스	결제	×	○	○
	e-커머스	○	●	◎
	SNS	×	○	×
	이메일/캘린더	×	○	×
	지도	○	◎	×
	기업 SW/솔루션	×	○	×
	클라우드	○	●	◎
	네트워크(ISP)	×	●	×
2013년 사업진행 방향		• 고가 단말→중저가 단말 • 단말→콘텐츠	• 단말 벤더지원→직접 시장 참여 • 검색/광고→쇼핑/결제 • 클라우드: Pass, SaaS→IaaS	• 태블릿 PC→스마트폰(확대) • e-커머스→광고

• 회색 부분은 2013년 주요 예상 경쟁 분야
• ◎핵심사업, ○기존사업, ●강화 및 신규 사업, × 사업 안함

출처: 한국방송통신전파진흥원.

페이스북이 구축해 온 소셜 그래프를 다른 웹사이트들에 공개하여 개인화된 서비스를 제공하는 전략이다. 소셜 그래프란 사람들 사이의 연관관계로 이루어진 네트워크를 말한다. 페이스북과 제휴를 맺은 타 사이트에 페이스북 계정으로 로그인하면, 해당 사이트는 로그인한 페이스북 회원의 정보를 토대로 이용자가 선호하는 음악, 동영상, 신문기사 등 개인화된 서비스를 제공한다. 타 사이트에서의 이용자 행위는 다시 페이스북의 이용자 정보에 축적되어 회원정보 DB가 보다 풍부해지는 효과를 유발하였다. 이처럼 페이스북의 오픈 전략은 모든 웹사이트의 페이스북화를 통한 거대 생태계를 형성할 수 있는 기반이 되었다.

5) 클라우드서비스

플랫폼을 서비스 제공자 중심으로 재편하는 기술이 있다. 본 기술로 인해 공급자는 통합 플랫폼 구축에 기반한 모바일 콘텐츠 유통 확대 및 스마트 기기 간 연결 중심의 앱 공급을 확대할 수 있으며, 서비스 제공자들은 본 기술을 중심으로 새로운 마켓플레이스 구축 및 새로운 서비스 모델을 제시하며 시장을 주도해 나갈 수 있는 기회가 주어졌다. 이 서비스 기술을 클라우드서비스(cloud service)라 한다.

클라우드서비스란 인터넷상 어딘가에 구름(Cloud)처럼 존재하는 하드웨어 · 소프트웨어 등의 컴퓨팅 자원을 필요한 만큼만 빌려 쓰고(On-demand), 이에 대한 사용 요금을 지급하는 방식(Pay-as-you-go)을 말한다. 본 서비스의 특징은 IT 자원을 '소유'하던 기존방식에서 '임대'로의 전환을 통해 비용을 절감할 수 있고 언제 어디서든 다양한 장비로 접근이 가능하여 업무의 시 · 공간적 제약을 해소할 수 있다. 즉 유휴 컴퓨팅 자원을 최소화 하면서 네트워크가 연결된 곳이면 어디서나, 어느 기기로나 클라우드에 보관된 정보나 애플리케이션을 불러내 활용할 수 있는 서비스가 클라우드서비스이다. '클라우드 컴퓨팅'은 기술을 지칭하는 용어이며 '클라우드서비스'는 이를 통해 구현되는 서비스를 지칭한다.

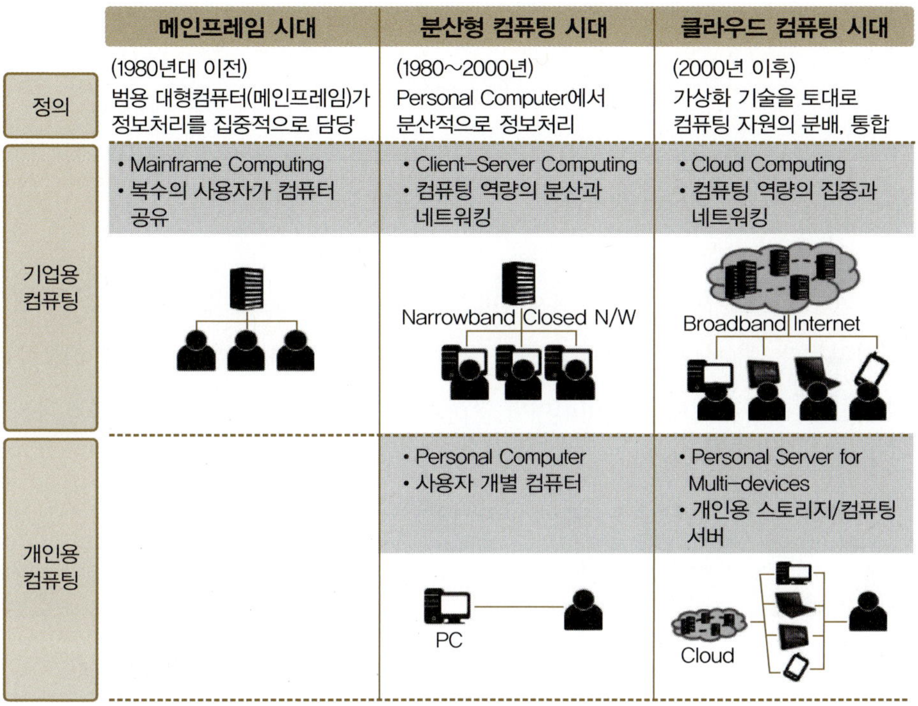

[그림 12-7] 컴퓨터 이용 패턴의 변화 방향

출처: 한국IT서비스산업협회.

클라우드서비스 시장은 대여하는 자원의 종류에 따라 SaaS, PaaS, IaaS로 구분된다. SaaS(Software as a Service)란 업무용 소프트웨어 등 응용프로그램 및 솔루션을 자체 구매 없이 인터넷을 통해 이용하는 서비스를 말하며, 구글 e-mail과 같은 최종 애플리케이션으로서 현재 B2C를 중심으로 발전하고 있다. PaaS(Platform as a Service)란 사용자가 소프트웨어를 개발할 수 있는 플랫폼을 대여해 주는 서비스로 B2B 중심으로 성장하고 있다. IaaS(Infrastructure as a Service)란 서버, 스토리지 등 네트워크 기반 설비를 사용자에게 할당하는 서비스로 최근 모바일 클라우드와 결합되며 B2B와 B2C에서 모두 빠르게 성장하고 있다.

현재 많은 모바일 클라우드서비스가 구글과 애플이 장악한 모바일 플랫폼을 기반으로 제공되고 있다. 소셜 플랫폼에 기반한 Facebook이나 카카오톡 등은 단순 소셜 네트워크서비스 제공을 넘어 모바일 생태계의 또 다른 플랫폼을 구성하고 있다. 이처럼 플랫폼을 기반으로 모바일 시장의 패권을 잡은 업체들이 모바일 클라우드 시장을 주도해 나갈 전망이다.

6) 최근 전자상거래 기술 추세

2011년 Google은 NFC 모바일결제서비스인 'Google Wallet'을 본격적으로 서비스하기 시작하였다. 이 서비스는 NFC 기술을 활용하여 이동전화 단말기에서 결제를 할 수 있게 해주는 애플리케이션 서비스이다. Apple도 아이폰5에 NFC 기능을 넣고 독자적

〈표 12-3〉 국내외 NFC 시장동향

업체	동향
KT	–BC카드 인수('11.2.10) 통신과 결합하여 모바일 결제 사업 진출 –쇼터치('10.11월) 서비스에 NFC를 탑재한 삼성전자는 SHW–A170K 국내 최초 도입
SKT	–코엑스에 NFC로 Mobile 신용카드 결제 및 쇼핑 정보를 제공받는 'Mobile 커머스존' 시범구축 –일본 소프트뱅크와 NFC를 적용한 Mobile 결제 및 쿠폰 서비스 MOU 체결
LG U+	–마이크로 SD카드에 NFC칩셋을 통합한 '스마트 SD'를 개발 –4세대(4G) 이동통신 LTE에서 NFC 기능을 USIM에 기본 탑재 예정
삼성전자	–OS bada 2.0에 NFC 기능 추가, NFC 반도체 시장 진입 선언 –NFC 휴대폰/스마트폰(SHW–A170K, Nexus S, Wave578 등) 출시
LG전자	–올해 출시 예정인 스마트폰 20여 종의 대부분에 NFC 기능 탑재 예정
Nokia	2011년부터 전체 스마트폰 라인업에 NFC 기본 탑재
Apple	–Mobile 결제 관련 특허기술 출원 및 NFC 전문가 영입
Google	–Android 2.3(진저브레드)부터 정식 NFC 지원 –NFC 탑재 스마트폰 Nexus S 설계
France Telecom	–NFC 시범 서비스 Citizi 제공
Broadcom	–NFC와 RFID 솔루션 선두업체 이노비전 인수
ISIS	–AT&T, Verizon Wireless, T–Mobile USA가 설립한 NFC 기반 지급 결제 벤처회사
VISA	–NFC 기술을 이용한 결제 시스템을 Paypass에 도입
RIM/HTC	–휴대폰에 NFC 도입 선언

출처: 금융보안연구원.

인 결제시스템을 개발하여 아이폰 이용자들을 자사의 금융 체계로 유인할 것으로 예상되고 있다. MS 역시 Windows 8 프리뷰 버전을 탑재한 삼성 태블릿에서 NFC의 사용을 시연하며, Windows 8의 NFC 기능이 MS의 모바일 지갑에 활용될 가능성을 시사하였다. 국내에서는 KT가 아이폰4 전용 NFC 케이스를 출시하였고, SK텔레콤은 NFC 내장 USIM 카드를 개발하여 NFC 기능이 없는 모바일 기기에서도 NFC를 이용할 수 있도록 하였다. 이들이 NFC 기술을 활용한 서비스 중 특히 모바일결제서비스에 주목하고 있는 이유는, 모바일결제서비스가 NFC 기반의 다양한 서비스 구현의 물리적/경제적 기초 인프라를 구성하기에 효과적이기 때문이다.

NFC(Near Field Communication) 기술은 Sony와 NXP 반도체(필립스가 설립한 반도체 회사로서 2006년 8월 31일 필립스전자의 사업본부에서 독립함)가 공동 개발한 개방형 RFID(Radio Frequency IDentification) 기술의 일종으로 10cm 이내의 근거리에서 13.56MHz 주파수 대역을 사용하여 통신하는 비접촉식 근거리 무선통신 기술을 말한다. 단말기 간 약 10cm 이내의 거리에서 데이터를 양방향으로 송수신할 수 있으며, 13.56MHz 주파수 대역에서 통상 10cm 이내에 있는 이동통신 단말기, 가전제품, PC 간 상호 통신을 지원한다.

NFC의 특징은 첫째, 비접촉식 스마트카드 국제표준 ISO 14443, Felica(소니에 의해 개발된 비접촉식 IC카드 기술), MiFare(필립스사가 소유권을 가진 비접촉식 기술) 호환, 둘째, 최대 424Kbps의 데이터 전송 가능, 인식속도가 0.1s 이내, 셋째, ISO/IEC 18092 표준등록, 저전력으로 10cm 이내의 무선통신을 지원한다는 점이다.

NFC 모바일결제서비스 기술은 서비스 프로세스 측면에서는 현재의 동일한 주파수 대역의 비접촉식 스마트카드의 무선결제와 거의 같으나, 능동형 모드일 때 태그뿐 아니라 리더기(reader)이자 라이터(writer)로 작동하는 기능이 있어 P2P 자료 교환이 가능하며, 금융정보를 안전하게 담을 수 있다. 이에 따라 모바일결제를 비롯하여 다양한 응용서비스의 구현이 가능하다. 따라서 통신과 금융서비스의 이용자를 모두 유인할 수 있는 NFC를 기반으로 하는 모바일결제가 NFC 서비스의 초기 확산 모델로서 주목받고 있다.

	NFC	(일반)RFID
RFID 비교	• 고주파 대역 • 13.56MHz • 단거리 인식(약 10cm) • 비접촉식 • 다양한 분야에 활용 가능 • 스마트카드와 연동형태로 활용	• 극초단파대역(Ultra High Frequency) • 900MHz • 원거리 인식(수미터 가능) • 비접촉식 • 유통 물류 분야에서 주로 활용 • 특수 목적을 위해서 제한적으로 활용
	단말기반	**SIM기반**
NFC 동작 방식	• NFC의 SE(Security Element)로 별도의 Smartcard를 단말기에 내장 • Card Emulation, Reader, P2P Mode • NFC Radio: ISO 14443 Type A	• SIM card 내 메모리 공간에 Security Algorithm을 탑재 • 통신사업자가 선호하는 방식 • Card Emulation, Reader, P2P Mode, Battery Low Mode • NFC Radio: ISO14443 A&B

[그림 12-8] NFC와 RFID의 비교

출처: 금융보안연구원.

마무리사례 *“아이디어 베낄 수 있지만 팀워크는 유일한 것”*

공짜로 온라인쇼핑몰 만들어주는 Tictail 칼 발드크란츠 CEO
구글처럼 단순한 홈페이지, 애플 스타일 수익모델 창출
‘기능’ 더이상 경쟁요소 아냐 ‘재미’ 있어야 이용자들 몰려

#. 2011년 5월. 25세에 불과한 한 스웨덴 청년은 누구나 손쉽게 무료로 온라인쇼핑몰을 만들 수 있는 전자상거래(e-commerce) 플랫폼 회사 창업을 꿈꾼다.

#. 2011년 11월. 이 청년은 자신의 친구들과 이커머스 플랫폼 ‘틱테일(Tictail)’의 초기 모델을 완성한다.

#. 2012년 5월. 스웨덴에서 도자기 가게를 운영하던 청년의 어머니는 아들이 만든 ‘틱테일’에서 생애 첫 온라인쇼핑몰을 연다. 틱테일을 통해 탄생한 첫 온라인쇼핑몰이다.

#. 2013년 3월. 틱테일을 통해 개설된 온라인쇼핑몰 수가 1만 개를 돌파한다. 청년의 어머니가 매장을 연 지 10개월 만이다. 지금은 한국 · 스웨덴 · 독일 · 영국 · 프랑스 · 미국 등 98개국 수만 명의 사람들이 틱테일을 통해 무료로 개설한 1만5,000여 개 온라인쇼핑몰에서 보트, 책, 옷, 가구 등 약 20만 가지의 물건들을 판매하고 있다.

이 스웨덴 청년은 바로 칼 발드크란츠 틱테일 최고경영자(CEO) 겸 공동창업자(27)이다. 틱테일(tictail.com)에 처음 접속하면 쉽고 간단한 초기 화면이 구글을 연상케 한다. 발드크란츠 CEO는 구글처럼 단순한 틱테일의 초기 화면 이면에 애플의 앱스토어와 유사한 창업 생태계까지 탄생시켰다. 영국 볼더톤 캐피털, 독일 클라우스 홈멜 등 유럽 최고 벤처캐피털들이 틱테일에 투자하는 등 그들의 성공신화를 기다리고 있다.

지난달 서울 코엑스에서 스파크랩벤처스 주최로 열린 넥스트콘퍼런스에 참석한 그를 만났다. 그는 "성공을 위해서는 훌륭한 아이디어보다 이를 시장 트렌드에 따라 시의적절하게 대응할 수 있는 훌륭한 팀을 갖추는 것이 더 중요하다."고 강조했다. 그와의 일문일답.

틱테일을 창업하게 된 계기는.

▶ 음악 스트리밍서비스를 제공하는 스포티파이(Spotify)의 아트 디렉터로 일했다. 전자상거래에도 워낙 관심이 많았다. 전자상거래는 디자인과 비즈니스의 완벽한 융합이라 생각했다. 스웨덴에서 온라인쇼핑몰을 만들려면 매우 비쌌다. 온라인쇼핑몰 수도 더디게 늘어 전자상거래가 유통 업태의 하나로 자리 잡기 힘들었다. 친구 2명을 꾀어 6개월간 금요일 퇴근 후 일요일까지 매주 쉴 새 없이 틱테일 초기 모델을 만들었다. 매달 우리의 월급 절반을 털어 사업자금을 마련했다. 틱테일의 초기 모델이 개발된 이후 6개월은 내 어머니의 온라인쇼핑몰을 손쉽게 만들 수 있도록 하는 데 주력했다. 어머니는 사업 수완은 좋았지만 전자상거래는 잘 몰랐다(틱테일 홈페이지에 방문하면 발드크란츠 CEO의 어머니가 등장하는 회사 홍보동영상을 볼 수 있다. '우리 엄마도 만들 수 있을 만큼 쉬워요'가 주 내용이다).

기존 전자상거래 플랫폼과의 차별점은.

▶ 사용하기가 극도로 쉽다는 점이다. 완전히 공짜란 점은 파괴적 혁신에 가깝다. 매주 회원들에게 온라인쇼핑몰 운영에 대해 무료 교육도 한다. 전체 사용자 중 81%가 입소문을 통해 틱테일에 온라인쇼핑몰을 열었다. 좋은 제품을 만들면 저절로 입소문을 타고 고객이 찾아온다고 생각한다.

기능은 더 이상 경쟁 우위 요소가 아니다. 틱테일과 경쟁사들은 모두 똑같은 기능을 갖고 있기 때문이다. 같은 기능이라도 사용자들이 어떻게 하면 즐겁게 활용할 수 있는지가 중요하다.

어떻게 수익을 창출하나.

▶ 틱테일은 회원들의 매출에 수수료율을 적용하거나 회원 가입비를 받지 않는다. 우리의 목적은 세계에서 가장 사랑받고 널리 이용되는 전자상거래 플랫폼을 만드는 것이다.

회원들에게 매출에 대한 압박이 없어야 가장 사랑받는 전자상거래 플랫폼이 될 수 있겠다고 생각했다.

우선 틱테일 회원 누구든 자신의 상품을 판매할 수 있는 기본 기능들을 무료로 사용할 수 있다. 대신 구글 광고 노출, 개인 도메인, 이메일, 할인쿠폰, 암호 보호기능, 견적 보기 등 추가기능은 해당 애플리케이션을 구입해야 한다. 사용자는 자신의 온라인쇼핑몰을 무료로 만들어보고 성장할수록 자신에게 필요한 추가기능 앱을 구입하면 된다.

틱테일의 추가 기능 앱들은 대부분 개인 개발자나 모바일 앱 전문 스타트업이 만든다. 어느 개발자가 틱테일 온라인쇼핑몰에서 사용할 수 있는 '할인쿠폰' 기능 앱을 개발해 10유로에 내놓았다고 치자. 한 틱테일 회원이 자신의 온라인쇼핑몰에 할인쿠폰 기능을 추가하기 위해 이 앱을 구입하면 7유로(70%)는 개발자가, 3유로(30%)는 틱테일이 가져간다. 애플 앱스토어에서 앱이 팔리면 개발자가 70%, 애플이 30%를 가져가는 것과 똑같다. 아직은 틱테일에 앱이 많지 않다. 내 어머니의 온라인 도자기몰도 매달 앱 사용료로 6유로(9,000원) 정도만 낼 정도로 부담이 적다. 오는 9월부터는 누구든 틱테일 앱을 만들 수 있도록 개방할 계획이다.

창업과정에서 느낀 점은.

▶ 좋은 조직이 좋은 아이디어보다 더 중요하다는 것이다. 아이디어는 얼마든 모방이 가능하다. 아무리 좋은 아이디어라도 결국 세상의 변화에 따라 바뀌게 된다. 즉 시장 변화에 따라 시의적절하게 대응할 수 있는 팀이 더 중요하다. 훌륭한 아이디어와 달리 훌륭한 팀은 바꿀 필요가 없다. 우리 직원 수는 공동창업자 4명을 포함해 15명에 불과하다. 이처럼 작은 팀도 큰 비즈니스를 할 수 있다.

스웨덴에는 이케아 · H&M 등 훌륭한 기업들이 많은데.

▶ 북유럽 스칸디나비아 문화권 사람들에겐 '얀테의 법칙(Law of Jante)'이 심리 저변에 깔려 있다. 얀테의 법칙엔 '당신의 아이디어가 그 누구보다 우월하다고 생각하지 말라'란 의미도 담겨 있다. 이처럼 누구나 아이디어를 제시할 수 있는 평등한 문화가 조직 내 혁신을 돕는다고 생각한다.

스웨덴은 시장도 워낙 작다. 이 때문에 스웨덴 기업들은 창업 초기부터 세계 시장을 목표로 매진한다. 정부가 스타트업에 딱히 지원해 주는 것은 없다.

출처: 매일경제(2013년 7월 19일).

참고문헌

CIOKorea, 온라인 상거래 활성화를 위한 '그루폰' 이용법, 2012년 6월 29일.

CIOKorea, 중소기업을 위한 전자상거래 플랫폼 5선, 2012년 6월 12일.

CIOKorea, KT, IPTV 연동형 전자상거래 출시, 2012년 6월 28일.

etnews, 대규모 개인정보 유출 사고, 2012년 10월 10일.

Gruman, G. M., 모바일 친화적인 웹사이트 구축을 위한 5가지 규칙, InfoWorld, 2011년 3월 10일.

IT 동아, 소셜커머스, 쇼핑 생활을 바꾸다... 앞으로의 과제는?, 2013년 5월 13일.

ZDNet Korea, 모바일 전용 웹사이트 구축 피해야, 2010년 4월 8일.

공주대학교 산학협력단, 이용자 및 사업자 대상 개인정보보호 인식수준 분석 방안 연구, 방송통신위원회, 2011.

권애라, 클라우드 서비스 확산에 따른 IT 생태계의 변화와 대응방안, 한국IT서비스산업협회, 2012, pp. 81-103.

금융보안연구원, NFC가 촉발하는 금융거래의 미래, 제5호, 2011년.

김민식, Webvan 파산에 따른 시사점, 정보통신정책연구원, 2001.

김소이, 비접촉 통신기술 기반의 모바일 근거리 결제서비스 동향 및 시사점, 지급결제와 정보기술, 2011, 금융결제원.

김철환, '진짜' 소셜커머스의 6가지 특징, Bloter.net, 2011년, 5월 23일.

김태현, NFC 모바일결제서비스 생태계와 TSM의 역할에 대한 논의, 방송통신정책, 제23권,제18호, 2011, pp. 1-34.

나상우, 미국의 PSTN 기반 서비스 종료 논의 동향, 정보통신정책연구원, 2013.

노진호, 김문태, 전자지급결제대행(PG) 시장분석 및 대응방안, 하나금융정보, 2012.

매일경제, 소셜커머스의 '절규'…빅4, 매달 100억 적자 팔수록 손해, 2012년 5월 17일.

미래창조과학부, 전자상거래 실시에 따른 판매효과, 2009년.

미래창조과학부, 전자상거래 판매 미실시 이유, 2009년.

미래창조과학부, 전자상거래 판매 장애 요인, 2009년.

박재석, 김은지, 황병일, 김영규, 스마트폰 확산에 따른 금융서비스 변화와 우체국의 대응, 정보통신정책연구원, 2012.

방송통신위원회, 사망자의 디지털 유산(개인정보, 계정, 게시물 등) 처리방안 연구, 2011.

백풍렬, "닷컴이 남긴 교훈," LG경제연구원 LG주간경제, 2001. 11.14.

보안뉴스, 개인정보 관련 10대 집단 소송 사례 1, 2013년 7월 29일.

보안뉴스, 개인정보 손해배상제도의 문제점과 개선방향 1, 2013년 5월 22일.

보안뉴스, 개인정보 손해배상제도의 문제점과 개선방향 2, 2013년 5월 28일.
보안뉴스, 개인정보 손해배상제도의 문제점과 개선방향 3, 2013년 6월 4일.
사이버경제사회연구소, 인터넷 개인정보 노출방지 및 프라이버시 보호 방안 연구, 한국정보보호진흥원, 2007.
송민정, 스마트TV 시대의 빅뱅과 미디어 생태계, Issue & Trend(KT경제경영연구소), 2011, pp. 1-9.
스포츠서울 닷컴, 모바일 쇼핑 '4조'를 잡아라, 먼저 웃는 쪽은 소셜커머스?, 2013년 5월 29일.
신일순, 정부연, 전자상거래로 인한 산업구조 전환과 대응방안 연구, 2000, 정보통신정책연구원.
아서앤더슨, e비즈니스, 이미지북, 2000.
아이뉴스24, 애플, 모바일 결제시장 노린다, 2012.05.05.
안현구, 방화벽의 처음과 끝, 네트웍 타임즈, 1998.03, 제55호.
오승곤, 이상철, 모바일, 홈, 아웃도어, 3대 신성장 IT융합 생태계 조성, TTA 저널(한국정보통신기술협회), 2012, pp. 10-15.
이성식, 사이버범죄와 시민의 역할, 정보화 정책, 제13권, 제3호, pp. 69-86, 2006.
이은민, 온라인 음악시장의 변화와 향후 전망, 정보통신정책연구원, 2011.
이재규, 김우주, 이경전, 전자상거래원론 제5판, 법영사, 2012.
이주영, 최근 NFC 및 비NFC 기반 모바일 결제시장 현황, 2013, 정보통신정책연구원.
이코노미21(Economy21), e비즈니스, 코즈모닷컴의 흥망성쇠, 2001.05.09.
전자신문, 한국보다 70배 빨라…지금 '광속 인터넷' 전쟁 중, 2013.03.09.
정완용, "모바일 소액결제의 문제점과 제도개선방안," 경희법학, 제 40권 1호, pp. 29-56, 2005.
정지범, 모바일 신제품 출시에 따른 통신시장 변화 고찰, 통신연합, 2010, pp. 12-19.
정책연구본부 융합정책연구부, 2013년 글로벌 플랫폼 사업자 전략: Apple, Google, Amazon을 중심으로, 동향과 전망: 방송.통신.전파, 통권 제58호, 2013년, pp. 27-42.
조선일보, 클릭피플 코즈모닷컴 조셉박 인터뷰, 2000.05.08.
중소기업기술정보진흥원, 전자상거래 도입/활용 시 애로사항, 2010년.
중소기업중앙회, 주요국 대비 기술분야별 기술격차, 2011년.
차동완, 정용주, 윤문길, 개념으로 풀어본 인터넷 정보기술, 2004, 홍릉과학출판사.
천성배, 비접촉식신용카드 기술의 최근 동향 및 시사점, 계간 여신금융, 여신금융협회, 2009.
통계청, 2012년 연간 및 4/4분기 전자상거래 및 사이버쇼핑 동향, 2013. 2. 27.
하이투자증권, 드디어 T커머스 시장이 열리다, 22012년 10월 9일.
한국경제매거진, '100억 클럽' 디지털 거상들, 제849호, 2012년 3월 14일.
한국경제매거진, 전자상거래의 미래 'MLSD'의 시대 온다…중국 '주목', 제849호, 2012년 3월 14일.
한국인터넷진흥원, 개인정보보호법 상담사례집, 2012.

한국인터넷진흥원, 개정 정보통신망법 개인정보보호 신규제도 안내서, 2013.

한국인터넷진흥원, 공공기관 개인정보 영향평가 수행 안내서, 2011.

한국인터넷진흥원, 김대리, 개인정보보호 달인되기, 2009.

한국인터넷진흥원, 사이버 보안법제 선진화 방안 연구, 방송통신위원회, 2011.

한국인터넷진흥원, 웹사이트 개발 · 운영을 위한 개인정보보호 안내서, 2009년 11월.

한국인터넷진흥원, 위치정보의 보호 및 이용 등에 관한 법률 해설서, 2010.

한국인터넷진흥원, 핵티비즘(Hacktivism), 2011.

한국정보화진흥원, 2012 국가정보화백서, 2012.

한국정보화진흥원, 개인정보 보호법 업무사례집, 2012.

한국투자증권, 2013 유통/홈쇼핑업종 전망, 2013 산업전망 시리즈 No. 11, 2012.

행정안전부, 보건복지부, 의료분야 개인정보보호 상담사례집, 2012.

행정안전부, 정보신기술 도입시 보안성 강화를 위한 정보신기술 도입 보안관리 실무가이드, 2010.

행정안전부, 정보신기술 도입시 보안성 강화를 위한 Web 2.0 정보보호 실무가이드, 2010.

홍효진, 글로벌 IT 기업의 성공전략과 시사점, 정보통신산업진흥원, 2013, pp. 1-13.

황혜정, "시장이 알아주지 않는 혁신들," LG경제연구원 LG Business Insight, 2010.10.13.

AllthingsD, U. S. stocks tank briefly in wake of associated press Twitter account hack, 2013.04.23.

Bellantoni, C., Webvan tops fourth quarter IPOs in valley," Silicon Valley Business Journal, 2000.01.16.

Burdman, J., Collaborative Web Development: Strategies and Best Practices for Web Teams, Addison Wesley Longman, 1999.

Chad Syverson, E-commerce and the market structure of retail industries, VOX(VoxEU.org), 2010.07.25.

CNet, Webvan delivers its last word: Bankruptcy, 2001.07.09.

Direct Marketing News, Borders dumped Webvan stock before shutdown, 2011.07.13.

Feng Li, What is e-business? : How the Internet transforms organizations, Blackwell Publishing, Malden, MA ; Oxford, 2007.

Financial Times, A billion-dollar mistake: Webvan's failure has been an expensive lesson for the Internet, 2001.07.10.

Forbes, More telcos launch 1 Gbps Internet in Google fiber's afterglow, 2013.05.08.

Gartner, Forecast Samrtphones by Operating System and End User Segment, Worldwide, 2007-2013, 2009.

Gary P. S., *Electronic commerce* 9th ed., Boston, MA, Course Technology Cengage Learning, 2011.

Globalpost, Internet access is "essential" human right, rules German court, 2013.01.28.

InformationWeek, Kozmo.com partners with Starbucks, 2000.02.14.

Infoworld, Thousands of Tumblr users migrate to WordPress in wake of Yahoo acquisition, 2013.05.20.

Kalakota, R., and Robinson, M., *e-Business 2.0: Roadmap for Success*, Addison Wesley, 2001.

Katz, M. L. and Shapiro, C. (1994), "Systems competition and network effects," *The Journal of Economic Perspectives*, Vol. 8, No. 2, pp. 93-115.

Kelly, K. New rules for the new economy : Twelve dependable principles for thriving in a turbulent world, Wired, September 1997, http://www.wired.com/wired/archive/5.09/newrules.html.

Lashinsky, A., A special delivery direct from Webvan's roadshow, The Street, 1999.10.07.

Laudon, K. and C. Traver, *E-commerce : business, technology, society*, 8th edition, Pearson, 2012.

Laudon, K. C., and Traver, C. G., *E-Commerce 2009: Business, Technology, Society*, 5th ed., Pearson, 2009.

Laudon, K. C., and Traver, C. G., *E-Commerce 2013: Business, Technology, Society*, 9th ed., Pearson, 2013.

Mike Issac, "U.S. stocks tank briefly in wake of associated press Twitter account hack," AllthingsD, 2013.04.23.

New York Times, Some hard lessons for online grocer, 2001.02.19.

NY Times, Yahoo to buy Tumblr for $1.1 billion, 2013.05.20.

Open Education Database(OEDB), 12 Stats on the State of Bookstores in America Today, 2012.10.29.

PaymentsSource, Gartner: Mobile payments rise but NFC lacks traction, 2013.06.06.

Porter, M. E. (1990). *The Competitive Advantage of Nations*. NY: Free Press.

Prahalad, C. K. and Ramaswamy, V., *The future of competition : Co-creating unique value with customers*, Boston, Mass. : Harvard Business School Press, 2004.

Turban, E., and King, D., Turban의 전자상거래, 사이텍미디어, 2006.

Richard L. Brandt, 원클릭(one click), 안진환 역, 자음과모음, 2012.

Rubenfeld, J., The Right of Privacy, Faculty Scholarship Series, Paper 1569, 1989.

Sethi, S., Encyclopaedia of electronic commerce volume 1, New Delhi, India : Anmol Publications, 2009.

Shapiro, C. and Varian, H. R., *Information rules: A strategic guide to the network economy*, Boston, Mass: Harvard Business School Press, 1999.

The Wall Street Journal, In Kozmo.com's failure, lessons for same-day delivery, 2012.12.03.

Turban, E., D. King, and J. Lang, *Introduction to Electronic Commerce*, 3rd edition, Pretice Hall, 2011.

Warren, S. D., and Brandeis, L. D., The Right to Privacy, *Harvard Law Review*, Vo. 6, No. 5, 1890.

Wired, Twitter finally adds two-factor authentication to secure your account," Wired, 2013.05.22.

Wired, Why Webvan drove off a cliff, 2001.07.10.

ZDNet Korea, 모바일 결제 애플리케이션 '삼성 월렛' 출시, 2013.05.21.

Zwass, V. (1996), "Electronic Commerce: Structures and Issues," *International Journal of Electronic Commerce*, Vol 1. No 1, pp. 3-23.

http://en.wikipedia.org/wiki/Domain_Name_System

http://en.wikipedia.org/wiki/Firewall

http://en.wikipedia.org/wiki/Kozmo.com

http://en.wikipedia.org/wiki/Near_field_communication

http://en.wikipedia.org/wiki/Tcp/ip

http://en.wikipedia.org/wiki/Webvan

www.bigcharts.com

www.bolero.net

www.edmunds.com

www.exportcenter.go.kr

www.gtnexus.com

www.isc.org

www.kftc.or.kr

www.ncsa.illinois.edu

www.truecar.com

www.utradehub.go.kr

www.wikipedia.org

찾아보기

저 자 약 력

한영춘

영남대학교 경영학과 학사

미국 조지아주립대학교 대학원 경영정보학과 석사

미국 조지아주립대학교 대학원 경영학과 박사

현재 영남대학교 경영학부 교수

한국산업경영학회 상임이사

임명성

삼육대학교 경영정보학과 학사(MIS)

한국외국어대학교 경영정보대학원 석사(MIS)

서강대학교 경영전문대학원 경영학 박사(MIS)

현재 삼육대학교 경영학과 조교수

김정군

한양대학교 경영학과 학사

KAIST 테크노경영대학원 석사

KAIST 테크노경영대학원 박사

현재 영남대학교 경영학부 조교수

조연성

성균관대학교 문학사

서강대학교 무역학과 상학 석사(국제경영)

서강대학교 경영학과 경영학 박사(국제경영)

현재 동아대학교 국제무역학과 조교수

한동철

성균관대학교 건축공학과 학사

서울대학교 경영학과 석사

Saint Louis University 경영학과 박사

현재 서울여자대학교 경영학과 교수

전자상거래

2013년 9월 5일 1판 1쇄 인쇄
2013년 9월 10일 1판 1쇄 발행

지 은 이 한영춘 임명성 김정균 조연성 한동철
펴 낸 이 최용구
펴 낸 곳 이프레스

주 소 서울시 용산구 원효로 1가 48-1호(140-846)
전 화 537-1720(영업부), 537-1721(편집부), 537-1711(팩스)
이 메 일 epress01@naver.com
홈페이지 www.epress1.com
등 록 2009년 12월 10일 제16-2710호

기획마케팅 최용구 장만동 송대용
책임편집 박정선 최윤정 황가연
표 지 SDY

ISBN 978-89-90245-39-7 93320

정가 25,000원